跨世紀 第一夫人

宋美齡

林博文 著

《時代》周刊曾經三度以蔣夫人為封面人物，其中兩次與蔣介石同列。圖為一九三一年十月廿六日出版的《時代》周刊，這是蔣夫人首次出現於《時代》封面。

一九三八年一月三日出版的《時代》周刊推選蔣介石伉儷為一九三七年度風雲人物，此為該刊第一次選出風雲夫妻檔。

六〇年代末期蔣宋夫婦合影。美國《國家地理》雜誌說，已八十一歲的蔣介石仍渴望打回大陸，並稱這幅照片是一張「耐心等待的肖像」。

一九四三年二月十八日蔣夫人向美國國會發表歷史性的抗日演說，受到全美輿論界和政界的一致讚揚。三月一日出版的《時代》周刊以中國第一夫人訪美為封面故事，這是該雜誌唯一單獨以宋美齡為封面人物的一次。

一九六一年六月十八日《展望》（*Look*）刊出蔣宋伉儷大幅彩色照片。同期並介紹金門國軍大砲陣地和金防部司令官劉安祺將軍。

紐約哈潑（Harper）公司一九四〇年出版的宋美齡選集《中國將再起》封面。

美國女作家項美麗於一九四一年出版的傳世之作《宋家姊妹》封面。

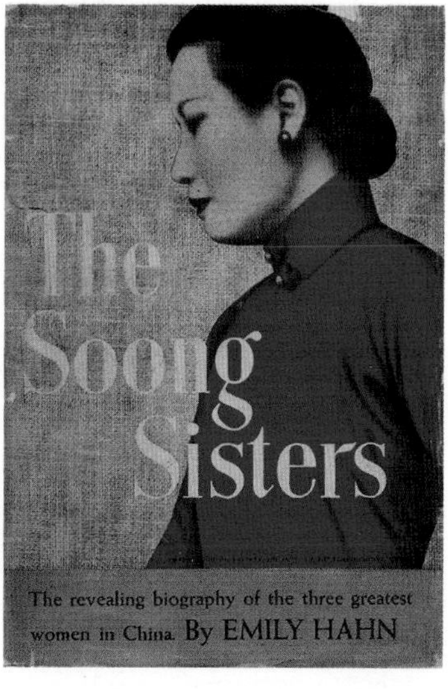

一九八八年以宋美齡為首的蔣氏家族和夫人派，不滿李登輝掌控黨政大權，引起媒體對「蔣家再起」的種種揣測。

一九八八年七月八日，蔣夫人以國民黨中央評議委員會主席團主席身分出席該黨第十三次全國代表大會，意有所指地向黨員強調：「老幹新枝要相互配合，求新而非排舊。」（中國時報資料照片）

一九九四年九月，蔣夫人自紐約遄返臺北探視病危的姪女孔令偉（孔二小姐）。右一為孔家長女孔令儀。（李安邦攝）

李登輝與宋美齡（右一李元簇，右二李登輝夫人曾文惠）。（包承平攝）

胡志強向百齡人瑞蔣夫人呈贈禮物，中為孔令儀。（許振輝攝）

蔣夫人於一九九五年七月廿六日在國會山莊發表簡短談話後，抵達雙橡園舊使館，受到僑胞熱烈歡迎。右一為蔣孝勇，左一為辜振甫夫人嚴倬雲女士、左二為孔令傑之子孔德麒。（蘇宗顯攝）

一九九七年三月廿日，蔣夫人在紐約曼哈頓寓樓歡度百歲大壽。（許振輝攝）

孔家所擁有的長島蝗蟲谷（Locust Valley）豪宅，宋美齡於七〇年代至九〇年代初寓居此處。（馮錦華攝）

一九九八年夏天，孔家以近三百萬美元將蝗蟲谷房舍和三十七英畝林地售予紐約地產商。同年秋天，商人開放故宅供人參觀並展示蔣夫人舊物，吸引大批華人湧往幽靜的長島鄉間。（胡帆攝）

蔣夫人搬離長島蝗蟲谷後，即以曼哈頓八十四街靠近東河的葛萊西方場（Gracie Square）十號九樓公寓為「基地」。紅磚老建築即為蔣夫人靜度生命黃昏的所在。

靈棺前的十字架象徵宋美齡對蔣介石的永恆追思。宋美齡離臺赴美定居後，「獨留慈湖向黃昏」！

一九五五年四月十八日出版的《時代》周刊，最後一次以蔣介石為封面人物。

孔宋家族中，除了宋美齡，只有宋子文上過《時代》周刊封面

一九七六年四月三日，蔣夫人自紐約返臺參加蔣介石逝世週年紀念，在專機扶梯上向歡迎人潮揮手致意。（中國時報資料照片）

宋美齡照片

前國府主席林森畫像及歐式古鐘

孔祥熙畫像

山水畫及宋美齡所繪《蘭冊》

齊魯大學留美校友祝賀孔祥熙生日匾額

長島蝗蟲谷孔祥熙故居售予地產商，遺留大批物品。地產商以「蔣介石夫人舊居骨董家具拍賣會」為名，於一九九九年一月卅日假康乃狄克州諾華克（Norwalk）布拉斯威爾藝廊（Braswell Galleries）舉行大拍賣，問津者頗為踴躍。拍賣物品（馮錦華攝）包括：

據稱是宋美齡睡過的床

山水橫卷及西畫

盤碗茶具

骨董擺設

拍賣現場

在歷史的長河中，蔣宋美齡見證了世紀的遞嬗與朝代的變遷，亦閱盡了「千古興亡多少事」。中外史乘上，跨越三世紀的第一夫人，唯獨宋美齡。（中國時報資料照片）

目次

謹以此書紀念母親
林葉月櫻女士

增訂版緣起

陳清玉

二〇〇〇年元月，《跨世紀第一夫人宋美齡》問世時，宋美齡猶活躍在人生的舞臺上。二〇〇三年十月廿三日她辭世以後，博文陸續撰寫了七、八篇文章介紹她的生平事跡與死後哀榮，分別刊登在《亞洲周刊》、《中國時報》和《中時晚報》上。當時曾與出版社商議，把後續的文章收錄在書裡，俾為她的一生畫下完美的句點。可惜不知何故，再版計畫無疾而終。

二〇一七年他病後，雖然惦記此事，卻已力不從心。而今，他已走完自己的人生。這樁未達成的使命，只好由我這未亡人勉力為之。

整理他的舊作，我的心情仿如紐約五月的天空，一忽兒晴空萬里，一忽兒疾風驟雨。當年他振筆疾書的辛勞、我校閱原稿時的誠惶誠恐，以及收到新書那一瞬間的興奮與得意，歷歷如在目前，思之不勝悲喜。

感謝時報出版社的趙政岷先生和陳怡慈女士，由於他們的鼎力相助，《跨世紀第一夫人宋美齡》得以完整無憾地呈現在讀者面前。

二〇一九年五月寫於紐約

導言

世界近代史上，除了小羅斯福夫人伊蓮娜（Eleanor Roosevelt）之外[1]，沒有一個國家的第一夫人堪與中國的蔣宋美齡分庭抗禮。宋美齡有與生俱來的聰明、美麗、犀利、冷峻、手腕和財富，又有孔宋家族的強力奧援，加上其美國背景，而使她成為「前無古人、後無來者」的中國第一夫人。

宋美齡在時代的風雲際會中光芒四射，非僅憑恃其出眾的才華和超卓的智慧，更重要的是「妻以夫貴」的幸運。她是一個「不世出」的政治人物，具有多重性格和不同行事標準[2]；她以國家和民族的安危為重，卻不忘袒護孔宋家族營私誤國與外戚干政；她以愛心光照國軍遺族與孤兒，自己亦樂享錦衣玉食和榮華富貴。

一九二七年十二月一日，蔣介石和宋美齡在上海大華飯店結婚。他們的結合，是二十世紀中外歷史上最突出的一場政治婚姻，權力與財勢的結盟，使蔣宋成了中華民國的化身，亦為西方人眼中的「風雲伉儷」。

宋美齡襄助蔣委員長領導抗日的貢獻，向國際宣揚中國抗日的堅毅以及對民心士氣的激勵，已在國史上占有巍然之一頁。中國艱苦抗戰期間，宋美齡乃為國族最有力的代言人，她使全世界了解中華民族浴血救國的真實情況。蔣委員長在南京、武漢和重慶運籌帷幄，宋美齡則在爭取外國道義支持與物資援助上竭盡所能，十足發揮了第一流外交家的稟賦。

中國戰時外交以對美關係為主軸，而抗戰又在在需要美國的大量支援，宋子文和宋美齡兄妹為中國對美外交的主力。若無宋美齡於一九四三年二月向美國國會發表擲地有聲之演說，以及奔波於東西兩岸呼籲國際友人助華抗日，則中國軍民奮力禦侮的事蹟殆將不為世人所知；抗戰時代蔣委員長所領導的弔民伐罪和宋美齡在國際政治上的傑出表現，誠為第一家庭相輔相成的光輝成就。

質言之，宋美齡在外交上的竭智盡慮，如未獲得美國媒體和人民的熱烈反響與同情，則其苦心孤詣恐將事倍而功不半。《時代》、《生活》和《財星》三大雜誌創辦人亨利・魯斯對中國的傾力支持、對蔣氏夫婦的大力推介，可說是蔣夫人在美國成為家喻戶曉的主因[3]。美國輿論每能在時代的轉折點上左右朝野、影響民心，在中國最需要友情的時刻發揮同仇敵愾的道德勇氣，使中國軍民油然而生「德不孤、必有鄰」的溫馨之感，而宋美齡在新大陸的大聲疾呼，則為中國帶來了「吾道不孤」的原動力。

宋美齡充分掌握了第一夫人的角色，積極施展了母儀天下的長才；在政治上、外交上、軍事上、教育上、婦女組訓上、社會運動上和慈善事業上，恆常展現她的睿智和慈暉，為第一夫人的功能樹立了典範。中國人以擁有蔣夫人為榮，蔣夫人亦以受到中國人的愛戴為傲。

十九世紀中葉以來，大批美國傳教士到中國傳教，向保守的中國人宣揚基督教義和西方價值觀念。宋美齡則反其道而行，向好奇的美國人述說中國的內憂外患與孤立待援；她以糅合喬治亞州與波士頓口音的流利英語向美國國會、媒體和廣大民眾闡釋古老的中國文化和飽受戰亂的中國國情；她以動人的詞藻強調美國是西方文化優秀質素的標竿，中國則為不朽的東方文明之象徵，兩國人民理應攜手互助、抵禦日本侵略，為維護本身的文化傳統而戰。

在相當程度上，宋美齡等於是「中國的傳教士」——一個肩負外交任務與政治使命的傳教士。她的「美國化」（Americanized），使美國人認同她、欣賞她，並透過這位美國教育所培養出來的第一夫人，對遙遠的中國產生了羅曼蒂克的幻想和憧憬；他們眼中的蔣夫人是中美文化的結晶、中國統治階層的象徵[4]。事實上，宋美齡所代表的並不是真正的中國、鄉土的中國，更不是貧窮、落後的中國；她是一個在富裕的西化家庭和美國文化中成長的秀異分子，她所浸潤的環境與數萬萬中國人所生存的社會，適成兩個截然不同的世界。

宋美齡是菁英政治與豪門政治結合的叢體，這個叢體充斥著歐美留學生，且不乏一流大學的才具之士。他們投效於蔣介石政權，希冀做大官或做大事，然而，他們與中國民間社會脫節，不知民生疾苦，亦無法體察到時代的脈動。最為人所詬病的是，這批飽受西方教育與文化薰陶的留學生，不僅未將民主自由法治的觀念及作風移植於中國，反變成開民主自由法治倒車的禍首，尤以孔宋家族成員為最。羅斯福夫人嘗言，蔣夫人能夠把民主政治的道理說得頭頭是道，但不知道如何在中國實施民主或不願落實民主[5]。

宋美齡的東方氣質和西方談吐，為男性政治帶來了引人入勝的遐思。她是一個頗具女性魅力的第一夫人，除了精通權術，更深諳如何將其魅力轉化為說服力。《時代》周刊指出，一九四三年二月十八日蔣夫人的演說使國會議員為之動容，其因不在演講的用字遣詞，而在於演講者是個女人。她的手勢、她的聲音以及她眼中所閃爍出的光芒，使眾議員如醉如癡，眾院議場被一個嬌小的東方女性政治家所征服。二次大戰期間的英國參謀總長布魯克元帥（Alan Brooke）認為宋美齡利用「性和政治」（sex and politics）以遂其目的[6]，這些目的包含了中國的國家利益和蔣孔宋的家族利益。

然而，宋美齡的「夫人政治」並未真正惠及中國婦女的政治權益與地位，她是一個活在聚光燈下的政治明星，她所關切的是權力與榮耀，而非女權的伸張與提高。

宋美齡的鋒芒隨著蔣介石的政治盈虧而浮沉。一九四九年剿共失敗乃為蔣一生事業之轉折點，亦促使其在世界政治舞臺上從主角變為配角終而退居為「小角色」。政治是現實的，也是講究實力的，自二次大戰的四巨頭之一淪為「臺灣島上的政治難民」（前馬來西亞總理東姑拉曼語），蔣介石在風雨飄搖的年代，勵精圖治、全力鞏固其最後據點，然其觀念及作風卻未能與時推移；儘管時代不斷地朝開明、理性和民主的方向前進，蔣介石依舊是二十世紀保守的強人政治樣品。強人政治實際上是帝王思想的延續，其最顯著的敗筆厥在視國家如私產，個人權力與國家前途混淆為一，他的傳子作法，即是「萬世一系」思想的建構化。在翻天覆地的時代浪潮中，蔣介石一直是個不屈的民族主義者，雖終其一生無法重返溪口故園，但臺灣卻是他實現「帝王之治」的樂土。

九〇年代伊始，臺灣政治景觀為之丕變，這種變化乃是時代之必然、大勢之所趨，人民享受到前所未有的民主自由和無虞恐懼的政治氣氛；但在另一方面，金權政治所造成的貪腐現象以及水銀瀉地的政商關係，使臺灣成為舉世聞名的貪婪之島。平心而論，國民黨政府的金權政治和政商關係，並非始於臺灣，亦非源於李登輝時代，而是由孔宋家族打開了「潘朵拉的盒子」（Pandora's Box）。宋美齡的牧師父親宋嘉樹，棄教從商，長袖善舞而為滬上聞人，他以金錢資助孫中山革命，從而開創了宋氏姊妹與孫、蔣的聯姻，以及仰仗權勢謀利的貪腐文化。宋子文兄弟的公私不分、孔祥熙父子的巧取豪奪和宋藹齡、宋美齡姊妹的包庇縱容，活生生地勾勒出一幅孔宋誤國的畫面。重慶時代流行於蔣介石幕僚之間的一句話，最能反映國民黨權力核心的病源：「委座之病，唯夫人可醫；夫人之病，唯孔可醫；孔之病，無人可治。」[7]

蔣經國時代的來臨和蔣氏母子之間的扞格，註定了強勢的第一夫人終有「臨晚鏡、傷流景」之歎；而李登輝「國民黨臺灣化」的政治理念，徒使「我將再起」的宋美齡油然而生「百年世事不勝悲」的感慨。

宋美齡的一生是近代中國的縮影，她不僅在歷史的舞臺上演戲，而且是「第一女主角」（prima donna）。但是，過早逝去的絢爛年代和漫長的人生之旅，卻使世人遺忘了她的崢嶸歲月，毛妻江青和印度甘地夫人赫然列名《二十世紀最重要的一百名婦女》而獨漏蔣夫人[8]，其情何以堪！

宋美齡是個光采奪目的第一夫人，她有耀眼的特質，也有令人非議的作風；唯有秉諸「筆則筆、削則削」之史識和「不隱惡、不虛美」的史德，方能在歷史天秤上界定其地位。

注釋

1 羅斯福夫人在擔任第一夫人期間（一九三三～一九四五），公而忘私的光采表現，以及在戰後出任聯合國人權委員會主席，主導起草《聯合國人權宣言》，提升人類的尊嚴與權益，而使其成為真正名副其實的「世界第一夫人」。其時中國代表兼人權委員會副主席張彭春（南開大學校長張伯苓之弟）曾建議人權宣言應採擇中國儒家思想。參看 Joseph P. Lash, *Eleanor: The years Alone*, New york: W. W. Norron, 1972, 55-81。羅斯福夫人與宋美齡的根本差異，乃在於前者是個平民化的第一夫人，後者則為貴族化的第一夫人。

2 一九八二年十一月，一群採訪中國抗戰和內戰的美國記者聚會亞利桑那州避寒勝地史柯茲代爾（Scottsdale），回憶當年的採訪經驗和心得。戰時兩度赴華的《時代》及《生活》雜誌女記者安娜麗・賈克貝（Annalee Jacoby）說，有次蔣夫人請她在重慶一家餐館吃中飯，飯後蔣夫人掏出美國駱駝牌（Camel）香菸請她吸，她看到牆上貼著：「愛國的中國人不吸菸，耕地要為抗戰生產糧食」（大意如此，安娜麗已記不起確切文字），即對蔣夫人說：「謝謝，不用。」安娜麗說她那時已改吸短圓、凹凸不平、菸紙發黃的中國香菸，蔣夫人的駱駝牌香菸則雪白、漂亮。她和蔣夫人聊好萊塢電影等女人愛聊的話題，不覺已至午後三時，她向蔣夫人說：「蔣夫人，我是吸菸的，但看到牆上那些標語，我不好意思吸，怕會冒犯妳。」蔣夫人開心地笑答：「那是給老百姓看的。」（Oh, that's for the people.）見Stephen R. Mackinnon and Oris Friesen, *China Reporting-An Oral History ofAmerican Journalism in the 1930s and 1940s*, Berkeley: University of California Press, 1987, 91-92。安娜麗於一九四六年和白修德（Theodore White）合撰《中國驚雷》（*Thunder out of China*），頗為轟動。安娜麗後嫁與「每月書會」（Book of the Month Club）編輯克利夫頓・法迪曼（Clifton Fadiman）。

蔣氏夫婦創辦的勵志社，訂有十誡，其中第七誡是「不吸菸」，據服務勵志社十七年並曾做到代理副總幹事的侯鳴皋說：「我們的社長夫人宋美齡對不吸菸一條也難以遵守。宋美齡的菸癮大得驚人，香菸越凶，她越過癮……抗戰時期，宋到了重慶，這些菸（按：指無錫包、老刀牌等烈菸）難買到，她就以美國菸駱駝牌（Camel）代替。抽這些高焦油的濃味菸，牙齒容易發黃，但是Madame（我們勵志社幹事對社長夫人的尊稱）卻依然明眸皓齒，這應歸功於牙科醫院的大夫和護士了。」見侯鳴皋《勵志社內幕——蔣介石的內廷供奉機構》，南京出版社，一九八九，頁五～六。

3 T. Christopher Jespersen, *American Images of China, 1931-1949*, Stanford: Stanford University Press,1996,11-44。賈斯伯森（Jespersen）任教於克拉克・亞特蘭大大學。

4 美國作家卡爾・克羅說：「蔣夫人的身體生於中國，心智則生於美國。」（Madame's body was born in China but her mind was born in America.）見Carl Crow, *China Takes Her Place*, New York: Harper & Brothers, 1944, 149; Jespersen, 82-107。

5 Eleanor Roosevelt, *This I Remember*, New York: Harper & Brothers, 1949, 283, 287; Eleanor Roosevelt, *On My Own*, New York: Curtis Publishing Co., 1958, 130-131; Elliott Roosevelt, *Mother R.: Eleanor Roosevelt's Untold Story*, New York: Putnam, 1977, 89-90, 215。

6 Arthur Bryant, *Triumph in the West-A History of the War Years Based on the Diaries of Field-Marshal Lord Alanbrooke (Alan F. Brooke)*,

Chief of the Imperial General Staff, Westport, Conn.: Greenwood Press, 1959, 51-53。布魯克元帥在日記中對宋美齡的長相極盡挖苦之能事。

7 唐縱《在蔣介石身邊八年——侍從室高級幕僚唐縱日記》，北京：群眾出版社，一九九一，頁九九～一〇〇。

8 *100 Most Important Women of the 20th Century*, pub. by Ladies' Home Journal, 1998；另一本由Friedman/Fanfax出版的*Remember Women of the 20th Century-100 Portraits of Achievement*，亦未選上蔣夫人，但吳健雄、柴玲和美籍華裔藝術家林瓔（Maya Ying Lin）則入選。

第一章

宋嘉樹——一個朝代的締造者

一九一八年五月三日宋嘉樹去世後，宋家遷居上海西摩路寓所（今陝西北路三六九號）。

海南島文昌縣宋氏祖居。

在波士頓和美國南方度過青年時代的查利宋（宋嘉樹），長相酷似西印度群島華裔與土著混血（如前國府外長陳友仁）。

一八八六年自美返國途中，宋嘉樹著和服攝於橫濱。

宋家唯一的全家福造像。一九一七年夏，宋美齡自美返國後攝於上海宋寓。
前排：宋子安；二排左起：宋藹齡、宋子文、宋慶齡；
後排左起：宋子良、宋嘉樹、倪桂珍、宋美齡。

在上海印行《聖經》而發大財的宋嘉樹。

明代學者政治家徐光啟的後裔、宋嘉樹夫人倪桂珍。

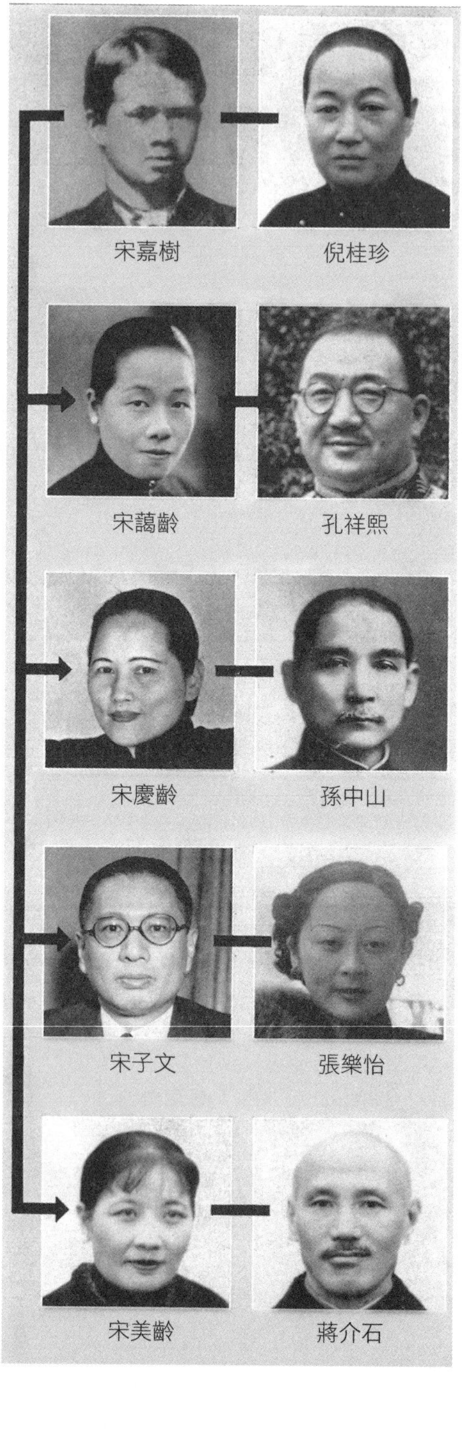

宋家王朝主角群像。

宋家三兄弟：（由上而下）宋子文、宋子良、宋子安。

宋家老么宋子安於一九四一年十二月廿日在舊金山和吳繼芸結婚。

宋美齡的「仙履奇緣」故事從她的父親宋嘉樹開始。

沒有宋嘉樹的開創精神和買辦思想，就不會有顯赫的宋家王朝；沒有宋嘉樹的「美國經驗」和精明幹練，也就不會有宋家三姊妹的璀璨奪目。

海南島韓家子弟渡重洋

宋氏家族對近代與現代中國的影響，由宋嘉樹開其端，而由六個子女繼其成。

原籍海南島文昌縣的宋嘉樹（又名耀如），一生多采多姿，他的身世背景、他的遠渡重洋、他在上海十里洋場的發跡，都充滿了傳奇性。宋嘉樹原姓原名為韓教準，他的父親是韓鴻翼，夫人王氏，生有三男一女，教準為第二個兒子。由於家境困難，韓教準九歲時（一八七五夏）隨哥哥（韓政準）到爪哇一個遠房親戚處當學徒，訂了三年契約。一八七八年年初，教準在爪哇遇到了一位姓宋的堂舅，這位堂舅原在美國加州當華工修築鐵路，後來跑到東岸波士頓開設一家專售中國絲茶的小店，他是在海南島探親後返美途中經過爪哇。韓教準不等約期屆滿就跟著堂舅一起買棹遠渡新大陸[1]。

韓教準到了波士頓之後，頗得堂舅的歡心，於是這位膝下猶虛的堂舅就把教準收為兒子，改姓宋，取名嘉樹，又名高升[2]。宋嘉樹在絲茶店裡打工當店員，當時被滿清政府選派赴美就讀的幼童留學生，常從麻州劍橋越過查爾斯河到波士頓宋嘉樹的店舖裡採購、聊天，在這批小留學生中，牛尚周和溫秉忠與宋嘉樹成了好朋友。牛尚周和溫秉忠皆是中國第一個留美學生容閎向清廷建議派遣出國「肄業」的幼童，江蘇籍的牛尚周屬於第一批，同治十一年（一八七二年）抵美，廣東籍的溫秉忠則屬第二批，一八七三年到達美國。牛、溫常勸宋嘉樹找機會到學校念書，增進知識，以便將來回國後謀個理想的工作，宋嘉樹對他們的鼓勵，牢記於心。日後，牛尚周、溫秉忠和宋嘉樹，都結成了連襟[3]。

宋嘉樹想要念書，不願再當店員，他的堂舅兼養父卻不准他上學，要他學會做買賣。上進意志極強的宋嘉樹終於出走了，他不甘心一輩子與絲茶貨物為伍，他偷偷跑到波士頓港口一艘國稅局緝私船「亞伯特・加拉廷號」（Albert Gallatin）上躲起來，三十九歲的挪威裔船長艾力克・加布爾森（Eric Gabrielson）收容了他。一八七九年一月八日，加布爾森在船員名冊上記下了宋嘉樹的名字和年齡（十六歲，事實上應為十三）[4]。加布爾森對宋嘉樹的勤勞苦幹，頗有好感，常教他一些應對進退之道和美國習俗，年少的宋嘉樹沒有自卑感，亦不怕水手同事的粗魯與種族偏見。不久，加布爾森被調至北卡羅萊那州溫明頓的另一艘國稅局緝私船「舒勒・柯法克斯」號（Schuyler Colfax），宋嘉樹隨後亦跟著去[5]。

十九世紀八〇年代的美國南方，華人少之又少，宋嘉樹在北卡州溫明頓變成「稀有動物」，當他到教堂做禮拜時，轟動一時。加布爾森的好友、內戰退伍軍人羅傑・穆爾（Roger Moore）是當地衛理公會（Methodist Church）的重要人物，負責男子讀經班，他把宋嘉樹介紹給李考德（Thomas

Page Ricaud）牧師。李考德突發奇想，打算將宋嘉樹改造成一個醫生傳教士，使他在回到中國之後，既能行醫、又能傳教，治病又救人，一舉數得。在李考德牧師的勸誘下，宋嘉樹終於同意皈依上帝、信奉基督。一八八〇年十一月七日的溫明頓《明星報》刊出了一則第五街衛理公會的短訊：「今天上午的洗禮儀式將在東教堂舉行。一位中國皈依者將是享受這項莊嚴權利的人之一，也許是迄今為止在北卡州接受基督洗禮的第一位『天朝人』，李考德牧師將主持儀式。」[6]

富商義助宋嘉樹讀大學

一八八一年四月，穆爾上校和李考德牧師把宋嘉樹送到北卡州三一學院（即杜克大學前身）進修，並致函南方首富兼杜克大學創辦人之一的朱利安．卡爾（Julian S. Carr），請求他負擔宋嘉樹的學費，卡爾一口答應。卡爾的義舉非但徹底改變了宋嘉樹的一生，亦在相當程度上改寫了近代中國的走向。卡爾參加過內戰，退伍後向父親借了四千元投資北卡州賓罕（Durham）的一家菸草公司，數年之間即發大財，其主要事業為菸草和棉花。卡爾是個慷慨大度的人，許多南軍老兵的寡婦向他申請子女的教育費，他都慨然應允。宋嘉樹和卡爾一直維持很好的關係，卡爾甚至認為小宋「實際上是家裡的一分子」[7]。也有人懷疑宋嘉樹結婚時，曾向卡爾借了一筆錢為新婚妻子買嫁妝[8]。

宋嘉樹在三一學院苦練英文、勤讀《聖經》。入學兩個月後，宋第一次寫英文信，寫給他在海南島的生父韓鴻翼和上海美國南方衛理公會布道團團長林樂知（Young J. Allen）牧師。宋嘉樹在三一學院很用功，也很快樂，一年後卻突然轉學到田納西州納希維爾的范德比特（Vanderbilt）大學神學院。小宋為何悶聲不響地易地進修？原來他和大富豪兼義助人卡爾的堂弟卡爾（O. W. Carr）教授之女艾拉（Ella），過從太密，小宋一天到晚往艾拉家跑，聽她彈琴、唱歌，「白人長輩」們看不順眼了，皺眉頭了。艾拉是個活潑、甜美、苗條的女孩，宋嘉樹個子不高，約五呎四吋，皮膚黝黑。一天，小宋被艾拉的母親從屋子裡攆出來，且不客氣地告訴他以後不可再上門。在「白人長輩」的心中，宋嘉樹只能當上帝的子民，回中國傳教，絕不能與白人婦女發展進一步的關係。小宋傷心不已，離開溫明頓前，向三一學院院長夫人告別，情不自禁摟著院長夫人痛哭失聲。小宋到了納希維爾，寄了一張照片給艾拉，半個多世紀後，垂垂老去的艾拉仍珍藏著這張照片[9]。

宋嘉樹在范德比特讀了三年神學（一八八二～八五），在這三年內，他的智力逐漸成熟，同班同學約翰．歐爾（John C. Orr）對小宋的回憶是：「一開始，大家不太注意他，我們對他只是有點好奇而已，他只不過是個中國人。但這些都改變了。他的頭腦不錯，英文亦講得準確而流利，通常還會耍耍幽默，大家開始喜歡他，帶他參加校園裡的所有社交活動。……他的功課準備得還不錯，考試皆能過關，在四個人一班的神學班上以優等成績畢業。」[10]不過，范德比特大學宗教學院代理院長溫頓（George B. Winton）對宋嘉樹的印象卻和歐爾完全不同，溫頓說，小宋是個「毛毛躁躁的小傢伙，充滿活力與樂趣，但不是一個好學生，對宗教似乎不太有興趣，更別提傳教了。事實上，宋回到中國後，對一些事業發生了興趣，他後來結了婚，他的妻子肯定比他行。」[11]

宋嘉樹於一八八五年五月畢業，他想留在美國學醫，卡爾也贊成，但教會不同意，范德比特大學校長馬克諦耶（Holland N. McTyeire）主教，同時也是上海美國南方衛理公會布道團負責人，堅決反對宋嘉樹學醫，他要小宋儘快回到上海傳教。

一八八六年一月，宋嘉樹從新大陸回到了上海，他雖然興奮，但上海對他卻是一個全然陌生的地方，也不會說上海話，他必須從頭開始適應新環境。最糟糕的是，他在心胸狹窄、剛愎自用的林樂知的控制下做一名神職人員。林樂知於一八六〇年即到上海，曾協助洋槍隊頭子戈登（Charles George Gordon）對付太平天國，在滬上傳教達四十七年之久；以設立學校、辦報、著述等方式向中國知識分子和官紳階級宣揚基督教教義，並對中國的政治改革提過建議。[12]

自視甚高的林樂知極瞧不起宋嘉樹，他認為宋肚子裡沒有墨水，既不如他的助手沈毓桂、蔡爾康的飽學，亦比不上精通中英文的年輕學者，宋嘉樹除了會說一口流利的英語之外，對「中國學問」一竅不通[13]。林樂知在寫給馬克諦耶的信中，甚至貶稱宋嘉樹是「一個失去民族特徵的中國佬」（a denationalized Chinaman）[14]。他拒絕讓宋享受一個由美國訓練和任命的傳教士所應享有的待遇及地位，竟然只給他十五元月薪，這個戔戔之數只能滿足上海郊外的農民。林樂知亦不准宋回海南島探望近十年未見的親生父母。宋要求調往日本傳教，遭到拒絕，百般無奈的宋嘉樹並不氣餒，他是個經歷過風浪的人，決心自己走出一條路[15]。

名媛倪桂珍下嫁宋牧師

宋嘉樹脫下了西裝，卸下了領帶，穿起了長袍，戴上瓜皮帽，儘量去除洋派作風，開始認真學上海話、看中國書；在吳淞、昆山及蘇州一帶努力傳教，不畏寒暑，同時在上海中國公學兼課教英文，胡適就是他的學生。宋嘉樹在上海與留美幼童牛尚周、溫秉忠重逢了，清廷於一八八一年中止幼童在美國的留學生活，把他們全數帶回中國，原因是這批小留學生越來越洋化，幾乎「數典忘祖」了。

宋嘉樹與牛尚周、溫秉忠見面，高興無比，牛、溫知道小宋的處境後，極為同情，並大力幫他的忙，牛尚周做了一件影響小宋一生的大事，即介紹浙江名媛、明代學者徐光啟的後裔倪桂珍給宋嘉樹。一八八七年夏天，二十二歲的宋嘉樹與十九歲的倪桂珍結婚[16]，陪嫁的是一份豐厚的嫁妝，以及娘家有頭有臉的社會地位和十分良好的社會關係，這些都是宋嘉樹在上海打拚時代所急需的後盾[17]。沒有宋嘉樹的長袖善舞，就不會有宋家子女的出人頭地；同樣的道理，沒有倪桂珍的「幫夫運」，宋嘉樹也不可能飛黃騰達。

倪桂珍是浙江餘姚人，一八六九年生於上海，她的祖先徐光啟在明朝萬曆年間（一六〇一年）即在北京加入利瑪竇主持的天主教耶穌會，而成為中國最早信奉西教的名人，上海的「徐家匯」，據說就是因徐光啟住在該地而得名。倪桂珍的父親倪韞山是個學者，改信基督教而成為聖公會教徒（Episcopalian），因在徐家擔任家庭教師而與徐家的小姐結婚。倪桂珍畢業於上海美國聖公會主辦的培文女子高等學堂，並在母校任教[18]。

倪桂珍為宋嘉樹帶來了好運，結婚後第二年，宋即升為正式牧師，一八九〇年停止巡迴布道，成為上海郊區川沙地區傳教士。同時，他也祕密加入反清組織三合會。宋嘉樹頗為能幹，頭腦好、反應又快、觀察力敏銳，他知道如何做一個好牧師，更清楚如何拓展地盤，他以神職工作為中心，開創一個多元化事業。他為美國聖經協會當代理人，代售《聖經》及其他宗教書刊；加人美華書館，成為有經營權的股東；大量翻印中文《聖經》，為林樂知的《萬國公報》和一些宗教團體承印書籍，獲取優厚佣金；並祕密印製反清文宣。美華書館成為當時東亞最大的出版社之一[19]。

宋嘉樹一面傳教，一面做生意，亦即一手捧《聖經》，一手握鈔票。他擔任上海福豐麵粉廠經理，從海外進口機器，而成為上海「第一個代辦外國機器的商人」，也是第一批擁有重型機械的中國企業家之一[20]。生意愈做愈大，宋嘉樹有錢了，生活環境大大改善了，他是個大忙人，做生意對他是個挑戰，他熱愛這種挑戰，牧師工作已不再適合他，他更適合做買辦，他向教會提出辭呈，他只要做一個虔誠、熱心的基督徒，但不再擔任牧師職務。宋嘉樹雖告別了神職，仍積極為教會事務而奔走，一八九五年「中華基督教青年會」正式成立，宋為該會負責人之一，積極推動成立上海市基督教青年會（一九〇〇年），並捐助設立上海青年會館[21]。

得意商場　熱心資助革命

宋嘉樹在宗教活動和企業經營上的成就，只是提升了他的社會地位，使他成為社會名流，真正使宋嘉樹與時代潮流掛鉤的乃是他和孫中山的關係。他於一八九二年在廣州創設基督教青年會時，經由陸皓東介紹認識了孫中山[22]。在美國打過工、吃過苦、讀過書的宋嘉樹，當然了解中國國力的積弱不振，在西方逐漸進步之際，滿清中國卻一步步往後退。他是個有理想的人，和孫中山、陸皓東使用英語和廣東話作「終夕談」之後，宋受到了孫中山所描繪的革命遠景的啟發，決定傾全力協助孫中山進行革命事業[23]，但他不是下海搞革命，而是以做生意當掩護，以金錢資助革命。

宋嘉樹的賭性很強，也是個機會主義者，他的智慧和見識促使他願意為孫中山的革命事業投入巨大的賭注。由於同樣喝過洋墨水，又同為基督徒，孫、宋大有「一見如故」之感。一八九四年秋天，李鴻章拒絕接見孫中山，當然也就看不到孫花了心血所撰的〈上李鴻章書〉。剛好《萬國公報》正由宋嘉樹所經營的美華書館承印，宋即把〈上李鴻章書〉刊登在《萬國公報》上。也就是在一八九四年，孫中山在宋家第一次見到了一歲多的宋慶齡[24]，當時誰也沒料到這個可愛的女嬰竟會在二十一年後，不顧父母親的強烈反對，奔赴日本嫁給大她二十七歲的孫中山！

一八九五年，宋嘉樹致電在檀香山的孫中山，勸其回國進行武裝革命，孫急速回國發動廣州起義，不幸失敗，陸皓東壯烈成仁，孫被清廷通緝，從此長期流亡海外。宋嘉樹則因未暴露身分得以繼續掩護革命，利用美華書館大量印行興中會、同盟會宣傳小冊和孫中山所著的《倫敦被難記》。一九〇五年，宋嘉樹被孫中山吸收為同盟會會員[25]，宋是個腳踏實地的優秀革命同志，孫中山於一九一二年四月十七日所寫的〈致李曉生函〉中，盛讚宋嘉樹參加革命「二十年來始終不變，然不求知於世，而上海之革命得如此好結果，此公不無力。然彼從事於教會及實業，而隱則傳革命之道，是亦世之隱君子也。」[26]

精力充沛的宋嘉樹在上海灘的日子過得極為充實，做生意、教會活動和地下革命工作，使他忙得不亦樂乎。他和倪桂珍的家庭生活頗為美滿，在十七年內，宋家添了六個子女：長女靄齡（一八八九生）、次女慶齡（一八九三生）、長子子文（一八九四生）、三女美齡（一八九七生）[27]、次子宋子良（一八九九生）、三子宋子安（一九〇六生）[28]，這六個子女即是日後「宋家王朝」的基本成員。

宋嘉樹在慶齡出生後未久，即在上海虹口郊區置產買地、大興土木，蓋了一座半中半西的大洋房，房子後面有一個很大的菜園。新宅座落在遠離市囂的郊外，頗為寧靜，常使宋嘉樹回憶起當年在美國北卡州的日子。在美國八載，宋嘉樹深受美國文化與教育的薰陶，他對中國教育是陌生的，也可以說是不信任的，他知道中國必將在西潮的東漸下逐步脫離舊社會、舊文化的陰影。他在中西文化交匯的上海闖天下，他的美國背景對他是一大助益，他的買辦思想使他深深了解到「美國關係」的價值以及美國教育的實用。於是，他下定決心，他的六個子女都必須接受最好的美國教育、道地的美國教育。他決定送他的六個子女放洋留學美國，就像他當年在北卡州三一學院和田納西州范德比特大學就讀一樣。因此，他的六個子女陸續到美國念書，每個子女在美式教育的培養下，思想、生活、處世和待人接物都變成相當美國化，英語成為宋家的第一語言[29]，上海話居次，雖然他們的祖籍是海南島，卻沒有人會說廣東話和海南島話。

一九一一年十月十日革命黨人在武昌起義，辛亥革命成功，「革命的先行者」孫中山卻未能在中國的土地上躬逢其盛。放逐在外的孫中山此時正好在美國科羅拉多州的丹佛市，他是從美國的報紙上看到辛亥革命成功的消息，但他並未急著回國，先到英國經歐洲於十二月廿五日回到睽違十六載的祖國[30]。孫一抵上海即受到熱烈歡迎，並被十七省代表會議推舉為中華民國第一任臨時大總統。

一九一二年元旦，孫中山從上海到南京宣誓就職，宋嘉樹一家亦同往。典禮上，宋嘉樹夫婦、藹齡、子良、子安都坐在前排座位，顯示了宋家與孫中山的親密關係，慶齡、子文和美齡仍在海外，未克參加這次大典[31]。孫中山就任臨時大總統後，一九一〇年即自美國留學回來的宋藹齡在父親的推薦和孫中山的欣然同意下，擔任孫的英文祕書。藹齡精明細心，曾協助其父處理教會和公司的組織事務及募集資金，孫中山對她的工作表現頗為讚賞。

孫文亡命東瀛　宋家尾隨

孫中山於一九一二年四月被迫將臨時大總統職位讓給袁世凱，袁上臺後即進行復辟；一九一三年三月派特務刺殺國民黨代理理事長宋教仁，並與英、法、德、日、俄五國銀行團簽約借二千五百萬英鎊，即所謂「善後大借款協定」。孫中山推動「二次革命」討袁，失敗後，於八月亡命日本，袁世凱派刺客追蹤，孫在日本輾轉逃命，最後在東京梅屋庄吉家中隱居。不久，宋嘉樹一家也移居日本，賃居於橫濱，宋藹齡則繼續擔任孫的英文祕書，閒著無事，但患有腎臟病的宋嘉樹亦和藹齡一起幫孫中山處理英文函電[32]。

宋嘉樹的二女兒慶齡在藹齡的母校喬治亞州衛斯理安學院（Wesleyan College）畢業後，於一九一三年八月廿九日抵達橫濱，第二天就由父親和姊姊陪同拜訪孫中山，這是慶齡長大成年後首次會晤她所仰慕的革命家。十九年前，慶齡還在襁褓時，曾「見過」孫中山，她當然完全記不起來Uncle Sun的模樣。慶齡見到孫中山，極為興奮，不過，她也看到了孫的憔悴與病容；其時，孫的革命事業正處於逆境，革命黨人打下的江山卻被袁世凱橫刀奪去[33]，孫中山和許多革命同志都顯得意氣消沉，而孫本人又患有嚴重的胃病。

宋慶齡到日本後不久，也加入了父親和姊姊的行列，協助孫中山處理英文信函。一九一四年三月廿七日，孫中山腹痛，藹齡和慶齡姊妹趕到孫的住所照顧他，後來兩姊妹同去的次數減少了，大多由慶齡一個人去。藹齡和她過去在紐約認識的孔祥熙在東京重逢，孔當時在東京華人基督教青年會擔任總幹事，元配已逝，開始追求藹齡。一九一四年九月藹齡回上海與孔祥熙結婚，慶齡正式接替乃姊工作，做了孫中山的英文祕書[34]。

在孫中山身邊工作，宋慶齡感到無比的快樂，孫是革命家，也是風流種子，年歲的差距顯然無法阻止兩個人急速成長的愛苗，即使孫其時已有妻室、情婦和三個子女[35]。以《西行漫記》（即《紅星照耀中國》）一書名聞中外的美國記者史諾（Edgar Snow）在三〇年代曾訪問宋慶齡，史諾問她：「你是怎樣愛上孫博士的？」慶齡答道：「我當時並不是愛上他，而是出於對英雄的景仰。我偷跑出去協助他工作，乃是發自少女的浪漫念頭——但這是一個好念頭。」[36]慶齡一連寫了好幾封信給仍在美國求學的妹妹美齡，信中熱情地述說她為孫中山工作的愉快和期待。

孫宋結合　掀起滔天巨浪

一九一五年六月，宋慶齡特地為她和孫中山的婚事返回上海徵求父母的同意。宋家上下像遭到大地震、大颱風一般地衝擊，宋嘉樹和倪桂珍夫婦更是震怒、驚駭，他們萬萬沒有料到革命家老朋友竟會做這種荒唐事，竟然「勾引」老友的女兒，宋氏夫婦氣極了，破口大罵「不要臉」的孫中山，藹齡也反對妹妹的婚事[37]。宋母倪夫人淚眼婆娑地勸導慶齡說，孫已有妻室、兒子孫科比她還大、兩人年紀相差懸殊。意志堅定的慶齡始終不為所動，宋嘉樹決定將慶齡軟禁在家，不准她出門[38]。

不僅慶齡受到家人的強烈反對，孫中山的友人亦紛紛表示異議，孫的好友、居停主人梅屋庄吉的夫人甚至對孫說，與年齡相差如同父女的宋慶齡結婚，「會折壽的」。孫卻回應道：「不，如能與她結婚，即使第二天死去亦不後悔。」[39]一九一五年六月，孫中山將原配盧慕貞從澳門接到東京辦理離婚手續[40]。

一九一五年十月的一個夜晚，宋慶齡在女傭的幫助下，爬窗逃走，與孫中山的同鄉好友朱卓文父女一起私奔到日本。十月二十四日中午，孫到東京車站迎接慶齡，第二天上午即在日本律師和田瑞家中辦理結婚手續，當天下午在梅屋庄吉家舉行茶會，到場致賀的中國人只有廖仲愷及何香凝夫婦和陳其美。孫的革命夥伴胡漢民、朱執信曾一道走訪孫，欲勸他懸崖勒馬，孫拒和他們談「私事」[41]。除了宋家和革命黨同志反對中山與慶齡的婚事，基督教人士亦表不滿。在當時，孫宋婚姻確是個大醜聞，許許多多人對孫的私德大搖其頭。

宋嘉樹發現慶齡越窗離家出走之後，和妻子立即搭船追至日本想攔阻婚事，然為時已晚，「生米已煮成熟飯」。氣呼呼的宋嘉樹找到孫中山，狠狠地教訓他一頓。宋慶齡向史諾回憶說：「我父親到了日本，把他（孫中山）大罵一頓。我父親想要解除婚姻，理由是我尚未成年，又未徵得雙親同意。但他未能如願，於是就和孫博士絕交，並與我脫離父女關係。」[42]梅屋庄吉的女兒梅屋千勢子的回憶是，宋嘉樹站在大門口，氣勢洶洶地吼道：「我要見搶走我女兒的總理！」梅屋庄吉夫婦很擔心出事，打算出去勸宋嘉樹，孫中山向他們說，這是他的事情，不讓他們出去。孫走到門口臺階上對宋嘉樹說道：「請問，找我有什麼事？」暴怒的宋嘉樹突然叭地一聲跪在地上說：「我的不懂規矩的女兒，就拜託給你了，請千萬多關照。」然後磕了三個頭就走了[43]。據說，宋曾要求日本政府出面干預，但未成功。

宋嘉樹回到上海後不久，向他的老友、美籍傳教士步惠廉（William Burke）傾吐他的苦痛，他說：「比爾，我一生中從來沒有這樣傷心過，我的失望和痛苦將伴隨我到墳墓。」[44]宋慶齡到了晚年提及她當初違抗父命與孫結婚，心中猶有餘痛，她說：「我愛父親，也愛孫文。今天想起來還難過，心中十分沉痛。」[45]宋嘉樹受到椎心之痛的刺激，原本欠佳的身體更形惡化，以致病倒，在青島療養期間，頗覺孤獨寂寞，大女婿孔祥熙陪他、照顧他[46]。儘管如此，宋嘉樹夫婦阻婚未成自日返國後，仍補送了一套古色古香的家具和百子圖緞繡被面給慶齡當作嫁妝，這也許就是「天下父母心」的投射[47]。

從世俗的眼光看來，孫宋婚姻也許「大逆不道」，宋家和孫中山的革命夥伴終究還是寬恕他們。政治情勢、政治利益和既成事實，都迫使持異議的人不得不接受這場「劃時代」的婚姻。美國作家項美麗（Emily Hahn）說：「宋嘉樹並未因女兒的行動而動搖了自己的信仰，他仍一如既往地為孫中山、為祖國的未來而戮力。」[48]和項美麗一樣為宋家姊妹作傳的美國女作家露比．尤恩森（Roby Eunson）亦認為：「宋嘉樹當了自己的老朋友和同輩人的岳父而感到難堪，但他還是孫中山的朋友，在政治上繼續和他共事。」[49]

宋嘉樹於一九一八年五月三日因胃癌逝世，終年五十二歲；十三年後，夫人倪桂珍亦因癌症病逝於青島別墅，終年六十二歲。一九三二年八月，宋家子女合葬父母親於上海萬國公墓內的宋家墓園[50]。

宋嘉樹開創了宋家王朝[51]，孫中山與宋慶齡的聯姻則為這個朝代添加了耀世的政治光環。誠如美國《內幕》作家約翰・根室（John Gunther）所言，宋慶齡「無疑是宋家最重要的人物，因宋家的一切勢力皆是經她發展擴大，如她未和革命之父結婚，其餘的姊妹和弟弟就不會有今天。」[52]

注釋

1 尚明軒、唐寶林《宋慶齡傳》，北京：北京出版社，一九九二年一月三刷，頁六～八；《文昌文史》第二期，海南島：文昌縣政協文史組出版，一九八七年四月一日；于醒民、唐繼無、高瑞泉《宋氏家族第一人》上冊，香港：星輝圖書公司，一九八八年一月，頁三～卌一。宋慶齡告訴美國記者史諾（Edgar Snow），她的部分祖先是海南島客家人，參看Edgar Snow, *Journey to the Beginning*, New York: Random House, 1958, 91。

2 《宋慶齡傳》，頁八。宋家的兩個「謎團」是宋嘉樹的名字和宋美齡的生年。據《宋氏家族第一人》（上冊）說，宋耀如「本姓韓，一八八〇年在美國北卡羅萊納州受洗時的教名是查理・瓊斯（Charlie Jones）。初返國時，用名為宋教準，照字面是決心以基督教的理想為人生的準則。以後，著名的《萬國公報》主筆沈毓桂先生替他改名為曜如，字嘉澍（樹）。耀、曜二字相通，曜如者，如同普照大地之明輝也。嘉澍典出《後漢書・明帝紀》中的『冀蒙嘉澍』，意思是及時雨的澆灌。」（頁二）；尚明軒、唐寶林合著的《宋慶齡傳》的說法為：「……宋嘉樹，是宋氏家族的奠基人。他原名韓教準（乳名阿虎），又名宋耀如，西名查理・瓊斯・宋（Charles Jones Soong）……。」（頁五）；劉家泉的《宋慶齡傳》（北京中國三聯出版公司，一九八八）則說：「宋慶齡的父親宋嘉樹，原名喬蓀，字耀如，他本姓韓，父親叫韓鴻翼，生三子，長子政準、三子致準，宋嘉樹是次子，原名韓教準。」（頁五）

3 尚明軒、唐寶林《宋慶齡傳》，頁九；《宋氏家族第一人》，頁一一四～一七一；勒法格（Thomas E. La Fargue）

著、高岩譯《中國幼童留美史》，香港：文藝書屋出版，一九八〇年八月，頁二一〇～二一三。

4 Sterling Seagrave, *The Soong Dynasty* (New York, 1985), 20-23；《宋慶齡傳》，頁六、十一。

5 Seagrave, 24；《宋慶齡傳》，頁十。

6 Seagrave, 27。

7 前引，29，65。

8 一九〇五年宋嘉樹重返美國的最主要目的，乃是向卡爾募捐孫中山的革命經費以及向華僑籌款。一九〇六年，宋嘉樹帶了二百萬美元的革命經費回到上海，其中最大的捐款人即是卡爾。宋嘉樹日後的發財致富、善於投資經營，實係受到卡爾的影響。一九一七年，喪偶不久的卡爾來到了上海，剛從麻州韋思禮學院畢業返國的宋美齡協助父親招待卡爾。卡爾在上海受到熱烈的款待，因反對女兒慶齡嫁給孫中山而和孫鬧得極不愉快的宋嘉樹，亦不得不暫時與「二女婿」一起接待遠方來的大恩人。Seagrave, 65, 91, 143-144。

9 Seagrave, 35-36。

10 前引，37。

11 同前。

12 《宋慶齡傳》，頁十七。

13 前引，頁十六～十七。宋家六子女皆未受過正規的中國傳統教育，故成長後中文皆不行，家庭交談以英語和上海話為主，宋子文做官後，不看中文公事，只看英文報告。宋美齡晚年發表的一些中文文章和講稿，幾全由孔令侃代筆。

14 Seagrave, 48。

15 同前；《宋慶齡傳》，頁十八。

16 《宋慶齡傳》，頁廿三。抗戰期間曾任國民黨中宣部駐英、美代表的老外交家夏晉麟在其回憶錄《我五度參加外交工作的回顧》（一九七八年臺北傳記文學出版社）中說：「我未來太太（牛惠珍）的一位長輩溫秉忠先生……溫先生當時任外交部顧問，工作清閒。但在清末他卻是兩江總督端方屬下的一位紅道臺。曾為端方處理過不少有關外交及教育事務。一九〇五年曾隨憲政改革考察團赴歐美。此外他也曾三次率領教育考察團赴美，並有三批中國留學生隨行，宋氏三姊妹中之二即在其中。一九一二年，國父北上商談國是時，溫先生曾擔任國父之首席政治顧問。」夏晉麟的岳父牛尚周與溫秉忠皆為清廷選派赴美的幼童留學生，溫、牛即在波士頓結識宋嘉樹，三人日後成為連襟。牛尚周的兩個兒子牛惠霖、牛惠生均為著名外科醫生。據蔣介石的「御醫」熊丸說，蔣因西安事變時背部受傷，渾身痠痛，骨科醫生牛惠霖建議他去拔牙，把牙齒全拔之後，痠痛自然好轉。委員長聽了建議，便把牙齒全部拔掉，痠痛也果真痊癒……。」見《熊丸先生訪問紀錄》，頁八六，中央研究院近代史研究所，一九九八年出版。

17 《宋慶齡傳》，頁廿三。

18 同前。徐光啟，上海人，明萬曆進士，崇禎時做到禮部尚書兼東閣大學士，參機務。義大利教士利瑪竇來華傳教，徐加入天主教，教名保祿，向利瑪竇學天文、曆算、火器，尤精於曆。與義大利人龍華民、鄧玉函、羅雅各等修正曆法。徐可說是中國人研修西學的第一人，著有《農政全書》、《幾何原本》。

19 《宋慶齡傳》，頁十九；Seagrave, 86。

20 Seagrave, 66; Emily Hahn, *The Soong Sisters*, New York: Doubleday, Doran & Co., 1941, 24。

21 《宋慶齡傳》，頁廿。

22 前引，頁廿一。

23 同前。

24 前引，頁卅九。

25 前引，頁四一。

26 同前；《孫中山全集》第二卷，北京：中華書局，一九八二，頁三四二。

27 由於宋家的「神祕性」和文獻不足徵，加上數十年來的以訛傳訛，宋家的基本史料一直沒有人認真做，如宋美齡的生年即有數種不同記載，最普遍的說法是生於一八九七年（清光緒廿三年）。梁人在《宋美齡「年齡」之謎》（載《民國檔案》一九九五年第一期，總第卅九期，頁一四〇，南京民國檔案雜誌出版）中，認為宋美齡生於一八九七年三月三十日，即光緒廿三年三月初五，他根據的是《蔣介石日記》，一九三一年三月三十日條，蔣寫道：「今日為妻陽曆三十三歲華誕」。坊間出版之數種宋美齡傳記泰半採一八九七年說；劉復昌於《民國檔案》一九九〇年第四期

（總第廿一期）考證宋氏家族唯一全家合照（一九一七年七月初）亦推算宋美齡生於一八九七，拍照時為二十歲。王舜祁在《宋美齡出生年月日考》（收入《蔣介石家世》，浙江文史資料選輯第卅八輯，頁一六六—一六七，浙江人民出版社，一九八八）中，則依據蔣介石親自在《武嶺蔣氏宗譜》上所寫的：「民國十六年繼配宋氏美齡……，光緒二十五年己亥二月十二日生。」認為宋美齡的「確切生日」應為公元一八九九年三月二十三日。王舜祁又說：「一九四七年四月二日至十一日，蔣宋夫婦回故鄉奉化縣溪口鎮掃墓，停留十天，他們住溪口主辦的武嶺學校（蔣任校長、宋任校董），逐日記載了他們的行蹤，現在這本《校刊》還在。其中記載著：「四月三日，宋夫人四十九歲生日，晚看『群仙上壽』，古裝話劇。」按照奉化習慣，壽辰按虛齡計年，且以陰曆為準，故那年宋美齡為四十九虛歲，一九四七年的四月三日，農曆為閏二月十二日，與蔣介石為宗譜寫的條文完全相符。」擔任蔣介石私人醫生數十年的熊丸在口述歷史中雖未言宋美齡的出生年分，但亦稱宋生日為陰曆二月十二日，見《熊丸先生訪問紀錄》，陳三井訪問、李郁青紀錄，臺北：中央研究院近代史研究所，一九九八，頁一〇一。

蔣緯國亦認為宋美齡應為民前十三年（一八九九年）出生，和蔣介石（民前二十五年、一八八七年生）相差十二歲，兩人都屬豬。蔣緯國的證據是宋美齡曾畫了一張花卉彩繪，「花叢中有兩隻豬」。蔣緯國說，「宋氏媽媽」生於民前十三年，「是在各種猜測中比較可信的。」又說：「我們當然從來沒有誰敢問她是哪年出生。」；參看汪士淳《千山獨行——蔣緯國的人生之旅》，臺北：天下文化出版公司，一九九六，頁八四。項美麗在三〇年代撰寫《宋家姊妹》（*The Soong Sisters*）時，曾獲藹齡、美齡的合作，但在書中卻未明白指出三姊妹的出生年月日，且相互牴觸。艾馬．克拉克（Elmer T. Clark）在其著作《中國的蔣氏》（*The Chiangs of China, 1943*）中，刊有一張三姊妹於一九〇八～一九〇九就讀衛斯理安女子學院的入學名單，上載宋藹齡十八歲、宋慶齡十五歲、宋美齡十歲。

宋美齡於一九七八年四月一日自紐約致電蔣經國，告以未能返臺參加其總統就任典禮和祭奠蔣介石逝世三周年紀念，宋美齡在電文中說她「八歲即離家來美求學」。但宋美齡於一九九五年七月重訪美國國會山莊時，親告喬治亞州民主黨參議員楠恩（Sam Nunn）她十歲來美。宋於一九〇七年夏偕二姊慶齡出國留學。但紐約郊外風可利夫（Ferncliff）墓園中宋子良墓碑上的生卒年為一八九九～一九八七，故宋美齡生於一八九九之說應不足採信。美國內幕作家約翰．根室在《亞洲內幕》中稱宋美齡生於一八九八，見英文原書頁二二二；一九三七年八月十六日出版的

《生活》（*LIFE*）雜誌亦稱宋美齡生於一八九八年三月廿五日，十歲赴美念書。

28 宋家六個兄弟姊妹中最小的是宋子安，他的生年資料在已出版的有關宋家著作中均付諸闕如，據劉復昌考證應為一九〇六年生。宋子安雖排行最幼，卻最早過世（一九六九年二月病逝香港）。

29 宋家子女不僅以英語為第一語言，對西餐的愛好遠甚於中國菜，宋子文以嗜食牛排著稱。宋嘉樹自美國回到上海後，從此即對中國食物沒有胃口，Hahn, 29。

30 C. Martin Wilbur, *Sun Yat-Sen: Frustrated Patriot* (New York, 1976), 19。

31 《宋慶齡傳》，頁五一。

32 前引，頁五四。

33 孫中山說他最大的錯誤是把臨時大總統職位讓給袁世凱，Wilbur, 21。

34 《宋慶齡傳》，頁六三。

35 哥倫比亞大學民國史專家韋慕庭（C. Martin Wilbur）認為孫中山在日本橫濱、東京居停期間排遣寂寞的方式之一，即是找低下層的日本女人。見Wilbur, *Sun Yat-sen*, 36。孫中山就像許多中外革命家一樣，一生中「擁有」過不少女人。「孫大砲」的情婦即為陳粹芬（亦有人稱她為孫的妾），孫於一八九二年八月十二日在香港認識陳女，隨即同居，據莊政說：「中山先生元配盧慕貞女士，與陳粹芬夫人誼同姊妹，相處和諧；晚年常相聚首，尤為難得。」陳粹芬是個女中豪傑，頗為能幹，陪孫中山浪跡日本、南洋，常為一夥革命同志燒飯、洗衣。孫中山日本友人宮崎寅藏形容陳粹芬：「在照顧孫先生日常生活的那位中國婦女同志，真是個女傑，她那用長筷子，張著很大的眼睛，像男人在吃飯的樣子，革命家的女性只有這樣才能擔當大事。」孫與盧慕貞育有孫科、孫金琁、孫金琬（夫戴恩賽）；盧、陳皆未和宋慶齡接觸，盧私下罵宋慶齡為「赤佬」；孫家晚輩稱盧為「澳門婆」、陳為「南洋婆」、宋為「上海婆」；盧卒於一九五二年，陳死於一九六〇年。參看莊政〈孫中山與陳粹芬〉（《傳記文學》第六十一卷第三期，總號第三六四期，頁十四～十七，一九九二年九月出版）。

36 Snow, 88。

37 Roby Eunson, *The Soong Sisters*, New York : Franklin Watts, 1975, 43。

38 《宋慶齡傳》，頁六六。
39 前引，頁六七。
40 前引，頁六七～六九；吳相湘《孫逸仙先生傳》，臺北：遠東圖書公司出版，一九八二，頁一一七一。
41 《宋慶齡傳》，頁六九～七三。
42 Snow, 89。孫中山與宋慶齡結婚的消息傳抵美國時，孫科、宋子文和宋美齡都不相信。見Eunson,43。
43 《宋慶齡傳》，頁七四。
44 James Burke, *My Father in China* (New York, 1942), 265。
45 前引，頁七五。
46 同前。
47 同前。
48 Hahn, 98。
49 Eunson, 45。
50 宋慶齡的骨灰於一九八一年六月四日安放於父母墓地的右側墓穴內，墓碑上刻：「中華人民共和國名譽主席宋慶齡同志之墓」，宋家墓園座落上海市長寧區宋園路廿一號。一九九八年十月十五日，臺灣海基會董事長辜振甫夫人嚴倬雲（婦聯會祕書長）趁辜、汪（道涵）上海會談之便，受宋美齡之託向宋耀如夫妻之墓獻花致敬，花圈上書寫：「父母親大人永生，女美齡叩獻」。見一九九八年十月十五日《中時晚報》，頁一、三。
51 「宋家王朝」（The Soong Dynasty）一詞雖因美國作家西格雷夫一九八五年的著作《宋家王朝》而聞名於世。事實上，一九三三年十二月十一日出版的《時代》（*TIME*）周刊即已使用「宋家王朝」一詞，稱宋嘉樹（Charles Jones "Charlie" Soong）「印製聖經、創造歷史和製造好姻緣」。一九四一年三月廿四日出版的《生活》（*LIFE*）雜誌在一篇介紹宋子文的長文中，亦用「宋家王朝」的字眼，稱宋嘉樹是「偉大的宋家『王朝』之父」（father of great Soong "dynasty"）；又稱宋家為「中國第一家庭」（China's first family）。見*LIFE*, March 24, 1941, pp.90-97。
52 John Gunther, *Inside Asia*, New York: Harper & Brothers,1939, 224。根室於三、四〇年代以《內幕》叢書享譽全球，

一九三八年四月訪華蒐集材料，因宋美齡頗欣賞《歐洲內幕》一書，乃建議蔣介石接受根室訪問。一九三八年四月六日，根室在漢口訪問蔣，宋美齡權充翻譯。《亞洲內幕》出版後，卻引起蔣、孔、宋家族的極度不悅，因根室在書中抨擊國民黨的統治階層，尤其是孔宋家族。根室與項美麗本為舊識，在上海重逢時，根室即建議項美麗撰寫宋家姊妹的傳記，因西方人如欲了解中國政治，必須先熟稔檯面上的人物。美國作家史賓塞雖於一九三九年出版過《三姊妹——中國宋家的故事》，但這本書屬於童書性質，穿插不少虛構情事，不能稱為歷史傳記。其時與項美麗同居的中國「頹廢派詩人」邵洵美表示，如能獲宋藹齡首肯，則宋家姊妹必願與項美麗合作，接受訪問和提供資料。邵洵美的姨媽（清末名臣盛宣懷之女）與宋藹齡為小時玩伴，交情頗深，經由這位姨媽的介紹和安排，宋藹齡於一九三九年夏天在香港寓所接見項美麗和邵洵美，宋在談話中痛罵根室，項美麗則表示她會寫一本「真實的書」。數日後，宋藹齡同意與項合作，並安排項訪問蔣夫人。一九三九年十二月，項獲國府贈機票自香港飛重慶訪問蔣夫人，兩個人一見如故，並訂立了寫傳「規則」：只要不作人身抨擊，蔣夫人願意合作；書稿須給蔣夫人和孔夫人先行審閱。項美麗在重慶駐足十週，開始著書；一九四〇年二月，宋家三姊妹聚會香港，三月三十一日同機飛重慶以示「宋家三姊妹團結抗日」，項美麗亦隨行。撰寫過程中，項與宋藹齡、宋美齡訪談多次，宋慶齡則拒絕與項合作，並懷疑她是「美國間諜」。邵洵美的妻子盛佩玉則稱邵曾陪項拜訪宋慶齡，宋慶齡出示不少珍貴資料和照片給項過目，並由邵洵美譯為中文。項美麗的《宋家姊妹》於一九四一年出版後，頓時洛陽紙貴，風行全美，為經常「飽一餐、餓一頓」的項美麗打響知名度，但因該書對宋家姊妹和蔣採取「一面倒」的肯定態度，絲毫未予批評，而遭到不少人的指謫，名作家賽珍珠甚至說宋家姊妹賄賂項美麗為她們寫傳。儘管如此，半個多世紀以來，有關宋家姊妹的中英文著作，仍未脫離項美麗開山之作的框架。參看Ken Cuthbertson, *Nobody Said Not to go —The Life, Loves, and Adventures of Emily Hahn*, Boston : Faber and Faber, 1998, 170-173,177, 187-188, 192-193; Ken Cuthbertson, *Inside —The Biography of John Gunther*, Chicago : Bonus Books, 1992, 170-172; 關志昌〈邵洵美（一九〇六～一九六八）〉，收入《民國人物小傳》第十六冊，臺北：傳記文學出版社，一九九六，頁一〇〇——一一二。

第二章

負笈新大陸——美國緣的開端

幼年時代的宋美齡是個小胖妹。

宋家三姊妹的啟蒙學校——上海中西女塾，是外國教會在中國辦的第一所女校，現已改為沐恩堂（上海西藏中路）。

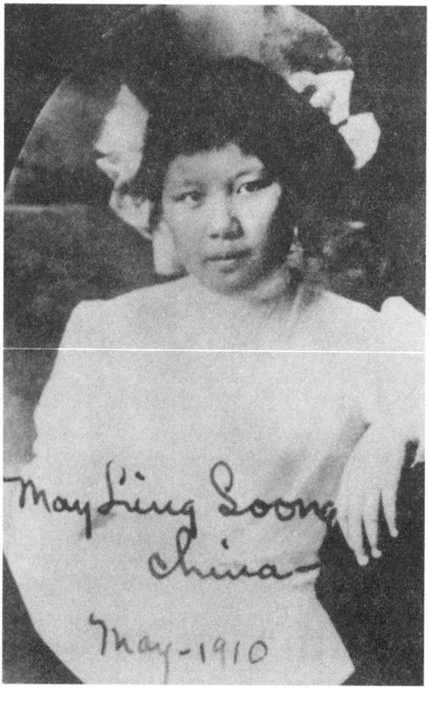

一九一〇年五月的宋美齡。

宋慶齡和宋美齡姊妹在喬治亞州衛斯理安學院肄業時，宋子文偕友人竺可禎（後曾任浙江大學校長）去探望她們。圖為（自左至右）宋子文、宋慶齡、竺可楨之女友、竺可楨、宋美齡。

一九一三年宋美齡和衛斯理安同學合影，一位二年級學生牽著她的手。同年，宋美齡轉學至麻州韋思禮學院。

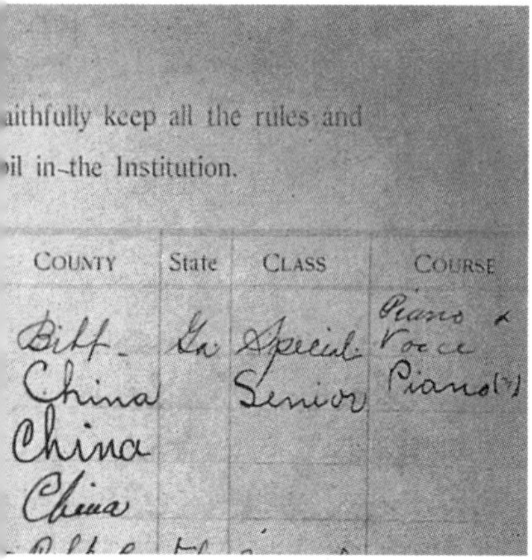
aithfully keep all the rules and
il in the Institution.

County	State	Class	Course
Bibb - China	Ga	Special Senior	Piano & Voice Piano(?)
China			
China			

一九〇八年，宋家三姊妹在喬治亞州衛斯理安（Wesleyan）女子學院註冊單上的簽名紀錄。左側可看到歪歪扭扭的中文字：宋愛林、宋美林、宋慶林。

一九一七年宋美齡大學畢業時，著學士服與韋思禮T. Z. E.姊妹會會友合影。右邊最後一排右二即宋美齡。

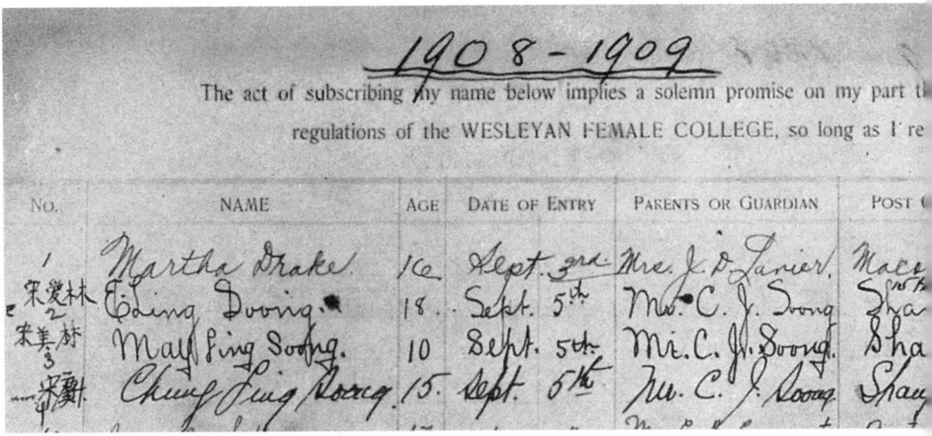

1908-1909

The act of subscribing my name below implies a solemn promise on my part t

regulations of the WESLEYAN FEMALE COLLEGE, so long as I re

No.	Name	Age	Date of Entry	Parents or Guardian	Post
1	Martha Drake	16	Sept. 3rd	Mrs. J. D. Lanier	Mac
宋愛林 2	E-ling Soong	18	Sept. 5th	Mr. C. J. Soong	Sha
宋美林 3	May Ling Soong	10	Sept. 5th	Mr. C. J. Soong	Sha
宋慶林	Chung Ling Soong	15	Sept. 5th	Mr. C. J. Soong	Shan

學成歸國後，宋慶齡（坐者）與宋美齡
合攝於上海。

負笈新大陸的宋子文與姊姊宋慶齡（右）、
妹妹宋美齡（左）。

一九四三年宋美齡重訪母校麻州韋思禮（Wellesley）學院。

宋嘉樹教導子女的八字真言是：「不計毀譽，務必占先」[1]，他的身教與言教對其子女產生了莫大的影響，除了宋子良、宋子安比較不突出，三個女兒長大後分別成為名震中外的孔夫人、孫夫人、蔣夫人，宋子文亦變成「炙手可熱勢絕倫」的政經霸主。宋嘉樹是個極有遠見的人，他深切體認到二十世紀的中國將會面臨鉅變，他的美國經驗告訴他，未來的中國亟需受過美國教育的人，唯有受過西方現代化教育洗禮的人，才能改造中國、始能躍為中國社會的領袖人才。

三姊妹均出身中西女塾

宋家三姊妹幼時皆就讀於著名的上海中西女塾，這是外國教會在中國開辦的第一所收費女子學校，主要創辦人就是宋嘉樹所厭惡的林樂知。林樂知看到上海有那麼多的「高級中國人」，卻沒有一所學校供他們的女兒就讀，於是建議美國衛理公會，由南方女布道會負責籌備，在上海成立一所專供中國富家豪門女兒就讀的學校。經過數年籌備，中西女塾於一八九二年三月在上海漢口路建校完成，首任校長為林樂知介紹到中國從事教會工作的喬治亞州教育家海淑德（Laura Haygood）女士。中西女塾的校名是林樂知取的，他辦過「中西書院」，故沿用「中西」二字，並兼含「亦中亦西、學貫中西」之義。該校的英文名字卻與「中西」無關，而採用「馬克諦耶女校」（McTyeire School for Girls）為名，馬克諦耶即是當年拒絕宋嘉樹學醫並命他速返中國傳教的范德比特大學校長。馬克諦耶大力支持中西女塾的創辦，但學校未建成即去世，故以其姓為校名來紀念他[2]。

中西女塾教學一律使用英語，甚至連中國歷史與地理課本亦從美國運來；也就是說，上層階級的中國女生，小小年紀就要讀外國人寫的本國史地。這樣的教育，等於是留美預備學校，也是為中國培養「白華」的溫床[3]。

宋靄齡五歲時即被父母送入中西女塾，因年紀太小，校長特別單獨教她，九年後（一九〇四年），即隻身飄洋過海到美國念書。宋嘉樹自己在美國南方學校就讀，因此希望靄齡也能到南方去，他請求在中國傳教多年的范德比特大學同窗好友步惠廉（William Burke）牧師，介紹南方大學，宋說他十五歲進三一學院，靄齡已十三歲，可以進大學了。步惠廉與喬治亞州梅康（Macon）城關係很深，又和梅康城衛斯理安學院院長桂利（DuPont Guerry）法官是老友，步惠廉即寫了一封信給桂利，告訴他有關宋嘉樹和宋靄齡的背景。一九〇三年夏末，步惠廉收到回信，桂利表示歡迎，步惠廉正打算翌年五月攜妻兒返美度假，即建議靄齡和他同行，宋嘉樹欣然答應[4]。

靄齡負笈衛斯理安學院（Wesleyan College），為慶齡和美齡開了路[5]。

慶齡、美齡也跟大姊一樣進了中西女塾。慶齡比美齡大四歲，女作家尤恩森說：「在三姊妹中，表面上最自信和最開朗的美齡，五歲就進了衛理公會寄宿學校（即中西女塾）。這個喜歡熱鬧的圓臉蛋孩子，外號叫『小燈籠』，因為她的體型就像燈籠一般。她的樣子像是早已準備好離家生活，事實上，她感到寂寞，並且害怕穿過學校樓房那些黑暗的大廳，但她強裝不怕。當她被發現作惡夢而嚇得發抖和尖叫時，她被送回家了。家裡請了一個家庭教師教她，一直到她前往喬治亞州梅康城。」[6]

美齡從小個性倔強任性

慶齡準備赴美深造，美齡堅持要和她同行，宋嘉樹夫婦認為美齡太小了，婉勸她過幾年再去，美齡不從。尤恩森說：「她想要做什麼，往往是非做不可——這個特點一直保持下來。多年後，她成為中國第一夫人，數不清的讚頌之詞加在她身上，但有不少人認為她是個『要駕馭一切的人』（a manipulator）。」[7]

宋嘉樹於一九〇五～一九〇六年重訪美國募捐革命經費時，曾陪其連襟溫秉忠到新澤西州沙密（Summit）鎮參觀柯拉拉．包特文（Clara Potwin）女士所辦的一所規模極小的學校，這所「迷你」學校每年收一批中國留學生幫他們加強英文和認識美國。包特文的父親過去曾在耶魯大學為中國留美幼童補過英文，後來自己就辦了這所「補習班」式的小學校，死後由女兒繼承父業，溫秉忠那天是為他的義子看看包特文學校的環境，宋嘉樹亦頗感滿意，打算以後讓其女兒到該校修習。[8]

慶齡、美齡於一九〇七年（一說一九〇八年）七月搭乘「滿洲號」輪船自上海出發，其時，慶齡十四歲，美齡十歲（一說八歲）。剛好她們的姨父溫秉忠奉命率清政府教育考察團赴美，即由溫秉忠夫婦和沙密鎮一名教育家格蘭特（William Hemry Grant）護送，順利抵達舊金山，再坐火車橫貫新大陸到了東岸的新澤西州。

包特文學校有好幾個美國女學生，其中一位艾茉莉．唐納（Emily Donner）回憶當年中國女孩來校的往事，她說：

在我們的小世界中，這是件很奇妙的事，我們等了一段時間而仍無消息之後，我們就忘了，直到有一天上學時，卻發現她們已在眼前了。

那位姊姊非常安靜而嚴肅，應有十五歲了，對於我們這些只有九歲大的小孩來說，似顯得很老成。她的中文名字叫慶齡，不過我們都叫她羅莎蒙（Rosamond）……我們並不常見到她，因為她的年紀和性情，自然不會喜歡我們帶孩子氣的遊戲。

另外一個可愛的小姑娘叫美齡，我們這年紀，很有活力，也有點淘氣……，美齡長得像個快樂的小奶油球，什麼事情都想知道。

當她們姊妹倆來到我們這兒有一段時間後，她們的大姊藹齡來看她們，她已經是個大人了，很甜、很友善。她抹著用米做成的面粉，嘴唇塗有淡淡口紅，雙頰亦化了粧，讓我們這些一九〇八年的小孩嚇了一跳……我記得，基於小女生的觀點，我還衷心希望美齡到了她這種年紀，不要像她一樣把臉孔變得這個樣子。

有一天，從中國寄來一個包裹，裡面都是些很可愛的女孩子用品，其中給美齡的是一件漂亮的黑綢套裝，這件套裝包括一件黑綢上衣和一件繡有青龍的外套。美齡穿上新衣服，即爬到樹上玩，爬得太高了，下不來，我哥哥就爬上去把她帶下來，我們在樹下等，希望她不要把衣服刮破，幸好平安無事。[9]

慶齡美齡培養閱讀習慣

慶齡和美齡兩姊妹都有閱讀的好習慣，沙密鎮圖書館館員露薏絲．摩理士（Louise Morris）發現慶齡愛讀大人看的小說和非小說書籍，美齡則喜歡《兔子彼得》這類的書。美齡因年紀太小，常會想家而悶悶不樂，瑪格麗特．邦斯（Margaret Barnes）老師就成了她傾訴思鄉的對象。邦斯小姐說，美齡常在晚上到她的房間聊天，告訴她上海的家中瑣事和中國點滴；兩姊妹不喜歡中國式髮型，邦斯小姐就幫他們改梳成美國式髮型，美齡每天早上在她的頭髮上紮了兩個大蝴蝶結[10]。

兩姊妹雖在家裡和中西女塾接觸過多年英文，口語流利，但仍需在包特文學校再磨練英文，同時了解美國文化和風俗習慣。一九〇八年夏天，慶齡和美齡在喬治亞州山區小鎮狄摩瑞斯（Demorest）避暑，藹齡要回中國，慶齡在秋天一個人前往衛斯理安學院，美齡則留在狄摩瑞斯的皮得蒙學校（Piedmont School）念書。

多年後，宋美齡仍津津樂道她在皮得蒙學校的愉快日子。她說：

那時候我才十一歲，太小，還不能上大學，而我又喜歡這個村莊，並在當地小女孩中找到了玩伴，姊姊（慶齡）就決定把我交給大姊同學的母親莫斯太太（Mrs. Moss），請她照顧我。

我進皮得蒙學校念八年級，讀了九個月，非常喜歡那段日子，更有趣的是我發現在班上有很多同學都是成年人，他們來自遠方山區，很多人都已經教了好幾年小學，存了錢才再進皮得蒙學校。他們都對我很感興趣，對我來說，我開始認識窮苦人家的生活，他們為了三餐，甚至念小學的費用，必須努力奮鬥。我覺得，這樣的接觸，影響到我對許多窮苦人家的看法，人不是出生就錦衣玉食，而在我一生中僅有的這一次經驗，使我體認到他們存在的真正價值，畢竟，像這樣的窮人家是構成每一個國家的骨幹。[11]

宋美齡又說：

我是在皮得蒙學校才開始探索到英文句子結構的奧妙。其時，我才到美國兩年，英文程度還不夠好，造句時常會加點可笑的小伎倆，使我的文法老師很頭痛。為了糾正我的毛病，就教我去分析句子。老師諄諄善誘的結果，許多人現在都說我的英文寫得很好……。

聖誕節前幾天，美齡和三個小朋友決定每人省下二角五分錢，湊成一塊錢買東西送給住在鐵路旁的窮人家庭孩子。她們在經常光顧的一家雜貨店認真討論要買些什麼禮物，美齡堅持買糖，有人主張買馬鈴薯，雜貨店的老闆微笑著聽她們激辯，最後四個小女生決定買糖也買馬鈴薯，每樣東西老闆多給了一點，大家皆大歡喜，吃力地提著大包小包越過鐵路柵欄到一座破舊的小木頭房子。他們走進去看到衣衫襤褸、愁容滿面的母親，她的小孩緊緊地抓住她的手，從裙子後面探頭偷看，四個小女生看到這個景象嚇壞了，誰也說不出話來，把帶來的禮物往地上一扔，立刻衝出去，沒命地跑，跑了好一段路之後，才有人鼓起勇氣大聲叫道：「聖誕快樂！」美齡說她一輩子不會忘記這件事[12]。

宋美齡在喬治亞州狄摩瑞斯的皮得蒙學校僅待了短短九個月，卻奠定了她「美國化」的基礎[13]。

繼兩個姊姊之後，宋美齡也進了衛斯理安學院，由於年紀小，只有十二歲，按衛斯理安的老規矩，連當「特別生」的資格也沒有，幸好老校長桂利法官已退休，新校長安斯渥斯（W. N. Ainsworth）主教對美齡特別通融、格外照顧。美齡是個小福星，幸運之神經常光照她，校長為她安置了一間宿舍，有自己的房間，但她一天到晚往校長家裡跑，又跟比她小兩歲的校長女兒伊蘿絲（Eloise）很要好，因此大部分時間都住在校長寓所。校長為美齡請了兩位私人老師，教她功課並照顧她生活起居，美齡是享有特權的特殊學生。在衛斯理安師長、同學的記憶中，美齡聰明、活潑、調皮、任性、倔強、思想早熟、學習能力強、有創造力、英文比兩個姊姊好、小小年紀即顯現了領導才能。但她的壞脾氣和不妥協的個性，最令人印象深刻，安斯渥斯夫人多年後撰文回憶那段日子，她說有次美齡和她女兒伊蘿絲吵架，和好之後，美齡還是氣鼓鼓，她就教導她寬恕別人的美德，並問她是否對自己的行為感到羞恥，美齡答道：「才不會，我就喜歡這樣。」[14]當時在學女生仍不好意思塗口紅、擦胭脂，美齡有一天卻「濃妝豔抹」起來，一名高年級學生看到了，調侃她說：「美齡，你臉上是否塗了油漆？」美齡回答說：「是中國漆。」[15]

南方生活　影響至深且鉅

一九一二年，宋美齡正式註冊為衛斯理安學院大一新生，選讀英國文學、哲學、法文等課，那年美齡十五歲。第二年，美齡即北上麻州，轉學到韋思禮學院（Wellesley College），離開衛斯理安的原因是，二姊慶齡畢業後返回中國去了，沒有細心的姊姊作伴總覺太過寂寞；子文哥哥在哈佛大學二年級肄業，哈佛在劍橋，離韋思禮不遠，可以就近照顧她，而在劍橋、波士頓一帶有不少中國留學生，假期可以多認識一些來自祖國的留學生，更可接觸與南方截然不同的東北部新英格蘭文化。宋家三姊妹都在喬治亞州待了五年，這五年的時間對她們的思想、作風、觀念、舉止和口語留下深刻的烙印，美齡的英語帶有明顯的南方口音，在韋思禮四年，南方口音始稍微變淡。衛斯理安學院的生活常使三姊妹懷念不已，藹齡於一九三二年曾返回母校逗留兩天，慶齡畢業後未再重返美國，但晚年常向美國訪客回憶多年前在喬治亞州的留學生活。美齡雖未在衛斯理安畢業，仍以母校（Alma Mater）視之，對這個南方小學校的感情顯然勝過麻州韋思禮；宋美齡與蔣介石在一九二七年十二月一日結婚時，已退休的衛斯理安老校長安斯渥斯和他的夫人正好在中國訪問，美齡見到校長夫人，仍像當年一樣熱絡，摟著老太太的脖子用喬治亞腔調說：「校長夫人，當年您告訴伊蘿絲和我的話，我並沒有當它是耳邊風，您知道這些金玉良言現在仍讓我受用不盡。」16

一九四三年六月廿六日，宋美齡在藹齡長子孔令侃陪同下專程回到衛斯理安學院探望師生，並接受名譽法學博士學位，新校址已遷至六英哩外的理沃立（Rivoli），興高采烈的美齡向全校師生說：「仁慈的聖母，請揮一下祢的權杖，讓藹齡、慶齡也一道回來這裡，我知道她們是多麼想舊地重遊，我真希望此刻她們就在我身旁陪伴我。……我彷彿回到了久別的家園，見到了久違的家人，我內心的興奮難以形容。」宋美齡在人群中看到老校長桂利的遺孀，立即飛奔過去，兩人熱烈地擁抱，桂利夫人說：「呵，美齡上次我見到你時，你還是個小女孩呢！」美齡答道：「是啊，我想我大概就是那位調皮搗蛋的小女孩吧！」桂利夫人說：「沒那麼調皮嘛！」17

宋美齡此次返校，代表三姊妹贈送六件高雅的上等白絹刺繡給母校，其中兩件象徵中美友誼長存的鳳凰及蒼鷹，其他四件則為代表春夏秋冬四季變化的花鳥，這些禮物仍存放在該校圖書館供人參觀。二十二年後的一九六五年十月二十日，宋美齡搭乘專機二度訪問母校，其專機降落於梅康城附近的羅賓斯・華納（Robins Warner）空軍基地。宋美齡返校後發表演說稱：「對這個曾經在我童年歡樂的時光留下美好回憶的故鄉，充滿無限的懷思。我的心情錯綜複雜，回到這裡，一切都那麼熟悉而又陌生，依稀像是昨日嬉戲之地，如今事過境遷，觸景傷情，冷酷無情的歲月也把我們許多老友從這個世界帶走了。」宋美齡在短暫的停留中，接見全校每一位學生，鼓勵她們，並抽空前往曾任她的私人老師伯克斯（Margie Burks）的墳上獻花悼念。[18]

終生感念衛斯理安栽培

宋美齡對衛斯理安的培育之恩，無時或忘，一九九七年三月廿七日衛斯理安學院突然收到發自香港律師事務所Tsang Chan & Woo的一份傳真信，表示「有人」將捐贈二百萬美元以表彰蔣宋美齡的貢獻。過了不久，又有兩份傳真信告訴該校，再分別捐贈二百萬美元以紀念宋靄齡和宋慶齡，三筆捐款總數高達六百萬美元，香港律師Peter Tsang拒絕透露捐款人的身分和背景，事實上，除了宋美齡本人和宋藹齡的後人，還會有誰呢？一九九七年五月，孔祥熙就讀過的俄亥俄州奧柏林（Oberlin）學院亦自Peter Tsang律師處收到「匿名者」捐贈六百萬美元予該校，這無疑是孔祥熙和宋藹齡的後人所為[19]。

衛斯理安為宋美齡帶來了溫馨、快樂的少女時代，同時也是她在知識上的啟蒙階段；韋思禮則使她擴大視野，在教育殿堂上更上一層樓，亦使她從少女變成淑女。這兩個學府的校園生活塑造了宋美齡的人生觀和生活哲學。

宋美齡於一九一三年秋天進入韋思禮，一九一七年夏季畢業，在入學申請書上，宋子文是她的監護人。她剛到韋思禮時，並不太喜歡新環境，她以濃重的喬治亞口音對學生宿舍主任說她不會在這兒太久，結果她待了四年，而這四年正是她在思想上和知識上的轉型期。一九三八年二月號的《韋思禮》雜誌曾對宋美齡有過這樣的描述：「她是一個有才華的學生，主修英國文學，副主修哲學。據說她特別喜歡亞瑟王騎士傳奇故事中的激烈戰鬥場面，這門課由已退休的維達・斯卡德教授講授。在整個四年中，她學了法文、音樂（理論、小提琴和鋼琴），還選修天文學、歷史、植物學、英文寫作、聖經史和講演。此外，一九一六年夏天，她在佛蒙特大學選修教育學，也獲得了學分。在大學四年級，她獲得了『杜蘭特學者』（Durant Schoar）頭銜，這是學校授予學生的最高榮譽稱號。」[20]

《韋思禮》雜誌又說：「她並不常參加體育活動，但喜歡游泳和打網球。三年級時，她被選為T. Z. E.的一員，這是韋思禮六個學生社團之一，僅向高年級學生開放，從事半社友、半嚴肅的活動，在嚴肅的活動時間研究音樂和藝術。作為一名忠實的『姊妹』會員，美齡最近還向該社團贈送了一本她撰寫的《西安事變回憶錄》。這本裝幀精美的書是中國印刷的，上面還有她本人以及她丈夫蔣委員長的簽名。美齡的英語不但說得非常好，寫得也很流暢。她講英語時總是帶有美國南方口音而不是東部口音。……據美齡在韋思禮的朋友回憶，她時而快樂、時而憂鬱，是位個人主義者。曾在伍德村宿舍和她同住的杜義爾（Annie K. Tuell）教授寫道：『她對許多事情都有了不起的見解，她常發問，問各種思想的性質，今天跑來問文學的定義，明天跑來問宗教的定義。……我們大家都很喜歡她，把她看作我們的一分子，完全忘了她是一個外國人……當然，她受到那麼多的稱讚，不是因為她像兩位姊姊一樣漂亮，而是因為她熱情、真誠，常具有一種內在力量。』」[21]

不過，杜義爾教授卻認為宋美齡曾經為了學成後是否應回國一事，感到萬分苦惱，美齡和子文似乎都不太願意再面對舊時的環境和文化[22]。

許多記載都曾提到宋美齡在韋思禮肄業期間，有不少中國留學生追求她，並稱她擔心父母親為她安排婚事，乃和劉紀文訂婚。一九三八年二月號的《韋思禮》雜誌亦說宋美齡在校時訂過婚，後來解除了。有些著作則稱她聽到二姊慶齡嫁給孫中山而引發家庭危機後，曾與一位江蘇籍的哈佛學生李彼德（Peter Li）匆匆訂婚，不過只維持了幾個禮拜就宣告破裂[23]。

只有臉孔跟東方沾上邊

宋美齡在韋思禮度過了知識豐收的四年，她在思想上、舉止上和談吐上的「全盤西化」，使她的美國同學幾乎把她當成「正宗美國人」，她也以此而自豪。一位好奇的同學有一次鼓起勇氣，睜著大眼睛問她：「美齡，你真的是中國人嗎？呵，你說的是道地的美國話啊！」美齡笑著回答說，她唯一跟中國沾上邊的就是她的臉孔，美齡後來也在不同場合說過類似的話，其中被引述最多的是：「我唯一跟東方沾上邊的就是我的臉孔」（The only thing Oriental about me is my face）[24]。在綠草如茵的韋思禮校園裡，美齡有時穿著一件亮麗的中國綢緞上衣，只有這個時候，才能在學生群中認出她是個東方人。儘管美齡言行十足像個美國人或土生的華裔美人（ABC），但她流露出來的東方氣質，使她在校園中顯得特別出眾。

就教育內容和學術水平作一比較，韋思禮強過衛斯理安甚多。前者是東北部名校，才女輩出，美國總統柯林頓的妻子希拉蕊即是該校校友，且因學業出眾獲得在畢業典禮上代表畢業生致答辭（valedictorian）的殊榮[25]。衛斯理安則是典型的南方小學校，以促進師生與學生之間的感情為主，著重身教，學生皆來自中上家庭，不太注重學科成績[26]。

在韋思禮四年，唯一讓宋美齡「震撼」的是，慶齡寫信告訴她有關她和孫中山的熱戀、父母反對、被軟禁以及決定私奔的經過。美齡接到信，簡直不敢相信自己的眼睛，在衛斯理安照顧她五年的二姊，竟會嫁給她所崇拜的革命家、爸爸的好友，美齡嚇壞了，趕緊拍了一封電報給在附近哈佛大學就讀的子文哥哥，要他在周末到韋思禮來「詳談慶齡的事」。宋子文周末從波士頓搭車赴韋思禮時，居然在當地出版的英文報紙上看到斗大的標題：「上海世家次女私奔赴日嫁革命領袖孫逸仙博士」。子文到了韋思禮，美齡含著淚水和他一起細看慶齡的信件，那是一九一五年深秋的一個夜晚[27]。

一九一七年六月，宋美齡自韋思禮畢業，畢業前不久，慶齡從廣州寫封信給藹齡：「想想看，小美齡今年六月要畢業，七月就回國了。時間過得多快呀！她是個討人喜歡的小姑娘，她的大學生活過得多麼愜意！」[28]子文亦在同年返回上海，宋家好不容易團聚了，一九一七年七月初的一天，宋家在上海霞飛路四九一號拍了一張難得一見的全家福大團圓照片，這張照片成為宋家唯一傳世的全家合照[29]。

一九四三年和一九六五年，宋美齡回到韋思禮探望母校，以示她對南北兩個母校的並重。四〇年代的韋思禮校風仍相當保守，禁止學生穿長褲，只能穿裙子，中國第一夫人穿著長褲在校園中和學生散步聊天，一位學生向校長說：「我們可以穿長褲了」，校長答道：「你們若有蔣夫人那麼聰明就可以穿長褲！」[30]

宋美齡去國十年，在美國教育、文化和社會中充分浸染、徹底陶冶。這十年，對她的一生具有關鍵性的影響。

注釋

1 《宋慶齡傳》，頁廿二。

2 前引，頁卅四～卅五。中西女塾於一九一七年遷至江蘇路，一九五二年聖瑪利亞女中併入該校，改名為上海市第三女子中學。美國總統柯林頓於一九九八年六月底至七月初訪問中國大陸，第一夫人希拉蕊曾於六月三十日參觀第三女中，與學生座談，希望他們能產生一位未來的中國主席。見紐約《明報》（一九九八年七月一日）第A三頁。

3 「白華」即「白種華人」、「高級華人」之意。一九四九年中國大陸變色後，不少富有的中國人避秦美國，在紐約長島高級住宅區購置豪華住宅，鮮與一般中國人來往，華僑稱這批人為「白華」，其中以孔宋家族為代表。

4 十九世紀八〇年代，中國已有女留學生赴美深造，如金雅妹、吳金英、康愛德、石美玉等人赴美學醫，但她們都是由教會選派出國，以自費方式送子女出國留學的，為數極少，宋嘉樹算是「開路先鋒」之一。參看劉巨才《一代風流宋美齡》，北京：團結出版社，一九九三年，頁四二～四三。一九〇四年五月廿八日，宋藹齡偕步惠廉一家搭乘「高麗輪」赴美，步惠廉夫人因病去世於日本橫濱，步氏未再與藹齡同行。船抵舊金山，正值美國仍處於排華時期，禁止中國勞工赴美，宋嘉樹為保護女兒，行前幫藹齡買了一個葡萄牙（一說西班牙）護照，遭移民局刁難，在舊金山港口船上被扣留三個禮拜，後由一名傳教士向國務院交涉始獲放行。一九〇七年，藹齡的姨丈溫秉忠率清廷教育考察團赴美（慶齡、美齡隨行），在白宮拜會美國總統西奧多・羅斯福（Theodore Roosevelt，俗稱老羅斯福），藹齡從喬治亞北上華府，陪其姨丈晉見老羅斯福，藹齡毫不懼場，理直氣壯地向美國總統抱怨她來美時受到移民局的粗魯對待，有損「自由國土」的名聲，老羅斯福親切地向藹齡表示歉意。Eunson, 21。

5 港臺、大陸的一些著作和許多報章雜誌常把喬治亞州的衛斯理安女子學院（Wesleyan College for Women, Georgia）和麻塞諸塞州的韋思禮學院（Wellesley College, Massachusetts）弄混了。宋藹齡、宋慶齡皆畢業於衛斯理安學院，宋美齡則曾在該校肄業；唯一自韋思禮學院（亦為一女校）畢業的是宋美齡。宋藹齡抵達衛斯理安學院先念一年預科，一九〇五年始正式入學為大一新生。

6 Eunson, 21。

7 前引，22。

8 Seagrave, 109-110。

9 前引，110-111。

10 前引，111。

11 Hahn, 59-60。

12 前引，61。

13 Eunson, 22。

14 Seagrane, 114。

15 同前。

16 葉國超〈蔣夫人在衛斯理陽的日子〉，《世界周刊》，紐約：世界日報出版，一九九〇年四月廿九日，頁五。

17 同前。

18 同前；Seagrave，114。宋美齡當時有兩位私人特別老師，一位是伯克斯，另一位是雷斯特（Lucy Lester）。

19 一九九七年七月廿六日出版的紐約《世界日報》、《明報》和《僑報》皆報導這則消息；《中央社》七月廿五日發自紐約的電訊，又把Wesleyan當作Wellseley了，該社將Wesleyan譯為「衛斯理」，並誤稱：「宋家三姊妹都取得衛斯理學院博士學位」，見七月廿六日《明報》。Wesleyan一般譯為衛斯理安、衛斯理楊（陽），如譯為衛斯良、衛斯林，或更接近原音。

20 Hahn，92。「杜蘭特學者」乃是紀念韋思禮學院創辦人杜蘭特（Henry Fowle Durant）而取名。

21 前引，92-93。

22 前引，93。

23 前引，94；Cornelia Spencer, *Three Sisters: The Story of the Soong Family of China*, New York: The John Day Company,1939, Tenth Impression, 93, 183-193; Seagrave, 140; 居亦僑《跟隨蔣介石十二年》，長沙：湖南人民出版社，一九八八，頁六

○～六一。居亦僑表示：「過去曾有謠傳，說宋美齡在美國求學時，曾與同學劉紀文相識，彼此產生過愛慕之情。這完全是空穴來風。宋美齡與劉紀文都是廣東人。劉紀文曾留學日本，後去英國倫敦大學和劍橋大學攻讀經濟學，並未去過美國。這種傳說，全非事實。劉紀文在北伐後，任南京第一任市長。他在京滬兩地大學中物色外貌最漂亮的女生，最後看中了一位教會大學的許淑珍。他倆結婚時，蔣介石和宋美齡還贈送了優厚禮品。劉紀文曾為許淑珍買過三十元一雙進口的長統跳舞絲襪，受到國民黨元老胡漢民等人的批評。當時一擔大米僅值四元。劉紀文揮霍浪費確實驚人。」劉紀文（一八九〇～一九五七）曾與國民黨元老古應芬之女古婉儀訂婚。古女訂婚後即常年臥病，未過門即逝。劉卅九歲時娶許淑珍，由蔣介石、譚延闓聯合證婚，歷任國民革命軍軍需處長、南京特別市長、南京第三任市長、審計部次長、國大代表、總統府國策顧問；一九五六年由夫人許淑珍陪同自臺赴美醫治腸癌，翌年病逝洛杉磯。參看關國煊《劉紀文》，《民國人物小傳》第七冊，臺北：傳記文學出版社，一九八五年，頁四六七～四七一。宋美齡與劉紀文訂婚一事，流傳最廣，甚至傳言孔二小姐（孔令偉）為劉紀文和宋美齡所生，又傳宋曾為劉墮胎。

24 Spencer, 148;Hahn, 95; Eunson, 23, 50。

25 韋思禮學院一向被美國學界列為最優的七個女子大學之一，即所謂「七姊妹」（Seven Sisters），其他「六姊妹」是哈佛大學的雷德克立芙（Radcliffe）、哥倫比亞大學的芭納德（Barnard）、麻州的史密斯（Smith）及芒荷利幼克（Mount Holyoke）、紐約北部的瓦莎（Vassar）以及賓州的彭瑪（Bryn Mawr），「七姊妹」乃是相對於「長春藤盟校」（Ivy League）的八個大學而言。不過，「七姊妹」已成歷史名詞，因其中有幾個學校已變成男女合校；雷德克立芙於一九七七年即被納入哈佛體系而名存實亡；一九九九年則正式「消失」。

26 Seagrave, 100。美國以衛斯理安（Wesleyan）為名的學校不只一個，其中以康乃狄克州密德鎮（Middle town）的衛斯理安大學學術水平較高。

27 Spencer, 178-182

28 Hahn, 104; Eunson, 55。

29 拍攝「全家福」照片的第二年，宋家「開山祖師」宋嘉樹即病逝。宋嘉樹生於一八六六年九月（清同治五年），死時尚不滿五十二足歲。但據《韓氏族譜》記載，宋氏生於一八六一年（清咸豐十一年），此處採一八六六說法。

30 Seagrave, 388-389。

第三章

改變歷史走向的蔣宋聯姻

蔣介石和第二任妻子陳潔如於一九二一年十二月五日在上海永安大樓大東旅館結婚。一九二六年五月，蔣、陳合攝於黃埔軍校。

一九二七年蔣介石與陳潔如同遊牯嶺。

一九二七年四月四日出版的《時代》周刊首次以蔣介石為封面人物。終蔣一生，曾十度出現於《時代》周刊美國版封面，其次數與史達林相伯仲。

蔣介石與宋美齡於一九二七年十二月一日在上海大華飯店結婚，盛況空前。

蔣宋聯姻被認為是一場權力與魅力、武力與財勢結合的政治婚姻。

宋美齡造像。

蔣介石「猛追」宋美齡期間（一九二六年），兩人合攝於上海孔祥熙寓所庭院。

蔣宋婚後合照。

蔣宋於一九三五年在牯嶺別墅。西方觀察家説，蔣婚後「更趨成熟」。

蔣宋婚後第一年（一九二八年），即忙著「安內」以鞏固統治勢力。

蔣介石早年的兩幀照片。

一九一七年夏天，宋美齡回到了睽違十載的上海，古人說：「士別三日，刮目相看」，宋家三小姐的成長和變化，當然不止是令人「刮目相看」而已。她是個聰明透頂的人，知道自己缺少什麼、需要什麼，她請了一位老學究到家裡來教她中國古典文史知識，並很快地磨利了已生鏽的上海話。她是個喝過洋墨水的現代化女性，不可能待在家裡孵豆芽，她的能力很強，一身兼數職，在上海基督教女青年會從事社會服務工作，在全國電影審查會擔任審查員，又獲上海租界工部局之邀出任童工委員會第一個中國婦女委員。她雖忙碌，但更愛社交，通宵達旦的派對，對她來說是件常事。她社交的對象是高級中國人和西方人，據說從她回國到和蔣介石定情的十年中，有不少中年男士追求她、向她求婚，都被她打了回票[1]。

宋美齡的優雅舉止和高尚風度，是她迷人的一面；但她缺乏包容的雅量以及對人頤指氣使的脾氣，都可以在宋嘉樹和他的六個子女身上看到。美齡的一位孩提時代的英國朋友回憶說，有一天美齡請她到宋宅喝茶，他們走進客廳，美齡按鈴叫來幾個傭人，她環視了一下房間，不耐煩地壓低聲音說：「灰塵！」她解釋說：「這些傭人簡直就不知道如何打掃房間。」她指著一張滿是灰塵的桌子，叫一個女傭人再擦拭一遍。那位女傭蹣跚地取來了一塊抹布，開始輕輕地拂拭桌面，美齡盡量耐心地等著，然後拿了女傭人的抹布，她說：「不對，不是那樣擦，看著，要像這樣……。」她利落地擦拭房間，擦那些該擦的地方，並回過頭來向她的客人急促說道：「不教她們，你就別指望她們懂得幹活……。」[2]

蔣一見傾心央孫作月老

一九二二年十二月初的一個晚上，宋子文在上海莫禮哀路孫中山家裡舉辦社區基督教晚會，宋美齡首次見到了蔣介石。蔣對宋美齡的美麗、大方、出眾的談吐和綽約風姿，留下極為深刻的印象，當即決定對這位美國學成歸來的「新女性」展開攻勢。同年年底，蔣介石應孫中山之約前往廣州時，央求孫介紹其姨妹給他，並稱他已和元配毛福梅（即蔣經國的生母）離異、與侍妾姚冶誠斷絕關係，但並未提及他才新婚一年的陳潔如。孫中山答覆蔣說，他將和妻子宋慶齡商量此事，慶齡的反應頗為激烈，堅決反對，她對蔣的印象極不好，據說她甚至說過寧可看到美齡死，也不願看到她嫁給蔣介石[3]。

一九〇一年，十五歲的蔣介石奉母親王太夫人（王采玉）之命，與浙江奉化溪口岩頭村毛鼎和的女兒毛福梅結婚，新娘比新郎大四歲。九年後，毛福梅生下了蔣經國[4]。

蔣經國出生後一年，在蔣介石的感情世界中，妻子毛福梅竟變成「怨痛」的緣由。其實在更早之前，蔣已不喜歡其妻，然因蔣母王太夫人還健在，蔣介石不敢造次，在母親面前仍與妻子維持形式上的關係[5]。

「夫不夫，妻不妻」的痛苦婚姻，使蔣介石在外尋找另一種「人生之樂趣」。一九一二年，蔣因參與刺死陶成章一案，群情囂然，痛遭撻伐，只得逃往日本避避風頭，等到風聲漸漸淡下來後，始買棹返國。一九一二年冬天，蔣介石又西裝革履回到溪口，並帶回來一位面貌姣好、出身青樓的少婦姚冶誠（怡琴）。一九二七年十月十八日的天津《益世報》對姚作了簡介：「女出身寒微，當南北和議告成時，蔣隨陳英士居滬，陳每過北里，蔣亦偕往，怡琴在法租界集妓處作房侍，在筵席間見蔣氏，刻意奉迎，終至以身相託。」[6]蔣、姚並未正式結婚，但一般皆視姚為蔣的第二任夫人，實際上是「如夫人」（妾）。

一九一九年，蔣介石在張靜江的家裡認識了尚在愛國女校就讀的十三歲女學生陳潔如，蔣其時為卅二歲。蔣猛烈追求陳潔如，張靜江夫婦亦大力撮合，蔣、陳即於一九二一年十二月五日正式在上海永安大樓大東飯店結婚[7]。

美國左翼記者史諾三十年代訪問宋慶齡時，宋曾向史諾透露，孫中山於一九二五年逝世後，蔣介石曾透過「媒人」（可能是張靜江）向她求婚，她認為這是政治而非愛情，乃一口拒絕[8]。

儘管蔣介石已有妻有妾，他對宋美齡的愛慕與日俱增，為蔣介石作傳的董顯光說，蔣乃「軍人本色，處事果斷，應為即為，不稍躊躇。……及與宋女士相稔，知其為理想之終身良伴，而向所求不得者，故不稍猶豫，露求婚之意。……其後五年間，蔣全力於革命事業，北伐軍興，此期間與宋女士函牘往還，仍時申前請。」[9]

一九二七年，蔣介石率領的北伐軍勢如破竹，底定東南一帶，蔣的政治與軍事成就躍升至其人生旅途上的第一個高峰。同年四月底、五月初之間，蔣在上海西摩路宋宅再次和美齡相會，當然不忘「時申前請」。為了蔣介石向三小姐求婚事，宋家曾召開家庭會議，熱烈討論美齡該不該嫁給蔣總司令。宋母倪太夫人頗不贊成這樁婚事，她的理由是蔣不信耶穌基督，且結過婚；宋家另兩個反對派是慶齡和子文，他們認為蔣日後的成敗猶在未定之天，不一定能為美齡帶來幸福；事實上，慶齡和子文的內心深處對蔣一直懷有貶意，並不很尊重這位拿槍桿子的人。不過，孔夫人宋藹齡則積極推動婚事，她力排眾議，堅信蔣的前途不可限量。宋大小姐是個極精明幹練的人，她知道蔣有多少斤兩，她已預知蔣的輝煌前景，蔣成功之日，即是宋家揚眉之時。

宋子文反對美齡嫁給蔣介石的態度，頗為堅定。宋家為了這樁婚事而充滿了「戰鬥氣氛」，姊弟之間（藹齡與子文）、兄妹之間（子文與美齡）和三姊妹之間都出現了前所未見的爭執與相互訐難，脾氣比較火爆而主觀頗強的宋子文，甚至數度與藹齡、美齡大吵，幾乎演成家庭分裂的局面[10]。藹齡和美齡眼看情勢已弄得很僵，頗難收拾，姊妹乃央求宋母請譚延闓出面調解，譚欣然應邀出面當調人，以長輩和黨國要人的雙重身分婉言相勸子文，譚延闓在日記中說：

> 應宋美齡電邀到西摩路赴宋母之約，抵彼，美齡迎於梯口，稱有事奉托。入室，宋母以美齡將嫁介石事見告，並稱不料子文反對，托為和解。繼呼子文來，同至另室詳詢經過，當婉勸以兒女婚事尚不應多管，何況兄妹，徒傷感情，且貽口實，再四譬解，始得完成使命而歸。[11]

威逼利誘下子文始點頭

宋子文對婚事的反對，卻招來了「威逼」與「利誘」。蔣介石周圍的朋友和親信，包括青幫成員在內，警告宋大少爺如堅持反對，則他將無法在上海混下去，亦不可能在官場上扶搖直上。經過一個多月的長考，宋子文終於軟化了，他獲得了出任財政部長和掌管財經大權的保證；子文不僅同意婚事，且答應協助大姊靄齡和大姊夫孔祥熙一起說服母親[12]。

宋子文雖改變態度，但美齡對「阿哥」子文不無芥蒂，而蔣對宋子文亦心存不豫，從而為蔣孔（祥熙）親近、蔣宋（子文）齟齬種下了根苗[13]。

陳潔如的說法則是宋家主動「追」蔣介石，尤其是宋靄齡在幕後主導這項「婚姻交易」。

據陳潔如在回憶錄中說，蔣介石曾將宋靄齡對他說的話轉告給她：「我願意老實告訴你，你擁有為國民黨的目標奮鬥的精神，但無獨立完成此一大業的魄力。單憑精神無濟於事，要完成解救中國、重建中華和制訂憲法的大業，需要巨大的勢力、金錢、魄力和特權。對於這些，你現在一無所有。你的周圍盡是些自私的懦夫和女子。他們只求一己的目標而並不為你著想，你知道我說的都是實話。不過，情勢並非無望，我願與你談一筆交易，那就是我不但將影響我的弟弟子文，令其如你所願的脫離漢口政府，並將更進一步儘量聯合上海的大銀行家以金錢作你北伐的後盾，供應你必須的經費和購買軍火，我們有一切關係。你自己明白，漢口政府再不會以金錢支援你，至於你這方面要做的是，你須同意和我的妹妹美齡結婚，並答應在南京政府成立時任我的丈夫孔祥熙為行政院長，我的弟弟子文作財政部長。」蔣介石對陳潔如說：「我現在已無路可走，她這筆交易的價碼很高，但她說的都是實情。我不能再指望漢口政府會給我金錢、軍火和軍需供應，因此，如果我要實行我統一中國的計畫，她的條件是唯一的解決辦法。現在我要請你幫助我，求你務必答應。而且，真正的愛情是要以一個人願意犧牲的程度來衡量的！」[14]

蔣要求陳潔如「退讓五年，讓我和宋美齡結婚。俾能獲得必須的協助以繼續北伐，脫離漢口而獨立！這只是一場政治婚姻！」[15]蔣希望陳潔如到美國留學五年，並請他的提拔人兼好友張靜江的兩個女兒（張蕊英、張倩英）陪她一道赴美。蔣對陳說：「你回來時南京政府將已成立，我們可以再開始共同生活，我們的情愛將始終不渝。」事實上，蔣已決計甩掉陳，他只是用甜言蜜語哄她而已；蔣是情場老手，為了自己的前途、為了結合江浙財勢，為了宋家三小姐的慧質，蔣在心中已決定非美齡莫娶，但他還得和陳潔如虛與委蛇。陳潔如極為徬徨，她對蔣仍抱著一線希望，直到她看到蔣寫給宋美齡的一封信，方才死心，蔣在信中問宋美齡：「你意如何？請詳細告我。能否寄我近照一張？俾能日夜看到你……。」陳潔如知道事情「已到了不可挽回的地步」[16]。

傷心欲絕的陳潔如於一九二七年八月十九日搭「傑克遜總統號」郵輪抵達美國，她成了蔣介石的第三個「棄婦」。[17]

正當蔣介石「墮入情網」，向宋美齡發動情書攻勢之際，他自己的權力生涯發生了大變化，並促成他個人政治史上的第一次下野[18]。

蔣介石是個絕不輕易氣餒的人，他在官場上雖暫時失意，但在情場上卻大大得意。蔣在溪口雪竇寺「隱居」，人在廟裡，心卻在上海十里洋場。他不停地寫情書給宋美齡，一九二七年十月十九日天津《益世報》曾公布了其中一封情書：

余今無意政治活動，惟念生平傾慕之人，厥惟女士。前在粵時，曾使人向令兄姊處示意，均未得要領，當時或因政治關係，顧余今退而為山野之人矣，舉世所棄，萬念灰絕，曩日之百對戰疆，叱咤自喜，迄今思之，所謂功業宛如幻夢。獨對女士才華容德，戀戀終不能忘，但不知此舉世所棄之下野武人，女士視之，謂如何耳[19]？

一九二七年九月十六日，宋藹齡在上海西摩路宋宅舉行中外記者會，正式向各界公開介紹蔣總司令和宋美齡，藹齡在記者會中宣布蔣總司令將和其小妹結婚。這項消息驚動了滬上和中國的軍政界，也震動了海外。《紐約時報》發布了蔣介石與孫夫人的妹妹結婚的消息，並稱一位英國裁縫正在替蔣介石趕製禮服。

蔣專程赴日向宋母請婚

令人玩味的是，宋藹齡對外宣布蔣介石與宋美齡的婚事之際，宋母卻在日本養病。不少人認為宋母對介石與美齡的婚事仍有意見，藹齡和孔祥熙使用「調虎離山」之計差開宋母，請其赴日療養，俾免婚事受阻[20]。

同年九月廿三日，蔣介石從溪口來到上海，宣稱：「此行與政治無關，惟在獲宋氏家族對美齡婚事之同意。如獲同意，則將在上海結婚，然後偕遊海外。」過了五天，蔣在《申報》和《民國日報》刊登「蔣中正啟事」：「各同志對於中正家事，多有來書質疑者，因未及遍覆，特奉告如下：民國十年，原配毛氏與中正正式離婚，其他二氏，本無婚約，現已與中正脫離關係。現在除家有二子外，並無妻女。唯傳聞失實，易滋淆惑，耑此奉覆。」[21]這項啟事首日見報時，蔣介石在未婚妻宋美齡、大舅子宋子文、張群、陳群等人的陪同下從上海乘日輪「上海丸」前往長崎。十月三日，宋子文和蔣介石到神戶有馬溫泉探望正在該地休養的宋母倪太夫人。蔣下榻有馬大旅社，房間就在宋母的隔壁。一向出手大方的蔣介石一到旅社即拿出三百元當小費，在當時這是一筆大數目。旅社老闆娘千代子回憶說，蔣的闊綽和警衛之多，「畢竟氣派不同」，蔣拜見宋母後，興奮地對千代子說：「老闆娘，成功了！成功了！婚約成功了！哦！對了，給你寫字吧！來！來！馬上替我磨墨。」蔣一口氣就寫了五幅字[22]。

有關蔣求婚的經過，據上海《晨報》報導：「蔣介石於十月三日來晤太夫人，事前蔣係先致電，得太夫人的允可者。相晤時，太夫人正在室中研究《新約聖經》，蓋太夫人係一極誠篤之基督教徒也。既見蔣，勉蔣為使徒保羅；蔣告太夫人，謂對基督之道，近日亦有信仰，並乞婚焉。時太夫人以蔣對於聯姻之手續，既一一辦妥，毫無其他問題雜處其間，遂允其請，許以女美齡妻之。」[23]

美國女作家項美麗在《宋家姊妹》一書中對這一段的描述為：「蔣介石提出他和妻子離婚的證明，不過，仍然有宗教信仰的問題。宋老太太問他是否願意改信基督，幸運的是，他的回答很令她高興。他說，他願意嘗試；他願意研究《聖經》和盡他最大的能力，不過他不能答應什麼時候會接受基督教。宋老太太的偏見開始動搖了，不久之後就宣布了婚約。」[24]宋美齡提出的條件則為：蔣必須與原配毛福梅、側室姚冶誠、現任妻子陳潔如完全脫離關係[25]。

蔣介石於十一月八日離日返國，積極籌備婚禮，十一月廿六日在報上刊登結婚啟事：

> 中正奔走革命，頻年戎馬驅馳，未遑家室之私……茲定十二月一日在上海與宋女士結婚，爰擬撙節婚禮費用，宴請朋友筵資，發起廢兵院……欲為中正與宋女士結婚留一紀念。[26]

一九二七年十二月一日，蔣介石、宋美齡正式在上海結婚，新郎實歲四十，新娘三十。當天，上海《申報》刊登了兩則啟事，一是蔣宋聯姻，一是蔣介石的離婚聲明，聲明稱：「毛氏髮妻，早經仳離；姚陳二妾，本無契約。」[27]

蔣宋婚禮分兩階段進行。宋母原希望不公開的宗教儀式在當年宋美齡的父親宋嘉樹主持的衛理公會慕爾堂舉行，由本堂牧師江長川證婚，因長女藹齡與孔祥熙在日本結婚、次女慶齡與孫中山私奔東瀛成婚，皆未能假慕爾堂舉行婚禮，心裡總覺遺憾，故希望美齡能滿足其所願。但因蔣介石離過婚，婚姻紀錄不良，衛理公會禁止牧師主持離婚者的再婚儀式（另一說法是江長川牧師不願為蔣證婚），宋母終未能達成願望，美齡與介石的婚禮只得在西摩路宋宅舉行，並邀中華基督教青年會全國協會總幹事余日章主持婚禮[28]。

宗教儀式之後，大家即轉往靜安寺路（Bubbling Well Rd.）的大華飯店（Majestic Hotel，抗戰前即已拆除）參加公開典禮。當天中午一過，做為婚禮場所的飯店大舞廳就擠滿了一千三百餘人，另有千餘人擠在馬路上看熱鬧。來賓都要在飯店大門接受青幫保鑣的搜身；在大舞廳入口處，還得再搜一次身。然後，每位來賓發給一支寫有新郎和新娘名字的緞帶別針。

大舞廳裝飾得五彩繽紛，並吊上路易士小學所製作的巨大鐘鈴。在一個臨時搭成的舞臺上，掛著孫中山遺像，兩旁是國民黨黨旗和國旗。聖壇上布滿了白花，牆上兩個大木牌，一個寫著「福」字，另一個寫著「壽」字，白俄樂隊則坐在另一個臺上。

下午四時十五分，白俄樂隊開始奏樂，主持人蔡元培在孫中山遺像下就坐。來賓包括英國、日本、挪威、法國和其他十幾個國家的領事，代表美國的是海軍將領布里斯托，上海聞人杜月笙亦在賓客之中。

蔣宋世紀婚禮各方矚目

蔣介石穿著華麗的歐式禮服，在男儐相孔祥熙的陪伴下入場[29]，全場頓時鴉雀無聲。新娘進場時，全場賓客都拉長了脖子，並站在椅子上以掌握「地利」爭看新娘。照相機、攝影機爭著搶鏡頭，白俄樂隊奏起孟德爾頌的曲子。在宋子文的攙扶下，宋美齡進入大舞廳，在兩旁陳列白花和鋪著紅地毯的甬道上款款而行。新娘穿著銀白色的細薄縐紗長禮服，披著銀鑲邊的半透明長披紗，手捧著一束用銀白色緞帶紮起來的粉紅色康乃馨，從披紗中可以瞥見她的銀色鞋子。

跟在新娘後面的是四位穿著桃紅色細薄縐紗的少女：孔令儀（藹齡的長女）、王月懿（外交部長王正廷之女）、倪吉貞[30]、郭小姐（Pearl Kwok），這四位女儐相後面是撒花的陳明月和周稚英；走在最後的是藹齡的次女令偉（即日後的孔二小姐）和次子令傑，這兩位姊弟穿著相同的服裝，黑色天鵝絨短褲和短上衣，飾有白緞胸花的衣領和袖口[31]。

新郎陪著新娘走上孫中山遺像前的聖壇，向遺像鞠躬敬禮，並向左右兩旁的黨旗、國旗敬禮。主婚人為新郎的異母兄長蔣介卿，證婚人則為蔡元培。新郎和新娘面對面鞠躬敬禮，又向來賓鞠躬。白俄樂隊開始演奏「新娘來了」（Here Comes the Bride），美國歌手赫爾（E. L. Hall）引吭高歌一曲〈噢！答應我〉（Oh! Promise Me）[32]。

在來賓的如雷掌聲中，新郎和新娘走下甬道，在一座大花鐘下的椅子上坐了下來，然後拉一下旁邊的絲帶，成千成百的玫瑰花瓣像瀑布般從花鐘掉下來，落英繽紛的情景恍如「銀河落九天」，花瓣兒蓋在始終微笑著的新郎和新娘身上。

第二天的《紐約時報》在首頁上刊登蔣宋結婚消息，上海三家英文報紙的報導是：「這是近年來的一個壯舉，是中國人的一個顯赫的結婚儀式……」、「昨天下午，當儀式進行時，大華飯店的舞廳裡足足有一千三百人……」、「步入裝飾華麗的舞廳時，大家立刻就被那為數可觀的花朵迷住了。」李宗仁回憶說：「我和內子乘汽車去謁見蔣先生夫婦於其住宅，也照例說幾句道喜吉利話，只見滿客廳都是各界贈送的豐厚禮物，琳瑯燦爛，光耀照人。」有人統計，這場「世紀婚姻」花費達百萬元[33]。

婚禮結束後，新郎與新娘即回拉都路三一一號新房過夜，第二天一起去杭州，本來要到莫干山度蜜月，蔣介石當日即從杭州回到上海。

結婚那天，蔣介石在報上發表〈我們的今日〉，他說：「我今天和最敬愛的宋女士結婚，是有生以來最光榮、最愉快的事，我們結婚以後，革命事業必定更有進步，從今可以安心擔當革命的大任……。我們的結婚，可以給中國舊社會以影響，同時又給新社會以貢獻。」[34]

注釋

1 Hahn, 105-106。

2 前引，106-107。

3 生根《蔣家三代的羅曼史》，香港：廣角鏡出版社，一九八六年五月再版，頁三四～三五；Eunson, 61。

4 結婚後的蔣介石是個頗不成材的小丈夫，據蔣日後的頭號文膽陳布雷告訴侍從室主管情報業務的唐縱，蔣介石當年與毛福梅感情不睦的原因是，蔣在過年時玩龍燈，其岳父毛鼎和對人說，他的女婿沒出息，他看不起這個不懂事的女婿。蔣後來知道岳父在背後罵他，極不高興，從此夫妻感情開始走樣。見唐縱《在蔣介石身邊八年——侍從室高級幕僚唐縱日記》，北京：群眾出版社，一九九一年，頁四〇六。唐縱為黃埔六期畢業，曾任侍從室第六組上校參謀及少將組長、國防部保密局（即安全局前身）中將局長、內政部政務次長、臺灣省政府祕書長、國民黨中央黨部祕書長、駐南韓大使，一九八一年卒於臺北。

關於陳布雷所說的蔣介石婚後「玩龍燈」激怒岳父一事，王月曦在《毛福梅與蔣氏父子》（收入《蔣介石家世》，浙江文史資料選輯第卅八輯，浙江人民出版社，一九八八年出版，頁七五～一五三）一文中有詳盡描述。

5 一九二一年四月三日，蔣介石在日記上寫道：

余於毛氏，平日人影步聲，皆足刺激神經。此次因事尋釁（指毛福梅未經蔣同意，把經國從錦溪學校帶回老家），竟與我對打，實屬不成體統，決計離婚，以蠲痛苦。

次日，蔣介石又致函毛的胞兄毛懋卿，「縷訴與其妹決裂情形及主張離婚理由」，並把毛福梅逐回娘家。由於蔣母王太夫人的干預，蔣未能離婚，蔣母又將兒媳接回豐鎬房，蔣介石極不高興。他在四月十九日的日記上寫道：

午正抵城舍，見穎甫來訊，知毛氏又回我家，心甚忿忿。母親老悖，一至於此，不僅害我一生痛苦，而且阻我一生事業，徒以愛子孫之心，強欲重圓破鏡，適足激我決絕而已。今日擬發最後離婚書。

蔣母堅決拒絕兒子離婚，個性強悍的蔣介石離婚不成，痛不欲生，甚至想出家當和尚：「家事如沸，思之鬱悶，非出家遠遁不克免塵俗之累。」《一代風流宋美齡》，頁六八。一九二一年六月，王太夫人去世，蔣的婚姻生活立即發生重大變化，他決心要和毛福梅分手；一九二一年十一月，蔣寫信給毛福梅的哥哥毛懋卿，要求與毛福梅離婚。蔣的這封〈休妻書〉是這樣寫的：

十年來，聞步聲，見人影，即成刺激。頓生怨痛者，亦勉強從事，尚未有何等決心必欲夫妻分離也。不幸時至今日，家庭不成為家庭，夫固不能認妻，妻亦不得認夫，甚至吾與吾慈母水火難滅之至情，亦生牽累，是則夫不夫，妻不妻，而再加以母不認子，則何有人生之樂趣也。……吾今日所下離婚決心，乃經十年之痛苦，受十年之刺激以成者，非發自今日臨時之氣忿，亦非出自輕浮之武斷，須知我出此言，致此函，乃以至沉痛悲哀的心情，作最不忍心之言也。高明如兄，諒能為我代謀幸福，免我終身之苦痛。

見徐甦《蔣宋大家族》，瀋陽：遼寧人民出版社，一九八八，頁一〇六。《蔣介石年譜初稿》一九二一年四月條中有：「公與妻毛氏素反目，至此益乖離，怒欲毀婚約。」（中國第二歷史檔案館編，北京：檔案出版社，一九九二年）頁六六五。

6 《毛福梅與蔣氏父子》，頁一一一～一一二。

7 陳潔如著、汪凌石譯《陳潔如回憶錄》，臺北：新新聞文化事業公司出版，一九九二，頁廿三～七二。

8 Seagrave, 214-215.

9 《蔣家三代的羅曼史》，頁卅九。

10 王松、蔣仕民、饒方虎《孔祥熙和宋藹齡》，鄭州：河南人民出版社，一九九二，頁一三五。

11 譚光〈我所知道的孔祥熙〉，收入《孔祥熙其人其事》，北京中國文史出版社，一九八七，頁三。

12 《蔣家三代的羅曼史》，頁四二。抗戰時曾任宋美齡機要祕書的張紫葛寫道：「宋美齡說：她和蔣介石的婚姻完全是她自己的主張，並且是她自己一一說服了母親、大姊和哥哥宋子文，取得了他們的支持。她為何愛上蔣介石？她說：最根本的原因，是她自幼崇拜英雄。……這項婚姻自始至終是我自己作主，自己主動的，與我阿姊何干？……」見氏著《在宋美齡身邊的日子》（香港《九十年代》雜誌社，一九九五），頁五八～五九。蔣介石的「御醫」熊丸說：「張紫葛在夫人身邊的時候，我雖未進侍從室，但他所寫的回憶內容應該也只有四分真實……且張紫葛把他和夫人的關係也寫得太近，以夫人的個性來講，根本是不可能的事，所以我覺得他寫得太過火，很多東西都自己編造。不過他那本書對夫人的描述多為好意，並沒什麼惡意。」見《熊丸先生訪問紀錄》，頁一〇〇～一〇一。

13 《我所知道的孔祥熙》，頁三～四。

14 《陳潔如回憶錄》，頁二一二～二一三。

15 同前。

16 前引，頁二一八～二一九。

17 同前。

18 以蔣介石為首的南京國民黨政府和以汪精衛為首的武漢國民黨政府，吵吵鬧鬧之後，汪精衛、譚延闓、孫科、唐生智、程潛、朱培德聯名於一九二七年八月三日打電報給舉足輕重的馮玉祥，表示武漢政權已徹底反共了，蔣介石不能再指責他們赤化。馮玉祥認為寧、漢已有了接近的趨勢，乃建議召開國民黨二屆四中全會以解決黨爭。寧、漢正醞釀妥協時，蔣與新桂系的矛盾卻爆發了，對大局產生了重大影響。以李宗仁、黃紹竑、白崇禧為主腦的新桂系，協助蔣發動「四一二」清黨（共產黨）運動，建立了南京政府，但新桂系不甘心對蔣稱臣。新桂系在平定廣西和北伐諸役中屢建戰功而引以為傲，不大聽命於蔣。李宗仁藉口西討武漢之名，派兵包圍南京，直魯軍又攻陷徐州，李宗仁、白崇禧決定向蔣攤牌，拒絕接受蔣發出對武漢作戰的命令，其他一些不滿蔣的人士亦表示願與武漢合作。蔣介石意識到桂系在「逼宮」，即以辭職相威脅，吳稚暉緊急召集寧方要員開會，會上吳稚暉、胡漢民、李石曾、張人傑、蔡元培支持蔣留任；但白崇禧、何應欽一言不發，當蔣表示他需要「休息一下」時，白崇禧立即贊成，何應欽、李烈鈞亦同意蔣暫時「休息」，李宗仁則稱「請總司令自決出處」。蔣介石眼看局面已難挽回，即決定下野。八月十四日蔣在上海發表〈辭職宣言〉，同日返回溪口老家。在李宗仁、白崇禧等新桂系逼迫蔣介石下臺時，蔣最氣憤、最痛心的並不是被趕下臺（他已有以退為進的計略），而是何應欽沒有支持他，蔣從此極不喜何應欽。參看宋平《蔣介石——總司令、委員長、總裁、主席、總統》，香港：利文出版社，一九八八，頁一四五～一七五。宋平此書原名為《蔣介石生平》，吉林人民出版社，一九八七年。

19《蔣家三代的羅曼史》，頁卌九～四十。

20 前引，頁四二～四三；《蔣介石》，頁一七七。

21 汪榮祖、李敖《蔣介石評傳》，臺北：商周文化事業公司出版，一九九五，上冊，頁二二七；《陳潔如回憶錄》，臺北：傳記文學出版社，一九九二，圖片。

22《蔣介石》，頁一七七。

23《蔣家三代的羅曼史》，頁一四四。曾在士林官邸蔣家私人禮拜堂「凱歌堂」當了四十年牧師的周聯華說：「蔣公對《聖經》非常熟，牧師只要一報章節，他幾乎立刻就能找到。後來，我才知道原來他曾下過一番功夫。當他們二位還沒有結婚的時候，蔣公曾在宋老太太前提親。宋老太太說：『我們家的小姐是不嫁給非基督徒的。』蔣公說：『假如我為了跟三小姐（夫人排行為三小姐）結婚而做基督徒，您大概也不會喜歡。我答應您，從此以後，我一定每天好好的讀《聖經》，先讓我研究研究。』宋老太太說：『蔣先生，像你這樣的人，說過的話一定算數，你既然答應讀《聖經》，只要你擔保自己一定會實現，我就答應這件婚事。』後來，他真的每天讀《聖經》。最初的時候感到很難，常常到宋府老太太面前去請教。」參看周聯華《周聯華回憶錄》，臺北：聯合文學出版社，一九九四，頁二〇三。

熊丸說：「有段時間我幾乎天天陪她吃早餐，那時她會自動講很多她自己的事給我聽，諸如她與總統結褵的往事，都是她親口敘述的第一手資料。」熊丸回憶道：「夫人談起她結婚時的經過說：當時蔣先生還是軍事委員會主席，因孫夫人（宋慶齡）時任總理祕書，故介紹蔣先生到她家裡與夫人認識。蔣先生自從與夫人認識後，有好幾次均藉故到她家，慢慢地與她親近。夫人說她當時也看出蔣先生人長得英俊，又很有志向，十分能幹，但她卻從沒想過婚姻方面的問題。直到有一次，蔣先生直接向夫人求婚，夫人當時答覆：『你跟我講沒有用，要我母親同意才行。我家是基督教家庭，我們都聽父母之命，如果我母親同意了，我再考慮。』當時蔣先生很聽夫人的話，便馬上求見夫人的母親宋太夫人，並與太夫人談了許多次話。宋太夫人是個很直爽且心地善良的人，她直接對蔣先生說：『你出身佛教家庭，我家則是基督教家庭，我們兩家的宗教信仰不一樣，你要好好考慮。』當時蔣先生回答：『我知道這樣的婚姻會很難處理，不過我也可以信基督教。我之所以信佛教，是因為我們家庭信佛教，但我個人並非佛教徒，所以我也可以信基督教。』當時宋太夫人聽了蔣先生這番話，便對他說：『既然你這麼說，那麼我現在給你一本《聖經》帶回去，一年之後你再來看我，一年之內就先別談這件事。』整整一年之後，蔣先生又對夫人說他想見宋太夫人，夫人便帶他回家。見到宋太夫人後，蔣先生便把那本《聖經》交還宋太夫人，太夫人一看蔣先生的那本《聖經》裡畫滿紅線，便說：『光畫紅線是不行的，我還要考你。』於是便問蔣先生許多有關《聖經》的問題，蔣先生均答得頭頭是道，可知他不僅確實讀過，且經過仔細的思考與分析。當時宋太夫人便說：『不錯，你這一年內的確很辛苦。你的公事這樣忙，還有時間讀《聖經》，我相信你一定從中獲得許多。既然如此，你的要求我答應你，不過你仍得徵求我女兒的同意才行。』蔣先生當時便問夫人：『你母親已答應，剩下來要問你。』夫人當時便答：『我沒有意見。』於是蔣先生與夫人的婚事就這樣訂了下來，時為民國十六年。」見《熊丸先生訪問紀錄》，頁一〇九～一一〇。

24 Hahn, 139。

25 《蔣介石》，頁一七八。

26 《蔣介石評傳》，上冊，頁二二八。

27 《蔣家三代的羅曼史》，頁四五。

28 《跟隨蔣介石十二年》，頁六一。

29 一說劉紀文擔任蔣介石的男儐相，Hahn, 141；居亦僑則認為劉擔任男儐相的說法是訛傳，見《跟隨蔣介石十二年》，頁六一。

30 倪吉貞是宋美齡的二舅倪錫純的長女，畢業於上海聖約翰大學，英文好、有教養，宋家三姊妹都很喜歡這個表妹。一九四九年後留在大陸，一直未婚，宋慶齡本有意請她當祕書，陪自己度過晚年。但在文革期間，倪吉貞遭紅衛兵百般凌辱，一九六八年五月跳樓自殺。倪吉貞的哥哥倪吉士亦曾遭中共清算，誣其為「國際三K黨」。參看尚明軒、唐寶林《宋慶齡傳》，頁五七六。

31 Hahn, 142。

32 前引，141-142。

33《蔣介石》，頁一八一。
34同前。

第四章

新生活運動雷聲大雨點小

三十年代蔣宋聯手發起新生活運動，試圖改造中國國民之習性。批評者認為新運是一場虛有其表的「政治秀」。

蔣宋推動新運，受到基督教教會的支持，但亦引起教會內部的分歧。基督教青年會成為新運的一大主力。

勵志社兼新生活運動促進總會總幹事黃仁霖（左）是蔣宋孔家族的得力助手，圖為蔣介石與黃仁霖及澳洲顧問端納合影。

宋美齡在第二十九屆國際三八婦女節上演說，大聲疾呼婦女應踴躍投身新運。

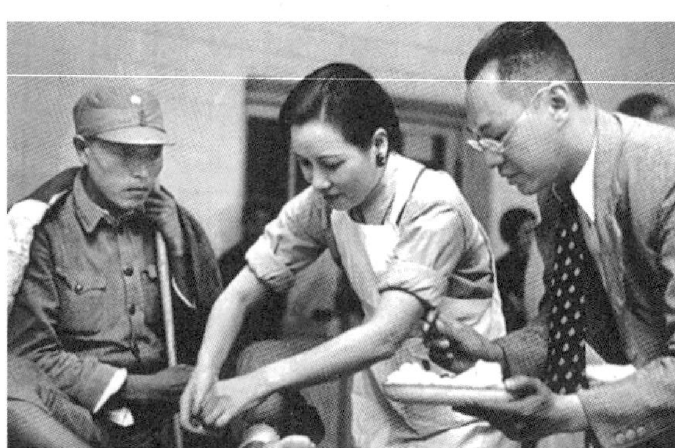

一九三八年宋美齡在漢
口為傷患包紮傷口。

宋家姊妹與幼童、孤兒同樂。

宋家姊妹，連袂前往重慶軍醫院慰問傷患。

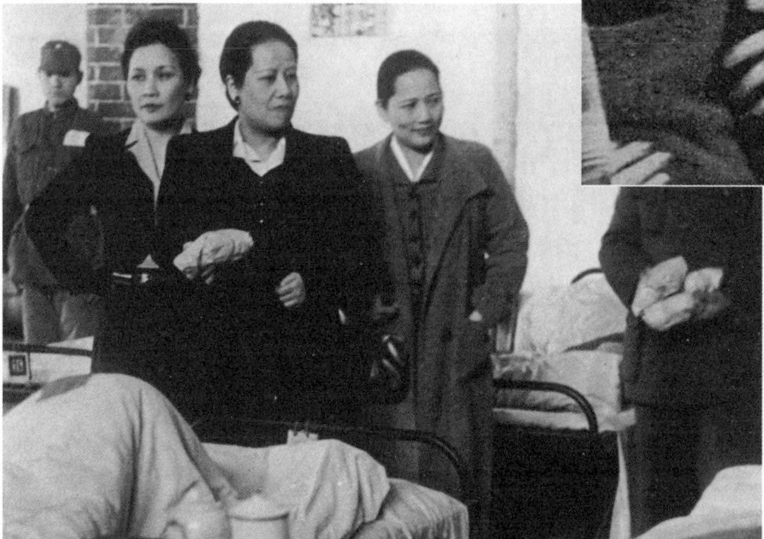

一九三七年二月廿七日出版的美國《文學文摘》雜誌以「年輕的中國推行新生活運動」為封面故事。

新生活運動兼抗日宣傳隊的三個歷史留影。

宋美齡和蔣介石結婚六年三個月後，首次投入的一場全國性運動，就是改造社會道德與國民精神的新生活運動。國民黨於三十年代所推出的這項遍及全國之「精神方面的重大戰爭」（蔣介石語），也是該黨建黨以來所從事的一次最大規模之文宣工作。宋美齡在運動的推行和宣傳上扮演了「火車頭」的重要角色。

新生活運動評價兩極化

新生活運動的成效，一直存在著兩極看法。肯定其成就的人，譽之為「中國近代政治史和社會史上的一件大事，對國民習性與國民生活的改造，新社會風氣甚至新社會模式的樹立，以及剿共、抗日等戰役的成敗，都有極大的影響。」又稱「新生活運動為近世最成功的社會革新運動之一」[1]。否定它的人，則詈之為「所謂『新生活運動』就是利用封建的道德與文化來麻醉人民群眾，按照封建的『禮義廉恥』準則，把全國人民變為四大家族統治下的順民和奴隸。」[2]曾和蔣介石結為金蘭之友的「基督將軍」馮玉祥不屑地說：「新生活是說著騙人的。」[3]

新生活運動的源起，說法不一，有些人認為是蔣介石對中共發動第五次圍剿時，為貫徹「七分政治、三分軍事」的理念，乃推動新生活運動。蔣在江西剿共，發現國軍占領的蘇區（即中共統治過的蘇維埃地區），治安一直欠安定，赤化很嚴重，故必須對「江西人心加以改革」[4]。有的則說：「蔣氏夫婦決心剷除貪汙、受賄、不衛生和無禮貌，因而發起了新生活運動。他們認為，中國躋身於世界先進國家行列之前，必須先行整理內部。」[5]另一個說法是，新生活運動實因「意外」而起，蔣有一天驅車經過江西南昌，看到一個年約二十歲的青年穿著學生制服，口中叼著香菸和人爭吵、打架。蔣目睹此景，大為感慨，認係外國人瞧不起中國人的原因之一，乃命令部屬（陳立夫、戴季陶）推行運動以改善中國人民的生活，特別是年輕人的行為，陳立夫並為新生活運動提供理論基礎[6]。又有人指出是蔣的頭號智囊楊永泰獻議發起的，楊認為春秋時代管子治齊，有「禮義廉恥，國之四維，四維不張，國乃滅亡」之說，提倡禮義廉恥即可改變「人心風俗之頹敗」，以抵制共產主義思想[7]。

不過，也有人說宋美齡乃是新生活運動的源頭活水。一九三三年盛夏，宋美齡在廬山牯嶺避暑時，與一批美國傳教士討論中國情勢；傳教士說，南京政府如欲獲得外國政府的支持和貸款，則蔣介石政府必須在國內實施社會福利計畫，使外國政府和旅華外人對蔣政權有好印象。傳教士又說，美國羅斯福總統正推行「新政」（New Deal），蔣介石何妨也實施改造中國社會福利方面的「新政」。聰明的宋美齡馬上領悟到傳教士所說的重點，立即向蔣報告，蔣迅速同意其觀點。宋即和傳教士研擬了中國「新政」的細節，她為這項計畫取名為「新生活運動」（New Life Movement）[8]。

就蔣介石當時的思想脈絡而言，新生活運動應為其所倡導，宋美齡則負「推波助瀾」之功，因自一九三一年以來，蔣即一再強調改善品格、自律和誠懇的重要性[9]。

一九三四年二月十九日，蔣介石在南昌行營舉行的擴大總理紀念週上，發表〈新生活運動之要義〉[10]演講，宣布新生活運動開始。蔣稱：「當以勁疾之風，掃除社會上汙穢之惡習，更以薰和之風，培養社會上之生機與生氣，負此重大使命者，唯新生活之運動。」其主要內容為「提倡『禮義廉恥』的規律生活」。「『禮』是規規矩矩的態度。『義』是正正當當的行為。『廉』是清清白白的辨別。『恥』是切切實實的覺悟。」蔣又說：「國家民族之復興不在武力之強大，而在國民知識道德之高超。」二月廿六日，蔣又發表〈新生活運動之解釋〉，呼籲國民要從食衣住行出發，做到「整齊、清潔、簡單、樸素」（後再加上「迅速、確實」），使之成為日常生活的六個目標[11]。

新運思想理論「大雜燴」

新生活運動的思想源流，包羅萬象，中西雜糅、古今混同。有孔孟之道、王陽明學說、曾國藩與胡林翼格言、戴季陶和陳立夫之儒家威權、日本武士道精神、墨索里尼與凱末爾教條、日耳曼觀念和基督教義[12]。曾擔任新生活運動總幹事的黃仁霖認為，「新生活運動只是把勵志社運動擴展到民間去的一種運動而已。這兩個組織的理論與思想，都是沿著一條線路上去發展的。」[13]

隨著蔣介石的宣布，新生活運動促進會於南昌成立，蔣自任會長，七月一日改組為新生活運動促進總會，宋美齡則為婦女指導委員會指導長，並成為新生活運動的實際推動者和倡導人。新生活運動是要改造全民的生活，而婦女是家庭的中心，宋美齡乃大力鼓吹婦女為改造家庭生活的原動力，她向全國女性呼籲：「知識較高的婦女，應當去指導她們的鄰舍，如何管教兒女，如何處理家務，並教導四周的婦女讀書識字。」但她也承認：「中國的婦女，非但多數沒有受教育的機會，而且大半還仍過著數百年前的陳舊生活。」[14]

宋美齡推行新生活運動（當時簡稱為「新運」）是不遺餘力的，開會、撰文、宣傳、演說、督導和接受國內外媒體訪問，忙得不可開交，但也滿足了她的成就感。

一九三四年秋，蔣氏夫婦到西北、華北旅行一個多月，項美麗說：「蔣夫人在旅途期間以自身的能力出現在公眾眼中。每日的演講克服了她的羞怯，像競選一樣的奔波勞頓使她的體力大為增強。每至一個城市，她都把婦女召集起來，敦促她們為全國的改革盡力。在演講中，她反對中國之舊習，反對大家閨秀之深居簡出，以及鴉片、骯髒和貧窮的威脅；她呼籲婦女要有社會責任感。她任命各地高級官員的妻子為新生活運動倡導人，後來在中日戰爭爆發後，她也曾這樣做過。所有這些緊張的活動對她產生了作用，回到南京後，她了解到自己在丈夫身邊所能做的事。」[15]

在宋美齡的積極推動下，到了一九三六年，全國婦女已成立卅九個新生活勞動服務團。勞動服務團的組織分為社會各界和女子學校兩種。從南昌、南京、漢口到重慶，婦女指導委員會一面「鼓勵人民痛除舊有的惡習」，一方面希望婦女「至少要把家庭處理得清清楚楚，把家庭生活調整得井然有序，絕對摒除菸酒賭博等等一切浪費腐敗的習慣。」[16]一九四三年，宋美齡訪美向華僑婦女發表演說時，仍不忘提醒他們勿忘新生活運動，她以英語要求舊金山六個華僑婦女團體領袖「實行新生活運動的禮義廉恥四大原則，從衣食住行來實踐。」[17]對舊金山全體華僑演講時，她使用極淺顯的國語呼籲僑胞：「我們的衣服，時時刻刻要整理、要清潔，我們不必穿什麼奢華衣服……不要給人家看不起我們……。」[18]宋美齡向外國媒體介紹「禮義廉恥」，將這四個字英譯為Propriety, Righteousness, Integrity, and A Sense of Shame[19]。

事實上，新生活運動的一個重要組成部分，乃是美國基督教會的參與，但為了顯示這是一項「純中國人的運動」，教會的色彩也就被刻意沖淡。黃仁霖說：「蔣夫人另一方面的工作，是由於她和在中國的基督教會各團體經常保持著密切聯繫。她的背景是聞名世界的，無論她走到任何地方，她一定要召集當地那些教會人士、教師們和青年會工作人員，舉行一次簡單的茶會，並告訴他們新生活運動的重要。因為她是如此的虔誠，因此能使他們決心為新的運動付出他們的心力。」[20]

一九三六年四月，宋美齡要求江西基督教鄉村服務聯合會代表牧波恩牧師（George W. Shepherd）[21]到南京，出任新生活運動顧問。不久，宋美齡即公開呼籲美國教會人士支持新運[22]。

外國教會支持改造社會

蔣介石夫婦經常與教會人士開座談會，請他們協助推動新生活運動。蔣在開封舉行的座談會中高度讚揚了傳教士在中國所做出的成果。他向在座的傳教士保證，反對及鎮壓傳教的時代不但已成過去，即連低度容忍的日子業已結束。他說，政府目前的作法是給予傳教士最大的自由並與他們合作；他向傳教士解釋新生活運動並不是一個控制民眾的懲戒性運動，而是要提高民眾的道德、文化和社會水準[23]。在山西太原，當地中外基督教會領袖聚集一堂，首先由孔祥熙和宋美齡發表演說，再由蔣致詞。宋美齡向教會領袖詳細報告江西的建設以及新生活運動和禮義廉恥的意義，她說有人批評新運：「沒有足夠的米養老百姓，說這些事情（新運）是沒什麼用的。」宋美齡的答覆是：「有很多的米。有米的人囤積居奇，沒有米的人並不了解勞動的尊嚴。如果一個人誠實的話，沒有任何工作是苦的。」[24]她的意思是說，中國並不缺米，只要肯工作，就有飯吃。

外國教會對新生活運動一般都採取支持與同情的態度，他們認為新運是改造中國舊社會、使中國現代化的力量，也有外國教會刊物將新生活運動與晚清自強運動等量齊觀。但是，有些教會領袖並不願意充當新生活運動的吹鼓手，為國民黨搖旗吶喊；他們對基督教青年會（YMCA）與新生活運動掛鈎，密切介入這項運動，非常不以為然。青年會本身亦因而陷入嚴重困境，該會過去一直走中間路線，自與新運結合以後，即失去其獨立性，並被人視為國民黨的一個機構[25]。

抗戰爆發後，新生活運動很自然地演變為戰地服務、傷兵慰問、難民救濟、保育童嬰、空襲救難、徵募物品和捐款等等與戰時支援有關的活動。質言之，雷厲風行推動的新生活運動[26]，經過三年多的時間即已呈後力不繼之勢。

研究二、三十年代中國改革運動的美國學者湯姆生（James C. Thomson, Jr.）表示，新生活運動一開始即涵蓋了「兩個大矛盾」（two major paradoxes）。其一、新生活運動應當是全民運動，而非政府的運動，但此項運動不僅由政府發起，且一切推展力量均來自政府，缺乏民眾的參與；因此到後來新生活運動並沒有在社會中扎根，亦未產生一股由下而上的自發性，與共產黨運動所具有的群眾吸引力以及土耳其改革者凱末爾（Kemal Atatürk）的強制力量皆無法相提並論。其二、新生活運動所欲改善的許多問題，非但是思想上的問題，亦牽涉到物資、經濟層面，如乞丐、搶劫和貪汙。若經濟與物資生活不改善，則如何根絕乞丐等問題？然政府僅注重精神領域而忽略經濟因素，許多計畫最後變成紙上談兵。易言之，政府所做的只是「把全民復興運動立基於牙刷、老鼠夾和蒼蠅拍之上。」[27]

新生活運動的另兩個致命傷，乃是宣傳主義和形式主義。國民黨在宣傳上所動員的人力與物力，為建黨以來所僅見，也是近代中國最龐大的一次「文宣秀」。宣傳方式包括口頭宣傳、文字圖書宣傳、化裝宣傳、電影宣傳；對國外的宣傳，則由宋美齡領軍[28]。過度宣傳最容易導致形式主義的出現，新生活運動期間所產生的許多笑話和虛偽作假的鄉愿風氣，殆成為新生活運動的最大敗筆。一向同情宋家姊妹的項美麗說，新生活運動後來變成了全國性的一場不大不小的笑話[29]。中國近代外交家顧維鈞的第三任妻子黃蕙蘭在其回憶錄中說，中國駐外人員常有外遇而導致婚變，故在抗戰前外交界即戲稱新生活運動（New Life Movement）為「新妻子運動」（New Wife Movement）[30]。

大官大吃大賭不聞不問

馮玉祥說：「這十幾年來，年年到了新生活紀念日都要開會的，有好多次找我去講話。其實，新生活是說著騙人的，比如新生活不准打牌，但只有聽見說蔣介石來了，才把麻將牌收到抽屜裡，表示出一種很守規矩的樣子；聽見說蔣介石走了，馬上就打起麻將來，廿四圈衛生麻將的、推牌九的、押寶的也都是這個樣子。又如新生活不准大吃大喝，普通人吃一桌飯只花八塊錢，蔣介石左右的大官吃一桌飯約六十元，總是燕窩席、魚翅席。不但大官是這樣奢侈，大官的女人、奴才也是這樣。……要是這些違反所謂新生活的事，若是發生在離蔣介石遠的小官身上，蔣介石也還可以裝不知道，而這些事都是發生在離蔣介石很近的文武大官身上，這還能裝不知道嗎？」馮玉祥又說：「……那些書的名字，什麼新生活與軍事、新生活與政治、新生活與這個與哪個，幾十個名堂，事實證明是什麼？政治是腐敗的，軍事是無能到極點，經濟是貪汙到極點，文化是摧毀到極點。實行新生活會有這個樣子？」[31]

至於派警察、童子軍及學生糾察隊到街上取締隨地吐痰、亂丟菸蒂和垃圾、衣領鈕扣不扣等只重表面工作的形式主義作法，充分說明了新生活運動難以持續下去的根本原因。蔣介石在新運三周年紀念大會上亦自承，過去三年，「在推行方面，標語多而作工少，方案多而實行少。在對象方面，只注意到社會的上層，而未及下層，只注意到通衢大道，而未及街頭巷尾。所以三年來，新運動的結果，只做到表面一時的更新，而未達到永遠徹底的改革。」[32]

宋美齡把推廣新生活運動當作其政治事業來看待，試圖使國人在生活習慣和精神上「脫胎換骨」，不要讓西方人「看不起我們」，並藉此讓國人知道蔣夫人關心大家。其出發點不能說不正確，其用意不可謂不崇高；但是，數千年來根深柢固的生活習慣和貧窮的廣土眾民，再加上推行的不得當，宋美齡的良法美意就像許多運動一樣，很快地走進歷史而成為明日黃花。

注釋

1 謝早金〈新生活運動的推行〉，收入《中國現代史論集》（第八輯十年建國），張玉法主編，臺北：聯經出版事業公司，一九八二年，頁二四七、二八八。

2 宋平《蔣介石》，頁二九四。

3 馮玉祥《我所認識的蔣介石》，香港七十年代雜誌社，一九七五年九月三版，頁一七五。

4 《蔣介石》，頁二九四；《一代風流宋美齡》，頁一一二；《宋美齡傳》，頁四〇～四一。

5 Eunson, 90。

6 James C. Thomson, Jr., *While China Faced West: American Reformers in Nationalist China*, 1928-1937,Cambridge, Mass.: Harvard University Press, 1969, 156-157：《宋美齡傳》，頁四三。蔣介石於一九三四年在江西演說稱：「我去年初來的時候所看到，幾乎無一個不是蓬頭散髮，有扣不扣，穿衣服要穿紅穿綠，和野蠻人一個樣子，在街上步行或是坐車都沒有一個走路坐車的規矩，更不曉得愛清潔，甚至隨處吐痰，還有，看到師長不曉得敬禮，看到父母也不曉得孝敬，對於朋友，更不知道要講信義。這種學生，可以說完全不明禮義，不知廉恥！這樣的學生，這樣的國民，如何不要亡國？」

7 《一代風流宋美齡》，頁一一二。楊永泰為國民黨政學系（前身為「政事研究會」、「政學會」）大將，經張群引薦，為蔣重用。曾任軍事委員會祕書長、武昌行營祕書長、湖北省主席。一九三六年十月廿五日於漢口江漢關輪渡碼頭遇刺殞命，卒年五十七歲，國民黨中宣部長劉蘆隱因涉嫌此案，被判十年徒刑。

8 Seagrave, 290。

9 Thomson, 156-157。

10 《一代風流宋美齡》，頁一一二，據稱〈新生活運動之要義〉為楊永泰所起草。

11 《宋美齡傳》，頁四一、四五。

12 Thomson, 154-155;《蔣介石評傳》，頁三三七～三三八。

13 黃仁霖《黃仁霖回憶錄》，臺北：傳記文學出版社，一九八四，頁五五～五六。孔祥熙曾對黃仁霖說：「仁霖，我想青年會的工作範圍，不足以供你去發展你的才幹。我要告訴你一個新的機會，在那裡，你有極廣大的領域可以發展。蔣總司令要創辦一種運動，名叫勵志社（英文簡稱OMEA，即軍官道德勵進會）。這是總司令的一個觀念，因為在軍事作戰中，征服一些城市和省份並不難，但要改變人心，卻很不容易。他想要發動一個運動，以此來改變他的軍官和學生們的心理和行為。」黃仁霖先當勵志社副總幹事，後升任總幹事，他說：「勵志社是對黃埔軍官和學生灌輸道德，提高精神而設立的。蔣總司令親自擔任社長。」該社的十大戒條是：一不貪財、二不怕死、三不招搖、四不驕傲、五不偷懶、六不嫖賭、七不吸菸、八不飲酒、九不借錢、十不說謊。抗戰後，勵志社活動轉移到為前線作戰部隊服務及傷兵犒賞；珍珠港事變後，來華助戰美軍激增，勵志社奉命照顧美軍食宿（後成立戰地服務團）。一九六四年，黃仁霖出任駐巴拿馬大使，「勵志社的命運，也就結束了。」參看《黃仁霖回憶錄》，頁卅八、四一、五四。侯鳴皋在《勵志社內幕：蔣介石的內廷供奉機構》（南京出版社，一九八九年）中說：「國民黨勵志社正式創立於一九二九年一月一日，其前身是黃埔同學會勵志社……有人認為勵志社就是藍衣社，也就是復興社的前身。」上海暨南大學畢業，曾做過勵志社代理副總幹事的侯鳴皋說：「勵志社到底算什麼呢？有人說，勵志社是個尖、卡、斌性質的機構。尖者，不小不大焉；卡者，不上不下焉；斌者，不文不武焉。」見該書頁一～三。按所謂藍衣社實即三民主義力行社，復興社乃是力行社的次一級組織。藍衣社之名始於劉健群所寫的一本小冊子《中國國民黨藍衣社》，參看干國勳等著《藍衣社復興社力行社》，臺北：傳記文學出版社，一九八四。

14 《宋美齡傳》，頁四五～四六。

15 Emily Hlahn, *The Soong Sisters*, 194。

16 《一代風流宋美齡》，頁一一三。

17 《蔣夫人遊美紀念冊》，舊金山美洲國民日報編製，一九四三年，頁八〇。

18 前引，頁九七。

19 《宋美齡傳》，頁五〇；禮義廉恥的英譯有數種不同譯法，徐中約譯為politeness, righteousness, integrity, and self-respect, See Immanuel C. Y. Hsü. *The Rise of Modern China*, New York: OxfordUniversity Press, 1970, 668; Thomson則譯correct behavior, justice, integrity, and honor, See Thomson,157; Seagrave的譯法為courtesy, service, honesty, and honor, See Seagrave, 290.

20 《黃仁霖回憶錄》，頁五七～五八。

21 牧波恩為美國公理會傳教醫師，一八九四年生，一九一八年來華，在福建建寧傳教施醫，三十年代參加過江西農業復興計畫。見《近代來華外國人名辭典》，中國社會科學院近代史研究所翻譯室譯，北京：中國社會科學出版社，一九八一，頁四三五。

22 Thomson, 160。

23 Hahn, 190。

24 Thomson, 171-172。

25 前引，160-194。

26 《新生活運動的推行》，頁二五七。

27 Thomson, 158;宋淑章《評介湯姆森著「國民政府時期在華的美國改革派」》，收入《中國現代史論集》（第八輯十年建國），頁二九八。

28 《新生活運動的推行》，頁二七六。

29 Hahn, 250。

30 吳相湘〈糖業大王的千金小姐〉，收入《民國史縱橫談》，香港大方文化事業公司，頁二一五；Madame Wellington Koo, *No Feast Lasts Forever*, New York: Quadrangle / The New York Times Book Co., 1975。

31 《我所認識的蔣介石》，頁一七五～一七六。

32 《蔣介石》，頁二九五。

第五章

國族存亡絕續的抗日聖戰

紐約華僑女童在街上勸募，捐助祖國抗日。美國人民對華僑的愛國之舉，頗為感動，踴躍輸將。

西方人心目中的中國抗戰四大將領：（自左至右）白崇禧、陳誠、朱德、何應欽。

蔣夫人號稱「中國空軍之母」。圖為蔣介石夫婦與飛虎將軍陳納德。

蔣夫人的國際聲望在抗戰時代如日中天。

一名中國士兵在昆明機場守護飛虎隊的寇蒂斯P-40S戰機。

一九六〇年四月，臺北新公園舉行飛虎將軍陳納德銅像落成典禮，由蔣夫人親自主持，圖中為陳香梅。

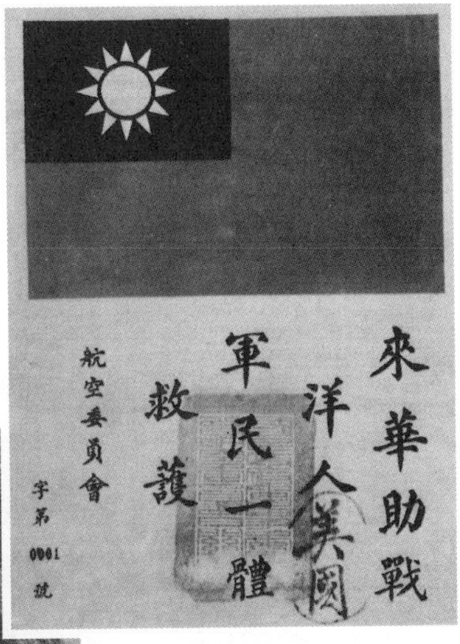

美軍飛行員皮夾克背後都釘上了一塊白布，上面印有中華民國國徽，以及「來華助戰洋人（美國）軍民一體救護」字樣。美國飛機如遭擊落，航空委員會印行的中文可助飛行員求救。

抗戰時期中國大後方的生命線除了駝峰之外，即是「九轉十八彎」的滇緬公路。

宋美齡著印度服，額頭點上朱砂，與尼赫魯以及婦女代表合影。右一為尼赫魯的女兒。

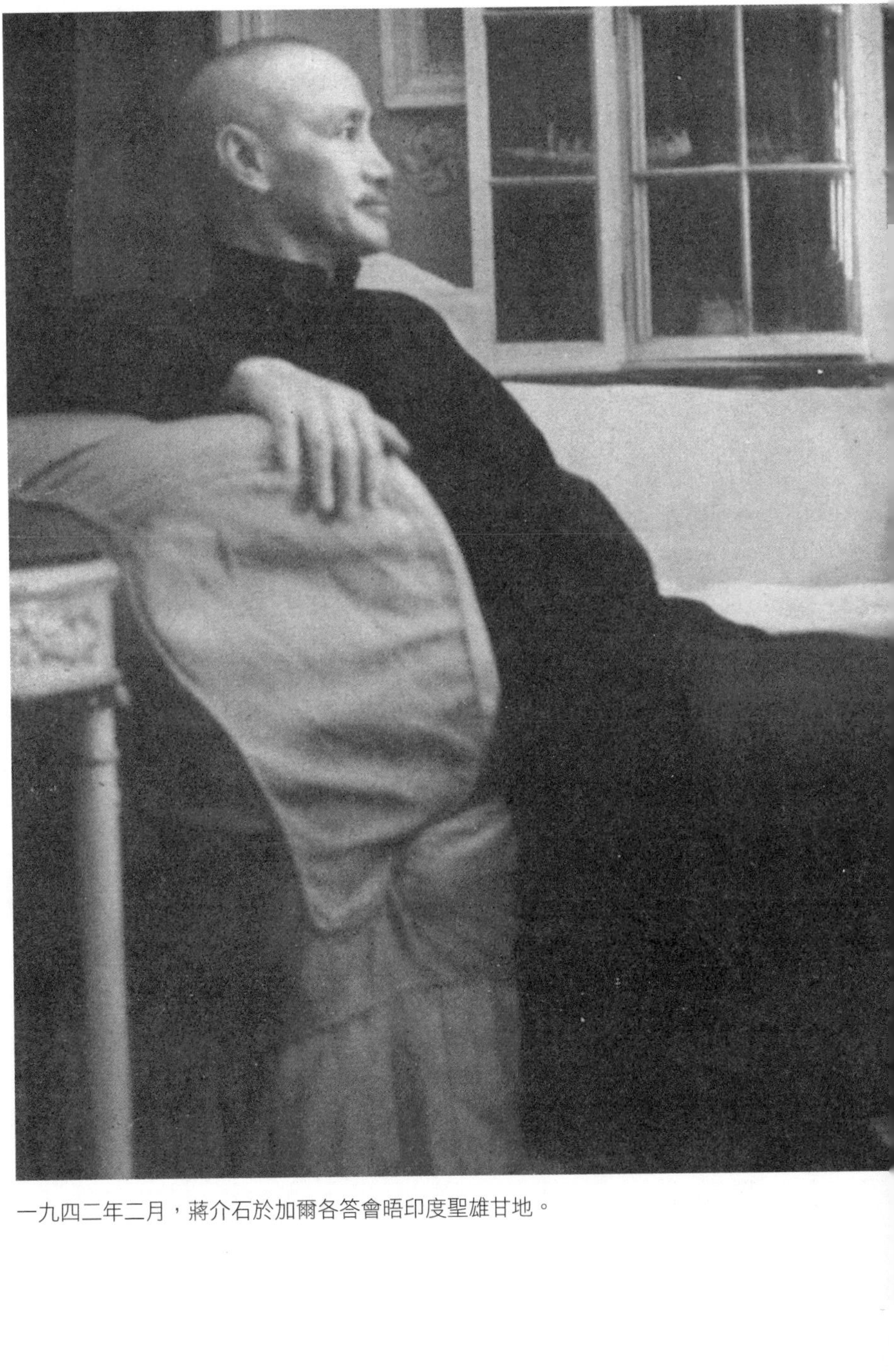

一九四二年二月，蔣介石於加爾各答會晤印度聖雄甘地。

宋美齡於抗戰時代積極投入救國救民的行列，全心全力展現其第一夫人的角色。在重建空軍、動員婦女、保育幼童、救助傷患、國際宣傳和對美外交等重大工作上，充分顯露了她的遠見、才華和領導能力，而使她在二次大戰期間成為全世界最活躍的第一夫人。

早在三十年代中期，宋美齡即體認到建立一支現代化空軍的迫切與重要。她在〈航空與統一〉一文中說：「一切促進中國統一的新發明，或許要推飛機的功績，最為偉大。」她說飛機不僅能拉近邊省與各省以及與中央的距離，且可迅速消除彼此之間的誤會。又稱：「在沒有飛機以前，尤其是邊遠各省的官吏，大都各自為政，和中央相當隔膜。」[1]因此，促進國家的統一，使中央能夠有效地駕馭地方勢力，地方政府可以快速地與中央聯絡以及為中國邁向航空時代作準備，可說是宋美齡強調建立現代空中武力的基礎。

蔣夫人「中國空軍之母」

宋美齡是個會量機的人[2]，但她完全了解中國若要整軍經武，第一步即必須擁有夠水準的空軍以保護領空。國府空軍創建於一九三二年，當時飛機少、人才荒，亦無實戰經驗。一九三四年秋天蔣氏夫婦的西北與華北之行、中央部隊的追剿紅軍以及一九三六年十二月十二日的西安事變，都使蔣氏夫婦感到掌握制空力量的重要性。尤其是西安事變發生後，何應欽等人主張動用空軍轟炸西安，更使蔣氏夫婦深覺空軍必須「自己人」來領導，不能假手他人。《宋家王朝》的作者說：「西安事變期間，蔣委員長在南京的許多親信幕僚曾密謀策劃把他炸得粉碎，因此如讓這批人掌握空軍，顯然是不智之舉。蔣夫人對其丈夫說，她願意親自出馬，設法把空軍變成克敵制勝的有效武器，而非一種政治籌碼。蔣同意並讓她負責。」[3]

美國女作家尤恩森（Roby Eunson）認為蔣願意由宋美齡出面主持「搖籃時期」的中國空軍，顯示「蔣介石的看法有一點是頗為明確的：即國民政府必須現代化中國的軍力，尤需戰鬥機。然而，購買飛機涉及大筆款項，蔣介石無法決定他那批貪汙成性的幕僚中，究竟誰能負起這一重任。他知道自己的妻子可以信賴。因此，這位只受過音樂、文學和社會美德教育的宋美齡，便把許多時間花在有關航空理論、飛機設計和比較各種飛機零件優劣的技術刊物上。她和外商洽談，訂購了價值二千萬美元的產品。她從採購商搖身一變為中國空軍總司令，對婦女而言，這是史無前例的。」[4]尤恩森又說：「宋美齡獨攬空軍大權，不容他人染指，並成為嚴格執行空軍紀律的人。她規定，凡在這支菁英部隊中行竊者，將被處以極刑。直到必須撤離南京時，她還常在新聞稿上提到『我的空軍』。」[5]

宋美齡出任航委會祕書長前，國府空軍幾由義大利提供飛機與訓練，然一無成就[6]。宋美齡急需能幹的助手幫她整頓空軍，她聘請了前美國陸軍航空隊飛行員霍布魯克（Roy Holbrook）當顧問。宋是個做事講究效率的人，她問霍什麼人可以在短期間內把中國空軍改造成像樣的軍種，霍馬上想到了一個長相酷似「老鷹」而又充滿慓悍之氣的老飛行員陳納德（Clarie Lee Chennault）[7]。

一九三七年初春，陳納德收到了宋美齡的一封信，問他是否願意到中國當空軍顧問，月薪一千美元，此外還有額外津貼、專用司機與轎車、譯員，並有權駕駛中國空軍的任何飛機。因病而離開軍職的陳納德立刻答應，四月一日即由舊金山搭乘「加菲爾總統號」郵輪經日本赴華，護照上面寫的是到中國「考察農業」[8]。從此，陳納德與近代中國展開了密切關係，成為家喻戶曉的「飛虎將軍」。

陳納德心中永遠的公主

一九三七年六月初，陳納德抵達上海，一個炎熱的下午，霍布魯克帶他去見宋美齡和澳洲籍政治顧問端納（M. H. Donald）。當天晚上，陳在日記上寫下他會見宋美齡的印象：「她將永遠是我的公主」（She will always be a princess to me）[9]。陳答應在兩個月內向宋美齡提出對中國空軍的考察報告[10]。抗戰爆發後，中國空軍號稱有五百架飛機，能起飛的還不到一百架；日軍則有三千架，僅上海一地即有四百架，日軍在上海且建有機場。儘管中國空軍遠居劣勢，但飛行員的素質和愛國心卻是一流的，一九三七年八月十四日，日寇木更津空軍聯隊的十八架轟炸機自臺灣新竹基地起飛執行轟炸杭州任務，日寇機群越海竄入筧橋上空，中國空軍第四大隊大隊長高志航率領二十七架戰鬥機升空攔截，擊落六架敵機。這是中國空軍的第一次空戰，非但無一受損，且創光輝戰果，宋美齡即建議將八月十四日定為「八一四」中國空軍節。

蔣介石在廬山牯嶺召見陳納德和中國空軍總指揮部副總指揮毛邦初[11]。陳納德在回憶錄中對此次召見的記載頗為傳神：

寒暄過後，蔣委員長就轉向毛將軍，嚴厲地用斷斷續續中國話詰問他關於空軍的情況。這時候，蔣夫人與我站在一旁，她向我翻譯他們的對話。

「可以作戰的第一線飛機共有多少？」蔣委員長向他厲聲問道。

「九十一架，委座。」毛將軍回答。

這時候，蔣委員長的面孔變得通紅，我想他快要爆炸了，他在走廊上大踏步走來走去，然後說了一大串帶齒音的中國話。蔣夫人中止翻譯。毛將軍面無人色，立正不動，眼睛直視著前面。

「蔣委員長在恐嚇他要槍斃他呢！」蔣夫人向我耳語道。「航空委員會的紀錄是第一線可以作戰用的飛機有五百架。」

這是我認識蔣委員長八年中唯一一次目睹他的震怒。最後，他火氣降了一點，轉向我用中國話問道：「據你所知情形到底如何？」蔣夫人為我譯成英語：「毛將軍報告的數字是對的。」我答道。「繼續講下去！」蔣夫人催促我道：「告訴他實在情形。」[12]

陳納德便坦誠向蔣說明他對中國空軍的觀感，他說他們「還沒有準備好作戰」，陳連續講了二十分鐘，蔣夫人向他使眼色叫他止住，蔣匆匆離開，毛邦初一直立正站好。這一場會面奠定了蔣對陳納德的完全信任。[13]陳納德正式參與中國空軍的訓練與作戰，指揮上海、南京和武漢的對日空戰，在昆明訓練中國空軍並建立一個複雜的地面警報系統。一九三八年春，宋美齡因健康關係辭去航委會祕書長職務，由其兄宋子文接任，實際負責人則為錢大鈞，但宋美齡始終對空軍的人事、採購甚至訓練和作戰，都掌握大權，她被稱為「中國空軍之母」，她一生中最喜愛的胸前別針就是金色與銀色的中國空軍軍徽。

飛虎隊在昆明一戰成名

一九四〇年十月，蔣氏夫婦派遣陳納德至華府協助宋子文的中國國防供應公司獲取更多的戰鬥機、轟炸機和飛行員。宋美齡數年前即曾囑咐陳納德，在中國飛行員還未培養茁壯之前，不妨僱用西方傭兵。一九四一年夏天，陳納德籌組的「美國志願隊」（American Volunteer Group，簡稱AVG）成員陸續來華助戰。當年十二月二十日，連炸中國一年未遭抵抗的日本空軍在空襲昆明時，突遇一批機首漆著鯊魚牙齒的美國P-40s戰鬥機升空對抗，使日軍三菱Ki-21型雙引擎轟炸機受到重創，鼠竄回河內基地，中國人民所豔稱的「飛虎隊」（The Flying Tigers）開始在中國戰區建功。[14]一九四二年二月廿八日，蔣宋夫婦在昆明宴請陳納德和飛虎隊成員，宋美齡講了一段感性的話：「在中國國運最嚴重的關頭，你們帶著希望和信仰飛越了太平洋來到中國。因為這個緣故，不僅我國空軍，而且我們全國都展開雙臂來歡迎各位。委員長適才曾道及你們光輝和英勇的事跡，他並且讚譽飛虎隊為舉世最勇敢的一支空軍。」宋又說：「當你們翱翔天空時，你們無異是用火焰在空中寫出一些永恆的真理，給全世界都看到……。」[15]

陳納德說：「軍事專家們所預測其作戰不會持續至三週的志願隊，居然在緬甸、中國、泰國和越南上空打了七個月的仗，摧毀日機二九九架，此外可能還有一五三架被毀。志願隊卻只在空中喪機十二架，在地面喪機六十一架，包括在壘允（緬北）焚毀的廿二架在內。駕駛員四名在空戰中殉職，六名死於高射砲，二名在地上被炸身亡，三名被俘，還有十名因失事死亡。……志願隊曾和日本空軍作戰了五十多次，卻從未敗過一次。」飛虎將軍又說：「凡此種種，只耗費了中國八百萬美元——薪餉和人事費用約三百萬美元，飛機和裝備約五百萬美元。結帳後我寫信給宋子文博士，抱歉地說，我們的費用超過了原來的預算。他覆信道：『美國志願隊乃中國從未有過的最妥善之投資事業。足下竟以所付代價為意，殊使余覺汗顏。』」[16]

一九四二年四月十八日，美國空軍杜立德上校（Col. James H. Doolittle）率十六架B-25重轟炸機自「大黃蜂號」（Hornet）航空母艦起飛突襲日本，轟炸東京、大阪、橫濱等地以報復日本在四個多月前偷襲珍珠港。此項突襲行動，蔣介石和中國戰區指揮部事先未獲通知，蔣極度不滿，因美國機群返航地點定為浙江衢州基地，蔣耽心日本會採取報復行動。美機完成任務後，因油量和機械問題，未能順利飛抵衢州，六十三人在浙東沿海一帶山區獲當地人民救助（包括杜立德），並護送他們至重慶，蔣氏夫婦於四月三十日頒授勳章給這批美國空軍。後來日本果然在浙皖一帶搜尋美機殘骸和生還者，據陳納德說，日軍的報復行動在三個月內造成廿五萬中國軍民死亡的大悲劇[17]。

一九四二年七月四日，美國在華成立第十四航空隊，陳納德准將擔任司令（一九四三年三月升少將），志願隊解散，但中國人民仍繼續稱十四航空隊飛行員為飛虎隊。接替史迪威出任中國戰區參謀長的魏德邁指出：「十四航空隊自一九四四年十一月被日本人認為無力再戰的時候起，至一九四五年五月十五日止，共擊毀敵機一千六百三十四架，美機在空戰中的損失只十六架而已，在中國上空的日本空軍可說已被消滅了。」[18]

陳納德擔任十四航空隊司令期間與中緬印戰區美軍司令兼蔣介石的參謀長史迪威將軍發生嚴重衝突。史迪威是陳納德的頂頭上司，史出身西點軍校，陳則為「雜牌軍」，兩個人在個性、脾氣、戰略與政治觀點上皆南轅北轍，史厭惡蔣宋孔家族及國民黨統治階層，陳則交好蔣宋孔[19]。史陳不睦，經常鬧至陸軍部（美國空軍於一九四七年始脫離陸軍而成為獨立軍種）和白宮，陸軍參謀長馬歇爾與陸軍航空隊司令阿諾德皆支持史迪威；陳納德幸賴羅斯福總統的遠親、專欄作家艾索普當幕僚，有些事情可以「通天」而獲白宮奧援。一九四五年八月，陳納德奉召返國，蔣授予青天白日勳章[20]。

勞軍縫製征衣　組訓婦女

一九三七年七七抗戰爆發後，宋美齡即於八月一日在南京主持「中國婦女慰勞自衛抗戰將士總會」成立大會，向七百多名與會代表發表「告中國婦女」演講，她說：「我們婦女也是國民一分子，雖然我們的地位能力和各人所能貢獻的事項各有不同，但是各人要盡量的貢獻她的力量來救國。什麼地方有適合我們的工作，我們就得爭先恐後地來擔任。」又說：「打仗的時候男子都要上前線去殺敵，後方工作是我們的責任。」[21]她指出：「婦女的工作不僅僅是軍需品的製造和醫護傷患，同時還要教育廣大的群眾。因為這場戰爭將是持久的消耗戰，然而大多數的人民仍然不知道即將來臨的苦戰及其意義。所以，當政府領袖在領導作戰之際，婦女可將愛國主義、衛生工作的重要性和正確的農耕方法教導給她們的姊妹。由於許多農村婦女在田裡工作，因此有必要降低農民的得病率以免妨礙了糧食的生產。」[22]宋美齡自己擔任慰勞總會主任委員，並號召全國各省省主席夫人分別在各省設立分會。

一九三七年八月上旬，淞滬會戰開始，宋美齡積極投入勞軍工作。雙十節前夕，淞滬前線中國守軍的一個陣地，正在搶修被日軍炸毀的工事，宋美齡突然帶著大批慰勞品出現，官兵極為感動。[23]十月廿二日下午，宋美齡偕同顧問端納從南京驅車至上海前線勞軍，在路上為躲避日軍飛機掃射，出了嚴重車禍，宋折斷了數根肋骨，躺在泥淖裡失去知覺。清醒後，端納帶她到一家農舍換衣服，後來在醫院住了好幾天[24]。

自南京撤至漢口後，宋美齡工作更加起勁，她不斷出入於保育院、婦女幹訓班、傷兵醫院、寒衣縫製所和女工收容所，每隔兩周必率領新生活運動促進總會婦女指導委員會慰勞組探視傷兵。國軍在艱困的物資條件下作戰，宋美齡所領導的婦女能夠盡力的就是向海外友邦及華僑募捐醫藥品、改善軍中衛生以及為戰士縫製軍衣（尤其是冬衣）。宋美齡發起籌募棉衣運動，由婦女工作團設置縫衣場，宋常去裁剪、縫製，她說：「如果不把我們二萬萬多婦女動員起來，是我們少數知識婦女的恥辱，我們應該做的事太多了，今天的成績加強了大家的信心，接著好好幹吧！」[25]

一九三九年秋第一次長沙會戰期間，宋美齡於湘、桂一帶勞軍、慰問傷患。她告訴一群在軍醫院服務的知識青年，只要打贏日本人，大家就可以回到學校繼續求學；她向傷患說明，他們使用的醫藥品與營養劑，是海外華僑和外國友人踴躍輸將的成果；她贈送湖南各醫院每位傷患兩元法幣、一條毛巾、一塊肥皂、一支牙刷和一碗紅燒肉；為了要知道紅燒肉做得如何，她在開飯時間跑到餐廳問他們好不好吃？她在廣西向四千名準備自醫院返回部隊的戰士保證，最後勝利一定屬於我們；她看到了老百姓敲鑼打鼓、燃放鞭炮，熱烈歡迎復原戰士重返前線的感人場面。湖南是盛產棉花之地，她號召湖南婦女為軍人縫製四萬萬件棉大衣和四十萬雙鞋子，以供湘、贛官兵使用，她本人則捐贈七十萬元縫製費[26]。湖南綦江婦女花了三天時間，趕做五百條繡花手帕和一千多朵紙花，拿到街頭義賣，宋美齡目睹這批鄉村婦女在大街小巷義賣的景況，不禁淚如雨注[27]。

婦女組訓一直是宋美齡抗戰時代的工作重點之一。一九三八年五月，四十八位來自全國各黨派的婦女代表聚集廬山牯嶺參加談話會，由宋美齡擔任主席、金陵女大校長吳貽芳為副主席。宋說，她召集此次廬山婦女談話會的第一個目的，「就是要使婦女界的領袖分子能夠聚首一堂，大家認識。」並暗示過去國民黨和共產黨及無黨無派發生「許多誤會」，乃因「大家雖在做著同樣的工作，彼此卻並不認識。私人的接觸和認識，實在足以促成有效的合作。」第二個目的是經由談話會，「訂定一個全國性的婦女工作綱領，使全國婦女工作的各方面，可以互相聯繫起來。」會議決定將新生活運動婦指會改組擴大為全國性的動員領導婦女參加抗戰建國總機構，以及通過〈動員婦女參加抗戰建國工作大綱〉，會後並發表了〈告全國女同胞書〉[28]。改組後的新運婦指會亦開始容納著名的異議婦女領袖，如馮玉祥夫人李德全、周恩來夫人鄧穎超和朱德夫人康克清等人。

從漢口開始，宋美齡領導下的婦運，主辦一系列的活動，諸如開辦救護訓練班、識字班、高級幹部訓練班、疏散女工至川陝各地以及進行徵募、慰勞、協助征屬、救濟難童、掃除文盲和提倡手工藝等。武漢失守以後，宋美齡在衡山、長沙、南昌、韶關、桂林等地視察婦運，一九三八年十二月一日於重慶向四大婦女團體演講，向婦女提出六項要求，其中一項是：「中國人的老毛病是好講面子，以為我是太太就不肯做粗工作，這種習慣應該打破……。」又說不久前在廣西見到李宗仁七十三歲的母親，老太太告訴宋美齡說：「日本沒什麼可怕，中國婦女每人拿一把菜刀就可以解決那些日本軍閥！」[29]

興學保育　照顧烈士遺族

宋美齡對孤兒、難童的救濟、扶養和保育工作，投注了極大的心力。她和蔣介石結婚後搬至南京，即建議蔣設立一所遺族學校以教育陣亡戰士遺族。一九二八年十月，蔣向國民黨中央執行委員會提議成立「遺族學校籌備委員會」；不久，國府主席譚延闓將籌建遺族學校的任務交給宋美齡，並囑她負責辦校，革命烈士遺族學校新校舍於一九二九年八月在中山陵園內落成，起先是男女合校，後又成立女校[30]。從這所最早的遺族學校，歷經重慶、貴州、西昌以至臺北的華興育幼院，在數萬學生的心目中，宋美齡是個永遠慈暉普照的「蔣媽媽」。

一九三八年年初，中共長江局婦女委員會委員鄧穎超以及中間偏左的沈鈞儒、郭沫若、李德全、劉清揚、沈茲九等一百八十四人，眼看大批無家可歸的兒童飢寒交迫到處流浪，民族幼苗陷入慘境，乃發起籌備「中國戰時兒童保育會」。鄧穎超委託史良、沈茲九和劉清揚三人去見宋美齡，請她出來主持兒童保育工作，宋一口答應。三月十日在漢口界限路聖羅以女子中學召開成立大會，宋致詞說：「今天大家所要討論的兒童保育問題，就是我們婦女界戰時最重要工作之一。

換一句話說，也是我們義不容辭的責任。……我願全國的女同胞們，各盡所能、各出其力，貢獻於這一件偉大的工作……。」[31]宋被推選為理事長、李德全為副理事長，同時推選出國共兩黨和無黨無派婦女五十六人擔任理事。

宋美齡在〈謹為難童請命〉的文章裡表示，保育會最初的目標是保育兩萬個兒童，將來經費擴大，再增加保育兒童的數目[32]。蔣宋夫婦各認捐兩百名兒童的生活費，李德全認捐五一一名，保育會亦派出工作人員到戰區搶救難童。抗戰時曾任宋美齡機要祕書的張紫葛說：「在抗日戰爭初期，中國的國民黨統治區，有三類由政府或社會撫養孤兒的機構。」其中第一類專收國軍陣亡將士遺孤的遺族學校；第二類是孤兒院及育嬰堂，收養流浪孤兒與棄嬰；第三類即為「中國戰時兒童保育會」[33]。劇作家田漢元配安妮曾作了一首〈戰時兒童保育院院歌〉，頗獲蔣宋夫婦欣賞[34]。保育會先後在全國各地成立二十餘個分會，抗戰八年陸續設置了五十三所保育院，收容了三萬名難童。保育院並在海外徵求認養幼童計畫，每個幼童每年的養育費為二十美元，收養者可獲得一張被認養幼童的照片[35]。

日本侵華使得中國土地上無數家園破碎，「骨肉流離道路中」。可憐的難童在砲火連天下喪失幼小的生命，運氣較佳者獲得收容，才能衣可蔽體、食可溫飽。美國女史家塔克曼（Barbara W. Tuchman）說：「蔣夫人組織一個婦女委員會從各戰區收養了一火車又一火車餓得半死、衣衫襤褸的孤兒，讓他們吃得飽飽、洗得乾乾淨淨。換上整潔的藍衣服，排著隊登上船，撤向後方。」[36]

一九三九年五月初，重慶遭到日機大轟炸，災情慘重，宋美齡亦參與救難工作，項美麗說：「戰爭孤兒分別由照管他們的婦女負責，並由她們向孤兒下達命令。清晨之前，一支六千名兒童的隊伍被送往鄉村，給他們的指示是行進，不停地行進，盡可能永遠地脫離死亡區，直到他們能獲得進一步的援助。」[37]

宋美齡在戰時發表了不少宣揚中國抗日的文章，並經常接受外國媒體的訪問，以其上乘的英文造詣充任中國對外文宣的代言人。珍珠港事變之前，她曾數度公開指責美國對中國戰局袖手旁觀，且以戰略物資供應日本的兩面派作法。一九四〇年四月十八日，因國難而同舟共濟的宋家三姊妹，一起在重慶中央廣播電臺透過美國ＮＢＣ無線電向全美作越洋廣播[38]。播音員先向美國聽眾介紹他們所熟悉的中國革命家孫逸仙博士，孫夫人宋慶齡隨即發言，她激動地譴責美國政府的中立政策、呼籲美國人民盡快向法西斯宣戰；接著講話的是孔夫人宋藹齡，她的口氣較慶齡溫和；最後由蔣夫人宋美齡壓軸，三姊妹中數她最了解美國，她的談話對象是美國國會和新聞界[39]。

訪問印度　甘地「滾地」迎迓

三姊妹雖不滿美國政府的立場，但她們深知中國必須爭取美國的支持和援助，始能和日本從事長期抗戰，她們相信「德不孤，必有鄰」這句話。為了答謝美國婦女援華運動委員會發起「希望書」簽名運動以支持中國抗戰，並捐贈三萬美元給中國，宋藹齡和宋美齡於一九四一年聯名贈送一頭熊貓給該委員會[40]。不過，這並不是中國熊貓首次「出使」新大陸。早在一九三七年，芝加哥布魯克菲德（Brookfield）即擁有熊貓[41]。

一九四二年二月五日，蔣氏夫婦飛抵加爾各答，對印度進行十七天的正式訪問。英國政府表面上同意蔣氏夫婦訪印，實際上很不高興蔣因看重印度戰略地位而訪問這個南亞次大陸的英國殖民地。蔣氏夫婦為提高中國戰時國際地位以及顯示中國的外交自主性，並不在意英相邱吉爾的反應。蔣獲得印度的贊同，自阿薩姆的雷多（Ledo）興建一條與滇緬公路連接的中印公路，以打通中印之間的運輸線[42]。訪印期間，邱吉爾曾致電蔣，勸他勿訪問主張印度獨立的「聖雄」甘地，蔣氏夫婦考慮四天後，決定不理會邱相的勸告。甘地送了一部紡車給宋美齡，這位反對暴力的「不合作主義者」，告訴中國的第一夫人：「你有武器，我也有武器，現將我的武器（紡車）送給你。」甘地以「滿地打滾」的傳統之禮歡迎中國貴賓[43]。

蔣介石敦勸印度採取更強硬的反日立場，但印度國大黨則利用蔣的訪問進一步反英。甘地坦率地對蔣說，英、美永遠不會自動以平等地位對待亞洲國家。蔣介石返回重慶後立即訓令駐英大使顧維鈞向邱吉爾轉達他對印度軍政情勢的不滿，「如不即刻改善，日本侵印的危險勢將與日俱增。」邱相對蔣的意見，極為氣憤[44]，亦更加敵視中國，而蔣對英國以自我為中心的外交政策，大為反感，並勸阻宋美齡訪英。在戰時，中英始終維持侷促的關係。

軍民團結一致抵禦外侮，乃是抗戰的時代精神，但重慶上層社會的腐化和有錢階級的自私自肥，卻斷喪了全國艱苦抗日的士氣。一九三九年十一月十一日《大公報》報導，中國要人寄存香港銀行的帳戶，一萬萬元以上者三人，一千萬元以上者三十人，一百萬元以上者五百人，合計七萬萬五千萬元（即七億五千萬港幣），僅香港一隅之存戶，足供中國抗戰一年之用[45]。到了一九四〇年十月，中國私人存入美國銀行竟多達一億七千萬美元[46]。在侍從室任職的唐縱於一九四四年十月二日的日記上寫道：「據說我國富人存入美國銀行被凍結者，約有三十三萬萬美元（即三十三億美元），如果移作軍需，尚可繼續抗戰五年有餘。與夏晉熊研究此一問題，如何能移作軍用。據晉熊云，昔居里（美國特使）來華，曾與商討，但美國憲法保護私有財產，政府不能提用任何私人銀行存款，美國政府亦無可如何，除非法院宣布其為貪汙贓款。」[47]這批被美國政府凍結的巨額存款，孔宋家族占多少？抗戰時期，日本曾指控宋子文在紐約大通銀行（Chase National Bank，後與Manhattan Bank合併，改名Chase Manhattan Bank）或花旗銀行（National City Bank）存了七千萬美元；宋藹齡在上述銀行之一存了八千萬美元；宋美齡在上述銀行之一則存了一億五千萬美元[48]。一九四九年五月，宋美齡訪問華府後幾個月，杜魯門總統從銀行界聽說孔宋家族在美國存了二十億美元，當即下令聯邦調查局調查，調查結果直至一九八三年依《資訊流通法案》公布時，仍有許多資料遭濃墨遮掩以保密。聯調局認為孔宋家族（包括藹齡、子文、美齡）在美國銀行總共存有七億五千萬美元[49]。

「收復失土　喪盡民心」

有錢人與居高位者拚命搜刮，陪都人民的生活則苦不堪言，唐縱在一九四四年五月七日的日記中說：「為何近來大家不安，議論甚多？我以為幾個原因：一、因物價高漲生活困苦，煩惱之情充溢；二、因風氣日壞，貪汙日多，政治弱點日益暴露；三、因委座之權力在形式上、事務上日見集中，而在實質上（如對大員顧慮多而不能加以法律）日見降低；四、因外國輿論批評日見不利；五、因敵人、漢奸、異黨從中挑剔破壞中傷。」[50]即連蔣介石也不知道重慶物價高至何種程度，有次聽取侍衛長俞濟時報告每月臨時費高達一百五十餘萬元，而暴跳如雷，把侍從室第一組組長陳希曾痛罵一頓，脾氣急躁的蔣介石並將椅子打翻[51]。特務頭子戴笠於一九四四年六月廿九日自安徽歙縣雄村打電話給唐縱說，在東南走私經商的不是黨政機關就是軍隊，純粹商人走私經商已不容易了。唐縱說：「今日犯科作奸的都是有力量的人，政治的敗壞，自上而下，所有經濟政治軍事全都壞了，欲圖挽救還是須自上而下。如果不能徹底有所改革，社會真是不可收拾。」[52]一九四四年三月底西南聯大校醫室公布二月份學生疾病統計數字，內科、外科、耳鼻喉科及眼科共有二千二百四十二人患病，約占學生總數百分之九十以上。患病原因多為營養不良、設備簡陋所致，大學生常吃砂石、小蟲與米飯混雜的「八寶飯」，健康當然不佳[53]。

不可否認的，宋美齡在抗戰前和抗戰時代確有光彩照人的表現，但孔宋家族的貪婪腐化、愛國不以其道，以及大後方所暴露的民生多艱，乃為不爭之事實；蔣宋的領導品質非僅蒙上汙點，並種下了日後「收復失土、喪盡民心」的因果[54]。

注釋

1 宋美齡於一九三七年三月十二日在上海英文《大美晚報》發表〈航空與統一〉，收入《蔣夫人言論集》（國民出版社，一九三九年二月），此處轉引自楊樹標《宋美齡傳》，頁九七。

2 Roby Eunson, *The Soong Sisters*, 90。

3 Sterling Seagrave, *The Soong Dynasty*, 319。

4 Eunson, 102。

5 同前。

6 日本於第一次大戰前獲法國之助建立空軍，中國空軍則混合英美法俄及義大利航空技術而成，各地軍閥皆擁有小規模空軍（東北、廣東），並僱有外國飛機和駕駛員當傭兵。據稱蔣介石對空軍發生興趣是在一九三四年，其晚輩親戚毛邦初率機轟炸閩變分子而建功。同年，孔祥熙遊歐，受到獨裁者墨索里尼招待，確定義大利協建國府空軍，並派出一個由四十四名飛行員和一百名工程師與機械士組成的顧問團來華。陳納德說，他初到中國，即發現中國空軍完全控制在義大利人手中，義大利飛行員穿著制服在南京街頭大搖大擺，中國向義訂購數百萬美元軍機，正好協助義大利發展航空工業。陳納德說：「義大利人儘管在中國航空界掀起了一場很大的風潮，他們在加強中國空軍實力方面，實際上是一無所成。」又說，義大利在洛陽創辦的空軍學校，不問學生能力，人人皆可畢業；在南昌設立的飛機裝配廠所裝配的飛機，是一種「害人的陷阱」。參看陳納德著、陳香梅譯《陳納德將軍與中國》，臺北：傳記文學出版社，一九七八年，頁卅八～四一。《陳納德將軍與中國》一書其實為陳納德回憶錄，原書名為*Way of a Fighter*，一九四九年出版。

7 Seagrave, 359。一九四三年十二月六日出版的《時代》周刊，以陳納德為封面人物。該刊報導，一名為陳納德畫相的藝術家說：「那個人有一張鷹臉」（That man has the face of a hawk），頁廿六。據稱邱吉爾初次見到陳納德的凶狠樣子，即對幕僚說：「幸好這個人在我們這一邊。」

8 《陳納德將軍與中國》，頁三十；陳香梅譯《陳納德將軍與我》，臺北：傳記文學出版社，一九七八，頁五。

9 Seagrave, 360，《陳納德將軍與中國》，頁卅六，陳香梅將princess譯成「女王」。陳納德於一九四五年和元配離婚，一九四七年十二月廿一日在上海與曾任中央社記者的陳香梅結婚，育有二女。見《陳納德將軍與我》，頁廿三。陳死於一九五八年。專欄作家艾索普（Alsop）說，陳納德"half in love with Mme Chiang"，見《艾索普回憶錄》"I've Seen the Best of It", New York: W. W. Norton, 1992, 225。

10 《陳納德將軍與中國》，頁卅七。

11 毛邦初生於一九〇四年，浙江奉化溪口岩頭村人，為蔣介石元配、蔣經國生母毛福梅的同宗本家（一說為毛福梅遠房姪子），黃埔三期，曾任航校副校長、空軍副總司令兼空軍駐美採購處主任，與曾任空軍總司令、參謀總長的周至柔鬥爭激烈。一九四一年即奉派赴美負責空軍軍品採購，五〇年代初爆發貪汙數千萬美元鉅款（實際數目是一個謎）的國際大醜聞，毛偕原為紐約夜總會表演女郎的女祕書凱莉（Agnes Kelley）潛逃墨西哥，國府越洋大打官司，毛在墨西哥入獄。官司纏訟多年，最後和解。據說國府僅追回三百萬美元現款和二百萬美國國庫券。國府曾派查良鑑負責調查毛案。毛案為國府撤退臺灣後軍購舞弊案的「開山鼻祖」，蔣介石為整頓軍購，乃派俞大維清理當時令出多門、雜亂無章的軍購業務。毛邦初於一九八五年病逝美西，葬於洛杉磯好萊塢山莊森林草地紀念公園；其弟毛瀛初曾任空軍作戰司令、民航局長；其子毛昭寰（Bill Mow）經營成衣業，一九七八年推出「吹號手」（Bugle Boy）牛仔褲及青少年成衣，頗為成功。對毛案敘述最詳者當推《顧維鈞回憶錄》（第八分冊）中之第七卷第三章，頁四三六～六四八，中國社會科學院近代史研究所譯，北京中華書局，一九八九年。參看葉一舟《談「毛邦初事件」》，載美洲《時報周刊》，二八一期，頁八二～八五，一九九〇年七月十四日出版；波紋〈軍購弊案始祖之子創業成功〉，一九九四年一月廿四日《中時晚報》時代副刊；郁鼎彝、張文奇〈毛邦初的生前死後〉，載《傳記文學》第三六八期，頁卅五，一九九三年元月號。

12 《陳納德將軍與中國》，頁四三～四四；Bernard Nalty, *Tigers Over Asia*, New York: Elsevier-Dutton,1978, 21。

13 同前。

14 Seagrave, 369-370。

15 《蔣夫人思想言論集》卷三，轉引自《宋美齡傳》，頁一四七～一四八。

16 《陳納德將軍與中國》，頁一七四～一七五。

17 General James H. Doolittle, *I Could Never Be So Lucky Again*, New York: Bantam Books, 1991, 259-260, 267-268, 275-283; 林博文〈從香格里拉起飛，直搗太陽帝國——杜立德自傳「鐵翼餘生」揭露「轟炸東京」祕辛〉，一九九二年四月六日《中時晚報》時代副刊。

18 《陳納德將軍與中國》，頁三六三。

19 前引，頁一七三～一七四；王曉華〈試析史迪威與陳納德的個性及對中國戰場的影響〉，載《民國檔案》，一九九四年第四期，頁八七～九四；顧學稼、姚波〈美國在華空軍與中國的抗日戰爭（一九四一年八月～一九四五年三月）〉，載《美國研究》，一九八九年第四期，頁一〇一～一一五；金光耀〈試論陳納德的空中戰略〉，載《近代史研究》，一九八八年第五期，頁二〇二～二一九。

20 《陳納德將軍與中國》，頁三八一。

21 《蔣夫人言論集》，轉引自劉巨才，《一代風流宋美齡》，頁一三二。

22 Emily Hahn, *The Soong Sisters*, 250。

23 《一代風流宋美齡》，頁一三三～一三四。

24 Hahn, 254-256，張紫葛稱，宋美齡在保衛大武漢期間，曾四次到前線，五次差點送命，參看張紫葛《在宋美齡身邊的日子》，頁一六六～一七四。

25 《一代風流宋美齡》，頁一五四。
26 前引，頁一六一。
27 前引，頁一六九。
28 前引，頁一四七～一五七。
29 前引，頁一五八；李宗仁口述、唐德剛撰寫《李宗仁回憶錄》，香港南粵出版社，一九八六年，頁五一九～五二〇；李宗仁之母死於一九四二年春。
30 《一代風流宋美齡》，頁八九、一三八；《在宋美齡身邊的日子》，頁三十。日軍進攻南京時，遺族學校校舍遭炸毀，宋美齡親見其一手創建的學校，「在一道黃光與一縷灰煙之中燒毀了」。
31 《一代風流宋美齡》，頁一四五。
32 《蔣夫人言論集》，轉引自《一代風流宋美齡》，頁一四五～一四六。
33 《在宋美齡身邊的日子》，頁卅～卅二。
34 前引，頁二〇三～二〇四；《一代風流宋美齡》，頁一四七。〈戰時兒童保育院院歌〉歌詞為：

我們離開了爸爸，我們離開了媽媽，我們失掉了土地，我們失掉了老家。
我們的大敵人，
就是日本帝國主義和他的軍閥，
我們要打倒他，要打倒他！
打倒他，才可以回到老家；
打倒他，才可以看見爸爸、媽媽；
打倒他，才可以建立新中華！

35 《宋美齡傳》，頁一一九。
36 Barbara W. Tuchman, *Stilwell and the American Experience in China*, 1911-45, New York: The MacMillan Co., 1971, 192。
37 Hahn, 303。

38 《一代風流宋美齡》，頁一三三、一三七、一五四。

39 前引，頁一八一～一八二。

40 前引，頁一八九。

41 田滄海〈美國熊貓熱源遠流長〉，美國《中報》，一九八七年四月十三日（舊圖新語專欄），第三版。

42 Tuchman, 247。

43 甘地採地上打滾的印度土法迎接蔣氏夫婦，隨員張道藩代表蔣氏亦以翻滾答謝。見龔選舞《龔選舞回憶》，臺北：時報文化出版公司，一九九一，頁二一二。

44 Tuchman, 259。

45 唐縱《在蔣介石身邊八年——侍從室高級幕僚唐縱日記》，北京：群眾出版社，一九九一，頁一〇三。

46 前引，頁一六三。

47 前引，頁四六二。

48 Seagrave, 434-435。

49 前引，500。Seagrave認為孔宋家族在美資產多達二十億至三十億美元。

50 《在蔣介石身邊八年——侍從室高級幕僚唐縱日記》，頁四二九。

51 前引，頁四二六。

52 前引，頁四三九。素有「黃大砲」之稱的國民參政會參政員黃宇人指出：「抗戰中期，貪汙盛行，人民怨聲載道，參政會開會時，對於政府官員的貪贓枉法行為，雖有人指責；但大都只拍蒼蠅，不打老虎。我忍無可忍，乃決定在孔祥熙、徐堪等人到會報告時，提出詢問，希望能藉輿論的力量，迫使他們有所顧忌，並促起蔣校長（即蔣介石，黃畢業於黃埔軍校）的注意。」又說：「抗戰末期，物價暴漲，軍、公、教人員的生活，均感困難，尤以軍人為甚，士兵多鵠形菜色，新徵的士兵送去滇緬路前線補充遠征軍時，常被接收機關以體格不及格退回。有的新兵在途中病死（多是飢餓兼痢疾），僅有一張破濫（爛）的草席（薦）裹身，即被棄路旁，身上所穿的衣服，也被脫去。種種慘狀，非目睹者很難相信。」見氏著《我的小故事》上冊，作者出版（加拿大多倫多），一九八二年二月，頁三二〇、三二三。

53 《在蔣介石身邊八年——侍從室高級幕僚唐縱日記》，頁四一九。一向積極支持援華的美國財政部長摩根索（Henry Morgenthau,Jr.,舊譯摩根韜），深切懷疑蔣介石周圍高層人物的誠實與效率。他在一九四一年十二月收到一位美國資深記者提供的情報稱中國軍政部長（何應欽）不太想打日本人。但最令人氣惱的是財政部長孔祥熙之妻（宋藹齡）的浪費公帑。她的妹妹蔣夫人雖比較了解民主原則，然而在大部分中國人民陷於飢餓狀態之下，她卻過著奢華侈靡的生活。蔣介石本人則是財政上不負責任、沒有學識的。未能改進人民福祉卻又毫無愧疚。見John Morton Blum, *From the Morgenthau Diaries, Years of War*, 1941-1945, Boston:Horghton Mifflin, 1967, 88。

54 抗戰後曾任行政院政務委員的民社黨領袖蔣勻田，在一次行政院院會上對國防部長白崇禧提出之「天文數字」國防預算，表示異議；蔣說：「我以為人心之向背，關係最大，民間普遍流言：『收復了失土，喪失了民心』。想諸位前輩，定有所聞。我認為今日國家最嚴重之問題，不是軍事問題，而是政治問題……。」一九四八年十一月美國大選後，蔣勻田在華府走訪魏德邁將軍，魏對蔣表示：「現在國民黨與共產黨的對戰，中國大部分人心的趨向，乃決定最後勝利的重要因素。蔣委員長領導之國民政府，在抗日時期，雖曾廣獲人民的擁戴，今已形勢變更，大部分人心已另有趨向。日本投降後，宋子文榮任行政院長（按：宋出任閣揆為一九四五年五月），所派到各地的接收人員，任意以漢奸罪名，加於地方富人，以便勒索。因此刺激一般人心太深。我在京滬一帶，不知聞多少中國朋友說：『收復了失地，喪盡了人心』，想你亦必聽到這句話。」參看蔣勻田《中國近代史轉捩點》，香港：友聯出版公司，一九七六，頁二〇〇、二三〇。

第六章

風靡美國的第一夫人外交

一九四二年秋天以美國總統特使身分訪華的威爾基，敦促宋美齡訪美，向美國朝野說明中國人民的抗日決心。威爾基曾於一九四〇年代表共和黨角逐總統。據《展望》雜誌創辦人邁克・考爾斯透露，威爾基訪渝時和蔣夫人有過「一夜風流」。

羅斯福在白宮發表廣播演說，宋美齡、總統顧問霍普金斯和總統表妹三個「菸槍」，持菸旁聽。

一九四三年二月十七日，蔣夫人自紐約海德公園搭乘火車抵達華盛頓，患有小兒麻痺症而不良於行的羅斯福總統迎於座車內。

羅斯福夫婦陪同蔣夫人向美國建國之父喬治・華盛頓陵墓致敬。

白宮攝影記者忙著為中美第一夫人拍照。

蔣夫人和羅斯福夫人伊
蓮娜合影於白宮草坪。

一九四三年二月十八日，蔣夫人向美國眾議院發表演説，圖
為眾院議長山姆・雷朋向眾議員介紹蔣夫人。

三萬加州民眾於一九四三年三月卅一日群集好萊塢露天劇場（Hollywood Bowl）歡迎蔣夫人。這項盛會為蔣夫人的歷史性美國之行畫下了句點。

一九四三年三月一日上午，蔣夫人自華盛頓抵達紐約火車站，接受華埠少女趙秀澳及林語堂之女林如斯獻花。右為紐約市長拉瓜迪亞。

眾議員凝神貫注聆聽宋美齡演講，美國媒體和朝野對蔣夫人帶有南方口音的英語和動人的講詞，大為傾倒。

中國駐美大使魏道明（左一）為蔣夫人舉辦了一場盛況空前的酒會。站在蔣夫人兩側的是魏道明夫人鄭毓秀和蔣夫人的姪兒孔令侃。孔令侃以「護花使者」身分全程陪同姨媽的官式訪問活動。

宋美齡折衝樽俎的才華，在近代中國堪稱數一數二，她是「世界級」（world class）的外交家，顧維鈞、周恩來也許可堪比擬。在千鈞一髮的時刻，她可以婉勸張學良；在爾虞我詐的國際政治裡，她能夠說服美國政要支持重慶立場；在中華民族艱苦抗戰時期，她是中國的最佳宣傳利器。

融合中西優質　政要傾倒

宋美齡兼具中國古典氣質和西方優雅風度，而又帶有犀利、精明的作風，使西方人如醉如癡、又愛又恨。羅斯福、威爾基、史迪威、陳納德、魏德邁、馬歇爾、麥克阿瑟、魯斯、霍普金斯、雷德福，以及二次大戰前後其他美國軍政首長和媒體大亨，都對蔣夫人有著錯綜複雜、莫可名狀的情結。蔣介石的抗日、剿共和保衛臺灣，在在需要美國的助力，而宋美齡就是他獲取美國物資援助與道義支持的最大本錢。

美國人一向不太欣賞蔣介石。二次大戰時，一直懷疑他會和日本私通談和，亦質疑他為保留實力以對抗中共而未全力抗日；國共內戰時，又不滿國民黨政府的腐化無能，在羅斯福與高級幕僚的談話裡，以及杜魯門、馬歇爾和艾奇遜的對話中，他們輕蔑蔣介石和國民黨的神態，處處躍然紙上。儘管如此，宋美齡照樣使美國佬傾倒不已，照樣使他們支持「國民黨中國」，軍經援助源源而至，直到一九四九年大陸變色時，美援始暫告中斷。但一九五〇年六月韓戰爆發，東亞情況危殆，美援又恢復注入蔣介石政權，美國開始協防臺灣，第七艦隊巡弋臺海，因而扭轉了臺灣的命運[1]。

宋美齡在外交壇坫上的最大表現，厥為一九四三年「征服」美國的訪問和同年十一月的中美英三巨頭開羅會議，然就衝擊性和影響力而論，美國之行遠超過埃及之旅。

一九四〇年美國大選，代表共和黨角逐總統席位的威爾基（Wendell L. Willkie），獲二千二百多萬張選票，僅輸羅斯福五百多萬票，雖敗猶榮。第三度當選總統的羅斯福是個大度的人，他知道威爾基頗有才幹，也有國際視野，厭惡殖民主義，故請他擔任總統特使出訪英國、中東、蘇聯和中國，以促進戰時外交。一九四二年九月底至十月中旬，威爾基訪問中國，為陪都重慶帶來了興奮與鼓舞，「有朋自遠方來」，蔣介石夫婦熱烈招待這位熱情奔放而又快人快語的美國總統特使。威爾基在一個晚宴上，建議蔣夫人訪問美國，向美國朝野宣揚中國軍民抗日的決心；他說，讓美國人民了解亞洲問題和亞洲人民的觀點，是極其重要的，未來世界的和平乃繫於戰後東方問題是否能夠獲得公正解決。印第安納大學法學院出身、素有「華爾街赤腳大仙」（barefoot boy from Wall Street）之稱的威爾基對蔣夫人說，以她的才氣、智慧、說服能力和魅力，必能使美國人民更加了解中國；他說，這項任務只有宋美齡可以完成，她將是一個「完美的大使」，美國人民「就需要這樣的訪客」[2]。

宋美齡對威爾基的建議，大為心動，她向孔祥熙和宋藹齡提起這件事，孔、宋夫婦頗感意外，他們當面問威爾基，威爾基的回答是肯定的[3]。事實上，熱愛中國的美國雜誌業鉅子魯斯夫婦於一九四一年五月訪問重慶時，即曾建議蔣夫人赴美訪問，一則調養身體，二則替中國宣傳，使美國人民認識中國，其效力可抵三十師兵力。但蔣委員長不允蔣夫人出國，蔣夫人自己亦不願離開戰時中國，蔣介石對魯斯夫婦說，蔣夫人在旁襄助，其威力可抵六十師兵力[4]。重慶政府當時並沒有想到派遣蔣夫人到美國進行高層外交，蔣介石和孔祥熙夫婦對威爾基重提蔣夫人訪美建議，既感驚喜但也帶一點躑躅，因國史上從未有「夫人外交」的先例，而且無法預料此行的效果。但中美關係如此重要，蔣、孔、宋不太滿意的駐美大使胡適又剛下臺，魏道明上任伊始，對美外交亟待加強。然而，就像孔宋家族在許多事務上的分裂、對立一樣，新近自美返國的外交部長宋子文，大力反對宋美齡訪美，他認為沒有必要。一些中美高層人士私下皆表示T. V.（宋子文的英文名字）不願他的妹妹插手外交，視對美外交為其「禁臠」，「一山難容二虎」，無怪乎宋子文對宋美齡的美國之行獨持異議[5]。

個性堅強的宋美齡，很快打定主意要前往美國，兩個因素促成她下定決心，一是她很想使中美關係更加密切，並進一步爭取美國的軍經援助；二是她的健康情形日走下坡，長期失眠、因吸菸過量而引起的鼻竇炎、牙痛、慢性皮膚病（蕁痲疹）、精神耗弱，以及一九三七年一場車禍所造成的肋骨和脊骨經常疼痛的後遺症，使她深覺自己應該好好調理[6]。蔣介石審慎考慮之後，決定讓蔣夫人赴美；據說，蔣亦懷疑宋可能患了癌症[7]。

宋子文雖不贊成宋美齡訪美，但還是不得不服從上意、公事公辦。他在一九四二年十一月二日發了一通電報給羅斯福最信任的顧問霍普金斯（Harry L. Hopkins），請他派一架飛機供蔣夫人使用，因蔣夫人「患有重病」急需到美國醫治，並請代為安排醫院，一俟蔣夫人抵美即可立刻住院，出院後再到華府進行官式訪問，同時蔣介石的美籍政治顧問拉鐵摩爾（Owen Lattimore）將隨行。被認為是羅斯福「耳目」的霍普金斯馬上回電給宋子文說，羅斯福總統獲悉蔣夫人有恙，極為關切，已採取一切步驟，俾使飛機可以儘快提供給蔣夫人自重慶飛來紐約[8]。

夫人赴美　白宮優先派機

重慶政府要求白宮派機給蔣夫人之際，適值盟軍積極準備在北非登陸（戰史稱「火炬作戰」）的前夕，美國軍政要員正忙得不可開交，而派機自美國飛往中國搭載蔣夫人來美的後勤作業，在戰時又頗為複雜。不過，羅斯福還是交代霍普金斯以最優先的方式處理，霍普金斯即請陸軍參謀長馬歇爾負責安排；馬帥以講求效率著稱，他在十一月五日通知霍普金斯：「一架同溫層飛機將於十一月十二日或更早經由喀拉蚩飛抵中國成都載運蔣介石夫人。如天氣許可，飛機將於十一月十八日抵達華盛頓。蔣夫人登機後，一名醫生和一名護士將隨機，飛機最多只能載八個人。」霍普金斯把馬帥的報告電傳至重慶，宋子文收到後回電致謝，但表示蔣夫人將帶自己的醫生和護士同往[9]。

蔣介石於十一月十六日致函羅斯福表示謝意：「此次內子之病，承蒙鼎力協助，得以提前早日就醫，私衷至為感謝，並得乘此訪問閣下與貴夫人，代中親致敬意，使中更覺無上愉快，一若與貴大總統及貴夫人晤聚一堂也。內子非僅為中之妻室，且為中過去十五年中，共生死、同患難之同志，彼對中意志之了解，並非他人所能及，故請閣下坦率暢談，有如對中之面謦者也。余深信內子此行更能增進余兩人私交及擴展我兩大民國之睦誼也。」[10]

一九四二年十一月十七日清晨四時，蔣宋車隊駛抵成都機場，躺在擔架上的宋美齡被抬出救護車，再抬上美國陸軍部向環球航空公司（TWA）租來的最新式波音三〇七同溫層四引擎飛機，同行的有孔二小姐和兩名美國護士，蔣介石在飛機起飛之後才離去。駕駛員蕭頓（Cornell Newton Shelton）並不知道要載運什麼人，接到任務通知後即從美國本土起飛，經南大西洋、非洲、印度再飛越駝峰，來時引擎一路出毛病，返航時卻平安無事。宋美齡在機上一直躺著，未與蕭頓及其他機組人員交談半句，機組人員亦奉命不得和乘客交談。飛機到了佛羅里達州棕櫚灘，宋子文和宋子安在機場迎接。宋美齡停留一夜後，改搭C-54飛機續飛紐約[11]。

一九四二年十一月廿七日，宋美齡終於重返已睽別四分之一世紀的新大陸。美國是她的「第二故鄉」，她的心情頗為複雜，廿五年前她自韋思禮學院學成歸國；廿五年後則以中國第一夫人的身分回到她的知識啟蒙之地。專機於下午二時抵達紐約長島密契爾軍用機場（Mitchel Field）[12]，霍普金斯迎於機坪，並護送她住進哥倫比亞大學長老會醫學中心哈克尼斯病房大樓，為了安全與保密，第十二樓全部包下來。宋美齡的住院事宜，由霍普金斯和宋子安的妻子、舊金山廣東銀行老闆吳筠莊（Y. C. Woo）之女吳繼芸共同安排，宋美齡使用假名住院。孔令侃和孔二小姐幾乎每天都陪著姨媽，孔令傑則奔波美國各地策劃蔣夫人的演說行程[13]。

宋美齡在駛往醫院的車上和霍普金斯談其此次來美，「除了醫療和休息，沒有別的目的」，她希望羅斯福總統了解這一點，但接著卻提出了涉及到中美關係的許多問題，其中包括：（一）在珍珠港事變前，中國人民擔心美國會和日本妥協而出賣中國；（二）她代表中國人民和政府感謝主張對日本採取強硬立場的美國官員；（三）盟國如欲戰勝德國，必須先盡一切力量打敗日本（霍普金斯不同意此觀點，但未與蔣夫人爭辯）；（四）蔣夫人不太關心美國海軍在所羅門群島的作戰，只關切中國本土的事；（五）中國人民的士氣有兩次落入低潮，一在珍珠港事變前夕，一在緬甸之役崩潰時，蔣夫人強調維持中國軍民繼續作戰的重要性；（六）蔣夫人對英國頗有微詞；（七）批評美軍駐華指揮官兼中印緬戰區參謀長史迪威不了解中國人民，對「飛虎將軍」陳納德則表示讚揚[14]。

宋美齡向霍普金斯所提出的這些問題與意見，實際上是她這次美國之行準備向美國朝野申述的一些重點。霍普金斯在百忙中又代表羅斯福總統到醫院與蔣夫人談了幾次，蔣夫人致電蔣介石說：「妹綜合霍普金斯談話之印象，妹恐戰後英、美、俄又將忙於己身利益，將置我國於不顧。妹意如善為準備，仍可在和議席上爭得重要地位也。哀我國家民族徒赤手空拳，亦為兄所悵歎者，唯憑應付得當，或有所成。」蔣夫人又說：「羅總統周圍多智囊，顯有準備，妹則單槍匹馬，毫無後援，故務須請大姊來助，望兄促其早日成行。」[15]宋美齡希望宋藹齡到美國助她一臂之力，當她的參謀和顧問，幫她出主意，可見宋美齡倚賴宋藹齡之深。

初遇宋美齡「我見猶憐」

宋美齡住進醫院第二天，羅斯福夫人即冒著酷寒到醫院探視她。宋美齡在羅斯福夫人面前，一掃女強人的姿態，表現得像個嬌弱的病人，使已有五個孩子的羅斯福夫人對蔣夫人，立即油然而生「我見猶憐」的母愛之情，雖則羅斯福夫人僅比蔣夫人大十五歲。羅斯福夫人在回憶錄《永誌難忘》（*This I Remember*）中說：「蔣夫人似乎很緊張、很痛苦的樣子，她不能忍受任何東西碰到她的身體。有很長一段時間，醫生無法紓解她的痛苦，我認為這大概是她長期緊張、焦慮和中國氣候所造成的後果。」又說：「蔣夫人頗為嬌小和纖弱，看到她躺在床上，我心裡想如果她是我的女兒，我一定會幫助她、照顧她。」[16]宋美齡於十一月廿八日致電蔣介石，告以她和羅斯福夫人見面的經過：「今晨羅夫人準時到院，妹表示此次來美盡以私人看病，對美國政府並無任何要求。彼即謂美國朝野人民異口同聲對妹極為仰慕，均認妹為全世界女界中第一人物，即彼與羅總統亦素欽羨，此次能有機會相晤，竊心慶幸。」[17]

宋美齡與羅斯福夫人不僅止於寒暄、問候，這兩位第一夫人亦就中美關係和世局交換意見，宋美齡在致蔣電報中說：「羅夫人遂謂應如何改變美人態度，而使美人感激我抗戰對美之貢獻。

妹即謂中國之抗戰，乃為全人類而犧牲，今羅夫人既與余不謀而合，真亦稱忠。彼聞後極感動，即自動來親妹頰，其謂希能做妹私人朋友。」[18]羅斯福夫人真的把蔣夫人當做「私人朋友」，常到醫院看她，兩個人無話不談；羅斯福夫人在寫給友人的信中稱蔣夫人是個「很甜的人」，但頗有個性，亦很堅強，這些特色「使她和她的丈夫在中國最困難的時期並肩成為真正的夥伴」。宋美齡還多次邀請羅斯福夫人訪問中國[19]。羅斯福夫人為解除蔣夫人的煩悶，也曾帶一些朋友去看她，陪她聊天[20]。

羅斯福夫人是個正直而誠懇的第一夫人，她對蔣夫人的讚美乃發自內心，亦從不在背後說人閒話。但是，她的一些朋友卻對她毫無保留地稱讚蔣夫人，覺得有些納悶與不解，他們所知道的中國第一夫人是個愛打扮、喜用名貴物品、住院要用自備綢緞床單、對護士和傭人很高傲的人，顯然與羅斯福夫人所形容的不太吻合。羅斯福夫人的私人祕書湯普生（Malvina "Tommy" Thompson）以及好友兼助理、財政部長摩根索的太太艾琳娜（Elinor Morgenthau），都曾在她面前批評過蔣夫人，湯普生甚至警告羅斯福夫人：「蔣夫人並不是穿著中國絲綢的聖德肋撒」（Mme. Chiang was not a Saint Teresa in Chinese silk）。然而，被稱頌為真正是「世界第一夫人」的羅斯福夫人，對這些批評卻不置一詞，她是從正面和肯定的角度來衡量宋美齡。進一步而言，她是以女性關懷女性的觀點出發，認為蔣夫人以「一介女流」周旋於戰爭政治和男人政治當中，猶能有所建樹，可說是相當難能可貴的[21]。

儘管羅斯福夫人對蔣夫人頗為體貼、照顧，她還是嘗到了蔣夫人有名的冷峻與鋒利。一九四三年一月十四日至廿四日，羅斯福與邱吉爾在北非舉行卡薩布蘭加會議，商討對德、日戰略，因史達林反對，故未邀蔣介石赴會，史達林則因蘇德進行史達林格勒之戰而未能出席。中國政府對未獲邀與會一事，異常不悅。羅斯福於一月卅一日自北非返回白宮，他出於善意，要求其妻轉告蔣夫人，他已和邱吉爾取得協議，英國答應改善中國缺乏飛機的問題。蔣夫人聽完羅斯福夫人的傳話後，顯然並不領情，兩眼盯著羅斯福夫人，沒有表示任何意見。一向善解人意的羅斯福夫人馬上感覺到一股寒氣，她好心地問蔣夫人有沒有聽到蔣委員長提起卡薩布蘭加會議。蔣夫人一開始不太願意談，過了不久卻如河川決堤，說個不停，痛批美、英兩國，把中國的不滿和憤怒，完全宣泄出來。她說中國是聯合國之一[22]，有關全球戰略問題應由聯合國決定，至少也應由四強決定，而不應僅由兩個國家決定後即強使其他國家實行，或是以口頭通知他們，這不是同心協力的民主之道，如果在戰時各國之間不能平等合作，則和平不可能企及。中國遵行《大西洋憲章》，並為四大自由而戰，不是為自己而戰。她和蔣委員長曾告訴中國人民，中國在國際上和各國皆平等相對，如今中國卻受不平等待遇，那麼中國何必繼續作戰呢[23]！

特殊禮遇　作客海德公園

羅斯福夫人靜靜地聆聽宋美齡的抱怨，她是個極有度量的國際主義者，她想到了「白人至上主義」的陰影，同情中國的處境，也了解宋美齡的立場。她問道，蔣委員長是否願意選一個靠近中國的地方與羅斯福總統會面？蔣夫人回答說，那只是兩人會議，我們有四強；羅斯福夫人說，史達林也許會擔心日本對蘇宣戰而與會，蔣夫人卻說這是一個難題，不過中美英元首先聚會也可。蔣夫人拐彎抹角的談話，乃是因蔣介石並不願和史達林見面。翌日，羅斯福夫人與羅斯福談到與蔣夫人對話內容，羅斯福仍堅持卡薩布蘭加會議主題與中國無關，唯一有關的是武器供應問題（以飛機為主），美國陸軍航空司令阿諾德將軍（Gen. H. H. Arnold）正前往重慶商談飛機問題。羅斯福說，要讓中國列入四強之一，還有一個阻礙，邱吉爾一直反對把中國列為強國，他擔心強大的中國將會威脅英國在遠東的帝國地位[24]。

宋美齡在醫院一直住到一九四三年二月十二日，總共十一個禮拜，在哥大醫學院教授兼附設長老會醫學中心醫生羅布（Robert F. Loeb）的醫療下，拔掉了智齒、治癒了鼻竇炎，身體逐漸康復。羅斯福夫婦對蔣夫人表現了極為慷慨好客的風度，邀請她前往紐約上州海德公園（Hyde Park）羅斯福的老家休息。距紐約市約一個半小時車程的羅斯福住宅，鄰近哈德遜河，環境極為清幽，一九三九年英王喬治六世及王后訪美時亦曾在海德公園作客。

宋美齡在海德公園待了五天，一面補足元氣，一面忙著為國會眾議院的演講作最後的潤色，以及思考在未來幾個月內如何面對美國朝野和媒體；這是關係中國抗戰前途、國際聲望與中美關係的旅程，她必須冷靜地運籌帷幄。蔣介石對宋美齡在國會和美國各大城市的演說極為重視，三番兩次拍電報給她，叮囑她應涵蓋什麼內容，宋美齡於二月十六日回電說：「所告卓見非常感佩。妹向國會及各地演詞，當予分別遵照電示，總以維持我國家尊嚴，宣揚抗戰對全世界之貢獻，及闡明中美傳統友好關係為原則。私人談判，當曉諭美國當局以我國抗戰之重要性；公開演講，則避免細節，專從大處著眼，以世界眼光說明戰後合作之必要。」[25]蔣夫人是個完美主義者（perfectionist），演講稿經常一稿數改，甚至多達七、八遍，使得海德公園和白宮的打字小姐不勝其煩[26]。

白宮以國賓禮迎蔣夫人

一九四三年二月十七日，宋美齡一行（包括國民黨中宣部副部長董顯光、隨從祕書長孔令侃、孔二小姐及護士）自海德公園搭乘火車於下午五時十分抵達華府聯合車站，車站內外萬頭攢動，擠滿歡迎人潮，車站大廳亦布置了歡迎蔣夫人的各種旗幟和裝飾品。中國駐美公使劉鍇於下午三時餘始接到白宮電話，告以羅斯福總統夫婦將親自到車站迎接，劉鍇再通知美東華僑救國會，白宮將以國賓之禮歡迎蔣夫人，如同四年前接待英王喬治六世的禮節[27]。

羅斯福因患有嚴重的小兒痲痺症，不良於行[28]，留在車內，其夫人則到月臺歡迎蔣夫人。中國駐美大使魏道明夫婦、公使劉鍇、前駐美大使施肇基、宋子文夫人張樂怡等國府代表均迎於車站。羅斯福夫人親自進入車廂陪蔣夫人下車，再到貴賓室小憩五分鐘。蔣夫人與羅斯福總統見面的第一句話是：「總統先生，您好嗎？」（How do you do? Mr. President.）車隊浩浩蕩蕩開往白宮，從車站到白宮的路上，無數的美國人和華僑爭相向蔣夫人揮手、歡呼，和羅斯福夫婦同車的蔣夫人在車內亦頻頻揮手還禮。蔣夫人精神極好、神采奕奕，與三個月前來美時的一臉病容，判若兩人。總統座車特別大，羅斯福的黑色捲毛愛犬「法拉」（Fala）亦坐在車裡。到了白宮稍事休息後，羅斯福夫婦以便餐款待蔣夫人、孔令侃和孔二小姐。蔣夫人和孔家兄妹、護士將在白宮居停至二月廿八日[29]。

蔣夫人抵達華府第二天，二月十八日，可說是她生命史上的一個大日子，她要在眾議院發表一篇相當重要的演說，這篇演說只許成功、不許失敗，它不僅會影響到中美關係的現狀和前景，亦將左右美國人民對中國的看法。更要緊的是，她必須把中國人民奮力抗戰的情況，生動地介紹給美國國會和美國人民，以喚起美國朝野對中國的同情與更進一步的支持。此外，就宋美齡個人而言，這不僅是她一生中最重大的一次演講，也是最具關鍵性的一次公關活動，她個人的形象和中國的聲望，端看她在國會山莊的表現。

那天中午，羅斯福夫人陪同蔣夫人至國會，以參院多數黨領袖巴克萊（Alben W. Barkley）為首的迎駕小組護送蔣夫人進入參院議事廳，議員和旁聽席上皆座無虛席，蔣夫人向鼓掌歡迎的參議員微笑頷首，副總統兼參院議長華萊士（Henry A. Wallace）先作簡短介紹，繼由蔣夫人致辭。蔣夫人原僅計畫向眾議院發表演說，抵華府前始接獲華萊士之邀向參院「說幾句話」。蔣夫人一開始即說：「余本非善於致詞之演說家，其實余並非演說家；然余亦非絕無勇氣。蓋數日前，余在海德公園時，曾參觀總統之圖書室，其中所見，於余有所鼓勵，使余感覺諸君對於余之臨時發言，或不至期望過奢。諸君試思余在該處所見者，究為何物？余所見之物頗多，其最令余發生興趣者，即玻璃窗內有一總統一篇演詞之初稿，第二次稿，直至第六次稿。昨日偶與總統提及此事，謂知名而公認為優良之演說家如閣下者，其演說草稿之次數，尚須如此之多，殊使余有以自慰。總統答稱，彼演說詞草稿有多至十二次者。準此而論，余今日在此臨時發言，諸君當能諒我。」[30]這段開場白獲得了如雷掌聲。

國會山莊演說　留名青史

蔣夫人在參院的演說，舉出了美國飛行員杜立德（James H. Doolittle）上校一九四二年四月率隊轟炸日本後，數名飛行員在回航時降落中國山區獲中國人民熱烈歡迎，以及「磨磚成鏡」的故事。她說：「余在貴國度過余身心長育之時期。余操諸君之語言，不但操諸君內心之語言，且操諸君口頭之語言。故今茲來此，亦有如見家人之感。」[31]

參院演講結束後，蔣夫人即至眾議院議事廳，眾院議長雷朋（Sam Rayburn）向眾議員熱情頌讚蔣夫人。這是眾院第二次邀請女性發表演說，荷蘭女王威蓮敏娜（Queen Wilhelmina）曾於一九四二年八月首獲殊榮。蔣夫人說：「無論何時，余得向貴國國會致詞，實屬榮幸；尤在今日，余得向一莊嚴偉大之國體，對於世界命運之形成有絕大影響如貴院者致詞，尤屬特別榮幸。余向貴國國會演說，實際上即係向美國人民演說。貴國第七十七屆國會，從代表美國人民之資格，對侵略者宣戰，已盡其人民所信託之義務與責任。此為人民代表之一部分職責，早已在一九四一年履行。諸君當前之要務，乃係協助爭取勝利，並創建與維護一種永久之和平，俾此次遭受侵略者之一切犧牲與痛苦，具有意義。」[32]

蔣夫人演說的重點是：一、強調中美兩國長期友誼與美軍的參戰貢獻；二、宣揚中國軍民抗戰之艱苦與決心；三、陳述中國歷史文化之悠久；四、控訴日軍暴行；五、主張先擊敗日本再對付納粹；六、闡揚正義必勝之道；七、各國攜手重建戰後和平。蔣夫人日後在美、加各大城市的演說內容皆以這七大重點為主。

蔣夫人告訴眾議員：「中國著名兵家孫子有言，『知彼知己，勝乃不殆』。吾人另有一諺語云：『看人挑擔不吃力』。此等名言，來自明哲久遠之古代，實乃每一民族所共有，然而仍有一種輕視吾敵人力量之趨勢。當一九三七年日本軍閥發動其全面對華戰爭時，各國軍事專家，咸認中國無一線之希望。但日本並不能如其所曾誇稱，迫使中國屈膝；於是舉世人士，對此現象，深感慰藉，並謂當初對於日本武力，估計過高。」[33]

遺憾的是，蔣夫人提到「看人挑擔不吃力」（It takes little effort to watch the other fellow carry the load）這句話時，眾議員顯然不了解其含義，《時代》周刊說，全場出現了「尷尬的沉默」（embarrassed silence）[34]。

蔣夫人向眾議員表示：「『手足』一詞，在中國恆用以表示兄弟間之關係。國際間之相互信賴，今既已如此普遍承認，吾人豈不能亦謂一切國家應成為一集合體之分子乎？吾中、美兩大民族間一百六十年來之傳統友誼，從未染有誤會之汙痕，此在世界歷史中，誠無出其右者。余亦能確告諸君，吾人渴望並準備與諸君及其他民族合作，共同奠定一種真實與持久之基礎，以建設一合理而進步之世界社會，使任何恣肆驕狂或劫持成性之鄰國，不復能使後世之人，再遭流血之慘劇。」[35]

發表過無數次演講的宋美齡，當然知道「恭維」的重要性，她向眾議員讚揚美國軍人：「余首願確告諸君，美國人民對於分布全球各地之美國作戰壯士實足以自豪。」但她又暗示這批「作戰壯士」（fighting men）並非每天與敵相鬥，她說：「貴國若干壯士，必須用臨時趕築之機場，飛行海面，經數百小時之久，以搜尋敵方之潛艇，往往一無所遇，廢然而返。貴國此輩健兒，以及其他壯士，均係作單調乏味之守候，日復一日之守候。」部分媒體和一些眾議員似乎並不欣賞這句話[36]。

眾議員對蔣夫人輕描淡寫美軍在中途島及珊瑚海之役的勝利，顯然難予苟同，因這兩大勝利乃是太平洋戰爭的轉捩點。蔣夫人說：「美國海軍在中途島及珊瑚海所獲得之勝利，其為向正確方向之前進步驟，顯然無疑，惟亦僅為向正確方向之前進步驟而已。」但眾議員贊同擊敗日本和打垮希特勒不應有先後之分，蔣夫人說：「……就現時流行之意見而言，則又認為擊敗日本，為目前比較次要之事，而吾人首應對付者，則為希特勒。但事實證明，並不如此。且即為聯合國整個利益著想，吾人亦不宜繼續縱容日本使其不獨為一主要之潛伏威脅……。」眾議員對這段話予以近五分鐘的熱烈掌聲。

蔣夫人在結語中的一句話，獲得了滿堂彩，她斬釘截鐵地說：「我中國人民根據五年又半之經驗，確信光明正大之甘冒失敗，較諸卑鄙可恥之接受失敗，更為明智。」（From five and a half years of experience we in China are convinced that it is the better part of wisdom not to accept failure ignominiously, but to risk it gloriously.）[37] 眾院議事廳爆出了歷久不歇的掌聲，一名議員說他從來沒有見過這樣的場面，蔣夫人差點讓他掉下眼淚[38]。演說結束後，蔣夫人和羅斯福夫人出席了參院外交委員會主席康納利和眾院外交委員會主席布魯姆共同招待的午餐會。

除了宣揚中國抗戰之外，蔣夫人美國之行的最大目的乃是希望獲得美國政府和人民的「有形」援助。蔣夫人是個一流的演說家，也是高明的「乞討者」，她在講詞中絲毫不露乞憐和乞援的痕跡，但是，眾議員以及在收音機旁聆聽宋美齡演講的美國人民，立刻同聲一致要求美國政府加速援華，而民眾亦慷慨大度地樂捐助華抗戰，即連羅斯福總統亦不得不公開表示會加快軍援中國的速度。

一位住在新澤西州東奧倫奇（East Orange）市的家庭主婦，寄了一張三塊錢的匯票和一張上海難童在火車站哭泣的剪報至白宮，要求代為轉給蔣夫人。這位美國太太說：「三塊錢匯票是我的三個女兒合送給那位在火車站哭泣的小朋友。」[39]這是蔣夫人的國會演說經由收音機轉播全美，打動千千萬萬美國人心田的最佳證明。每天有數百封來自全美各地的信件寄至白宮，收信人是蔣夫人。寫過《林肯傳》的詩人兼記者卡爾．桑德堡（Carl Sandburg）在《華盛頓郵報》上寫道：「她所要的是什麼，是為了整個地球上的人類。」[40]

記者會上　詞鋒咄咄逼人

在國會演講後的第二天，蔣夫人和羅斯福夫婦一起召開記者會，這是一場面對媒體的重頭戲，其重要性與影響力並不亞於國會演講。記者會在白宮總統橢圓形辦公室舉行，一百七十二名記者擠滿了辦公室，連女記者也獲准參加[41]，大家一面採訪蔣夫人，一面爭睹亞洲第一夫人的丰采，同時亦首次領略她的機智與銳利。在記者會上，蔣夫人坐中間，羅斯福在右，羅斯福夫人居左。《時代》周刊說，蔣夫人有如初次登臺演出的少女一樣，總統一直在抽菸，總統夫人的一隻手放在蔣夫人的椅子上，狀似護衛著她。羅斯福一月底自卡薩布蘭加會議歸來時的記者會，參加人數猶比這次少了廿三人。主持過數以千計記者會的羅斯福像個縱容的叔叔介紹他美麗的姪女，他說：「蔣夫人是個與眾不同的特使」，他要求記者不要問難以回答的問題[42]。

穿著一襲黑色旗袍，胸前別了一支中國空軍軍徽的蔣夫人，一開口就不同凡響。她說，她在中國戰場訪問過前線無數次，不知懼怕為何物，但此刻看到記者的筆不停地揮動，心裡面不知道是怕還是不怕，「然而，我看到你們的臉上都閃爍著笑容，我感覺到我是你們的朋友……。」記者熱烈鼓掌。儘管如此，美國記者開門見山就提出一系列尖銳問題，有個記者問她：聽說中國並沒有充分運用其人力？臉上露出不悅之色的蔣夫人提高聲調回答說，中國在人力上已盡全力，但缺少軍火，中國不缺訓練有素的飛行員，但沒有足夠的飛機和汽油。一個記者馬上追問：中國如何獲得軍火？蔣夫人很技巧地把難題推給羅斯福，她恭恭敬敬地轉向羅斯福說道，總統解決過許多重要問題，度過許多危機，她覺得最好由總統來回答這個問題。記者群微笑著看羅斯福如何「接球」，面對多次類似場面的羅斯福馬上接腔說，要把飛機和軍需品運到中國去，可說是一件極為困難的事，但美國政府正戮力以赴把這些重要物資送到中國。他說，如果他是中國政府成員，也會問：什麼時候運來中國？為什麼不多送一些？作為美國政府一分子，他將會回答：我們將盡上帝所允許的那麼快。羅斯福說完後，臉上露出得意的表情[43]。

一位記者立即問蔣夫人，她對加速美國軍火運華一事，有何建議？蔣夫人站起來，兩眼盯著前方，然後轉向羅斯福總統，徐徐說道，他剛剛說過將盡上帝所允許的那麼快，「但我提醒大家要記住：『自助者天助之』（the Lord helps those who help themselves.）。」羅斯福聽了大笑，並說他非常同意「自助」乃是一件了不起的事，不過，有些記者覺得蔣夫人有點咄咄逼人之勢。有位記者問及飛虎隊在中國表現如何？蔣夫人大加讚揚美國志願飛行員對中國抗戰的貢獻。「老政客」

羅斯福知道記者會如果繼續開下去，蔣夫人的風頭會比他還健，於是宣布散會。專欄作家克萊伯（Raymond Clapper）承認這場記者會使他大呼過癮，他說，也許有一天要讓影星海倫海絲（Helen Hayes）來演這個角色，不過，她演得再好也比不上真實生活中的蔣夫人。[44]還有位記者匆匆向蔣夫人問道：「蔣」（Chiang）這個字應如何發音？蔣夫人答，有中國式和美國式兩種發音，美國式為chee-ang，中國國語則近似Johng[45]。

宋美齡在白宮休息了幾天後，一九四三年二月廿二日由羅斯福夫婦陪同前往阿靈頓國家公墓向無名英雄墓獻花，然後再到維吉尼亞州佛農山莊美國國父喬治・華盛頓故居參觀，當天適逢華盛頓誕生二一一年紀念日，一行人又向華盛頓墓獻花致敬。返回華府後，羅斯福夫婦在白宮為宋美齡開了一個茶會，副總統華萊士夫婦和內閣閣員皆應邀與會。二月廿四日，羅斯福夫人邀請蔣夫人參加她每周一次、專為女記者召開的記者會，宋美齡在會上侃侃而談中國抗日的決心以及遭遇到的一些難題，如糧食運送的困難、飛機和零件的缺乏等；她說中國雖窮，卻是一個有志氣的國家，不需要別人的憐憫和供應食物；她也談到女權問題，認為男人既然要女人撐起人類一半的責任，故女人應和男人同享平等，她幽默地說：「我從不知頭腦有任何性別。」有位女記者問她，蔣委員長是否從短波收音機聽到她在眾院的演說，宋美齡說道，蔣委員長聽不懂英語，但演講過後她得悉蔣委員長已知其內容。美國女記者在會後咸認蔣夫人對國際問題的了解在當今世界婦女領袖中無出其右者[46]。

二月廿六日，中國駐美大使魏道明及其夫人鄭毓秀聯名在華府舒安姆（Shoreham）大飯店舉行歡迎蔣夫人酒會，內閣閣員、各國駐美使節、國會議員、高級軍官、社交名流等二千三百多人（一說四千餘人）參加了這項華府有史以來最盛大的酒會。蔣夫人為保持體力，採取坐在沙發椅上以點頭答禮的方式歡迎嘉賓，她把右手放在一個黑貂皮暖手筒（sable muff）裡，客人就會知道她不能握手，如看到極熟的友人，她還是會把手伸出來。陪蔣夫人一起會見賓客的是魏道明夫婦、孔令侃、孔令傑、孔二小姐，在華府訪問的中國外交部長宋子文夫婦亦在場招待嘉賓[47]。

蔣夫人的魅力和聰慧席捲了華府，她的遊說力量使聯合參謀首長會議大為緊張，他們耽心美國將改變作戰方針，但羅斯福總統還是堅持「德國第一」的原則。霍普金斯在備忘錄中寫道：「蔣介石夫人要我在星期六下午去看她，我和她做了一個半小時的談話。雖然她聲稱她和總統的對話還不錯，並預期明天和總統的會談亦會讓她滿意地結束此行，但我察覺到她對這趟訪問不是很愉快。她非常堅持提供給新成立的第十五（第十四）航空隊的飛機必須準時送到，並說：『我們不想要那些無從兌現的諾言。總統曾告訴我那批飛機會準時到（中國），他絕不能使我無法向蔣委員長交代。』她又向我詳細說明她對戰後世界的看法，第一個主旨是我們可以確信中國在和平會議桌上一定會跟我們做夥伴，因中國對羅斯福和他的政策有信心，基於這種信心，中國願意先作承諾。她告訴我說，她認為應儘快採取一些行動俾使四強討論戰後事務，而羅斯福應為這項會議的主席。」

霍普金斯又說：「蔣夫人一直要我去中國訪問，她說蔣委員長亦曾打電話給她催她邀我訪華。我告訴她如果羅斯福夫人不久要去中國的話，那我就沒有必要去了，除非有真正的理由，否則我並不想去；我已了解蔣委員長需要什麼，我同情他的觀點，我會盡全力做到，因我認為他的看法是對的。她對我的說法似乎不太同意。她看起來疲倦，還有點無精打采。星期天上午我告訴總統有關我和蔣夫人的談話，以及她渴望把悶在心裡的話全部向總統傾吐出來。總統顯然認為他過去和蔣夫人的談話已足夠涵蓋一切了，但我仍力請總統今天下午和蔣夫人見面時，聽她說些什麼，並讓她暢所欲言。星期天下午四時至五時三十分，總統和蔣夫人舉行會談，結束後我去見總統，他告訴我談話毫無新意，但盡量讓她陳述，總統似乎很滿意她來訪的總成績。她在回中國之前還會再來白宮住一、兩個晚上。宋子文博士私下告訴我，蔣委員長不希望她去英國訪問，她也曾對我說她在美國演說行程結束後即馬上回國。」[48]

「蔣夫人旋風」席捲新大陸

二月廿八日晚上，蔣夫人一行坐火車離開華府，前往紐約，展開她在美國和加拿大忙碌而緊湊的「征服美國」演說行程。

三月一日上午八時四十分，蔣夫人抵達紐約賓夕法尼亞車站（Penn. Station），紐約市長拉瓜迪亞（Fiorello H. La Guardia）和中國駐紐約總領事于焌吉等近百名中美人士至車站迎接，並接受林如斯（林語堂之女）、趙秀澳（僑領趙鼎榮之女）兩位少女獻花[49]。二十部車組成之車隊開往華爾道夫大飯店，蔣夫人住第四十二層套房，此後在紐約居停期間即以此大飯店為其「行宮」[50]。稍事休息後，蔣夫人即前往紐約市政廳接受市長的正式歡迎禮，在市政廳內，蔣夫人因體力不濟，幾乎暈倒，經護士照拂後，堅持繼續參與預定節目，市長授予紐約榮譽市民頭銜。離開市政廳後再由市長陪同至附近華埠勿街（Mott Street）華僑公立學校禮堂向華僑致意。有一半華人血統的作家布魯斯・何（Bruce Edward Hall）說，五千多人繫著有蔣夫人畫像的徽章擠在唐人街，爭睹來自祖國的委員長夫人，一個小孩向她的哥哥叫道：「你看到她了嗎？好漂亮！」不僅是小女孩有這個觀感，紐約各報亦都競相以蔣夫人的美貌和入時的打扮為題材，大事報導中國第一夫人蒞埠訪問[51]。

三月二日晚上八時三十分，紐約各界和東北部八州州長在麥迪遜體育館（Madison Square Garden）舉行盛大晚會歡迎蔣夫人，約二萬人與會，盛況空前，由約翰・洛克菲勒主持，到會者有《時代》周刊創辦人魯斯、前共和黨總統候選人威爾基、陸軍航空隊司令阿諾德及紐約州長杜威等名人。杜威、威爾基、阿諾德及洛克菲勒均致歡迎詞。會場正中豎立了一個中文「凱」字標誌，以象徵中國抗戰勝利。在體育館的演講，被認為是蔣夫人在美國的第二次重要演說，因紐約為全美首善之地，又是媒體中心，關注蔣夫人言行的人也特別多[52]。有些報紙甚至將蔣夫人的訪美盛況與一九二七年飛行家林白單人駕機飛越大西洋的歷史性事件，相互媲美。

三月三日紐約下大雪，下午二時三十分至五時，三千多僑胞在曼哈頓西五十七街卡內基大會堂聆聽蔣夫人以國語致辭。三月四日晚上，于焌吉總領事在華爾道夫大飯店舉行酒會招待各界；三月五日蔣夫人召開記者會，有人問蔣夫人回國路徑，機智的蔣夫人答以不能透露，否則會讓日本知道，全場大笑[53]。

三月六日，蔣夫人在大雪中坐火車到波士頓南站，再驅車轉往已睽違近二十六年的母校韋思禮學院，當晚和同屆畢業的八十名同學共話校園往事，不少人從好幾百哩以外趕來。第二天向全校師生、校友演講，因太過激動，蔣夫人開始致詞時幾乎暈厥。她說：「心坎中之感情，輒嘗令人不易達其真意者，故今日余亦未易充分發表其感情。」[54]三月八日，宋美齡「打破校規」著長褲在雪中逛校園，吸引無數學生，並促成學生要求學校今後推行穿長褲的有趣風波[55]。

好萊塢影星　踴躍捐巨款

三月八日深夜蔣夫人回到紐約休息一陣，十九日再啟程赴芝加哥演講。廿二日搭乘羅斯福總統的專用火車車廂駛向舊金山[56]，廿五日抵達加州奧克蘭（僑社稱屋崙，Oakland），在灣區五天受到中美人士熱烈歡迎，並敦勸華僑婦女教導子女學會說國語[57]。三月三十日晚上抵洛杉磯（羅省）。蔣夫人此行最受矚目的是在好萊塢（僑社譯為荷李活）露天大會場（Hollywood Bowl）發表來美的第三次重要演說，以及會見兩百多位支持中國抗日的影劇界人士。為中國人所熟知的大牌影星如勞勃泰勒、亨佛萊鮑嘉、鮑勃霍伯、賈利古柏、英格麗褒曼、拉納透娜、凱薩琳赫本、泰隆鮑華、亨利方達、麗泰海華絲、秀蘭鄧波兒、史賓塞屈賽等都和蔣夫人寒暄，蔣夫人對好萊塢電影的熟稔，不但使影星驚喜，亦使影劇記者大為佩服。參加歡迎會的影星關切中國抗戰，且踴躍輸將，捐鉅款給中國。卡萊葛倫早在一九四一年即曾捐五千美金給「中國救濟聯合會」（United China Relief）[58]。四月四日，蔣夫人於好萊塢露天廣場向三萬聽眾發表演講，呼籲大家支持中國抗戰。盛會在樂隊演奏「蔣夫人進行曲」中落幕，正式結束了蔣夫人在美國的官式活動[59]。

四月十一日，蔣夫人仍搭乘羅斯福總統的專用車廂橫貫美國返回紐約。六月十五日，蔣夫人又應加拿大政府之邀，乘坐加國政府特派火車自紐約抵達渥太華訪問三天，不過，蔣夫人此行卻遇到一樁極為尷尬的事，加拿大政府顯要在渥太華車站隆重歡迎蔣夫人，當演奏中國國歌時，唱片所放的竟是中國的流行小調歌曲，中國駐加拿大公使劉師舜說：「知者無不大發一噱，但又不能不隨班肅立或舉手致敬，窘不可言。」[60]而蔣夫人因身體違和，在劉公使舉辦的歡迎酒會上，與會賓客入場未及半數，蔣夫人即回旅館休息，一千二百多位來賓大失所望[61]。

蔣夫人於二月廿八日離開華府後，曾兩度造訪白宮[62]。六月廿九日從美國南部搭乘來美時所乘的同一架飛機返國，歷時七個月大有斬獲的新大陸之行，戛然告終[63]。

一九四三年七月四日，蔣夫人返抵重慶；七月十一日，重慶各界在夫子池新生活運動廣場舉行歡迎蔣夫人訪美凱旋歸國大會[64]。

劃時代的「夫人外交」為中美合作抗戰寫下輝煌的一頁，對促進美國朝野了解和支持中國抗戰，更發揮了石破天驚之功。美國人民和旅美華僑援助中國抗日聖戰的慷慨解囊，非唯赤忱感人，宋美齡此行以中國第一夫人之尊所受到的熱烈歡迎，在中美關係史上，尤屬空前絕後矣！

注釋

1 Bruce Cumings, *The Origins of the Korean War*, 2 Vols., New Jerrey: Princeton University Press, 1990；林博文〈那一場遙遠的戰爭——韓戰四十周年述往〉，臺北《中國時報》人間副刊，一九九〇年六月廿五日。

2 Wenhell L. Willkie, *One World*, New York: Simon and Schuster, 1943, 140-141; Seagrave, 376-377。當時陪同威爾基訪華的愛奧華《狄摩因紀事報》（*Des Moines Register*）記者、《展望》（*LOOK*）雜誌創辦人邁克·考爾斯（Mike Cowles）在其未公開發行的回憶錄《邁克回望》（*Mike Looks Back*）中透露，在一次蔣介石為他們舉行的盛大招待會中，威爾基偷偷溜走和宋美齡到重慶市中心婦幼醫院的頂樓公寓「幽會」。威爾基與蔣夫人自招待會消失後一段時間，蔣介石曾憤怒地到處尋覓威爾基而不獲。威爾基半夜時分返回宿處告訴考爾斯說，他將攜蔣夫人同機返美，考爾斯力勸不可。翌日上午，考爾斯奉威爾基之命告訴蔣夫人，威爾基不能帶她去美國，蔣夫人憤怒之下，用長指甲狂抓考爾斯的面頰，爪痕在他臉上留了一個星期。四個多月後，蔣夫人利用訪美機會特邀考爾斯在紐約華爾道夫大飯店共餐。席間，蔣夫人勸考爾斯放棄新聞工作，全力協助威爾基參與一九四四年總統選舉，並願負擔考爾斯的全部助選費用。蔣夫人對考爾斯說：「邁克，你可知道，萬一溫德爾（威爾基之名）當選，他和我就將統治整個世界。我統治東方，溫德爾統治西方。」威爾基參加威斯康辛州共和黨初選失利後即退出選戰，羅斯福曾祕密邀其投靠民主黨並答應提名他為副總統候選人，考爾斯力勸威爾基不可造次。一九四四年十月威爾基因心臟病突發去世，終年五十二歲。

事實上，最早披露蔣夫人與威爾基有染的是美國著名內幕專欄作家皮爾遜（Drew Pearson）。他在一九五七年六月十三日日記（一九七四年始出版）中對蔣、威情史的記載與考爾斯所述略有不同。皮爾遜說，蔣介石曾派六十名軍警搜尋蔣夫人和威爾基；又稱威爾基離渝當天，再度與蔣夫人闢室密會一小時二十分鐘，並在飛機場擁吻。

曾任國府新聞局紐約辦事處主任的陸以正說，蔣夫人當年獲悉皮爾遜日記披露她和威爾基的「婚外情」後，極度憤怒，準備在美國各大報刊登駁斥啟事（其時皮爾遜已逝），經陸勸阻後，改向紐約法院控告出版公司，纏訟經年，雙方達成庭外協議。不過，陸以正回憶說，他向當年陪同威爾基訪華的考爾斯查證蔣、威有無風流情事，考爾斯說：「這是不可能的事，絕對沒有！」考爾斯並應陸之請口授一信交陸帶走，作為打官司證據。令人不解的是，口稱「絕無此事」的考爾斯，卻在一九八五年出版的回憶錄中，大談特談蔣夫人與威爾基的露水姻緣。

以上參看Gardner (Mike) Cowles, *Mike Looks Back: The Memories of Gardner Cowles*, Founder of Look Magazine, New York: Gardner Cowles, 1985, 85-91；李敖〈蔣介石捉姦記〉，收入《蔣介石研究》第三集，臺北：天元圖書公司，頁二五三～二六四。Tyler Abell, ed *Drew Pearson Diaries, 1949-1959*, New York : Holt, Rinehart and Winston, 1974, 387-388；鄭麗園〈陸以正大使憶當年——還史實清白〉，紐約《世界日報》上下古今版，一九九九年十月廿三日至廿六日。考爾斯的前妻芙洛爾．考爾斯（Fleur Cowles，宋美齡為其取中文名「美花」）於一九九六年出版的《交友錄》（*She Made Friends and Kept Them*, New York: Harper Collins）中，證實蔣夫人和威爾基確曾「一夜風流」，頁一八四～一八六。張紫葛則認為威爾基與宋美齡偷情事為不可能，見《在宋美齡身邊的日子》，頁廿六。

3 同前。

4 《蔣夫人遊美紀念冊》，舊金山美洲《國民日報》編製，一九四三，頁卅五。

5 Seagrave, 378。

6 前引，380。

7 前引，381。

8 Robert E. Sherwood, *Roosevelt and Hopkins –An Intimate History*, New York: Harper and Brothers, 1948, 644；磯野富士子整理、吳心伯譯《蔣介石的政治顧問——歐文・拉鐵摩爾回憶錄》，上海復旦大學出版社，一九九七年三月第二次印刷，頁一五九。

9 Sherwood, 644。

10 《中華民國重要史料初編——對日抗戰時期》，第三編：戰時外交，(一)中美關係，秦孝儀主編，臺北：中國國民黨中央委員會黨史委員會，一九八一，頁七八一。

11 Sherwood, 660; Seagrave, 381。

蕭頓飛行技術不錯，宋美齡堅持以後凡是赴海外訪問，專機都由他駕駛。蕭頓過去在拉丁美洲專飛沒有地面導航的飛機，他一直想在拉丁美洲成立航空公司，宋美齡知道他的願望後，借他二十五萬美元創立一家製造飛機上使用的移動座椅的公司，孔令傑掌管財務，宋美齡持有百分之五十股權。

12 Mitchel Field位於紐約長島，為一軍用機場，美國空軍於一九六一年關閉此機場，原址闢建為Hofstra大學、Nassau社區學院和Nassau體育館。Seagrave在《宋家王朝》將機場名稱誤拼為Mitchell，見原書p.382。

13 Seagrare, 382-383。

14 Sherwood, 660-661。

15 見注10，頁七八四～七八五。

16 Eleanor Roosevelt, *This I Remember*, New York: Harper and Brothers, 1949, 282-283。

17 見注10，頁七八二～七八三。

18 同前。

19 同注16；Joseph P. Lash, *Eleanor and Franklin*, New York: W. W. Norton, 1971, 657-677。

20 同注16。羅斯福夫人是個很替別人著想的人，她帶朋友去探望宋美齡，固然是這些朋友一直想見中國的第一夫人，但羅斯福夫人的真正用意是擔心宋美齡看她看膩了。

21 Sherwood, 675-676。

22 聯合國（United Nations）雖在一九四五年十月廿四日《聯合國憲章》生效時，始告正式成立，但於一九四二年一月一日美、英、俄、中等廿六國代表在華盛頓簽訂《聯合國宣言》，「聯合國」一詞已首次出現。參看陳勝《瞄準聯合國》，臺北：新新聞文化事業公司，一九九五，頁四四～五〇；Stanley Meisler, *United Nations – The First Fifty Years*, New York: The Atlantic Monthly Press, 1995, 1-20。

23 Sherwood, 676。

24 前引，677。有些史家認為羅斯福總統希望把中國列為四強之一，乃是基於一種「私心」和「設計」，即人口眾多的中國戰後成為美國的盟國，兩個國家合作將無敵於天下。在一九四四年敦巴頓橡園會議期間，英、蘇皆反對把中國列為四強之一，在他們的心目中，中國不是一個強國。見《瞄準聯合國》，頁四八。

25 見注10，頁七九二～七九三。

26 Seagrave, 384。

27 見注4，頁廿四。

28 羅斯福於卅九歲（一九二一年）時得了小兒痲痺症，兩腿不良於行，終生要靠拐杖或輪椅代步，但報章雜誌從未登他坐輪椅的照片，亦未提及他不能走路，故當時絕大部分美國人民並不知道他們的總統有這種缺陷，媒體亦助其掩飾。參看Doris Kearns Goodwin, *No Ordinary Time – Fanklin and Eleanor Roosevelt: The Home Front in World War II*, New York: Simon and Schuster, 1994。

29 蔣夫人的一九四三年美國之行雖為戰時中國爭取無上光采，但她和孔令侃、孔二小姐在白宮居停期間的傲慢態度，日後卻成為談論不休的話題。宋美齡的先遣小組到白宮「指示」白宮勤務人員應如何照顧蔣夫人，羅斯福夫人對此很不高興。宋美齡自己攜帶一批絲綢床單，即使在床上躺幾分鐘亦要求白宮侍僕更換兩個枕頭套、兩層床單和絲被，一天換個好幾次。蔣夫人和孔家兄妹皆住白宮二樓，蔣夫人抵達當天，羅斯福夫人特地準備了陳年（據稱有百年之久）好茶招待她，蔣夫人品茗之後並未表示意見，羅斯福夫人忍不住告訴她那是百年老茶，蔣夫人答道：「在我們國家，保存那麼久的茶葉是當藥用的。」兩名護士在宋美齡臥室隔壁的小房間日夜值班，另有一名女僕侍候她。宋美齡常常顯示對僕傭的不悅，需要傭人時即拍掌叫人，而不搖鈴，白宮傭人皆認為她很難侍候。羅斯福夫人說，蔣夫人住在白宮時，她看到了中國第一夫人的另外一面。她說，和蔣夫人接觸過的男人皆說她聰明、有魅力，但他們都有點怕她；只要是談論的議題有關中國和她丈夫的政權，她就會變得頭腦冷靜而沉著。她的纖纖小手和柔軟的聲音隱藏著鋼鐵般的意志。羅斯福夫人常向其丈夫描述蔣夫人的溫和、親切，但有時蔣夫人所展現的冷酷無情，讓她大吃一驚；有次在晚餐時談到美國工會頭子約翰．路易士（John Lewis），羅斯福總統問蔣夫人：「你在中國會如何處理像約翰．路易士這種工會領袖？」蔣夫人一語不發地舉起她的小手在脖子上劃了一道，羅斯福向他太太瞧了一眼，意味：你看到了吧！事後，羅斯福取笑其妻說：「你那個溫和、親切的人怎麼樣？」羅斯福夫人說，蔣夫人談起民主政治的理論和原則時，說得頭頭是道，但要她實踐民主則是另外一回事。有一次蔣夫人與羅斯福談話後離開房間，明知羅斯福無法自行起身站立的蔣夫人卻漫不經心地對羅斯福說：「你不用站起來。」令在場美方人士都皺眉頭。

孔令侃和孔令偉（孔二小姐）在白宮的作風，使上自羅斯福夫人下至僕人皆大搖其頭。羅斯福夫人說，這對兄妹並沒有遵行他們應守的本分。尤其是孔二小姐，一住進白宮即抱怨分配給她的房間不夠好，並向國務院抱怨，國務院只好在五月花旅館為她訂了一間套房。孔二小姐的女扮男裝，使白宮上下都被弄糊塗了，羅斯福夫婦和僕人皆以為她是男生，僕人幫她打開行李時才發現她是女兒身。羅斯福總統甚至喊她「My Boy」，孔二小姐還以白眼，機智的總統馬上自我解嘲說：「我都叫年輕人My Boy。」羅斯福的親信霍普金斯趕緊在記事本上寫道：「孔令偉是孔小姐。」

羅斯福夫人表示，孔家兄妹可能認為美國人（包括羅斯福夫婦在內）都把中國人當作是洗衣工人，因此為了要顯示他們的不同身分乃故示傲慢、擺擺架子。孔二小姐在一次白宮晚宴中向霍普金斯宣稱她是孔夫子第七十六代後裔，霍普金斯聽了有點驚訝和懷疑。孔家兄妹對白宮的種種規定感到不滿，他們也不照規矩辦事，例如，他們請一位紐約醫生專程到白宮為蔣夫人看病，但事先未通知門警，以致這位醫生在白宮大門等候良久。極不懂事的孔二小姐凡事都去找羅斯福夫人，使她不勝其煩，有天羅斯福夫人對白宮大總管克林姆（Howard G. Crim）說：「你去告訴孔小姐，她若需要什麼，應該來找你，否則她一天敲十幾次我的門。」美國人民踴躍捐款支持中國抗日，然而他們看到蔣夫人的穿著太華麗了，有人在報上投書說，中國那麼窮苦，她為什麼有那麼多貂皮大衣？蔣夫人訪美時向英訂購了好幾箱英國上好香菸，遭紐約海關扣留，她要白宮門房長於（一九四三年）二月廿五日打電話給財政部長摩根索電令海關放行。摩根索說：「羅斯福總統想把孔家兄妹攆出美國，都快想瘋了！」見Eleanor Roosevelt, *This I Remember*, 282-285; Eleanor Roosevelt, *On My Own*, New York: Cutis Publishing Co., 1958, 131; Elliott Roosevelt, *A Rendezvous with Destiny: The Roosevelts of the White House*, New York: Putnum, 1975, 334-335; Alonzo Fields, *My 21 Years in the White House*, New York: Coward-McCann, 1961, 96-97; J. B. West, *Upstairs at the White House: My Life with the First Ladies*, New York: Coward, McCann & Geoghegan, 1973, 43-44; John Morton Blum, *From the Morgenthau Diaries, Years of War, 1941-1945*, Boston: Houghton Mifflin, 1967, 106。

30 《蔣夫人思想言論集》，臺北：中央文物供應社，一九六六，卷三，頁一四九～一五七。

31 同前。

32 同前。

33 同前。

34 *TIME*, March 1, 1943, P.23。

35 同注29。

36 同注29、33。

37 同注29：*The First Lady of China: The Historic Wartime Visit of Mme. Chiang Kai-shek to the United States in 1943*, pub. by IBM, 1943; *TIME*, March 1, 1943, P.23。

38 同注33。

39 Tuchman, 349。

40 前引，33。

41 *First Lady of China*。

42 同注33，P.9。

43 前引，PP.9-10。

44 前引，P.10。

45 前引，P.23。

46 同注38。

47 同前；《蔣夫人遊美紀念冊》，頁廿四。魏道明夫人鄭毓秀，曾任律師，為宋藹齡和宋美齡的橋牌牌友。據蔣匀田說，魏道明擔任臺灣省主席時（一九四七～四八），鄭毓秀曾涉嫌走私，見蔣匀田《中國近代史轉捩點》，頁二三〇。鄭死於一九五九年，魏卒於一九七八年。

48 Sherwood, 706-707。

49 紐約市皇后區拉瓜迪亞機場即紀念此位義大利裔市長。林語堂於一九四〇年夏偕妻女返國，蔣介石夫婦曾於一九四〇年八月十八日在重慶黃山官邸宴請林語堂夫婦和林如斯、林無雙、林太乙三姊妹。林如斯向蔣夫人獻花時約十八歲。參看林如斯等著《戰時重慶風光》，重慶出版社重印，一九八六，頁一七一～一七五。林如斯於一九七一年元月十九日任職臺北故宮博物院時，自縊身亡。

50 據羅斯福的兒子伊利奥（Elliott）說，宋美齡住華爾道夫大飯店套房數月的費用以及在曼哈頓最高級商店購物費，全由美國政府負擔，總共超過一百萬美元。見Elliott Roosevelt, *A Rendezvous with Destiny: The Roosevelts of the White House*, 335。

51 Bruce Edward Hall, *Tea That Burns*, New York: Free Press,1998, 224-225。

52 晚會雖於八時卅分開始，蔣夫人遲至九時四十六分始到場，見《一代風流宋美齡》，頁二〇五。自駐美大使職位下臺不久的胡適，亦到麥迪遜體育館聽宋美齡演講，他在三月二日的日記中說：「晚上到Madison Square Garden聽蔣夫人的演說，到者約有兩萬人，同情與熱心是有的。但她的演說實在不像樣子，不知說些什麼！」三月四日胡適又參加歡迎蔣夫人酒會，在日記中寫道：「她一股虛驕之氣，使我做嘔心。」參看《胡適的日記》手稿本第十五冊，一九四三年三月二日、三月四日條。

53 《蔣夫人遊美紀念冊》，頁卅五。

54 前引，頁五五。

55 Seagrave, 388-389。

56 宋美齡的火車在半夜經過猶他州一個小鎮，全鎮居民（包括五十名小學生）在車站守候終宵，希望能一睹蔣夫人的風采。火車緊急停車後，宋美齡仍在睡覺，一個中國女傭打扮成宋美齡的樣子，穿著她的披肩，走到月臺上，頻頻向群眾頷首微笑，這位完全不懂英語的女傭平時看多了女主人的神態，再經過一番指點，鄉下人都以為她就是蔣夫人，一直叫道：「就是她！就是她！」Seagrave, 389。

57 同注47，頁八十。宋美齡向舊金山（三藩市）六個婦女團體領袖講話，宋先詢以用國語抑或英語，眾人答以用英語。宋說：「閒的時候，與其聚著打麻雀，不如學好而有益的事，對青年子女，要教他們學國語、學中文。許多華僑青年，學了工程、科學，回到中國去，因為不懂國語、不識中文，生活無法習慣，仍然跑到海外去當車夫，無法發揮自己的才能，這是很可惜的事。戰時及戰後，中國都亟需各種人才，希望婦女界注意使子女學習國語中文，婦女本身如果有可能，亦要努力學國語。希望下一次來到三藩市，可以用國語向婦女界談話。」舊金山唐人街豎起牌樓歡迎蔣夫人，牌樓中央為「聯軍勝利」，兩旁是「為國家宣勞推崇女傑」、「聯民族抗戰保衛人群」。中華總會館門口對聯則為：「到美議院慷慨陳詞，舌粲蓮花，令友邦奮起增援，救民水火」、「向我華僑殷勤宣慰，情深梓桑；願群眾贊勷抗戰，還我河山」。

58 夏晉麟《我五度參加外交工作的回顧》，臺北：傳記文學出版社，一九七八，頁七四。

59 同注41，頁一〇七～一〇八；Seagrave, 390；David Thomson, *Showman: The Life of David O. Selznick*, New York: Alfred A. Knopf, 1992, 386-390。

蔣夫人在好萊塢的盛會，係由《時代》與《生活》創辦人魯斯夫婦遊說名製片家大衛．塞茲尼克出面籌備（塞茲尼克即電影《亂世佳人》製片人）；一九四三年十二月，塞茲尼克夫婦贈送十八萬二千五百粒多種維他命給蔣夫人，請她分發給「五百名十歲至十二歲的孩童或一千名一歲至三歲的幼童」，這批維他命足供他們服用一年。

60 劉師舜《出使加拿大回憶》，臺北：傳記文學出版社，一九七二，頁卅二。

61 前引，頁卅三～卅四。宋美齡訪問美、加各大城市，最忙碌的首推中國外交官。當時駐美大使魏道明、公使劉鍇、駐紐約總領事于焌吉、駐芝加哥總領事陳長樂、駐舊金山總領事馮執正、駐洛杉磯總領事張紫常、駐加拿大（渥太華）公使劉師舜，都必須為宋美齡的到訪張羅一切。除了孔令侃（號稱隨團祕書長）、孔令傑、孔二小姐全程陪同外，魏道明夫人鄭毓秀和劉鍇亦常陪同蔣夫人與外賓周旋。駐英大使顧維鈞則在美西加入陪同行列，並和蔣夫人一道坐火車自洛杉磯遄返紐約。

62 在白宮當了廿一年首席僕役長的菲爾茲（A. Fields）說，蔣夫人最後一次離開白宮那天是一九四三年五月五日。蔣夫人自西岸旅行歸來後向羅斯福夫人抱怨說太累了。蔣夫人訪問西岸不久，羅斯福夫人和祕書湯咪（Tommy，即湯普生）亦坐火車去了西岸，蔣夫人很仔細地問湯咪，她們如何打包、接電話、處理信件和電報、收拾衣服以及安全問題。湯咪答覆說，完全由她和羅斯福夫人兩個人互相幫忙料理，一切有條不紊，亦無安全問題，自己「保護」自己。蔣夫人一行四十人，但事情多得好像永遠處理不完。見 *This I Remember*, 286; *My 21 Years in the White House*, 97。

63 Seagrave, 391；《一代風流宋美齡》，頁二一〇；Graham Peck, *Two kinds of Time*, Boston: Houghton Mifflin, Sentry Edition, 1967。宋美齡專機返國途中經過巴西和大西洋上空，兩次在空中幾乎和另一架飛機相撞；飛抵印度時，油箱漏油，又和地面失去聯絡，差點誤降日軍占領的緬甸。專機在印度阿薩姆機場降落加油並卸下過重行李，改由美國陸軍運輸機運至重慶，一個大型柳條木箱不小心砸壞了，一堆化妝品、皮大衣、睡衣、高級物品滾落出來，在機場工作的美軍看到這批奢侈品，不禁火冒三丈，在塵土上腳踢這批行李。

64 《一代風流宋美齡》，頁二一〇。宋美齡返國後一個多月，即與蔣介石吵架，蔣夫人一氣之下搬至孔夫人宋藹齡公館住，蔣往勸數次，欲接其返回官邸，皆不為所動。據稱蔣在日記中批評孔家，被蔣夫人看到；另一原因是蔣欲由宋子文接閣揆，蔣夫人則屬意孔祥熙。見《在蔣介石身邊八年——侍從室高級幕僚唐縱日記》，頁三七三。

第七章

中美英三巨頭開羅高峰會

一九四三年十一月下旬，中美英三國領袖於埃及開羅舉行高峰會，會議地點在金字塔與人面獅身像附近的米納飯店（Mena House Hotel）。

開羅會議期間，蔣介石的首席顧問、法學家王寵惠（左）。

羅斯福的主要助手哈利・霍普金斯（左）在會議休閒時間偕子遊覽金字塔古蹟。

深恐中國統一強大的邱吉爾。

一九四三年十一月廿五日中午時分，出席開羅會議的中美英首腦及高級幕僚攝影留念。羅斯福、邱吉爾和蔣介石三巨頭先行拍照，隨後宋美齡加入合影。中國第一夫人與邱翁在會場內外頻頻鬥智、互別苗頭。參與攝影的中國高級幕僚有王寵惠、商震、林蔚。

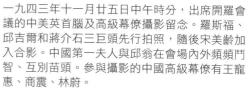

邱吉爾不在的時刻，蔣氏夫婦與羅斯福就顯得輕鬆多了。

自一九三七年七七抗戰開始至一九四一年十二月七日珍珠港事變的四年半載裡，中國真正是孤軍奮戰，宋美齡在美國國會和各大城市的演說亦一直強調這一點。在獨力苦撐待變的歲月中，西方強權給予中國的是同情、道義支持和少許貸款，唯一全力支援中國的是蘇聯。中蘇於一九三七年八月簽署互不侵犯條約，蘇聯派遣志願飛行員來華，予中國二億五千萬美元低利貸款。至一九三九年底，蘇聯已向中國提供了一千架飛機、二千名飛行員和五百名軍事顧問；蘇聯的援華，並不是虛假的，一些著名的軍方傑出人才（如朱可夫、伏羅希洛夫等）皆參與援華計畫[1]。

美國間接助日侵略中國

同一時期西方對中國的援助則是微不足道的，其因在於美國的孤立主義和歐洲局勢的不利發展。西方強權總共給予中國二億六千三百五十萬美元貸款，其中美國提供一億二千萬美元作為軍事採購費用，五千萬美元為穩定幣值；英國貸華七千八百五十萬美元，法國為一千五百萬美元。不過，在七七抗戰爆發前後，美國以二億五千二百萬美元向中國購買了三億五千萬盎司白銀，間接減輕了中國戰事開支的負擔。但是，直至一九三九年七月美日廢棄商務條約為止，美國一直向日本購買大量生絲，同時亦輸出大批原油、廢鐵、汽車零件給日本；不僅此也，日本所需的金屬、棉花和木質紙漿，百分之四十皆來自美國。戰史家早已指出，美國售予日本的這批物資，直接和間接地協助日本侵略中國[2]。宋美齡訪美時曾親自向羅斯福夫婦和霍普金斯轉達此意。

一九三九年九月歐戰爆發，外國援華計畫發生劇變，蘇聯由逐漸減少終而全面停止；英法兩國因不敢得罪日本，竟然退縮；法國在日本的壓力下，於一九四〇年六月中斷越南至雲南的鐵路通行，一個月後，英國關閉了滇緬公路，使中國陷入完全孤立的狀態。所幸就在此時，美日關係惡化而使美國對華援助向前邁進了一步。一九四一年三月，羅斯福總統批准租借法案適用於中國[3]，雖則中國在一九四一年獲二千六百萬美元之助，僅占租借法案全部支出的百分之一點七，但這代表了一項有深遠意義的開端。此外，美英兩國亦協助中國穩定幣值和外匯。

一九四一年十二月七日，日本偷襲珍珠港，徹底改變了中國抗戰的性質與國際戰略架構，亦使外援情況有了根本變化；美英兩國的對日宣戰以及中國對抗軸心國的行動，使亞洲地區的戰事納入全球反擊法西斯戰爭的一環。自一九四二年一月五日開始，同盟國成立了中緬印戰區（C.B.I. Theater），蔣介石為中國戰區最高統帥。曾在北平當過語言教官的史迪威（Joseph Stilwell）將軍，獲陸軍參謀長馬歇爾（George C. Marshall）的推薦，出任中國戰區參謀長。自一九四一年八月即已來華助戰的一群美國志願飛行員（即俗稱的飛虎隊），於一九四二年七月四日併入美國第十四航空隊，陳納德（Claire L. Chennault）將軍擔任司令。自一九四二年至一九四五年戰爭結束，美國對中國的信用貸款達到史無前例的五億美元；租借法案下的援助亦升至十三億美元，如加上一九四一年的二千六百萬美元和一九四六年的二億一千萬美元，則中國自租借法案中共得到了十五億四千萬美元，占該法案援外的百分之三[4]。

對中國頗為友好的美國陸軍部長史汀生（Henry Stimson）[5]告訴羅斯福說：「中國在過去和現在所表現的卓越抗戰，以及對共同理想的貢獻，殊值吾人所能給予的全心支持。」[6]華盛頓不僅提供中國三億美元以穩定貨幣，且勸說英國於一九四三年一月十一日，一起宣布放棄上一世紀與中國所簽訂的所有不平等條約[7]。

美國鼎力助華躋身四強

美國對中國的支持，不但涵蓋軍事與經濟援助，最重要的是，羅斯福和國務卿赫爾（Cordell Hull）不顧英、蘇的反對，決心要使中國成為四強（Big Four）之一。英國外相艾登（Anthony Eden）說他：「不喜歡讓中國人縱橫太平洋」[8]，蘇聯外長莫洛托夫（V. Molotov）則表示中國在歐洲無利益可言，但美國堅持要使中國進入四強行列，英、蘇終於俯首。一九四三年十月卅日，中國成為《莫斯科宣言》（又稱《四國普遍安全宣言》或《四國協定》）的四個簽署國之一，中國簽字代表為駐蘇大使傅秉常。這項宣言的重點為四強將持續戰鬥至獲得最後勝利，任何一國不能單方面與敵簽訂和約[9]。

外交家顧維鈞說：「中國得以四強之一之地位，參加此歷史性之高峰會議（開羅會議），實有賴於羅斯福……一九四六年，予移節美京後，嘗問赫爾前國務卿之疾於華府海軍醫院，赫爾亦告予：莫斯科會議中，伊為中國爭取四強地位之經過。赫氏曰：吾奉羅斯福總統命，向蘇俄力陳中國必須列入四強之理由，莫洛托夫不肯贊同；史達林又不即約晤，乃電總統請示。總統電覆謂，中國四強地位，在所必爭，倘在電到日之夜，猶未能得蘇聯之同意，則應當夜離蘇，以示堅決。吾既奉此密令，遂一面催問史達林之約見，一面亦明請準備離蘇之車位，當晚十二時，史達林卒予接見，中國四強地位問題，亦遂在此一席談話中得到決定。由此而觀，足見羅斯福對予所作重視中國之談話，實出至誠。至其後中美關係之未能圓滿，則其中殆由於英國之壟斷政策，英美軍事幕僚之暗中梗阻，與駐華美國外交官員之播弄有以致之，非羅斯福之本意也。」[10]

羅斯福是個喜歡與各國領袖面對面會談的國際主義者兼謀略家。他口才極好，談鋒健、反應快，且機智風趣，又頗有親和力；他也酷愛在不同的高峰會議中為戰爭與未來的和平制定大方針。同樣地，世界各國領袖亦渴望和他會晤，以期獲得更多的美援。羅斯福亟欲和蔣介石、史達林會談，但蔣不願和史見面，因日蘇於一九四一年簽訂了中立化條約，而蔣又懷疑蘇聯支持中共，史達林亦拒絕與蔣同席開會。

事實上，開羅會議之前，羅斯福即曾表示願單獨會蔣，蔣卻未利用此一機緣而一再推託，史家黃仁宇稱蔣的「一再推託」為「殊難索解」[11]。羅斯福於一九四三年六月四日告訴宋子文，他和蔣可先行單獨會面，蔣回電稱羅、邱、史可先期會談，他和羅之會商可臨時再約[12]。隨後羅斯福又向宋美齡提及美中元首提前會晤一事，並於七月四日電蔣，建議於重慶與華盛頓之中途（阿拉斯加）見面，蔣嗣以赴阿拉斯加須經過西伯利亞，如不拜會史達林，「則於中俄與國際皆受不利影響」，而他不願與史晤面，故此議又行不通。八月中旬，霍普金斯建議蔣直接飛華盛頓會羅斯福，蔣更加反對，他電告宋子文要宋向美方表示此與蔣「平生之性情」相違，必無接受之可能[13]。面對如此頭痛的「見面」問題，羅斯福和邱吉爾乃決定蔣、羅、邱三首腦先在開羅聚會，羅、邱、史三人則稍後在德黑蘭晤面。

同盟國的大戰略是歐洲第一、太平洋第二、中國第三。然而，對中國極有成見的邱吉爾，耽心羅斯福對中國的好感，可能會使他作出慷慨大度的承諾而疏忽了歐洲戰場，邱翁乃要求與羅先行見面，但羅斯福認為邱翁的建議必會引起中國和蘇聯的疑心，乃直接去開羅，未與邱翁單獨晤面[14]。

由於中蘇兩國元首「王不見王」的忌諱，以及後勤問題，一直到一九四三年十一月中旬始確立在英國殖民地埃及開羅舉行中美英三國會議，其時距會期僅十餘日，重慶政府對會議議案之準備，「殊感迫促」[15]。

一九四三年十一月廿二日至廿六日的開羅之會，乃是近代中國國家元首首次參與國際性的高峰會議。

一九四三年十一月十八日，蔣介石夫婦率領的中國代表團分乘兩架飛機自重慶白市驛軍用機場起飛，經五小時飛行到印度阿薩姆茶埠機場，在美軍營房休息後登機續飛，當晚宿於印度阿格拉[16]。十九日遊覽世界奇景之一的泰姬陵（Taj Mahal）[17]，再飛喀拉蚩，廿一日上午七時飛抵開羅郊外之培因機場，羅、邱仍未到達。中國戰區參謀長史迪威已先行抵達開羅，他是蔣的部屬，但蔣宋抵達時，並未到機場迎接，史家梁敬錞斥之為「有箇傲慢上之形跡」[18]。蔣宋下機後，由陳納德開車引導至會議地點米納飯店，旋由英軍帶往別墅第一號，幕僚人員分住廿六、廿七號別墅[19]。

三國首腦　聚會金字塔下

自重慶飛往埃及途中，須越過喜馬拉雅山，隨行之國防最高委員會祕書長王寵惠，因年高體弱，一度昏厥。宋美齡目疾未癒，抱病遠行，到了開羅後，英國中東事務大臣加賽欲為蔣夫人代約醫生治療眼睛，蔣囑王寵惠婉謝之[20]。會議期間，蔣夫人身體違和，邱吉爾的私人醫生莫蘭（Lord Moran）為她檢查身體，當天晚上莫蘭在日記上寫道：「她不再年輕了，但她有一種高貴的氣質，也有一些憔悴的魅力。」檢查完後，宋美齡問醫生：「有什麼毛病？」醫生答道：「沒有。」宋再問：「沒有？你認為我不久就會好嗎？」醫生說：「夫人，只有放鬆你的緊張生活之後，你才會好轉。」[21]

開羅會議的重點包含政治及軍事兩部分。政治方面即如何在戰後懲處日本，軍事方面則是如何進行反攻緬甸計畫。蔣介石出發前曾在日記上寫道：「余此去與羅、邱會談，本『無所求、無所予』之精神，與之開誠交換軍事、政治、經濟之各種意見，勿存一毫得失之見則幾矣。」又說：「余此去與羅、邱會談，應以淡泊自得、無求於人為唯一方針，總使不辱其身也。對日處置提案與賠償損失等事，當待英、美先提，切勿由我主動自提；英、美當知敬我毫無私心於世界大戰也。」[22]

蔣介石雖抱持「無所求、無所予」的「無私心」態度，但對如此重大的會議，還是要有所準備，而且中國實際上是「有所求」的。他命令國防最高委員會參事室、祕書廳及史迪威各提出方案，經整理後，中國將在開羅會議上提出：甲、戰略方面之主要提案：（一）反攻緬甸海陸軍同時出動之總計畫；（二）成立中美英三國聯合參謀會議。乙、政治方面之提案：（一）東北四省與臺灣、澎湖應歸還我國；（二）保證朝鮮戰後獨立；（三）保證泰國獨立及中南半島各國與華僑之地位。丙、籌建戰後有力之國際和平機構。丁、對日本投降後處置之方案。戊、中美經濟合作之提議。己、對美租借物資之提案[23]。

會議地點米納飯店位於金字塔附近，會場四周戒備嚴密，設有高射砲及雷達陣地，並有英軍一旅負責警衛。在五天的會議中，蔣羅邱三巨頭高峰會一次[24]、蔣羅對談四次、蔣邱會晤三次。蔣邱除討論緬甸作戰計畫，大部分時間屬應酬性質；蔣羅會談則涉及戰後國際政治、戰時軍事經濟以及敵國占領處置，範圍甚廣，內容亦最豐贍，中美幕僚間之接觸以及蔣介石夫婦對美方重要人員之招待與商榷，亦遠較中英之間為親切。這是蔣首次見到羅邱，他與羅「傾談甚歡，推許其為一具有遠略之政治家，風度超脫，一見如故。」[25]認為「邱吉爾為一現實的英國式之老政治家，實不失為盎格魯撒克遜民族之典型人物」、「其深謀遠慮老成持重，於現代政治家中，實所罕見。」並稱對邱的「印象較之平時想像為佳」[26]。

開羅會議全是男人的天下，唯獨宋美齡「母儀開羅」，與蔣羅邱平起平坐，三巨頭高峰會變成四巨頭會議，官方照片即有三巨頭與四巨頭兩種。她的穿著、談吐和舉止可說是會場附近的金字塔和人面獅身像以外，最生動、鮮明的展現。

全程參與三巨頭高峰會以及蔣羅、蔣邱對談的宋美齡，在會議期間扮演了極為吃重的角色。中國代表團重要成員雖皆能操英語，如王寵惠、郭斌佳、董顯光、朱世明等人，但宋美齡嫌他們為蔣所作的口譯不夠好，「無法轉述委員長思想的全部意義」，常親自重譯蔣的聲明和對方的談話[27]。蔣羅、蔣邱以及蔣和其他高級代表（如美方馬歇爾、英方蒙巴頓）的對話，皆由宋美齡挑大樑，口譯兼闡釋，工作頗為辛苦。蔣介石在會議最後一天的日記上寫道：「今日夫人自十一時往訪羅斯福總統商談經濟問題以後，直至霍氏（霍普金斯）離去，在此十小時間幾無一息之暇，且時時皆聚精會神，未能有一語之鬆弛，故至十時已疲乏不堪，從未見其有如此情狀也。」[28]邱吉爾對蔣羅漫長而又親切的對話和宋美齡毫無瑕疵的英語，感到頗不自在，他說：「英美代表團的對談不幸被中國之情節攪亂，此情節複雜冗長而又無關大局……總統（羅斯福）立即與蔣委員長閉門長談。（我們）希望勸說蔣及其妻去參觀金字塔、開心一下，等我們從德黑蘭回來以後再談的計畫，皆成泡影。」[29]但邱吉爾表面上對蔣宋還算客氣，蔣在日記上說：「宴會中邱氏與夫人談笑，夫人亦以幽默言態應之……。」[30]邱翁問宋美齡：「夫人是否認為我是一個很老的人？」宋答：「我真的不知道。閣下相信殖民主義，我不相信。」不久，邱又問宋對其看法如何？宋答曰：「我認為閣下說的時候比做的時候要兇。」[31]

蔣羅會　中美關係分水嶺

邱吉爾在回憶錄中提及他對蔣介石的正面看法，他說：「這是我第一次見到蔣介石。我對他的冷靜、含蓄和敏捷的性格頗有印象。此刻是他的權力與名望臻至頂峰之際。在美國人的眼中，他是世界最顯赫的角色之一。他是『新亞洲』的龍頭。」邱翁說他和蔣夫人曾有頗為愉快的對話，「可看出她是一個非常特殊亦極有魅力的人」；他告訴蔣夫人上次在美國未能晤面，實感遺憾[32]。

蔣介石與羅斯福的會談，雙方皆頗有收穫，尤以戰後對中國領土的收復與日本國體問題，羅皆尊重蔣之主張[33]。關於軍事方面，反攻緬甸僅限緬北，但蔣要求陸海軍協同作戰，英美答允攻占仰光西南、孟加拉灣之安達曼群島。蔣與英國蒙巴頓元帥曾就空運物資一事有過激辯，蔣堅持在緬甸戰役同時，駝峰（Hump，即喜馬拉雅山）的物資運輸量必須保持每月一萬噸，同時需五百三十五架飛機。蒙帥向蔣解釋即使能有那麼多飛機，但要運如此多的物資飛越駝峰是不大可能的事，況且又有雨季（monsoon）阻撓。蔣仍然堅持，擔任翻譯的宋美齡對蒙帥說：「你相不相信，他不知道雨季是怎麼一回事。」[34]爭執不下時，羅斯福慨然應允每月運華物資增至一萬兩千噸[35]。

羅斯福說，蔣介石是他所看到的「第一個真正的東方人」。這句話的涵意乃是羅斯福過去所接觸到的東方人，尤其是亞洲政治家和知識分子，幾乎全受過英美教育，多多少少帶一點洋化，唯獨蔣介石是個十足的「難以理解的東方君主」。但在一九四五年春天，羅斯福告訴記者史諾說：「開羅會議期間，我無從對蔣有任何看法。我後來想一想，才了解到我所知道的有關蔣的事情和他的想法，全都是蔣夫人告訴我的。她老是在那兒回答所有的問題，我了解她，但不了解蔣這個傢伙！我根本沒辦法識透他。」[36]

羅斯福至少在表面上頗尊重蔣，處處以四強之一的地位看待蔣，且建議英國應把香港歸還給中國，並告蔣：「現在成問題者，就是英國不欲使中國成為強國之邱吉爾態度，事關將來東西民族融諧，頗可憂慮。」蔣則答以「時代總是前進」的[37]。羅斯福亦對中國內部團結問題（即國共合作）頗為關切，他顯然不太諒解國府屯兵陝北、圍堵中共的措施，蔣告以中共並未真正抗日，羅似乎並不相信。羅希望蔣在抗日戰爭結束以前，邀請中共組織「統一而更民主之政府」。蔣則表示蘇聯如能尊重東北四省之中國主權，可在制憲以前，組織國共統一政府[38]。

梁敬錞認為開羅會議「自始即各懷機心，而會後之沆瀣，即就中美關係而論，亦轉不如會議以前之親摯……。」英美「先歐後亞」戰略及美國「重蘇輕華」政策，則使開羅會議成為中美關係之「分水嶺」[39]。尤有進者，「空軍代替陸軍」與「海上航艦代替陸上基地」的戰略轉移，使中國戰場的地位陡降，英美在開羅會議上對中國所作之軍事承諾（如夾擊緬甸），乃成空頭支票[40]。盟國放棄中緬印戰區反攻日本之策略，反而看重蘇聯參戰遠東的前景，顯示了美蘇關係重於中美關係。

美國女史家塔克曼分析羅斯福在參加德黑蘭會議（一九四三年十一月廿八日至十二月一日）後，對蔣介石的態度已有重大改變，原因在於史達林承允擊敗德國後六個月對日作戰，至此蔣與中國即失去重要性[41]。

黃仁宇的看法則為蔣氏夫婦在開羅會議的最大失策是和羅斯福的接觸。他說：「蔣介石見羅斯福時絕對的自信羅對他的處境完全同情，有求必應。蔣夫人宋美齡接待伊利奧（羅斯福之子）時過度的殷勤奉承。」[42]伊利奧問其父親對蔣介石印象如何？羅斯福聳聳肩說：「我想就和我所預期的差不多。他和蔣夫人昨夜在這兒用晚餐，待到十一點左右。他知道他想要什麼，他也知道他不可能全都得到。但我們會想辦法解決。」羅又說：「我昨晚和蔣談話遠比和聯合參謀團的四小時會議，了解得更多。」伊利奧問他：「了解更多什麼？」羅說：「知道更多沒有打的仗以及為什麼沒打。蔣的部隊根本沒打仗——儘管報紙上有戰事的報導。他聲稱他的部隊沒有訓練、缺乏裝備——那是很容易理解的。但這無法解釋他為什麼費那麼大的力氣要阻止史迪威訓練中國軍隊。這也無法解釋他為什麼要把成千成萬的軍隊擺在西北和中共交界的地方。」[43]

會議期間適逢感恩節，但蔣氏夫婦不克參加晚宴，他們先行拜訪羅斯福，在花園帳篷下飲茶。伊利奧說，大部分的時間由蔣夫人發言，她說到改革中國文字，使其簡化成一千二百個或一千五百個「基本中文」，她也提及中國的未來。在蔣氏夫婦告辭前，蔣夫人為蔣介石翻譯了他們日前已達成的國共合作問題[44]。

蔣夫人刻意親近伊利奧

蔣氏夫婦有一次在行邸舉行雞尾酒會，伊利奧代父參加，邱吉爾之女亦與會。伊利奧說：「蔣夫人走到我們身旁，一下子把我帶到兩張椅子上坐下。我覺得她像一位老練的演員。在半個多小時裡，她生動地、風趣地、熱心地談著——而她老是設法以我為談話中心。這種恭維與魅惑功夫是多少年來別人在我身上所施展不開的。她談到她的國家，但所談的範圍只是限於勸我在戰後移居到那兒去。她問我是否對牧場有興趣？那麼中國的西北是我的理想去處。她為我描繪出一個有能力、有決心的人在中國的苦力勞動中所能聚集的財富的金色畫面以後，就把身子向前靠，閃亮的眼睛看著我，贊同我所說的每一句話，把她的手牢牢地放在我的膝上。在最初幾分鐘，我極力對自己說：這位夫人只是對我們之間的談話感到濃厚的興趣，而在她的心中並無其他進一步的動機。可是在她的神態中卻有一種與純粹的真摯並不相融的銳利之光。我完全不相信她會認為我是如此重要而必須征服我，俾使我很快地變成她的好友，作為將來某種目的而用。不過我卻相信蔣夫人多少年來始終是以一種征服人的魅力與假裝對對方的談話發生興趣的方式來應付人——尤其是男人——這種方式現已變成她的第二性格。我會害怕看到她的第一性格發作；老實說，那會嚇壞我。」[45]在酒會中，伊利奧亦與蔣介石寒暄幾句。

酒會結束後，羅斯福問他的兒子酒會如何，特別是對蔣氏夫婦的觀感。羅斯福皺著眉頭聽完伊利奧的描述後說道：「我不知道我會不會像你一樣反應那麼強烈。她確實是個機會主義者（opportunist）。我當然不願在她的國家變成她的敵人。然而，在目前的中國，誰能取代蔣的位子？就是沒有新的領導人。儘管他們有那麼多缺點，我們還是要依恃蔣氏夫婦。」[46]

開羅宣言的最初起草人為霍普金斯與王寵惠，其後英國副外相賈德幹（Sir Alexander Cadogan）參與起草，最後則採用英國稿之文字[47]。王寵惠將草稿譯成中文後呈蔣核閱、研究，認為應可同意，但軍令部第二廳廳長楊宣誠海軍中將向王寵惠表示，宣言上沒有明確指出應歸還澎湖是不妥的；因當年馬關條約上，臺灣與澎湖並列，如宣言未明言澎湖，則可能會引起糾紛，楊宣誠的細心，獲蔣稱讚[48]。王寵惠又將「包括滿洲與臺澎」改為「如滿洲、臺灣與澎湖列島」。定稿後由英國外相艾登在三國領袖會議上朗讀全文，讀畢，蔣羅邱都贊同，開羅宣言稿始確定。此一宣言須經史達林過目和同意，故延至十二月一日始正式公布，當天適逢蔣介石夫婦返抵重慶，全國軍民歡欣鼓舞、熱烈慶祝。抗戰勝利雖仍遙無可期，然開羅宣言之發表，中國與美英同享光輝，收復失土、日本投降之日，彷彿已在眼前；中國軍民的民族榮譽感和蔣介石夫婦的聲望，幾臻沸點。

蔣介石本人對會議之成果，自難掩其得意之色。他說：「此次在開羅逗留七日，其間以政治收穫為第一，軍事次之，經濟又次之，然皆獲得相當成就。本月大部精力，皆用於會議之準備與提案之計畫，慎重斟酌，未嘗掉以輕心。故會議時各種交涉之進行，其結果乃能出於預期，此固為革命事業中之一項重要成就，而內子為余傳譯與布置，其協助之功，亦甚偉也。」[49]

中國在開羅會議的國際聲望，雖達到了抗戰以來的最高峰，且被列為四強之一，但在國力上仍屬「地大人多」的弱國。中國抗戰邁向了國際化，成為整個太平洋和東南亞戰爭的一環；不過，在美英兩國的戰略布局裡，仍視中國戰區為一消極的「牽制」（tie down）日軍」戰場，其目的乃在於「使中國繼續作戰」（keep China in the war）。

《宋家王朝》作者西格雷夫聲稱開羅會議乃是宋美齡的政治生涯攀登頂峰而蔣介石開始走下坡的分界點[50]。這是不正確的說法，蔣宋的政治生涯是一致的，升則同升、降則同降，沒有蔣介石的政治力量，何來宋美齡的政治生涯？但西格雷夫指出了一點，「宋家王朝」（亦為「蔣家王朝」）雖於一九四九年敗於毛澤東，其實在一九四三年開羅會議、美國捲入中國內政之前即已失去統治中國的「天命」（Mandate of Heaven）[51]。

十億美元借款一大敗筆

史家認為蔣氏夫婦在開羅會議的敗筆之一為向羅斯福提出借款十億美元的要求。秦孝儀主編的《總統蔣公大事長編初稿》記載：「蔣夫人銜命往訪羅斯福總統，會商十億美元借款計畫，羅斯福氏表示對我經濟危急情形至為瞭解，當即面允借助。（十一月廿六日）下午三時，公偕夫人再訪羅斯福總統，對其允予設法借款，而致謝意。」[52]諷刺的是，羅斯福在十天後即面告史迪威，十億借款不可能在國會通過；而蔣介石為獎勵蔣夫人在開羅會議的表現以及「借款之功」，返回重慶後不久即頒贈青天白日勳章給她[53]。

十億借款之要求，在華府高層引起強烈反彈。財政部長摩根索、陸軍部長史汀生本為對華友好的古道熱腸之士，聽到蔣氏夫婦提出十億美元借款，均表示對蔣宋的反感。摩根索指出，一九四二年對華貸款五億美元，中國尚有一半還未動用，更多的美元貸款也無法遏制中國的通貨膨脹。美國駐華大使高思（Clarence Gauss）提出報告說，中國集結大量外匯；而美國財政部消息亦稱，已有八千餘萬美元外匯轉入孔令侃等私人帳戶[54]。

一九四三年十二月七日，羅斯福自開羅致電蔣介石，告以原打算用於孟加拉灣之登陸艦艇刻已調離，蔣可以立即反攻緬甸，然無海軍呼應，似可將攻勢延至一九四四年雨季之後。蔣覆電表示將採取後者，但提及中國情況危迫，恐難再支撐六個月，為維繫士氣人心起見，「望批准借款十億」，並增強空運。蔣介石的覆電，被華府認為是一種政治敲詐[55]。

從另一個角度來看，自珍珠港事變、蔣夫人訪美以至開羅會議，中美關係之密切、熱絡殆為亙古所未有，但亦種下了美國介入錯綜複雜之中國事務，並導致蔣介石與史迪威失和、馬歇爾調處國共衝突失敗的「毀滅的種籽」[56]。

注釋

1 Immanuel C.Y. Hsü, *The Rise of Modern China*, New York: Oxford University Press, 1970, 696; *First Lady of China*.

2 Hsü, 697; Sherwood, 660-661.

3 美國國會於一九四一年三月經過激辯之後通過《租借法案》（Lend-Lease Act），美國開始成為「民主國家的兵工廠」（Arsenal of Democracy）。

4 Hsü, 697。

5 史汀生（1867-1950）兩度做過陸軍部長（Secretary of War），第一次於一九一一至一九一三，塔虎脫（William Howard Taft）政府時代；第二次為一九四〇至一九四五，羅斯福與杜魯門政府時代。美國於一九四七年制定《國家安全法》，成立國防部，陸軍部的名稱即從Dept. of War改成Dept. of Army。史汀生亦曾於胡佛政府時代擔任國務卿（一九二九至一九三三），任內發表了著名的《史汀生主義》（Stimson Doctrine），拒絕承認日本併吞中國東北。

6 Hsü, 698。

7 同前。

8 同前。艾登說他"did not like the idea of the Chinese running up and down the Pacific."

9 同前；劉紹唐主編《民國大事日誌》（第二冊），臺北：傳記文學出版社，一九七九，頁六八〇；Herbert Feis, *The China Tangle: The American Effort in China from Pearl Harbor to the Marshall Mission*, New Jersey: Princeton University Press, 1972 (Paperback Edition), 99-102; *The China Tangle*中譯本名稱為《誰之過？中美戰時外交關係探源——自珍珠港事變到馬歇爾調處》，梅寅生譯，新竹：楓城出版社，一九八一，頁一一二～一一四。

10 梁敬錞《開羅會議》，臺北：臺灣商務印書館出版，一九七八年四版，顧維鈞序，頁Ⅶ～Ⅷ。

11 黃仁宇《從大歷史的角度讀蔣介石日記》，臺北：時報文化出版公司，一九九四，頁三四三。

12 同前。

13 前引，頁三四三～三四四。

14 Hsü, 698-699。

15 《開羅會議》，頁四五、五一。

16 前引，頁六七。參加開羅會議的楊宣誠於一九六一年二月一日在臺北《自由談》雜誌（第十二卷第二期）撰文稱飛機分兩批出發，第一批十八日起飛，第二批十九日晨八時起飛，他隨蔣宋搭第二批飛機，當晚十二時抵印度阿格拉（Agra）。

17 泰姬陵（又稱義王陵），在印度北部名城阿格拉，係十七世紀蒙兀兒帝國皇帝Shah Jahan為其妃Mumtaz Mahal建造的陵墓。

18 見注10，頁六八。

19 前引，頁六九～七〇、頁八二～八三。中國代表團除蔣氏夫婦，其他代表為：王寵惠（國防最高委員會祕書長）、商震（軍事委員會辦公廳主任）、周至柔（軍事委員會航委會主任）、林蔚（侍從室第一處主任）、董顯光（宣傳部副部長）、楊宣誠（軍令部第二廳廳長）、郭斌佳（外交部參事）、俞濟時（侍衛長）、朱世明（駐美軍事代表團副團長）、蔡文治（駐美軍事代表團團員）、黃仁霖（軍事委員會戰地服務團總幹事）、陳希曾（侍從室組長）、陳平階（侍從武官）、俞國華（侍從祕書）、左維明（隨從醫官）、陳純廉（蔣夫人英文祕書），以及官邸內務和副官蔣孝鎮、施紹愷、蔡祺貞（即蔡媽，宋美齡女傭）等。俞濟時在回憶錄《八十虛度追憶》（臺北：國防部史政局出版，一九八三年）中說，侍從醫官熊丸亦隨行（頁七一），但《熊丸先生訪問紀錄》中並未提及此事。俞濟時透露了一樁「內幕故事」，他說：「……（十一月）廿三日下午七時許，蔣公命陳武官傳召商震、林蔚兩位將軍，適均外出未歸，半小時後，蔣公由余及武官陳平階、副官施紹愷隨從至商、林將軍下榻之賓館，見彼等公文皮包放置桌上，蔣公即命陳武官攜回。商、林將軍回館後，遍尋公文包不獲，焦急萬分，經余告知，公文包在委員長處，商、林將軍乃晉見蔣公，蔣公謂：『公文包重要，必須自己攜帶保管。』蔣公並強調敵人間諜無孔不入，我等必須隨時隨地提高警覺等語。」（頁七一）。

20 見注10，頁七一、八四。

21 Seagrave, 412。

22 秦孝儀主編《總統蔣公大事長編初稿》，臺北：中國國民黨黨史會出版，一九七八。一九四三年十一月十三日、十一月十七日日記。

23 見注10，頁五一～六〇。

24 前引，頁九七。

25 前引，頁一〇四。

26 同前。蔣介石贈邱翁一幅明代古畫當見面禮，見Mary Soames（邱翁之女）,ed. Winston and Clementine :The Personal Letters of the Churchills, Boston:Houghton Mifflin, 1999, 487。

27 Tuchman, 403。

28 見注11，頁三四五。

29 前引，頁三四七；Hsü, 699。

30 見注11，頁三四六。

31 《一代風流宋美齡》，頁二一三。

32 Winston S. Churchill, *Closing the Ring*, The Second World War（Vol. Five）, Boston: Houghton Mifflin Co., 1951,328-329。宋美齡於一九四三年上半年訪美時，適值邱吉爾亦赴美訪問，雙雙因各擺架子，故始終未晤面。蔣介石曾於一九四三年五月十四日致電宋美齡：「邱吉爾即到華府，如能與其相見面，則於公私皆有益。此正吾人政治家應有之風度，不必計較其個人過去之態度，更不必存意氣。但應必須不失吾人之榮譽與立場。」（見《中華民國重要史料初編——對日抗戰時期》（第三編：戰時外交——（二）中美關係，頁八三九）。

一九五五年三月十九日，《紐約時報》外交專欄作家沙茲柏格（C. L. Sulzberger）訪問臺灣，在高雄西子灣與蔣氏夫婦長談世局。一九五六年七月十日，沙氏到英國訪問邱吉爾夫婦，話題轉到蔣介石夫婦。邱吉爾夫人問道：「蔣夫人是否美麗如昔？」沙氏答道：「蔣夫人的臉上已出現歲月的痕跡。」邱翁夫人聽了大樂，並馬上說了一段宋美齡的壞話。她說，她永遠不會忘記羅斯福夫人告訴她的故事：一九四三年的一天，宋美齡訪問紐約，羅斯福夫人和她一起參加宴會後送她回旅館，結果發現保護宋美齡的兩名聯邦調查局幹員竟然在宋美齡的套房門外睡著了。第二天，宋美齡問羅斯福夫人，那兩名幹員如何處置？羅斯福夫人說：「可能已被懲戒了。」宋美齡接著說：「如果是在中國的話，早就殺頭了。」一面說著，一面用手在脖子上劃了一下。邱吉爾夫人對沙茲柏格說：「蔣夫人不是對她的女主人太過無禮嗎？」邱吉爾夫人又談了蔣夫人與邱翁的一段往事。她說，（一九四三年）有一天羅斯福總統對邱吉爾說：「我想介紹你見見蔣夫人，她是一位漂亮的女人。」羅斯福立即打電話給蔣夫人，邀她第二天到白宮來與邱吉爾一道午餐，但宋美齡拒絕了，她說，邱吉爾要先打電話請她，她才會答應，午飯終於沒有吃成。沙茲柏格和邱翁夫人聊天時，坐在一旁的邱吉爾有時喃喃自語，有時口齒不清地說道：「福爾摩沙（Formosa）？是什麼？在哪裡？哦！我知道了。」參看C. L. Sulzberger, *The Last of the Giants*, New York: The Macmillan Co., 1970, 151-155, 301；林博文〈她曾經說過：「我就是中華民國！」——蔣中正的太太蔣宋美齡〉，載《新新聞》周刊，第一九六期，一九九〇年十二月十日，頁三十。

33 見注10，頁一一一～一一二。會議主題之一的日本皇室存廢問題，羅斯福曾一再徵詢蔣的意見。蔣表示，此次日本戰爭禍首實只幾個軍閥，應先將軍閥打倒，至於國體問題，宜由日本人民自己解決，以免構成民族間永久之錯誤。羅再問：應否提出會議討論，蔣答不必，羅同意。但第二天下午霍普金斯所擬之開羅宣言初稿，仍有廢除天皇制度文句，經王寵惠核出，呈蔣轉請修正。關於軍事占領日本問題，羅斯福意欲中國居於領導地位，蔣告以中國尚乏擔當此任務之力量，請美國主持，中國盡力襄助；關於琉球問題，羅斯福再三詢問，中國是否欲得琉球？蔣答以中國願將琉球先由中美占領，再按國際託管辦法，交由中美共同管理；關於日本對華賠償問題，蔣建議應由日本以工業機器、軍艦、商船、鐵路、車頭等等實物抵償，羅立予同意；關於中國失地回復問題，東北四省（滿洲國）、臺灣、澎湖及遼東半島之大連、旅順兩港口，羅皆同意交還中國，並主張英國應將香港交還中國，由中國宣布為自由港，蔣同意將香港宣布為自由港，即請羅斯福向英交涉；羅亦主張將大連亦改為自由港，俾使蘇聯在遠東得一不凍港，並願在德黑蘭會議中向史達林提及。結果，戰後中國未要求日本賠償，香港亦未歸還中國。

34 Tuchman, 404。宋美齡有時會在外國人面前用英語「糗」一下蔣介石，一九三九年十二月，項美麗在重慶初訪宋美齡，蔣不知夫人有客，穿著拖鞋走進會客室，蔣極為尷尬，哼了幾聲「好、好、好」即匆匆離開。蔣夫人對項美麗說：「他忘了戴上假牙！」見Ken Cuthbertson, 181。

35 見注11，頁三四五。

36 Snow, 347。

37 見注10，頁一五五。

38 前引，頁一一五；Elliott Rooseuelt, *As He Saw It*, Westport: Greenwood Press, 1974（1946）, 164。

39 見注10，自序，頁IX～X。

40 前引，頁一五九、一八九、二〇五、二三五。梁敬錞說，美英食言而肥並對中國影響最劇者為：九十個師裝備訓練案、十億美金借款案、南緬英海軍出動案。

41 見注11，頁三四九；Tuchman, 407。

42 見注11，頁三四八。

43 Elliott Roosevelt, 152。

44 前引，158。

45 前引，152；《蔣介石評傳》，頁五四八～五四九。

46 Elliott Roosevelt, 153-154。羅斯福共有一女四子（另一個在襁褓時期去世），均已物故，這五個子女婚姻紀錄皆「欠佳」，結婚共達十七次之多，其中以次子伊利奧（Elliott）的五次居冠。伊利奧最獲母親伊蓮娜（Eleanor）之寵，嗜酒，出版過十四本書，其中包括三本傳記；並以其母為主角，寫過一系列玄祕小說。做過邁阿密海灘市長，一九九〇以八十高齡去世。參看Doris Kearus Goodwin's *No Ordinary Time*, 635-636。

47 見注10，頁一三九、一四六～一四七。

開羅宣言全文如下：

羅斯福總統、蔣介石委員長、邱吉爾首相，偕同各該國軍事與外交顧問，已在北非舉行會議完畢，特發表宣言如下：

三國軍事方面人員，關於今後對日作戰計畫，已獲得一致意見。三大盟國決以不鬆弛之壓力，從海陸空各方面加諸殘暴之敵人，此項壓力，已經在增長之中。我三大盟國此次進行戰爭之目的，在制止及懲罰日本之侵略，三國決不為自己圖利亦無拓展疆土之意思。三國之宗旨，在剝奪日本自一九一四年第一次世界大戰開始後，在太平洋上所奪得或占領之一切島嶼，及使日本在中國所竊取之領土，如東北四省、臺灣、澎湖列島等歸還中華民國。其他日本以武力或貪慾所攫取之土地，亦務將日本驅逐出境。我三大盟國稔知朝鮮人民所受之奴隸待遇，決定在相當時期使朝鮮自由獨立。基於以上各項目的，三大盟國將繼續堅忍進行其重大而長期之戰鬥，以獲得日本無條件之投降。

開羅宣言發表以來，該宣言所稱臺灣歸還中華民國一事，受到不少人的挑戰，並有「臺灣地位未定論」之說法。

48 見注10，頁一四〇；見注11，頁三四五；參看依吾〈楊宣誠與澎湖主權〉，載《人物》雜誌（一九九五年第一期），北京出版，頁十五～二十。楊宣誠雖表現不錯，但史迪威卻批評與會中國將領「無能」、「不足共商戰略」（見《開羅會議》，頁一三一）；會議上有人問起雲南遠征軍近況，中方無人能答，賴史迪威解圍；中方亦不知如何提問題，「表現極差」（terrible performance），參看*The Stilwell Papers*, Ed. by Theodore H. White, New York: Schochen Book, 1972（1948），244-247。中方發言不慎，問英軍部隊有多少白種人，見《從大歷史的角度讀蔣介石日記》，頁三四五；又見《蔣介石評傳》，頁五一八。

49 見注11，頁三四五。

50 Seagrave, 393。

51 前引，394。

52 見注11，頁三四九。

53 前引，頁三五〇。

54 前引，頁三五〇～三五一。

55 前引，頁三五〇。

56 此處借用已故伊利諾大學中國近代史教授易勞逸（Lloyd E. Eastman）的書名*Seeds of Destruction: Nationalist China in War and Revolution*, 1937-1949, Stanford: Stanford University Press, 1984。

第八章

蔣介石與史迪威將帥失和

「當我們同在一起」。一九四二年四月，蔣介石夫婦和史迪威在緬甸梅苗的快樂時光。在歡笑的背後，已隱然埋下蔣、史對抗的因子。

水火不容的史迪威（左）與
陳納德。

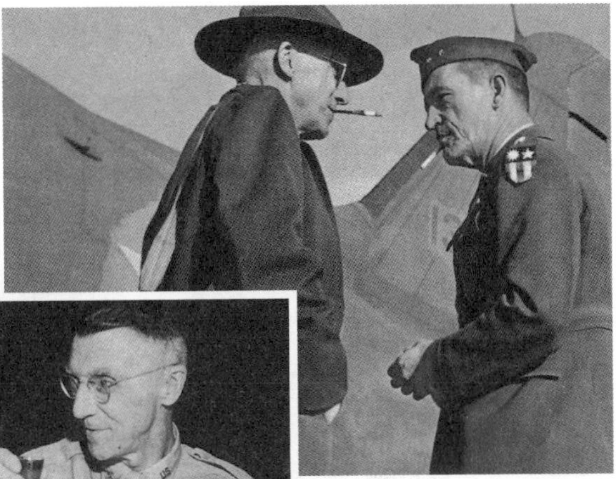

宋慶齡支持史迪威與蔣
介石對抗。

史迪威和他所賞識的孫
立人。

向羅斯福總統建議召回史迪威的赫爾利，在延安機場陪同毛澤東飛赴重慶與國民黨進行談判。

一九四四年六月下旬，美國副總統華萊士訪問重慶，進一步了解到蔣史糾紛的嚴重性。蔣夫人背後著西服者為外交部政務次長吳國楨。

史迪威夫婦感情彌篤，育有一子二女，其中二女兒愛麗生（Alison）在北京出生，擅繪中國國畫，舉行過多次畫展。

史迪威被召回國內後，在加州卡美爾（Carmel）住所附近海灘上與愛犬散步。

美國女史家塔克曼（Barbara W. Tuchman）所寫的《史迪威與美國人在華經驗，1911—45》，獲一九七二年普立茲非小說類獎。這部書敘述史迪威事件的來龍去脈，詳贍可讀，親國府學者則認為該書太過偏頗。

史迪威事件是二次大戰中美關係史上最不愉快的一段插曲。這樁震撼重慶與華府的「將帥失和」事件，不僅直接波及到中美合作抗日和中國戰場的軍心士氣，且間接影響到戰後國共衝突與中美外交。

珍珠港事變後，羅斯福和邱吉爾於華府重申「先歐後亞」戰略，並議定聯合國宣言草案，二十六國加盟，美英蘇中被列為四強，中國獨力抗日的局面從此轉為同盟國合作對抗日本。一九四一年十二月卅一日，羅斯福代表同盟國致電蔣介石委員長，建議成立中國戰區最高統帥部，公推蔣為中國戰區最高統帥。蔣於一九四二年一月二日覆電同意接受，並電囑在華府的外交部長宋子文請羅斯福派其「親信之高級軍官」（蔣介石語）出任中國戰區參謀長[1]。蔣在電文中表示參謀長不一定要熟諳東方情況，只需品學兼優的熱心將領即可，以中將為宜。

參謀長的人選及其角色定位問題，一開始即鑄成大錯，終導致此後兩年多中美關係緊繃、蔣介石飽嘗「遇人不淑」的極大苦痛。

參謀長職權　風暴導火線

蔣介石曾電令宋子文將參謀長地位與權限，和美方先作界定，蔣認為中國戰區參謀長須受中國戰區統帥之命令；美方則認為中國戰區參謀長除兼任中緬印戰區美軍司令官之外，並有權監督租借法案，甚至可以指揮部分中國軍隊。宋子文在這項爭議中所扮演的角色，史學界有兩種不同看法，梁敬錞、黃仁宇認為宋子文不但未弄清楚美方對參謀長任務的定位，亦未將蔣委員長的意旨轉告美方，使得中美雙方及史迪威自己日後為參謀長職權問題，屢生衝突，鬧得不可開交；陳立文則認為這些爭執皆係羅斯福總統特使居里（Lauchlin Currie）為袒護史迪威而借題發揮，將責任推給宋子文[2]。

然而，真正使事件擴大、惡化迄至不可收拾的局面，乃是史迪威本人的個性、脾氣、作風與思想問題。易言之，史迪威在一個錯誤的時代和錯誤的環境中，擔負了錯誤的角色，而使他成為中美戰時外交糾紛中的頭號主角。

美國陸軍參謀長馬歇爾捨資深將領不用[3]，而挑選較資淺的史迪威擔當大任，固然是因史迪威為其舊識兼舊屬，但史迪威的中國背景，才是他能夠雀屏中選的主要原因。畢業於西點軍校的史迪威，於一九一一年自美赴菲律賓駐地時，曾在中國逗留十七天，目睹了辛亥革命；一九一九年至一九二二年被派往北京擔任美軍語言教官（史氏精通法文、西班牙文），並學會了中文，並為自己取了中國名字「史迪威」（Joseph W. Stilwell），在華期間躬逢中國五四運動；一九二六年至一九二八年三度到中國，出任天津租界美軍第十五步兵團營長（馬歇爾時任該團團長），親見五卅運動及國民革命軍北伐；一九三七年至一九三九年，第四度來華，擔任美國駐華大使館武官，這段時期正逢日本分離華北和盧溝橋事變。史氏服役中國時，常到大江南北旅行，對中國歷史、政治、文化、軍事、社會和風俗習慣皆頗熟稔[4]。

史迪威雖擁有遠較一般美軍軍官豐富的中國知識，但他的固執己見、難以相處、善忤上司、得理不饒人、過分坦率和嫉惡如仇的個性，卻不適宜擔任必須具有外交手腕和政治意識的中國戰區參謀長。就軍事背景而言，史迪威長於訓練與戰術，能和士兵同甘共苦，亦善待部屬，然缺乏實戰經驗。中國戰區參謀長的職位是個涵蓋軍事、政治與外交的綜合性任務，在複雜的中美英三角關係中負協調之功。

「酸醋喬」vs.「花生米」

外號「酸醋喬」（Vinegar Joe）的史迪威，言語潑辣犀利、脾氣倔強鯁直；更糟糕的是，史迪威太了解中國，更了解國民黨統治下動亂、落後的中國；他與中國軍民的實際接觸以及他對是非善惡的獨特認知，使他看不起國民黨政府和蔣介石，他為蔣介石取了一個極不敬的綽號：「花生米」（peanut）。他對蔣介石和國民黨的成見，使他很容易與重慶美國大使館的一些自由派和具左傾思想的年輕外交官親近，而深切影響到他對國共對峙的看法與立場[5]。平心而論，史迪威根本不適宜出任這項「軍事外交官」的職務，他的膺選，冥冥中已注定會在中國戰區上演一齣悲劇[6]。

一九四二年三月史迪威來華時，身兼六職：（一）美軍駐華軍事代表；（二）中英美軍駐緬司令官；（三）對華租借物資管理統制官；（四）滇緬公路監督官；（五）在華美國空軍指揮官；（六）中國戰區參謀長[7]。史氏抵渝未久，蔣介石即發現他沒有實戰經驗又缺乏軍事基礎素養，蔣雖引以為憂，然為形勢所迫，仍不得不派他為戰區參謀長並授以入緬遠征軍總指揮的重任。果然，史迪威初上戰場指揮作戰即在緬甸同古（Toungoo）嘗到敗績。史氏鎩羽而歸，回到重慶後，將戰敗的責任歸咎於統帥的遙制和軍權之不足，向蔣請辭，蔣予慰留並賦予更多的權責。

史迪威獲蔣更大授權以後即督率全軍激戰於中緬甸，孫立人領軍的第三十八師在仁安羌（Yenangyaung）解救被日軍包圍的七千英軍及其司令亞歷山大將軍，此即抗戰史上有名的仁安羌大捷[8]。但左翼遭日軍猛攻，牽及全線，史迪威指揮失當，潰不成軍，部隊分兩路撤退，一自畹町退入雲南，一越過野人山退入印度，士兵飢寒勞瘁，數千人犧牲，史迪威的表現顯然並非馬歇爾所稱「在美國軍官中沒有人比史迪威對日軍的優劣點摸得更清楚」[9]。史氏撤往印度期間，除一通電報外，毫無隻字半語向戰區最高統帥蔣介石報告詳情，蔣在文件上寫道：「史蒂華（即史迪威）脫離我軍擅赴印度時只來此電文作為通報不知軍紀」[10]。

中國戰區參謀部副參謀長兼中國駐美軍事代表熊式輝，於一九四二年四月廿四日率駐美大使館陸軍武官朱世明拜訪馬歇爾，馬帥對熊式輝說：「風傳史迪威與蔣委員長不協，如有必要，可為調整，將史迪威召回，請君電蔣，詢其真意，俾便處理。」熊說：「我當晚電渝請示，越時三週，未得覆音。五月十五日，再電催詢，亦無回信……。」梁敬錞的說法是：「當時史氏跋扈陰謀，事跡未著，而緬甸前線，正在鏖戰，臨陣易帥，兵家所忌，故委員長尚不能遽作撤調之決定也。」[11]

緬戰失敗後，史迪威於一九四二年六月四日見蔣，蔣詢以失敗之因，史答以「空軍不足」，並抨擊第五十五師師長、九十六師師長、第五軍軍長、第五軍兵站總監，但讚揚第三十八師師長孫立人和第二百師師長戴安瀾；第三次蔣史談話時，史再度要求撤換第五軍軍長杜聿明，先保羅卓英，後保孫立人、廖耀湘，蔣均未答應[12]。此項談話後兩天，駐防中國戰區之美國第十路轟炸機在未告知統帥部的情況下突全調埃及助英作戰，引起蔣史之間第一次正面衝突[13]。宋美齡憤怒地對史迪威說：「每次英國軍事失利，輒奪我軍備，或強取撥歸我國之器材，如此事不中止，實不知中國抗戰有何裨益。」又說：「委員長必須於七月七日中國抗戰五週年時演講，他必須對中國人民報告實情，親日派現正活躍。委員長必須有一個是與否的答覆，盟國對中國戰區是否認為必要，願否對之支持。」[14]蔣介石在一九四二年六月廿六日日記中說：「史迪威參謀長稱空軍第十軍派赴埃及增援，而置中國於不顧，心殊憤慨，而不願表示於顏色使之自悟。余妻則不假顏色，亦甚當也。」[15]蔣又說：「予深願詳知英美是否尚以中國戰區為同盟國之戰區……中國為同盟國之利益，已貢獻其最大之努力，且以最忠誠之態度，盡其應盡之義務；五年抗戰，固為中國求生存，亦為同盟作奮鬥，倘英美以中國之實力尚有保持之必要，則絕不應一再無視中國之利益。」蔣又說：「羅斯福總統所允援華物資之數量，執行者十不得一。」[16]史迪威承認是英美不對，但不滿蔣宋暗責他須為此事負責。

宋美齡抗議　白宮遣調人

白宮接到宋美齡抗議「盟國輕視中國戰區」的訊息後，再加上蔣史不和，華府早有所聞，即有意派人到重慶解釋。一九四〇年春天曾以羅斯福特使身分訪華，後為租借法案中國部門負責人的居里乃毛遂自薦出任調人[17]。居里於一九四二年七月廿一日抵重慶，八月七日返美，與蔣談話十四次，其中七次涉及史迪威。居里對蔣說：「史迪威軍事聲望甚高，為馬歇爾最親信之人員，如無在華必要，馬帥可將其調派他處服務。史的雙重任務，以及管理租借物資權限，皆經宋子文與史汀生所商定，有交換函件可據，宋子文未將史（汀生）宋交換函件呈報，又不將羅斯福總統七月三日支持史迪威之電文轉呈委員長，皆非史氏之咎；至於史迪威未將委員長五百架飛機之要求轉向華盛頓申請，又不肯將中航公司飛機兩架撥歸航空委員會使用，亦皆有其理由。今三星期未蒙委員長召謁，數次上書又不獲答；史本是急功好動之人，深感鬱悶，對外不免怨望，現似有三種補救辦法：（一）將其調回美國；（二）取消其雙重任務；（三）在所擬作戰計畫中，明定其地位與權限。」[18]

蔣介石亦向居里述說了許多史迪威的不對之處。他說，史應否調回，則係美政府之事，他絕不表示意見；並稱在史氏身分未表明以前，不便與他見面，如欲商討租借器材之事，可與何應欽等接洽。居里返美後，建議羅斯福將史迪威調走，並提議美駐華大使高思（Clarence E. Gauss）與蔣委員長駐美代表宋子文亦應他調[19]。然因馬歇爾的反對，史迪威仍安然無恙。馬帥所持理由為反攻緬甸非美國將領莫辦，也無人能比史迪威做得更好。華府且盛傳居里主張撤換史迪威與高思，係因他自己想當駐華大使[20]。

不久，蔣向史提出維持中國戰場三項最低需求的手諭，囑史編入作戰總計畫，此三項為：（一）請美國於八、九月間調陸軍三師到印，協助中國軍隊恢復緬甸交通線；（二）自八月起應經常保持中國戰區第一線飛機五百架；（三）自八月起每月應保持中印空運五千噸之數量[21]。

此時，宋子文獲悉史迪威向美國陸軍部所提出之負面報告，使他「在美洽商空運及飛機械彈進行異常阻滯」，宋乃建議撤換史，並稱史汀生已表示「如以史迪威不適當，務請直言無隱，俾得更換。」蔣則主張容忍，也許蔣已知史迪威與馬歇爾關係密切，而不願得罪權傾一時的馬帥[22]。

穿梭美國政要　手腕一流

蔣介石與史迪威的衝突，宋美齡和宋子文皆扮演了相當重要而又充滿戲劇性的角色，這對兄妹雖百分之百站在蔣介石這一邊，但兄妹之間卻在史迪威事件上展開撲朔迷離的宮廷式鬥爭。

史迪威過去在美國駐華大使館當武官時即已認識宋美齡。一九三八年九月，史氏在漢口拜訪宋美齡，對宋印象很好，稱她「極有魅力、相當聰慧且有誠意」，儘管她「吹噓一大堆政府如何照顧老百姓」，但還算做得不錯。美國女史家塔克曼說，蔣夫人施展的「媚功」從未失敗過，尤其是應付一個美國武官。史迪威訪問宋美齡後，即送她鮮花[23]。

宋美齡在美國人面前擅長玩弄兩面手法，自羅斯福以降，霍普金斯、馬歇爾、史迪威、艾索普和重慶美國記者皆深知蔣夫人的這項「特長」。一九四二年春天，第一次緬甸戰役全面失利之前，史迪威曾因指揮權問題向蔣介石抱怨，蔣雖不悅，但為安撫這位新上任的中國戰區參謀長，在宋美齡的勸說下，蔣同意和她同至緬甸前線臘戍（Lashio）、梅苗（Maymyo）等戰場向中國將領宣布史迪威擁有指揮、調度與獎懲全權，並與史氏和英軍指揮官亞歷山大商討戰機。臨走時，宋美齡留下了一罐果醬和一封信給史迪威，信中說，罐中的食品代表著生活的甘苦，她向史迪威保證：「我支持你……擺在你前面的是一項男人的事業，而你是個男子漢，但我要再加一句——你是個出色的男子漢！」塔克曼諷刺地說，蔣夫人也許認為和西方人打交道時，不必太拐彎抹角[24]。

然而，宋美齡於一九四二年十一月底飛美就醫，從紐約機場駛往醫院的路上，卻向羅斯福的親信兼左右手霍普金斯痛批史迪威、盛讚陳納德[25]。

一九四三年五月，羅斯福與邱吉爾在華府舉行代號為「三叉會議」（Trident Conference）的軍事會談，從五月十二日開到廿三日，專事討論西西里與緬甸戰役；史迪威與陳納德同被邀請參加，宋子文亦獲邀列席，正在美國訪問的宋美齡則於會議期間盤桓華府，相機與羅斯福磋商中國戰場所遇到的種種問題。

在會議上，史迪威、陳納德各為自己的軍種和不同戰略唇槍舌劍，史為陸戰派，陳則是空戰派。脾氣火爆的史迪威官階比陳納德大，算是陳的上司，開會時，史咆哮道：「就是因為有地面部隊在泥淖中掙扎前進，在戰壕中與敵人對峙，我們才能獲得勝利。」陳納德亦非省油的燈，他反擊說：「去你的，史迪威，戰壕裡面根本就沒有兵。」[26]蔣介石的基本立場是支持陳納德的空軍攻勢，陳預計在華中及華東發動攻勢六個月即可掌握制空權，進而轟炸日本本土，但蔣又不願放棄反攻緬甸計畫[27]，攻緬需增強在雲南的中國軍隊（又稱Y部隊），會削弱陳納德的空戰計畫。史迪威則認為侵華日軍遭到大量空軍轟炸後，必以地面部隊搜索空軍基地，中國軍隊既無大砲，又乏坦克，如何能守？其結果必至喪失機場，危及大局[28]。

史迪威在英美組成的聯合參謀團開會時反對蔣的意見，又批評中國軍隊之腐敗，並懷疑保衛機場的能力，遂與宋子文展開一場對辯。散會後，主席李海（William Leahy）海軍上將對史迪威的態度甚不以為然，他對宋子文說，史為中國戰區參謀長，蔣為中國戰區統帥，應尊重統帥意見為是[29]。

宋美齡在白宮與羅斯福討論緬甸戰局，羅希望取消反攻緬甸計畫，宋美齡力陳反對意見，羅態度稍軟化，改以縮小緬戰（即僅收復緬北）方案代之。宋致電蔣介石告以攻緬計畫的改變，蔣得報後，即電令宋子文力爭：「反攻緬甸計畫，必須照卡港（即北非摩洛哥卡薩布蘭加）會議及重慶會議完全實施，倘僅占取緬北至曼德勒（Mandalay）為止，不特無補中國戰場，且徒犧牲兵士，中國決不再蹈去歲覆轍，望以堅決反對之意，通知英美當局。」[30]宋子文在參謀首長會議中舌戰群雄，與邱吉爾激辯。邱翁一向反對緬甸作戰，他曾向英國將領說：「到沼澤叢林打日本人，就等於到水裡和鯊魚搏鬥。」[31]最後決定之攻緬方案，蔣的願望被打折扣[32]。

史迪威抨蔣　羅斯福反感

三叉會議表面上看似史迪威占上風，既有馬歇爾和陸軍部的撐腰，又向報界發表對蔣介石不利之言論[33]；然而，在羅斯福召見他和陳納德的談話中，他對蔣的抨擊，頗引起羅的反感。據陳納德回憶說，羅斯福曾問他們對蔣的人格與個性的看法，史迪威說，蔣是「一個意見反覆、狡猾而不可靠之老無賴，所說之話，全不能算數。」[34]同時又在羅的面前及參謀團會議中，兩次公開譏評蔣[35]。其實，在三叉會前兩、三個月，羅斯福已看到史迪威寫給馬歇爾的信，信中大罵蔣介石，羅很不以為然，即致電馬帥表示不滿，羅斯福說：「承轉來史迪威二月九號來函副本……予深覺史迪威所提對待蔣委員長之辦法，大有錯誤。蔣是中國人，豈可以所擬之辦法相待。史迪威謂蔣『性情躁急』不易應付，雖然不錯，而伊（史）所擬使用『更嚴厲聲口』之方法，則大誤也。吾人須知蔣委員長幾歷艱辛，始進為四萬萬人之領袖，此四萬萬人之中，有各式各樣領導人物，軍人、教育家、科學家、衛生家、技術家，在各省或中央方面，各事奮鬥，冀出頭地，此乃

一、二百年未易得到之事業，而蔣委員長於短期中竟得之。蔣委員長自有其保持優越地位之必要，此點如爾我處伊環境，亦必相同。他是一位行政首長而兼大元帥，豈可用對待摩洛哥首長之辦法，向其作嚴厲之聲口或要挾……。」[36]

蔣介石對史迪威來華以後的跋扈、任性與不合作表現，殊感痛苦，他也風聞史在華府、在會議上以及在羅斯福面前詆毀他的消息，他曾電告在美國的宋美齡：「史迪威甚難共事」，又說史：「時加誣陷與脅制令人難堪；而且出言無信，隨說隨變，隨時圖賴……。」並稱國軍將領不願聽其指揮，望她轉告羅斯福，以免中美傳統友愛之精神受其影響[37]。但宋美齡電告蔣，如照此意旨提出，「恐礙聯繫」，希望深思之後再作指示。此時因反攻緬甸計畫與訓練裝備三十師之事務正賴推進，恐因人事變換發生頓挫，蔣乃電宋美齡：「不談亦可」[38]。

宋子文活動　撤換史迪威

蔣介石雖未對史迪威的去留問題作決定，但在華府的宋子文則極力遊說，希望美國調回史迪威，蔣必然知悉並默許宋的這項行動，及至一九四三年九月，宋與霍普金斯已取得默契，只要蔣正式要求，美政府將會把史調離中國戰區，史汀生與馬歇爾亦不再阻撓。據稱，馬帥準備調史為第四軍軍長，防地為阿拉斯加，遺缺打算由陸軍供應部長索摩維爾（Brehon B. Somervell）將軍接任[39]。

《吳國楨傳》說：「蔣對美國史迪威將軍，在一九四三年初就感覺不滿，有密令與宋，飭其在白宮方面活動將史撤換，宋活動頗為積極。」[40]蔣對撤換史迪威一事，因感茲事體大，故仍舉棋不定。然而，一九四三年九月六日，史犯了一件致命性的錯誤，他建議蔣撤除西北胡宗南部隊對中共的封鎖，並起用中共組成的第十八集團軍，在晉綏一帶牽制日軍，以減輕平漢路、隴海路日軍之壓力[41]。美國駐華大使館估計，至少有二十個師（約四十萬人）的精銳部隊，被蔣用來封鎖共區。史迪威的建議，多多少少受到其政治顧問戴維斯（John Paton Davis, Jr.）和美國大使館親共官員的影響，如純就軍事觀點而言，史的建議乃是良策，但這是一樁政治敏感度極強的問題，蔣認為史非但干涉內政，且同情共產黨，準備要求華府召回史迪威，卻又被宋美齡勸阻了，理由是這種作法肯定會引起美方的不滿[42]。

就在宋子文戮力促使美方召回史迪威，並獲華府高層默許之際，重慶的孔祥熙夫人宋藹齡和宋美齡卻突然向史迪威大送秋波，希望他留下來，他們姊妹會和他站在同一線上。雖然史迪威對宋氏姊妹的印象已由好變壞，但這對權力姊妹向他示好的舉動，仍使粗線條的「酸醋喬」心中竊喜。史迪威在一九四三年九月十三日日記上寫道：「May（蔣夫人）和Sis（孔夫人）找我到新開市孔公館，她們說：『為什麼不來看我們？』很顯然地，在馬歇爾的督促下，T. V.（宋子文）告訴她們最好支持我，與我合作。」九月十八日日記：「和May午餐，她很會表演，說她希望做個男人……痛罵何應欽和他那一夥人。」九月二十日日記：「夜晚十時到孔公館，May和Ella（孔夫人）在。他們一直對花生米（指蔣介石）下功夫，Ella今午向他告狀說，那一夥人造我的謠，並解釋我為什麼簽名『美國陸軍中將』……May說何應欽是個『無足掛齒的人』（unmentionable）……」九月廿五日日記：「到新開市看Ella與May……我愈來愈相信這兩位聰明的夫人（一）得到宋子文的囑咐支持美國；（二）這個家族比花生米還了解問題的嚴重性……。May一直說花生米很難應付，必須在適當的時間找他，他常以一些小證據來構築他的意見，『他們』常告訴他有關我的壞話，也說我『傲慢』、『反華』，以美國軍官身分簽名以及罵中國人不好、輕視中國人等……。」九月廿八日日記：「May說和花生米一起生活很苦惱，沒有人會告訴他真話，所以她常和他起爭執……。」十月十七日日記：「夜八時May叫我去，Ella在，他們確是一對鬥士。Ella說釜底抽薪為時未晚。我不動聲色，只說不願處在人家不歡迎的地方。他們以『中國』與責任相勸，叫我放大胸襟，貫徹始終。Ella說要是過了這一關，我的地位會較前強固得多。『你的將星高照』。他們叫我去告訴花生米，我只有一個目的，無非想要中國好，如有過失乃無心之錯，我將盡全力合作。我猶豫了一段長時間。但她們勸說得如此有力，我最後說好吧。May提議我們立刻就去。我去了，裝腔作勢照說一遍。花生米盡力表現不念舊惡。他提出兩點：（一）我要知道指揮官與參謀長職責（之差異）；（二）我應避免優越感。這是一派胡言，但我恭敬的聽著，花生米說既然如此，我們可以重新和諧地合作。」

宋家王朝主角　操弄其間

史迪威又說：「只有一點，Ella何以有把握（我見蔣之事）一定會有圓滿結局？今日下午她還曾指責花生米。他拂袖而去。這是多大的侮辱，但她等待著，他終於回來。她和May都願為我效勞，或如她們所說，她們已將他改變了一半，另一半由我來完成。……May說她結婚後，大家都說一年之內她和花生米就會離婚。May和Ella都說她們已把家中珠寶賭在我頭上，今後將會繼續支持我。」[43]

《總統蔣公大事長編初稿》十月十七日條說：「美軍供應部長索摩維爾再次來謁，續談史迪威去留問題。既出，公囑蔣夫人約見史迪威，告以此時回美，恐於其個人不無損失。如表示悔改，則公或有寬假之可能。史迪威來謁公自陳，表示其護衛中國原出至誠，如有誤會，皆出無心，此後極願合作。公告以統帥與參謀長之主從關係。史亦矢言，此後決不再有凌越與專擅之情事云。」十月十八日條：「與美軍供應部長索摩維爾續談史迪威事，公告以准予史迪威悔過自新，取消昨日之議，索氏欣然，甚感公對史之始終寬大也。」[44]

史迪威最初以為是宋子文囑藹齡和美齡出面助他度過難關，後來始獲悉宋子文才是在幕後推動撤換他的黑手，他一向把T. V.當朋友，沒想到卻被其「出賣」，極為生氣。史迪威在九月中旬即已接獲華府朋友密報有人排擠他，索摩維爾來華途中路過印度時，遇到自美返國的宋子文，宋告訴他史將被調職，由他接任。索摩維爾耽心任命發表後，史會見怪，抵達重慶後即透露消息予史迪威，史頗為緊張[45]。正好孔夫人與蔣夫人此時傾力拉攏他，他雖懷疑這對姊妹是「兩個陰謀家」，但為了保護權位，乃欣然「入彀」。國民黨官方紀錄和蔣氏日記皆記載十月十七日史迪威由蔣夫人陪同向蔣「自陳赤誠護衛中國」，但有意不提孔夫人宋藹齡所扮演的重要角色。

不過，《吳國楨傳》卻有完全相反的說法，該傳說：「史迪威獲得華府友人通知，囑其在重慶方面疏通。史迪威個人，在此時曾設法接近孔祥熙夫人宋藹齡，並由（因）孔夫人（之關係）常與蔣夫人在孔家茶敘，史迪威也常送吳夫人黃卓群尼龍絲襪，吳曾當面謝史迪威，他說替蔣夫人與孔夫人帶來甚多，此是其中一部分。」[46]

在蔣史言歸於好的前一天，宋子文卻為了史迪威問題與蔣介石大吵一頓，而且嚴重到遭蔣軟禁，甚至傳出將被槍斃的謠言[47]。

《吳國楨傳》說：「恰在此時，宋已活動成熟，飛渝報告，只要蔣電羅斯福總統請求換史迪威，即可實現。而出宋意外，蔣已改變主張，決仍留史迪威。在此情況下，宋必氣憤，謂經過多少困難，始能完成使命。且一朝改變，使其如何對得起美方友人，如何能使白宮再對其具有信心，堅持必須發電。」[48]

宋子文於一九四三年十月十一日返回重慶，在侍從室工作的唐縱於十月十六日日記中說：「宋部長不知因何使委座見氣，委座摔破飯碗，大怒不已。近年來罕覯之事。」十月廿一日日記有：「日來委座火氣甚大，宋子文不知因何碰壁，恐係孔、宋間之問題，否則無此火氣也。」到了十一月五日，唐縱終於明瞭蔣宋為何吵架：「據古祕書（侍從室祕書古達程）云，此次宋部長與委座意見衝突，聞係為史迪威事。當初委座欲換史參謀長，宋部長不贊成，其後宋部長已向美方交涉撤換。委座以情形變化，不換。宋部長表示難於接受，態度倔強，其中所說何話不知。但委座因而大怒，至今尚未與宋見面。」[49]

蔣宋反目　子文遽遭冷落

《吳國楨傳》又說：「宋初回重慶之日，其牛角沱私寓前車如流水，人如潮湧。但第二日，吳再往視宋，則外間似已得知其與蔣發生不快，來客已減大半。以後逐日消沉，有一時間，每日中午前往只二人而已。蔣對外交部之政務有必須處置者，其慣例於宋不在國內期間，則直接打電話與吳，或下手令則書『吳次長』字樣。若宋在國內，則多打電話與宋，下手令則書『宋部長、吳次長』。此次則似對宋視之若未曾回，所有外交部事務，若有電話，即直接與吳。若有手令，則只書『吳次長』。此事發生後第二日，陳芷町、李惟果、俞國華（全為侍從室祕書）皆在吳家照舊聚餐，大家都異常沉默，最後還是陳芷町忍不住了，向吳問：『外交部有何消息？』吳答：『外交部一點都不知道，侍從室呢？』大家都明白此一問一答的意義，彼此又相對無言。還是陳芷町再出口說：『侍從室只聽說先生大發脾氣，把茶碗摔在地下打碎。宋部長出門，把門重重一關，聲音全棟房屋都聽到。除這兩點，無他見聞。』後來經過相當期間吳才知道蔣宋爭執的真相。」

宋子文與蔣介石爭吵，倒楣的當然是宋。宋每日無心上班，心境極壞，辦公室牆上掛一黑板，用粉筆寫一行英文字為自己打氣：「這個，也將過去。」（This, too, will pass away）然而，享慣權力的人突遭冷落，苦水難嚥。蔣亦有意再施下馬威，不久，宋子文的機要祕書鄧勉仁因涉嫌利用職權走私被捕，軍法總監何成濬向前來關說的宋子文表示，鄧勉仁罪不至死，但蔣委員長堅持處死，不能求情[50]。

吳國楨看他神情沮喪，即問他：「為什麼不找你的妹妹替你說項？」宋答：「你知道，我平生不做這種事的！」於是，吳建議他寫信向蔣道歉，並推薦陳芷町捉刀。幾天後，陳芷町告訴吳國楨：「你知道嗎？委員長正在見你的宋部長。……委員長一接見宋部長，侍從室馬上就傳遍了，可是只有一個人知道這來由，就是區區在下。我不告訴別人，可是我要告訴你，你常說我是天下第一刀筆，這一回，我承認你說對了。不知道什麼人向T.V.推薦了我，他前兩天請我到他寓處，要我替他擬一私函，由他自己親筆繕寫送呈委員長。我擬就，他照抄。委員長看了，今天就召見了他，我對這封信稿，得意地很……。」其起首數句為：「介兄鈞鑒：文於鈞座，情同骨肉，誼實君臣……」[51]。

如從「後見之明」的角度來看，蔣介石此次對史態度軟化，固然反映了性格上欠缺果斷作風和「家國不分」的短處；端就事件本身的處理而言，亦為一大失策，因史迪威根本沒有「悔改」誠意。

史迪威狂想　圖謀刺蔣？

一九四三年十二月一日，開羅會議結束後，史迪威仍留在開羅，採訪會議的《紐約時報》外交記者沙茲柏格說，史迪威突然造訪他，跟他談了兩個小時，痛批蔣介石的「腐化、無能和過度的野心。」[52]又據史迪威的部屬杜恩（Frank Dorn）上校透露，史在開羅會議結束後到昆明，召杜恩密談，自稱接到某上司口頭密令，欲以暗殺手段除去蔣委員長，囑杜恩在一週內擬具暗殺方案數種密呈，杜雖大為震驚，但仍如期擬具三種方式（用毒、兵變、墜機），史選擇了「墜機」，叫他準備，候令施行，但後來不了了之。杜恩的說法，迄未有其他資料可資佐證[53]。不過亦不能排除所謂「上司指使」，乃是史迪威自己的說法。

時序進入了一九四四年，這一年也是史迪威在華的關鍵年。反攻緬甸雖經重慶會議（一九四三年十月十九日）決定於一九四四年三月展開，但孫立人的第三十八師已在一九四三年十一月派出一部，自雷多（Ledo）進發，沿途掩護修築雷多公路，反攻緬甸之役於焉提前開打。國軍、英軍與美軍突擊志願隊三千人並肩作戰，於十二月底克復于邦，造成緬北第一次大捷。一九四四年一月，第三十八師、第二十二師（皆屬駐印軍）與美國突擊志願隊收復孟關。東南亞盟軍統帥蒙巴頓親赴前線嘉勉慰勞，國軍乘勝收復瓦拉盆，攻下堅布山要隘，進入孟拱河作戰。雲南遠征軍亦出動加入戰鬥，經一個多月鏖戰，終占領密支那（Myitkyina）機場，掩護空運部隊到達；史迪威率第五十師、第十四師一部主力飛抵密支那。六月一日，第二十三師突破印康加塘陣地，包圍日軍第十八師團，卒將田中新一所部擊潰，史迪威終於湔雪一九四二年第一次緬甸戰役失利之恥[54]。

正當反攻緬甸戰役方酣之際，日軍於一九四四年春發動「一號作戰」[55]，試圖自華北至華南和中南半島打開一條「大陸走廊」。國民黨史家及陳納德怪罪史迪威為了進行緬戰，飛越駝峰的物資「皆為緬事所占，中國其他部隊之武器以及陳納德空軍之物資，悉不能得適當之補給，遂使日敵『一號作戰』之戰略，得橫行於豫鄂湘桂之間，造出一九四四年中國東戰場空前之挫失。」[56]不僅極具戰略價值的空軍基地淪陷，重慶之安全亦受威脅，史迪威再次提出動用中共部隊的建議，蔣介石予以峻拒，認為共軍不可靠，並懷疑蘇聯對東北、蒙古和新疆有所圖[57]。

羅斯福極為關切國共及中蘇關係，特派副總統華萊士（Henry A. Wallace）訪華，並指示駐蘇大使哈里曼（Averell Harriman）向史達林表示中蘇友好關係的必要性。史達林和莫洛托夫告訴哈里曼，中共不是真正的共產黨，只是「人造奶油共產黨」、「包心菜共產黨」、「紅蘿蔔共產黨」。意思是說中共「外紅內白」，外表是共產黨，其實骨子裡不是，蔣介石聽到華萊士轉述這個消息後，不屑地說，中共比俄國人更有共產黨的味道[58]。

一九四四年六月下旬，蔣介石向華萊士強烈指控史迪威的不合作以及判斷力的欠缺，他希望羅斯福總統派一位特使常駐重慶，俾能和白宮直接聯繫，而不必經由國務院和陸軍部轉達。華萊士和蔣談話三次後說他自己：「深深地被一個痛苦之人的哀號所感動。」[59]

日軍攻勢逼近重慶時，美軍參謀首長會議接受史迪威的建議，要求蔣介石把中國軍隊（包括共軍）的指揮權交給史。蔣的自尊受到極大傷害，他電告羅斯福，如果三項條件符合其意，他可以交出軍隊指揮權，這三項條件是：（一）清楚的界定史迪威的權限；（二）中共軍隊不能讓史迪威指揮；（三）由蔣全面控制和支配租借法案權力。羅斯福看到蔣的電報後對參謀首長會議表示，蔣很明顯地不願放棄權力。[60]

蔣史間的矛盾愈來愈嚴重，史汀生與馬歇爾乃向羅斯福推薦胡佛政府時代的陸軍部長赫爾利（Patrick J. Hurley）以總統特使身分赴華調解蔣史糾紛。赫爾利於一九四四年九月六日與史迪威自印度新德里飛抵重慶，進行協調，但史迪威仍繼續向美軍參謀首長會議表達對蔣的不滿。

九月十九日，史迪威收到兩則轉致蔣介石的電報，一為羅斯福、邱吉爾聯銜報告第二次魁北克會議後之計畫，一為羅斯福指示史迪威親自呈遞蔣的電報。羅在電報中以極其嚴厲的語氣訓斥蔣。這封在口氣上「以上對下」的露骨電報[61]，即連美國史家亦認為充滿了種族優越感，謂羅不可能對一個白人領袖發出類似的電報。他警告蔣，如中國調遠征軍回雲南或不立即補充緬北部隊或不派生力軍援助怒江戰事，「則閣下必須準備接受必然之結果，擔負全部之責任」，並指責蔣

「延擱委派史迪威將軍指揮中國全部軍隊，致中國東部之重要土地為之損失」，又言「閣下必須立採行動，方能保存閣下數年來英勇抗戰所得之果實，與吾人援助中國之效果，否則政治上、軍事上種種策劃，皆將因軍事之崩潰完全消失。」羅斯福最後要求蔣「必須立即委任史迪威將軍，授以全權，指揮中國全部軍隊。此步驟之實現，將更增美國援華之決心。」[62]

天威震怒　史迪威捲鋪蓋

史迪威看到羅斯福斥蔣電報，極為興奮，立刻於下午四時到重慶對岸黃山蔣介石官邸遞信，當時蔣和宋子文、何應欽、朱世明、赫爾利正在開會，商議史迪威新職（中華民國陸空軍前線總司令）發布之文告與手續，侍衛報告史迪威來訪，請見委員長。蔣請其參加會議，史要求先與赫爾利單獨在外談話，赫出去後，史即拿出羅斯福電報給他過目。赫看完電報，勸史不要轉達，先讓他和蔣談判，史不肯；赫又勸史不要自己面遞，由他代遞，史又不願。於是赫、史一同進去，史說他有羅斯福的電報命他面遞，便將電報交給朱世明，囑他翻譯。赫爾利認為在蔣不知其內容之前，當著中國外交（宋子文）、軍事（何應欽）高級官員面前譯出這樣的電報，會使蔣極度難堪，乃問史有無中文譯本，史答有，赫遂囑史取出面遞蔣。蔣看過後，臉色大變，緩緩說道：「我知道了。」即伸手把茶杯蓋子翻過來，史迪威馬上了解這個動作，就用中國話說：「這是不是端茶送客的意思？」有人答道：「是的。」赫、史乃離開。赫爾利後來說，蔣看到電報後的反應，「猶如太陽穴被打了一拳」[63]。赫、史等人走後，蔣告訴宋子文，他已決定請美國另派將領來華取代史迪威。當晚，蔣與赫爾利共進晚餐時，向赫表達此意，赫勸蔣再三考慮，蔣答以「史迪威在華一日，中美商談一日不能進展」。宋子文則懷疑羅斯福的電報係出自史迪威手筆。蔣在日記上寫道：「此實為余平生最大之恥辱也。」宋子文後來告訴艾索普，當天下午眾人都走了以後，蔣曾痛哭失聲[64]。

九月廿三日，史獲悉蔣撤換他的意志已決，急欲轉圜，向赫爾利、何應欽提出讓步說帖，表示不使用中共軍隊並放棄控制租借物資[65]。但對史迪威來說，一切已嫌太晚了。

蔣向赫爾利解釋史迪威來華後的表現，並由宋子文寫一英文備忘錄交給赫[66]，轉請羅斯福另派富於合作精神的美國將領接替史迪威。備忘錄發出後，蔣另致電在美國的宋美齡、孔祥熙，告以詳情。美國政府獲悉蔣決定趕走史迪威的消息後，反應不一，有的主張反駁蔣，有的建議向蔣道歉，中美外交頓時陷入了愁雲慘霧，無人能預料將會有何種結局。十月一日，孔祥熙在華府約見霍普金斯，告以中國抗日所以能獨力支撐七年而不敗，蔣委員長的領袖聲望與中國軍人的民族意識，實為最大因素[67]。如以史迪威為統帥，此兩種因素將受到損害。但馬歇爾仍繼續支持史迪威，蔣則堅持必須換人。赫爾利在僵局中寫了一封信給羅斯福，這封信終於促成了羅斯福召回史迪威的決心，赫爾利說：「史迪威與蔣委員長之性格，恰不相容，又失去共信之基礎……史迪威在政治上亦不能與蔣委員長合作，其一言一動皆以壓迫蔣氏為出發點……。」又說：「蔣委員長對史迪威謀合作，史迪威對蔣委員長則謀屈服，史迪威之誤，在想屈服一革命家，而此革命家，乃能率帶裝備陋劣之軍隊與日本鏖戰七年之人物，竊以為如我總統支持史迪威將軍則將失去蔣委員長，甚至還可能失去了中國。」[68]

羅斯福同意赫爾利的看法，史的命運已定。美方電請蔣選擇美籍將領三人，再由羅斯福決定。蔣提出三人，羅決定從中挑選深具戰略素養、性情溫和的魏德邁（Albert C. Wedemeyer）取代史迪威[69]。史返美前向親共的宋慶齡告辭，宋為之傷感流涕[70]；（一九四四年）十月二十日向蔣介石辭行，赫爾利、宋子文和侍從室第一處主任林蔚在座，由宋子文擔任翻譯。蔣感謝史迪威訓練和指導中國軍隊，對過去的事情表示遺憾，希望史寫信給他，繼續做中國之友人。史迪威向蔣表示，他所做的都是為中國好，並用中國話祝蔣「獲最後勝利」。第二天，史離開重慶，宋子文、何應欽等人到機場送行[71]。《紐約時報》大事報導史迪威被召回事件，震撼美國軍政界，蔣介石政府備受抨擊。兩年後，一九四六年十月十三日，史迪威因肝疾病逝，終年六十三；中國政府於十月十九日在南京國防部召開追悼會，蔣親臨致奠，並送輓聯[72]。諷刺的是，史迪威的最大靠山馬歇爾，此時正以特使身分在華調處國共衝突，馬帥亦參加了追悼會[73]。

史迪威事件是中國近代史上的一樁大事，也是中美關係史上一件錯綜複雜的公案。其間涉及到的不僅是蔣史二人的正面鬥爭、中美軍事戰略與政治策略的扞格，以及東西文化的矛盾牴觸和個性的差異，但最主要的還是權力的衝突。對付共產黨及掌握軍隊，乃是蔣介石維護其政權與個人政治生命的兩大支柱，絕不容他人侵蝕和分享權力，而史迪威竟以「洋將」之身分，企圖分一杯羹，非唯觸犯大忌，且引發蔣之猜忌，衝突自然難以避免。進一步而言，蔣雖需要美國的軍經援助和軍隊助戰，但他是一個徹頭徹尾的民族主義者，他的腦海裡，還是停留在「夷狄入華夏則華夏之」的觀念。即使高級將領來華出任重要職務，亦須「入境隨俗」，聽從中國統帥的指揮。

蔣介石堅持民族獨立、不向美國人屈服的態度，在撤守臺灣以後，也未因環境不同而有所軟化。

注釋

1 梁敬錞《史迪威事件》（增訂二版），臺北：臺灣商務印書館，一九八八，頁一。

2 《史迪威事件》，頁二；黃仁宇《從大歷史的角度讀蔣介石日記》，臺北：時報文化出版公司，一九九四，頁二九四～二九五；陳立文《宋子文與戰時外交》，臺北：國史館印行，一九九一，頁三五八～三六九。

3 《史迪威事件》，頁十八～十九。中國戰區參謀長人選，陸軍部長史汀生屬意較資深的莊蘭姆（Hugh A. Drum），陸軍參謀長馬歇爾則以史迪威為優先。莊蘭姆在第一次世界大戰時與馬帥同隸歐洲遠征軍總司令潘興（John J. Pershing）麾下，並曾任潘興之參謀長、第一軍軍長，與馬帥相處欠融洽。一九四二年一月二日，莊蘭姆曾至華府與史汀生、馬帥分別晤談，莊主張自緬甸攻泰、越，占領河內及海防，打開通往中國的運輸路線，建立強大在華空軍。馬帥則告以美國尚無大批軍事援華的準備，亦無法立即打開對華運輸線，美國政策為訓練和裝備中國軍隊，「使中國繼續作戰」（keep China in the war）。

4《史迪威事件》，頁二、十九～二十、廿八；Tuchman，118, 183。

5《史迪威事件》，頁二二五。

6 青年黨領袖兼史家李璜說：「在抗日戰爭的後期，美國羅斯福總統派來與中國統帥部合作指揮的第一個史迪威將軍，就是標準的躁進人物，與中國的統帥蔣委員長完全鬧翻，不歡而散。第二個派來的赫爾利將軍，雖比第一個完全躁進的性格好一點，然而急功近利，也足以僨事……。」又說：「史迪威竟欲將國民政府完全換過一班人來幹（其最後報告結論稱：『倘蔣氏無力負擔此一任務，則吾人儘可支持其他分子之能完成此一任務者。』），則真是看法未免太簡單了！——像史迪威的這一種急躁的動作及其對蔣氏的漠視態度，又焉有不與蔣鬧翻之理！」參看李璜《學鈍室回憶錄》，香港《明報月刊》叢書，一九八二，頁五九四、五九八。

7《史迪威事件》，頁廿四。

8 許逖《百戰軍魂——孫立人將軍》（上冊），臺北：懋聯文化基金出版，一九八九，頁一一九～一三二。

9 前引，頁一二一。

10《史迪威事件》，頁五二。李璜說，史迪威「又自己聘用中國高級知識分子去組織自己對敵人的偵察情報機構。在這一點上，已大犯國民黨當權派的疑忌！好幾位我的朋友和同志（都是留學生）被史迪威所聘用，而派往安南、緬甸、香港等地去打探日軍消息，直接供以情報。我知道，這班一心要為國家想有所貢獻的忠貞分子，便大受國民黨的嫉視，而『中統』竟疑其為中共同路人，一律加以監視。幸有王芃生任史迪威的偵察情報組的副手，其人為『軍統』（即戴笠所統率的軍事特務組織）分子，為戴笠所信任，還能調護其間，使這班為史迪威做情報工作的高級知識分子勉強能夠有點真正的貢獻。」參看《學鈍室回憶錄》（下冊，增訂本），頁五九六。

11 前引，頁五三～五四。

12 前引，頁五八。史迪威退往印度，第二百師在緬北苦戰，該師師長戴安瀾（黃埔三期）中彈陣亡，終年僅三十八歲。杜聿明（一九〇五～一九八一），黃埔一期，一九四九年一月淮海戰役（徐蚌會戰）戰敗被共軍所俘，一九五九年十二月獲釋，其女婿為諾貝爾物理獎得主楊振寧（妻杜致禮）。

13 前引，頁六十。

14 《從大歷史的角度讀蔣介石日記》，頁三一四；Tnchman, 311-312。

15 《從大歷史的角度讀蔣介石日記》，頁三一三。

16 前引，頁三一一～三一二；《史迪威事件》，頁六〇～六一。

17 《史迪威事件》，頁八九。

18 前引，頁八九～九一。

19 前引，頁九一～九二。

20 《從大歷史的角度讀蔣介石日記》，頁三一六。

21 《史迪威事件》，頁六七。

22 《從大歷史的角度讀蔣介石日記》，頁三一四。

23 Tnchman, 193。

24 前引，281。

25 Sherwood, 661。

26 C. L. Sulzberger, *The American Heritage Picture History of World War II*, New York: American Heritage,1966, 331。

27 《從大歷史的角度讀蔣介石日記》，頁三三三～三三四。

28 《史迪威事件》，頁一二八。

29 前引，頁一三二。

30 同前。

31 Sulzberger,331。

32 《史迪威事件》，頁一四一～一四二。

三叉會議最後決議之重點為（一）儘量先集中可用物資於阿薩姆、緬甸區域內，以建立（及加強）通達中國之地面設備，期於秋初達到每月一萬噸之運輸量，同時擴大阿薩姆航空設備，使達到下列目的：①加緊在緬對日空戰；②增強（維持）駐華空軍；③支持對華空軍補給物資；（二）陸軍有力攻勢之作戰，將於一九四三年雨季結束後開始，中美軍隊由阿薩姆經雷多、英坊進攻緬甸，中國軍隊同時由雲南進攻，其目的在儘量牽制（或吸引）日本部隊，保護對華航空路線，並作為打通滇緬路之一重要步驟；（三）以海陸軍攻擊緬甸海岸，其目的為阻絕日本自海岸與其北境前線間之交通；（四）阻遏日本在緬海上交通；（五）採取各種可能方法，用足夠之武力，以獲取孟加拉灣之制海權，除受時間及環境影響外，對於上述作戰，並無任何限制，俾達到解救中國被圍之目的。然而，這項決議案並無片言隻字提及仰光（蔣一直堅持英美應維持以前協議，即控制孟加拉灣、克復仰光）、未提海軍艦數、更未提南北緬是否同時出擊之規定與指揮權誰屬。

33 Tuchman, 372-373。

34 《從大歷史的角度讀蔣介石日記》，頁三三〇。

35 《史迪威事件》，頁一四三。

36 前引，頁一二三～一二四。

37 前引，頁一五四。

38 前引，頁一四三；《從大歷史的角度讀蔣介石日記》，頁三三〇。

39 《從大歷史的角度讀蔣介石日記》，頁三三五。

40 《吳國楨傳》（下冊），頁三九八。

41 《史迪威事件》，頁一六七；Hsü, 699。

42 Hsü, 699-700。

43 *The Stilwell Papers*, 224, 226, 232-233;《從大歷史的角度讀蔣介石日記》，頁三三六～三三七。

44 《從大歷史的角度讀蔣介石日記》，頁三三六。

45 《史迪威事件》，頁一七一。

46 《吳國楨傳》，頁三九八。

47 Alsop, 226。

48 《吳國楨傳》，頁三九七～三九八。

49 《在蔣介石身邊八年——侍從室高級幕僚唐縱日記》，頁三八六～三八七、三八九。

50 《吳國楨傳》（下冊），頁四〇二～四〇三。

51 前引，頁四〇五～四〇六。

52 C. L. Sulzberger, *A Long Row of Candles*, New York: The Macmillan Co., 1969, 224。

53 Frank Dorn, *Walkout with Stilwell in Burma*, New York:Pyramid Books, 1973, 116-122;《史迪威事件》，頁一九六～一九七。

54 《史迪威事件》，頁二〇五～二〇七。

55 前引，頁二〇七。

56 同前。

57 Hsü, 700。

58 Hsü, 700; John Paton Davies, Jr., *Dragon by the Trail*, New York: W. W. Norton, 1972, 305-306。

59 Hsü, 701。

60 蔣介石答覆羅斯福的電文為：「……所提將史迪威置予直轄之下，指揮全部華軍與美軍，原則贊成，但中國軍隊與政治內容不若他國之簡單，全部統率之情形，亦非緬北少數軍隊所可比，故非有一準備之時期，不能使史將軍指揮順利以副尊望！余甚望閣下能派一富有遠大政治見解而得閣下完全信任之全權代表來渝，調整予與史迪威間之關係，以增進中美之合作。……」見《史迪威事件》，頁二六九。又參看Herbert Feis, *The China Tangle*, 172; Hsü, 701。

李璜說：「美國人未免天真幼稚！要蔣介石委員長將中國軍隊交與美國人去指揮，又哪能真的辦得到！蔣氏以軍人起家，他的軍隊乃是他政治的本錢。他自來把這個本錢是握得很緊的：將軍隊指揮權交與他親信的部下，他還有時不放心，故他從來打內戰起都是自己親自指揮；這回打日本，戰場這麼大，他一身兼黨、政、軍，且要應付各黨派的國民參政會（如曾身兼參政會的議長，以至還兼任四川省政府的主席），一切大權均要緊握在自己手中，又豈肯容許外國人來溷乃公之事！其所以『彼在最初，立即準備同意史迪威所為關於委派統帥之建議』，乃無非是對來客一種禮貌的表示，並非真心。這一點，美國人便簡直不懂得。」李又說：「在我們與蔣先生接觸過的客人，都早已了解，成為常識。我們都知道，向蔣先生陳述意見，而立即得到他的『很好、很好』的答辭，這絕不是蔣便真的贊成或應允你的建議的。『很好、很好』，在於蔣，已成為一種應酬的口頭禪，其中毫無實質的承諾可言也。至於史迪威將軍還要在此客套的同意的禮貌虛辭上，去推論到『不啻對於中共軍隊，亦得加以指揮』，那真是中國古語所謂『一心以為鴻鵠將至』了！」李璜指出：「何況史迪威將軍一來與中國軍政各方合作，他便把中國人都當做美國人一樣，必須動作快捷，而講求高度效率。因此他見到中國軍政人員一律慢動作的情形，非常著急，有時竟發了怒，出口罵中國的陸軍大員都只是行屍走肉，令重慶的大官們難於忍受，且弄得小官們手忙腳亂。」參看《學鈍室回憶錄》（下冊，增訂本），頁五九六。

61 Tuchman, 492。

62 《史迪威事件》，頁二八一～二八二。

63 《吳國楨傳》，（下冊），頁四一二；Feis, 190-191; *The Stilwell Papers*, 333。

64 Alsop, 241;《從大歷史的角度讀蔣介石日記》，頁四一〇～四一一。

65 《史迪威事件》，頁二八四。

66 宋子文打電話給艾索普，請他到中國銀行總經理貝祖詒寓所審核一份英文草稿和蔣致羅的中文信英譯。艾索普表示皆欠妥當，乃助宋草擬一措詞強烈的備忘錄，後經赫爾利過目，認太過尖銳，乃加以沖淡。參看Alsop, 241-242。艾索普於五〇、六〇年代成為美國最有名的右翼專欄作家之一。

67 前引，頁二九二。孔祥熙對霍普金斯所說的話，係孔令侃於一九七〇年二月在華盛頓告訴梁敬錞。參看*The Stilwell Papers*, 339。

68 前引，頁二九九～三〇〇。

69 蔣介石一度打聽歐洲盟軍統帥艾森豪是否可能出任中國戰區參謀長，美國陸軍部亦曾考慮陳納德，最後決定電請蔣選擇三名美籍將領。蔣提出魏德邁、派曲（Alexander Patch）和古魯格（WheelerKruger）三人。見《史迪威事件》，頁三〇〇。

70 Tuchman, 503。

71 《史迪威事件》，頁三〇二；《從大歷史的角度讀蔣介石日記》，頁四一五；*The Stilwell Papers*, 346-347。

72 蔣介石送史迪威的輓聯為：危難仗匡扶，蕩掃倭氛，帷幄謀謨資擘劃；交期存久遠，忽傳噩耗，海天風雨弔英靈。見《史迪威事件》，頁三一七。

73 《史迪威事件》，頁三〇五。有關史迪威事件的中英文著作，仍以塔克曼（Barbara W.Tuchman,1912-1989）於一九七一年出版、厚達六二一頁的《史迪威和美國人在華經驗，一九一一至一九四五》（*Stilwell and the American Experience in China, 1911-45*）為最佳。黃仁宇稱塔克曼此書「所引用原始資料，仍包含著很多對蔣介石及中國之譴責與謾罵。作者行文極為流暢，因為每章每頁都有激情之資料在後支持，所以能如長江大川，一發不可遏止。」黃氏又說：「站在相反的方面，梁敬錞在臺北出版之《史迪威事件》與《美國人在華經驗》同年發行，其激情論調則又遠過之。」黃仁宇對梁敬錞特別獲准使用總統府大溪檔案而成書的《史迪威事件》之評語，允稱公正；至於黃氏所稱塔克曼著作「行文極為流暢」、「所以能如長江大川」，乃是因「每章每頁都有激情之資料在支持」；事實上，塔克曼是個著作等身的第一流通俗歷史作家，文筆極佳，出版了十一本書，其中六本為暢銷書，《八月的槍砲》和《史迪威傳》這兩本書分獲一九六三、一九七二年普立茲獎。為了撰寫史迪威傳，塔克曼曾於六十年代數度到臺灣蒐集資料，訪問相關人物，其中包括抗戰時擔任兵工署長的俞大維，以及孫立人新三十八師老部屬。當時臺灣仍受孫立人事件影響，這些新三十八師老兵皆要求塔克曼隱匿他們的名字，見該書致謝語。《紐約時報》老闆沙茲柏格家族女強人伊斐珍．歐克斯．沙茲柏格（Iphigene Ochs Sulzberger）在其回憶錄中對其好友塔克曼過度批評她的哥倫比亞大學同學、國民黨中宣部副部長董顯光表示不滿，乃向塔克曼提出異議。塔克曼承認她對董顯光的酷評係受史迪威的觀點所左右。參看Susan W. Dryfoos, *Iphigene: Memoirs of Iphigene Ochs Sulzberger of the New York Times Family*, New York: Dodd, Mead & Co., 1981, 210-211。

第九章

馬歇爾特使調處國共衝突

一九四六年四月廿九日出版的《新聞周刊》，以蔣介石夫婦和馬歇爾為封面故事。

馬歇爾與國民黨代表張群（左）、中共代表周恩來（右）在重慶簽署停戰協定。

談判不忘娛樂。馬帥在重慶和國府教育部次長杭立武夫人陳越梅擁舞。

毛澤東的妻子江青於一九四六年三月五日在延安機場送別馬帥。

馬歇爾特使於一九四六年三月訪問延安。左起為：周恩來、馬帥、朱德、國民黨將領張治中（後投共）、毛澤東。

一九四七年一月八日，馬帥返美出任國務卿，蔣介石夫婦親往南京明故宮機場送行。

一九四五年十月，蔣介石與毛澤東合影於重慶。近代中國雙雄各懷鬼胎，完全不能開誠布公，國共所簽訂的「雙十協定」，只是內戰爆發前的和平煙幕。

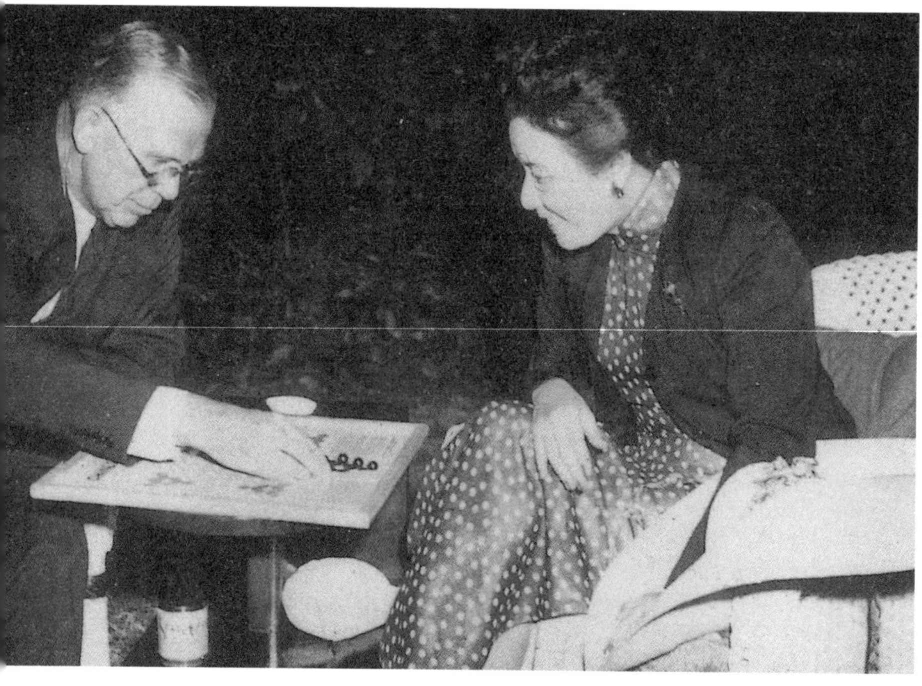

已出任國務卿的馬歇爾建議杜魯門總統派遣熟悉中國軍政事務的魏德邁將軍來華考察中國政治、經濟與軍事情況，以制定援華計畫，魏德邁於戰時曾接替史迪威擔任中國戰區參謀長。魏氏（著西服者）於一九四七年七月廿二日飛抵南京明故宮機場，其時京滬一帶報紙稱其為「崔護重來」或「前度劉郎今又來」。

馬帥離華後，於一九四七年一月九日偕老伴在檀香山度假。

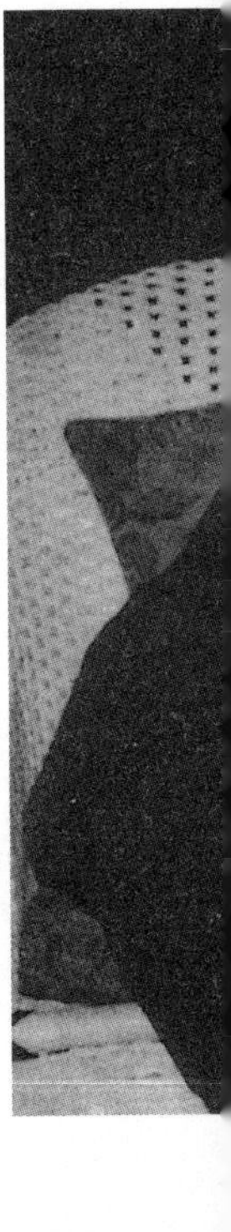

「偷得浮生半日閒」。蔣夫人與馬帥在牯嶺對弈。

史迪威與蔣介石的決裂，為美國介入中國內部事務開創了不祥的預兆；而馬歇爾調處國共衝突的失敗，不僅註定了蔣介石政權「金陵王氣黯然收」的命運，更標誌了美國在戰後所設計之「聯華制蘇」大戰略的全盤崩潰。

赫爾利特使　扮演魯仲連

羅斯福總統於一九四四年九月派遣胡佛政府時代的陸軍部長赫爾利將軍來華，其主要任務即試圖緩和蔣介石與史迪威之間的關係，次要目的則為調解國共紛爭。在赫爾利的建議下，羅斯福終於召回桀驁不馴的史迪威；蔣、史的不和，雖涉及到指揮權、戰略主張與性格差異的問題，但雙方對使用中共部隊的爭執，殆為蔣、史決裂的導火線。史迪威已去，赫爾利乃專心致志調停國共之爭，期使中國對日作戰的努力以及戰後國家統一與重建工作，不致受到損害。一九四四年十一月七日，赫爾利獲蔣介石和美國參謀本部的同意，飛赴延安與毛澤東進行兩天會談，中共給予熱烈歡迎，意氣風發的赫爾利在歡迎晚會上大跳印第安巢克圖族（Choctaw）舞，以回報中共的秧歌舞[1]。

赫爾利與毛澤東於十一月十日簽訂了《五項協議》，內容包括：國民政府改組為聯合政府，軍事委員會改組為聯合軍事委員會；聯合政府一本三民主義，創設一民治、民享、民有的政府，提倡進步與民主，保障人民的各種自由權；聯合政府及聯合軍事委員會承認一切抗日軍隊，此項軍隊應服從聯合政府及聯合軍事委員會命令；所有中國得自友邦的供應品，應公平分配；聯合政府承認國民黨、中共與一切抗日政黨的合法地位。毛澤東以中共中央主席名義簽署協議，赫爾利則以「美國總統私人代表」簽名（美國國務院後來聲稱赫爾利只是以「見證人」身分簽名[2]）。毛澤東於簽署《五項協議》當天曾致函羅斯福表示：「中共一向希望與蔣介石主席達成有利於中國人民的協議，經由赫爾利將軍的努力，我們終於看到了這項協議獲諸實現的希望。」[3]天真的赫爾利認為：「國民黨政府所堅持的原則與中國共產黨所堅持的原則，即使有什麼不同，其差異亦不大。」[4]

十一月十一日，周恩來偕赫爾利飛抵重慶，繼續磋商。蔣介石拒絕了《五項協議》（一稱《五項協商意見書》），另提三項建議：整編共軍，列為正規國軍；承認中共為合法政黨，中共應全力擁護國民政府抗戰及戰後建國，將一切軍隊交國民政府軍事委員會管轄，中共將領得參加軍事委員會；國民政府之目標為實現三民主義，建立民有、民享、民治的國家，除為對日作戰之安全所必要者外，對於人民自由均加保障。中共對這三項「反建議」，大為不滿，周恩來遂於十二月九日離渝返回延安；在赫爾利的一再敦促下，周於一九四五年一月二十日再赴重慶[5]。熱心調解國共歧見的赫爾利已於一九四四年十一月十七日正式出任美國駐華大使，取代了高思。

在輿論的壓力和美國的忠告下，蔣介石於一九四五年二月三日允准邀請各政黨代表及無黨派社會領袖，組織政治協商會議，考慮結束訓政，實行憲政步驟及施政綱領與軍隊統一問題。但中共仍不同意，周恩來於二月十五日發表聲明，說明中共拒絕政府提議的原因，一為共軍移交政府，等於移交國民黨；二為國民黨不願結束其一黨專政，所謂讓步無何意義；並指責政府拒絕建立聯合政府及聯合統帥部[6]。

易言之，國共爭執的關鍵在於毛澤東堅持聯合政府主張，蔣介石則認為中共仍欲推翻國民黨政權，也不將軍隊交出，一旦蘇聯對日作戰，必支持中共。蔣未與中共磋商，逕於三月一日宣布將於十一月十二日召開國民大會，還政於民，不能還政於聯合政府，一俟中共同意改編共軍，交還地方政權，即予以合法地位。此時中共對於雅爾達會議（一九四五年二月）內情已有所聞，獲悉不久蘇聯將宣布對日開戰，周恩來於三月九日分函政府代表及赫爾利，反對召開國民黨控制的國民大會，必須召開黨派會議，成立聯合政府[7]。一九四五年四月廿四日，毛澤東發表〈論聯合政府〉，指責國民黨一黨專政是團結的破壞者，是抗日失敗的負責者，毛說：「這些人們（指蔣和國民黨強硬派）向共產黨人說：你交出軍隊，我給你自由。根據這個學說，沒有軍隊的黨應該有自由了。但是一九二四年至一九二七年，中國共產黨只有很少一點軍隊，國民黨政府的『清黨』政策和屠殺政策一來，自由也就光了。現在的中國民主同盟和中國國民黨的民主分子並沒有軍隊，同時也沒有自由。十八年中，在國民黨政府統治下的工人、農民、學生以及一切要求進步的文化界、教育界、產業界，他們一概沒有軍隊，同時也一概沒有自由。」[8]

毛澤東要搞「兩個太陽」

一九四五年七月一日，傅斯年、左舜生、黃炎培、章伯鈞、褚輔成和冷遹等六名非國民黨籍參政員飛往延安，籲請中共繼續與國民黨談判。毛對左舜生、章伯鈞說：「蔣先生以為天無二日、民無二王，我不信邪，偏要出兩個太陽給他看看。」[9]由於赫爾利曾對周恩來表示，美國物資只給予國民政府；美國對中共的援助，亦必須經過國民政府。毛對赫的談話極為憤慨，他對參政員說：「我這幾條爛槍既可同日本人打，也可以同美國人打。第一步，我先把赫爾利趕走再說。」[10]一九四五年七月十日、十二日，毛澤東連續發表〈赫爾利和蔣介石的雙簧已經破產〉及〈評赫爾利政策的危險〉兩篇評論，毛稱：「一九四四年十一月，赫爾利以羅斯福私人代表的資格來到延安的時候，他曾經贊同中共方面提出的廢止國民黨一黨專政、成立民主的聯合政府的計畫。但是他後來變卦了，赫爾利背叛了他在延安所說的話。這樣一種變卦，露骨地表現於四月二日赫爾利在華盛頓所發表的聲明，這時候，在同一個赫爾利的嘴裡，以蔣介石為代表的國民黨政府變成了美人，而中共則變成了魔怪；並且他率直地宣稱：美國只同蔣介石合作，不同中共合作。」[11]

毛澤東雖嚴詞譴責國民黨與赫爾利，但他充分了解到他還沒有本錢與美、蔣鬧翻，他必須「借力使力」。美國之所以偏袒國民黨政府，乃是必然的，因國民黨政府為中央政府；不過，美國始終希望中國在國共合作之下邁向統一、團結的局面，成為東亞的安定力量，以及美國在亞太地區的最堅強盟邦，以制衡蘇聯。毛澤東是個一流謀略家，他知道中共羽毛未豐，需和美國合作，史達林對中共的態度仍然曖昧；國民黨並未關閉談判大門，中共必須爭取民心與國民黨進行長期鬥爭。重慶《大公報》亦表示：「……為中共計，其政治主張，與其只在《解放日報》上發表，只在延安電臺上廣播，何妨來重慶在參政會席上發表，豈不更多一次發表政治主張的機會？」[12]

毛澤東於一九四五年八月連連收到蔣介石敦促他前往重慶共商國是的三通電報後，決定赴渝會談。赫爾利與國民黨代表張治中於八月廿七日飛赴延安，次日陪同毛澤東到重慶，周恩來同行。九月十八日，毛在參政會茶會致詞稱，今後當為和平發展、和平建國的時代，必須團結統一，杜絕鬥爭，各黨派在國家一定方針與蔣主席領導之下，徹底實行三民主義，建設現代化的中國，並高呼三民主義萬歲、蔣主席萬歲[13]。

其時在紐約治病的青年黨領袖李璜讀到報載毛澤東赴渝談判的消息，寫了一封長信給青年黨同志，他說：「弟對團結問題，不敢抱樂觀。雖然毛周能來重慶，在表面上國共雙方表示得均好，然而互信毫無，仇怨甚深，大家都表示要民主統一，乃完全係外力逼著說些好聽的話，也無非對美國人施放煙幕彈。且敵人忽然投降，『高君』（指蔣介石）得美助力，正收復各要地，高興之餘，必驕傲而更難說話；毛則到處有兵，橫亙南北，勢亦不弱。雖蘇俄在表面上允獨支『高君』，而毛則有十年內戰經驗，亦不願隨便拋棄兵柄，因之在和談上，雙方價錢，均必抬高而不易讓步，中間人頗難說話也。」[14]

一九四五年十月十日，國共簽訂三個《會談紀要》（中共稱之為《雙十協定》），其重要內容為：關於建國基本方針，國共雙方皆同意蔣主席所倡導之政治民主化、軍隊國家化、黨派平等化為達到和平建國必由之途徑；關於政治民主化問題，一致認為應迅速結束訓政，由政府召開政治協商會議，邀集各黨派代表及社會賢達，討論和平建國方案及召開國民大會問題[15]。中共在表面上，似乎甚為滿意重慶談判的成果，毛嘗言：「要在蔣委員長領導之下，建立一個和平、自由、民主團結、統一富強的中國。我們的合作是長期的合作。」又說：「中國今日只有一條路，就是和，『和為貴』，其他一切打算都是錯的。」[16]

毛紙上談和　背地準備打

可是，毛澤東自重慶返回延安後卻對中共幹部報告說：「解放區問題沒有解決，軍隊問題實際上也沒解決，已達成的協議，只是紙上的東西，要使其成為現實的，還要經過很大的努力。解放區還有一萬萬人民，百萬軍隊，兩百萬民兵，任何人不敢小視，以往尚未被人消滅，何況現在？人家打來，我們就打。」[17]

《雙十協定》墨瀋未乾，國共雙方已為東北接收問題發生對峙。蘇聯對日宣戰後，立即派兵開赴東北，日本投降後即阻止國軍進入東北、協助中共占領據點，向共軍提供所擄獲的日軍武器，並使共軍得以吸收東北地方部隊。由於蘇聯三次故意延擱自東北撤軍（一九四六年五月始撤走），東北幾成中共勢力範圍。蔣介石決心收復東北，他說，中國對日抗戰八年的目的就是要奪回東北。中國戰區參謀長兼美軍指揮官魏德邁認為國府可能沒有能力拿下東北，乃建議蔣先行鞏固長城以南和長江以北地區，並維護華北交通線。蔣拒絕魏德邁的建議，調派幾近五十萬精銳部隊至東北[18]，蘇聯於一九四六年一月五日始允許國軍空運至長春，三週後，再空運到瀋陽，其時廣大的東北鄉村地區已被共軍占領。東北內戰大有一觸即發之勢。

赫爾利使華後積極調解國共糾紛，但未能獲得美國駐華大使館官員的全力支持，其中不少人公開抨擊蔣介石和國民黨政權，他們呼籲華府繞過國民政府，直接和中共及其他黨派接觸。羅斯福總統不贊同此項建議，仍採行赫爾利所提供的無條件支持蔣的政策[19]。但在一九四五年初夏以後，華府逐漸傾向對蔣施用壓力以迫其與中共達成協議，經過八年苦戰的蔣介石，眼看勝利在望，內心深處實無意與中共分享勝利果實。如果赫爾利在國共談判中扮演更積極的角色，勸說蔣對毛再示寬大，則中共勢力極可能被局限於華北。然而，赫爾利是個消極的「和事佬」，謹慎小心地維持其中立立場，他只是呼籲國共雙方先行達成原則性的協議，「細節」以後再談[20]。可歎的是，國共日後即因細節問題而生齟齬，終致撕破臉。

一九四五年十一月，華府對華政策有了轉變，雖仍繼續支持國民政府，但要求國府不得使用美國武器打內戰，並籲請國府與中共達成政治與軍事協議。這項新政策，很明顯地放棄了赫爾利過去所堅持的無條件支持國府的主張，赫爾利不滿華府的改弦更張，於十一月廿七日提出辭呈，並憤怒譴責國務院職業外交官在其背後從事陰謀詭計，和中共聲氣相求[21]。

馬帥退休次日　奉命使華

中國局勢的急遽惡化，迫使杜魯門總統必須選派一個動高望重、足以服人的特使前往中國調停嚴重的國共爭執。農業部長安德生（Clinton Anderson）在十一月廿七日舉行的內閣會議上，向他推薦剛退休的陸軍參謀長、五星上將馬歇爾（George C. Marshall）。

被邱吉爾譽為二次大戰「勝利之組織者」（Organizer of Victory）的馬帥，自一九三九年九月一日至一九四五年十一月廿六日擔任美國陸軍參謀長，當時尚無參謀首長聯席會議之設置，馬帥的職權即等於參謀首長聯席會議主席。羅斯福總統對他倚賴極深，杜魯門總統則稱他為美國「有史以來所產生的最偉大軍人」[22]，幾乎所有的戰史家皆認為馬帥的運籌帷幄，乃是奠定同盟國獲得最後勝利的基石。

一九〇一年畢業於維吉尼亞軍校的馬帥，服役軍旅四十四年後，於一九四五年十一月廿六日在五角大廈的軍樂歡送下，告別袍澤，回到維吉尼亞州李斯堡（Leesburg）老家，準備與老妻凱莎琳（Katherine）平靜安謐地度過晚年，一償凱莎琳多年宿願。隔天下午，馬宅電話鈴響，馬帥接電話，馬夫人亦聽到電話鈴聲，但因太過疲倦乃到樓上睡午覺。馬夫人睡醒後聽到收音機報告新聞，始悉杜魯門總統已任命馬歇爾將軍為調停中國內部糾紛的特使，並將立刻動身赴華。馬帥後來說，那通電話是杜魯門總統打來的，首先抱歉打亂他的退休計畫，接著要求他以總統特使身分前往中國，馬帥簡單地答道：「是的，總統先生。」馬夫人對馬帥退休不到一天即復出，極為氣憤，她的怨氣經過一段長時間之後，才慢慢平息[23]。

國民黨ＣＣ系頭子陳立夫說：「（一九四五年）十一月下旬某日，委員長約我至重慶汪山（按：應為黃山）官邸午餐，同席有經國同志。餐畢，外交部王世杰部長有要事晉謁，報告美政府派馬歇爾將軍來華調停國共間問題。我聽完報告，即對委員長率直而肯定的說：『此事不妥，任何人來，比馬歇爾將軍為佳！』委員長問：『何以見得？』我說：『國共間問題，宜直接商諸蘇聯，反易解決，若由美國出任居間，使蘇面子過不去，徒增阻礙，此其一。照我觀察，共方利於拖延，俾有時間整軍以對我。美方對於共黨問題，見解不深，易受其欺，此其二。國共問題，據我推測，調解之機會極少，馬歇爾將軍英雄人物，為世所稱，此番出任調人，只能成功不能失敗，一旦失敗，如何下場？其咎若諉之於我方，我又將何以自處？此其三。有此三者，我所以認為馬將軍不相宜。』委員長聽了，似有所動，即向王部長問道：『同意的電報，已經發出否？』王答：『已經發出。』（其實那天是星期六，要退回電報，還來得及。）並謂：『美方對中共問題不太了解，參加和解，當可增加認識。』委員長默然不語，我續道：『將來得不償失，悔之晚矣。』」[24]

魏德邁直言　國共難合作

一九四五年十二月二十日，馬歇爾飛抵上海江灣機場，何應欽、魏德邁及美國駐華代辦饒伯森（Walter Robertson）在場迎接，魏、饒陪馬帥至滙中飯店休息並會商調停任務。魏德邁稱，馬帥抵滬當天脾氣不大好，精神亦差；他坦率告訴馬帥，國共不可能合作；他說，馬帥在戰時的權位使他堅信自己會成功。馬帥不高興地大聲回答魏德邁：「我會完成使命，你一定要幫我忙。」[25]饒伯森則說，他向馬帥報告國共糾紛的政治問題，魏則說明軍事部分，不過，兩個人皆一致表示國共沒有合作的基礎，國民黨要繼續掌權，中共則要奪權。饒伯森說，馬帥很注意聽並提出問題，但未透露他如何評估局勢，華府決策者顯然期待馬帥會完成使命，但他和魏德邁都認為不可能[26]。

一九四五年十二月廿一日，馬帥飛赴南京，蔣介石親往機場歡迎。當晚，馬與蔣舉行首度會談，蔣夫人、王世杰、饒伯森及魏德邁皆在座，馬帥表達美國企望中國和平之意願，蔣表示中共之自主軍隊使政治上的統一不可能達成。十二月廿二日，馬帥飛抵重慶，周恩來、葉劍英、王若飛等在機場歡迎；翌日，馬帥與周、葉及董必武會談，馬帥表達對中國內戰之關切，並稱中國統一對世界和平頗具重要性；周恩來則表示應先無條件停戰，而軍隊國家化的前提應為政治民主化[27]。

馬帥來華調處的主要目標乃是：（一）國共停止內戰；（二）國共成立聯合政府；（三）軍隊國家化，即中共軍隊應納入國軍系統；（四）召開政治協商會議；（五）促進中國之和平統一與民主改革；（六）中國按照上述途徑向和平之路邁進之際，美國即協助國民政府從事建設，改善經濟；（七）美國不對中國進行任何直接軍事介入[28]。

馬歇爾的崇高聲望、協助中國走向和平統一之熱忱，以及美國的影響力，使國共雙方暫時壓下敵視和猜忌。馬歇爾、周恩來和張群組成的三人會議[29]，於一九四六年一月十日獲致協議：召開政協會議、立即停火、恢復交通、在北平成立軍事調處執行部，由國府、中共和美國代表各一人組成。政協會議於一月十日開始舉行，有三十六名代表參加（張君勱、莫德惠缺席），蔣介石擔任會議主席，在致詞中表示政治協商會議為全世界輿情所注目，且亦為中國人民祈求之目標，「余自內心深處，希望會議之成功。」周恩來接著致辭，開頭即稱：「我們伸出友誼之手，握染有我們同志的血之手，希望協商成功，達到和平建國之路。」[30]

馬帥對政協的召開，頗為滿意，戰後的中國似乎呈現了和平與建國的希望。一九四六年三月十一日，馬帥返美向進出口銀行洽商五億美元對華貸款。在馬帥返美期間，國共和解的誠意面臨嚴峻考驗，雙方在東北開打了。一九四六年三月以後，中共逐漸不信任馬歇爾，認為他的態度不公，但國民黨同樣不滿馬帥，指責他偏袒中共。

國民黨內部 黑臉對白臉

政協開會以後，重慶不斷發生反對派與擁護派的打鬥事件，《新華日報》被搗毀、職員被毆傷，馬帥懷疑是國民黨頑固派有意破壞協議[31]。六月，上海各界和平請願代表在南京被毆辱；七月，民主同盟領袖李公樸、聞一多在昆明遭暗殺，更加深了馬帥對國民黨的反感[32]。立法院長孫科曾對政協代表說，國民黨內部分兩派，一派希望會談成功，一派則希望會談失敗；孫科、邵力子和吳鐵城等人屬開明派；陳立夫、陳布雷和張厲生為死硬派[33]。《大公報》負責人之一胡霖亦說，國民黨內的死硬派與和平派鬥爭激烈[34]。周恩來則公開指責國民黨ＣＣ系發動遊行示威和使用暴力[35]。

青年黨領袖李璜說：「蔣先生在此有一矛盾心情（在需要美國的物資幫助下不得不照著馬歇爾所主張的辦一辦，但馬氏主張與其平日的反共見地及滅共決心大相衝突），人是異常煩惱的。故其親信左右便表示出其不能忍耐的悶苦。……如果沒有蔣先生向其左右親信表示並不贊成馬氏所主催的政治協商會議的心腹話，則二陳系（即陳果夫、陳立夫兄弟的ＣＣ）等黨（當）權派絕對不敢發動『較場口事件』，使民盟的左傾分子挨一頓打，而從此美國輿論愈對蔣先生的左右不滿。無論在當時焦頭爛額的調解人的馬歇爾口中，及後來在溫和的司徒雷登或魏德邁兩人所各發表的回憶錄中，我們都看得出這一『不滿』之辭。」[36]

李璜又說：「我自一九四五年年底自美回國後……復到陪都重慶，晤見張岳軍（張群），他在偶然與我單獨閒談時，便談到蔣先生很不高興馬歇爾將軍向他本人施壓力，強迫他對共黨停戰，以致貽誤戡亂軍機。」李璜即向張群表示：「蔣先生既決心要消滅共軍，則不應敷衍美國而表示可以和談，大可以與馬歇爾將軍公開攤牌，讓他回美國去，萬不宜有這樣的拖泥帶水的作法！因為美國人是青年民族，相當坦白直率，然而往往自以為是，而不瞻前顧後的；將來事如無成，他是容易怪到政府的頭上，認為政府對他沒有誠意的啊！」[37]

一九四六年春天，國府在軍事上屬於優勢，並於七月三日宣布將在十一月十二日召開國民大會，準備實施憲政以抵制聯合政府。不久，蘇北戰事爆發[38]，蔣介石自南京赴廬山，似有意避開與馬帥接觸。馬帥對調處工作雖已抱存悲觀，尚不欲放棄，七月十八日偕新任美國駐華大使司徒雷登（John Leighton Stuart）前往廬山[39]。此後兩個月內，六十六歲的馬帥八次奔波於南京、廬山之間，為中國的和平而努力，此即中美外交史上著名的「八上廬山」[40]。

周恩來以蘇北共軍處境不利，要求先行停戰，再商政府改組，蔣介石以軍事得手，拒之。馬帥建議組成五人會議商討政府改組事宜，蔣雖同意，但要求中共必須於六星期內將蘇北、山東、熱河、東北、山西共軍後撤，恢復交通、整編軍隊、實施政協會議決議。周恩來仍堅持停戰、重開政協、改組政府。馬帥與司徒大使於八月十日發表聯合聲明，宣稱國共戰事已臻無法控制地步。九月十七日，國軍攻下蘇北共軍基地淮陰，周宣布暫時退出南京談判，譴責美國政策。九月下旬，國軍進攻張家口，周分函蔣與馬帥表示，如不停止對張家口的攻勢，即意謂談判全面破裂[41]。

一九四六年十月八日，中共代表、周恩來的副手王炳南向司徒雷登口頭轉述了周對國民黨數日前所提十天休戰建議的三點答覆：（一）休戰應無時間限制，國民黨軍隊撤回原陣地；（二）三人小組和五人小組的議題不應受蔣介石建議的限制；（三）中共不準備立刻答覆蔣介石十月二日的備忘錄，周已無返回南京之必要[42]。但馬帥仍抱一線希望，於十月九日祕密飛往上海，與周進行了一次長時間的會談。這次會談乃透過馬帥的副手吉倫（Alvan C. Gillem）將軍請周吃午飯、而馬帥「突然」出現，然馬帥並未能說服周[43]。周恩來、鄧穎超、李惟漢等十五人於十一月十九日搭乘美國大使館專機飛返延安[44]。

國共惡鬥　馬帥痛心疾首

在「談談打打、打打談談」之下，馬帥對國共雙方毫不妥協的態度、根深柢固的仇視，痛心疾首到極點。一九四七年一月六日，杜魯門總統宣布召回馬帥出任國務卿；馬帥向蔣介石報告將於一月八日返美，蔣兩度邀請馬帥擔任他的最高顧問，願把全部權力交給他，馬帥婉拒[45]。疲倦、絕望的馬帥於八日告別中國，蔣介石夫婦親到南京明故宮機場送行。離華前夕，馬帥發表聲明，總結其一年調處國共衝突的感想，他說：「和平最大之障礙，厥為國共兩方彼此完全以猜疑相對。」又說：「雙方均利用曲解以中傷對方。……余認為最近談判決裂最重要之因素如下：在國民政府實際上亦即國民黨方面，其最有勢力之反動集團，對於余促成真正聯合政府之一切努力，幾無不加以反對，往往以政治或黨的行動為掩護……。在中共方面，余相信內有激烈分子亦有自由分子，……至於真正極端之共產黨徒，則不惜任何激烈之手段以求達到其目的，例如破壞交通，以便破壞中國之經濟，而造成有利於推翻政府之局面，……中共手段中之極有害及煽動性的方面則為宣傳文字。」馬帥說，中國的希望，乃在於「惟有使政府中與小黨派中之自由分子居於領導者的地位，此種自由分子為優秀人物集合，惟仍缺乏政治權力以發揮其起支配作用的影響。」[46]

李璜說：「我深知國民黨的當權者都無意與共黨言和；但是我又深憂戰後國軍已疲憊了，敵不過共軍的兇猛糾纏，何況後面還有蘇俄實力在支持著，因此我又特別去晤見當時掌握軍事機構的主持人陳誠，在訊問他川軍復員的辦法之後，我順便向他說到共軍之不易對付與國軍已疲乏的這一見地。不料陳誠竟面紅筋脹的答覆我道：『李先生不要去信共匪的宣傳！國軍六個月內便足能消滅共軍，請放心！』陳誠這兩句話，使我無法再說下去，我總感到他太矜驕一點了。」[47]

馬歇爾與中國的緣分始於二〇年代。一九二四年九月七日，馬歇爾中校和他的元配在秦皇島上岸[48]，馬中校奉命出任美國第十五步兵團團長，任務是保護天津租界，史迪威和當過韓戰聯軍統帥的李奇威（Matthew B. Ridgway）皆為其麾下。馬歇爾在天津學會了一些中國話，自稱比他的法語還好，他不像史迪威花很多時間研究中國語文和風俗習慣。馬氏夫婦在華三年，一九二七年五月返美。十八年後馬氏偕其繼室重回中國[49]。

蔣介石夫婦必然了解馬帥使華的重要性，儘管馬帥過去一直力保史迪威，從國府的觀點而言，對中國不甚友好，而陳立夫又對馬帥的調處任務向蔣進「讒言」[50]；但杜魯門選派軍聲崇隆的馬帥使華，非僅顯示華府極端關切中國內戰危機，更尊重蔣介石的領導地位。

宋美齡與馬帥建立私誼

馬帥是個含蓄、低調和寡言的軍人紳士，他在南京與蔣介石夫婦見面，會談的第一天，在態度上就對蔣顯得頗為恭敬。宋美齡是個政治警覺性極高的女人，她深悟有利於她的丈夫即有利於中國的道理，她花盡心血、用盡心機討好馬帥，試圖「動之以情」，幫國府說話。結果在國共雙方俱無誠意妥協及各懷鬼胎的大氣候中，馬帥有志難展，宋美齡和馬帥夫婦建立的友情卻永未褪色[51]。

與宋美齡關係良好的美國知名之士，不可勝數，然以私人情誼而論，顯然無人能與馬歇爾相提並論。按說以馬帥在史迪威事件中大力支持史、調處國共衝突鎩羽而歸且遭國民黨當權派與右翼撻伐，以及馬帥本人對蔣介石和國府的成見，宋美齡似乎不大可能與馬帥發展友誼，但馬、宋的私交不僅超越政治與外交的鴻溝，而且一直持續至一九五九年馬帥去世。倘若宋美齡純粹是為了蔣介石和國府的政治利益而交好馬帥，則大可不必在馬帥歸隱林下、安享晚年期間，仍和他保持密切關係[52]。

馬歇爾和宋美齡首次見面是在一九四三年上半年宋作客白宮之際，而宋於一九四二年十一月赴美就醫所搭乘的專機，即是馬帥所安排。一九四三年十一月開羅會議，馬、宋有了進一步的認識，在羅斯福總統為蔣介石夫婦舉行的茶會上，馬帥首次見到蔣，以往都是經由史迪威發回華府痛批蔣的報告中「了解」蔣。馬帥對蔣的第一印象是，蔣看起來不太像主宰數億人民命運的軍政強人，反倒像個中國的傳統讀書人和修道者，其審慎自持的態度和說得一口漂亮英語的蔣夫人，恰成強烈對比。馬帥認為蔣夫人似遠較蔣介石更果斷，注意每一個步驟，不時糾正譯員的翻譯並加以闡釋，有人懷疑她的「闡釋」似乎是在補充蔣的原意[53]。

在開羅會議中，馬帥和史迪威都相當不滿英國將領刻意貶低中國戰區的重要性，在一次激辯中，馬帥說：「希望我們就這個問題再聚在一起討論。」宋美齡聽到這句話，身體向前傾，纖纖玉手放在馬帥的膝上，柔聲說道：「將軍，你和我隨時可以聚在一起。」[54]

深受西方文化薰陶的中國第一夫人，跟美國要人接觸時，知道如何與他們相處、如何把自己最具吸引力的特質展現出來，而使這些顯貴之士為她著迷，陳納德、威爾基和魯斯都曾經是「蔣夫人迷」，尤其是陳納德和威爾基。馬帥以特使身分使華，宋美齡對他極為照拂，要求擅長辦理後勤工作的黃仁霖到廬山牯嶺為馬帥租賃一幢好別墅；在馬帥生日時，囑黃仁霖辦一個溫馨的生日宴會[55]。

馬帥每次和蔣介石單獨會談時，都由宋美齡傳譯。一九四六年三月中旬，馬帥返美安排對華貸款，國共對峙情勢陡然升高，要求馬帥儘速回中國調停的電報像雪片似地湧到華府，其中催駕最力的即是蔣夫人。宋美齡於四月二日致電馬帥說，吉倫將軍已盡力而為，但情勢告急，「我認為我必須坦誠地告訴你，如欲進一步磋商，你的與會乃是關鍵。我不想說：『我早就告訴過你』這句話，然而即使你短暫地離開此地，已證明我以往常對你說的——中國需要你……早點回到我們身邊吧，順便帶馬歇爾夫人一道來。」[56]馬帥夫婦於四月十七日飛返中國，宋美齡不僅對馬帥照顧備至，對馬帥夫人亦相當體貼，馬帥夫人年輕時在英國學過戲劇，亦曾在職業劇團做過演員，與喜愛戲劇的宋美齡很聊得來。馬帥在寫給友人的信中說，蔣夫人對凱莎琳「頗為敬慕」[57]。馬帥大蔣介石七歲，凱莎琳則比宋美齡大十七歲。

一九四六年五月十二日至十六日，蔣夫人偕馬帥夫人到上海玩了四天，結果中國報界卻大肆報導馬帥夫妻吵架失和，馬帥夫人由蔣夫人陪同「離家出走」；又說馬帥從南京追到上海，但夫人拒絕見他，躺在醫院裡，生氣又生病。「失和」謠言傳得很厲害，馬帥不得不在六月中寫封信向陸軍參謀長艾森豪（剛在五月訪問過南京）抱怨中國媒體的無中生有。他說他和夫人好端端的，根本沒有所謂吵架，兩位夫人到上海散散心、購物、吃館子，過了愉快的四天之後，他到上海接她們回南京，如此而已[58]。

馬帥勸蔣聘公關打形象

隨著中國局勢的惡化，美國媒體對蔣介石和國民黨的批評愈來愈尖銳，馬帥在重慶時即一再建議蔣聘用一位美國公關專家為蔣打形象，同時亦可隨時向蔣解說一些美國觀念，蔣即囑馬帥返美述職時幫他找個公關顧問。《時代》周刊創辦人魯斯向他推薦該刊華府分社編輯比爾（John Robinson Beal）。馬帥對比爾的工作指示只有一句話：「不要讓中國人給美國添麻煩」[59]。

一九四六年十二月一日，馬帥與司徒雷登和蔣介石進行了三小時的會談，由蔣夫人翻譯，蔣告訴馬帥和司徒，中共從未打算與政府合作，其目的在瓦解政府，他有信心在八到十個月內消滅共軍[60]。就在這次會談中，馬帥很嚴肅地對蔣夫人說：「我要告訴你幾句話，這些話很不客氣，也許你不願意翻譯。如你認為太過火就不用翻。」馬帥隨即對蔣說：「你已經破壞協議，你也曾抗拒訂妥的計畫。人家說你是現代喬治．華盛頓，經過這些事情以後，他們不會再如此稱呼你了。」蔣夫人向馬帥點點頭說：「我要他聽聽這些話。」隨即忠實地譯出來，蔣聽了，面無表情，只是晃著腿，這是他不高興時的特別動作[61]。不過，蔣夫人還是經常將她和馬帥的談話內容以及馬帥對蔣與國民黨的不滿，告訴蔣介石[62]。

一九四六年十二月廿四日晚上，蔣在官邸慶祝聖誕，蔣夫人為染患感冒、心情欠佳的馬帥調了一杯馬丁尼。馬帥心情不好的原因是，北平發生了一件美軍涉嫌強暴中國女學生沈崇事件，引起各大城市學生的反美示威，一批南京大學生到馬帥住處集結抗議，向馬帥討公道[63]。一九四七年元旦，蔣介石獲悉司徒雷登會去探望臥病在床的馬帥，蔣亦一道去。比爾說，這是蔣唯一一次去看馬帥[64]。

蔣夫人贊同起用張學良

馬帥二〇年代駐防天津時學會的一些中國話，雖已完全生鏽，不過還能分辨出在中國出生的前燕京大學校長司徒雷登的國語（普通話）說得比宋美齡好。[65]馬帥說，他剛到中國調停時，蔣介石對他半信半疑，為了要讓蔣對他有信心，就請司徒雷登當大使，司徒了解中美兩國，亦能分析他的建議，用中國話向蔣解說[66]。

馬帥在華調停期間，國共雙方在東北打起來，不少人提醒他向蔣介石建議起用被軟禁的少帥張學良以收攬東北民心，甚至連蔣夫人亦向他表示同樣看法。馬帥說他在二〇年代即跟張作霖、張學良父子很熟，但他不願介入這件棘手的事，故從未向蔣提起[67]。

馬帥於一九四七至四九年擔任國務卿，一九五〇年至五一年出任國防部長；擔任國務卿期間推出戰後歐洲復興計畫（俗稱「馬歇爾計畫」），而於一九五三年榮獲諾貝爾和平獎。

一九四八年十二月，馬帥因腎臟病住進華府華特．里德（Walter Reed）醫院開刀，全球政要幾乎都寫信或致電慰問馬帥，連毛澤東、周恩來亦打電報表示關切。馬帥的幕僚注意到蔣介石的慰問電並沒有蔣夫人的簽名，他們疑心是不是因中國情勢的惡化，蔣夫人怪罪馬帥未對國府伸以援手而不願簽名？事實並非如此，馬帥的幕僚太過敏感了[68]。

據司徒雷登說，一九四八年感恩節下午，蔣夫人興奮地打電話給他，要他即刻去看她。司徒到了官邸，蔣夫人告訴他剛和馬歇爾通了越洋電話，談論她即將啟程的美國之行。蔣夫人此行是為了爭取美援，司徒說，他極想勸她取消赴美計畫，因勢必徒勞無功，但司徒不僅未敢開口，反而不得不協助她安排行程，俾使她能夠盡快動身。後來，蔣介石問司徒，蔣夫人是否曾徵求他的意見，司徒答沒有。蔣說她應該問問大使的意見，又說他對蔣夫人此行甚不以為然[69]。宋美齡於一九四八年十一月廿八日自南京飛美，十一月三十日抵舊金山，十二月一日飛至華府，馬帥夫人在機場接她，直接到醫院探望馬帥，順便向他告狀說司徒大使企圖促使國府與中共和談[70]。馬帥夫人邀宋美齡下榻維吉尼亞州李斯堡馬帥的住宅多多納莊園（Dodona Manor）。美國傳記作家莫斯里（Leonard Mosley）說，宋美齡並沒有在馬歇爾夫人凱莎琳面前掩飾她對馬帥的「一片情」，她要和凱莎琳「共享」對馬帥的感情[71]。

宋美齡在馬宅住了一陣，與凱莎琳一起下廚，一起在偌大的花園摘花、剪枝；兩位夫人的話題都是以馬帥為主，凱莎琳向宋美齡傾吐有關馬帥的種種軼事，並透露馬帥小時候有一撮頭髮老是蓋住前額，因此養成快速甩頭的習慣，大家就叫他Flicker。馬帥於十二月七日開刀，宋美齡到醫院看他好幾次，有一次寫了一封長信給他，信封上幽默地寫著：「送呈Flicker將軍報告。極機密。閱畢即毀。」莫斯里說，這大概是任何人所收到最不尋常的一封「祝早日康復」的慰問信。宋美齡在這封長信中盡情撒嬌，說她在馬家花園做苦力，而他則「躺在絲綢床單上」享受，又說她費了極大的力氣種植「荷蘭種的大口徑水仙花」、「除草以防霜敵」；經過這些「令人腰痠背痛」的工作之後，又在廚房「度過悲慘的時刻」，「削馬鈴薯、煮罐頭牛肉、發明了不起的新沙拉，嚐起來味道像泥巴——在密接戰鬥中肯定可以困擾敵人。」[72]

宋美齡以「一介小兵」的身分向「總司令」馬帥告狀：「一再向副總司令（凱莎琳）要求加薪，卻被當做耳邊風，反而指責小兵在此宿營後，兩頰曬黑了，膚色好看了，腰圍亦顯著加大。故任何有關財務上的要求一概無效。然而，小兵認為副總司令的答覆既不民主，亦欠公正，且有歧視之嫌；所謂膚色好轉也許是因結核病而泛紅，體重增加可能是患有水腫或是不健康的暴飲暴食症，亦即舉世皆知的『大肚子』（bay window）毛病，這必須加以留意。到底有無公正可言？」以「小兵」自居的宋美齡向馬帥喋喋不休：「現向總司令提出SOS訊號，趕快撤離絲綢床單！甜蜜的家庭絕不是像這個樣子。小兵請求上天對如此非中國式的招待予以作證。我的好友家用調溫器經常胡搞一通，忽冷忽熱。我要求國會立即按照康納利參議員的指示關照此事，因有人在清教徒媽媽（宋美齡故意把Pilgrim Fathers寫成Pilgrim Mothers）的土地上做奴工。宋美齡　敬呈」[73]

蔣夫人情意獨鍾馬歇爾

馬帥看完宋美齡的長信，不禁大笑，並回信給宋美齡說，他絕不會讓第三者看到這封信，不然會損害她的「中國皇太后」名聲[74]。

從這封看似遊戲文章、字裡行間卻流露真情的信中，可以察覺宋美齡與平時不苟言笑的馬帥，確實存在超乎一般人想像的交情。常被批評者形容為中國最專橫、傲慢的第一夫人，竟會寫出如此融合情愛與嬌嗔的信函，而且對象是國民黨當局視為失去大陸的禍首馬歇爾，一方面固然顯示了宋美齡能夠把私誼和公事分得一清二楚，一方面亦突出了在眾多近代美國軍政要人中，宋美齡獨鍾於馬帥一人。

宋美齡在馬宅長住了兩次，馬宅客廳所懸掛的名貴大壁畫，即是她送的[75]。一九四九年八月五日，美國國務院發表〈美國與中國的關係：特別著重一九四四年至一九四九年階段〉（俗稱《中美關係白皮書》），向美國人民說明美國對華政策，並對蔣介石政府多所指責，國府極為憤怒[76]。白皮書發表時，宋美齡正和馬帥夫婦在紐約市以北的風景區阿迪朗代克（Adirondacks）一起徜徉山水，宋美齡向美國媒體表示係馬帥夫婦邀她度假，與白皮書無關[77]。過了一個月，宋美齡在紐約公寓請馬帥夫婦吃飯，飯後同往百老匯觀賞《南太平洋》舞臺劇[78]。

諷刺的是，蔣夫人與馬歇爾密切交往之際，國府在美的一名特務卻於一九四九年八月廿四日自華府向臺北發出電報說：「過去這一年我對馬歇爾特別容忍，但他絲毫未改變其態度。不過我想還是不要攻擊他，以避免與美國政府當局直接鬧翻。」[79]

一九五〇年七月卅一日，韓戰聯軍統帥麥克阿瑟在危急時刻訪問臺北，商討臺灣出兵的可能性，蔣介石夫婦極為興奮。五個月前，麥帥曾邀孫立人訪問東京，期勉孫負起防衛臺灣之責[80]。麥帥在松山機場以他的特殊方式向蔣介石致意，一面用右手與蔣握手，一面用左手拍蔣的肩膀，兩位反共老將首次見面，格外熱絡。風度翩翩的麥帥也對宋美齡行吻手禮。蔣為麥帥召開國府軍事首長會議，宋美齡全程參與，麥帥返回東京總部以後，向參謀首長聯席會議發了一份簡略的報告。國府駐美大使顧維鈞引述《紐約郵報》的報導說，麥帥私下聯絡臺北，而國務院和五角大廈猶被蒙在鼓裡時，蔣夫人已告知了馬帥；後來又把麥帥在臺北與蔣介石的談話內容報告馬歇爾。郵報說，蔣夫人寫給馬帥的信「長達三頁，單行打字，把麥帥和蔣介石的會議重點，一五一十和盤托出。如此大事，麥帥竟然不向華府報告，殊不知馬帥已知曉一切，而且消息來源竟是蔣夫人這等權威人士。」宋美齡不但向馬帥詳述麥帥的隨員到北投洗溫泉，並把軍事會議的細節稟告馬帥，這些細節對即將出長五角大廈的馬帥而言，頗有價值[81]。

宋美齡在信中說，蔣介石告訴麥帥，來自各地（包括中國大陸游擊隊）的消息，建議她領導大陸游擊運動，蔣問麥帥有何看法，麥帥說：「不錯」，理由是領導地下游擊工作的人最好是敵人不會懷疑的人，「而我是最不會被敵人懷疑的人」。不過，麥帥離臺時在松山機場對宋美齡說，從事游擊運動的人一旦被捕將會被拷打致死，「我不希望看到你身歷險境。」馬帥回信給宋美齡：「你告訴我有關麥克阿瑟將軍訪臺一事，我自然很感興趣，但我更關心的是你要領導大陸游擊運動一事。這是一樁很危險的任務，就你不穩定的身體狀況來看，領導游擊隊的艱苦生活，將會使你的健康嚴重受損。」[82]

馬歇爾調處國共衝突失敗，國民黨罵他，共產黨批他。遠來的「洋和尚」難唸「中國經」，馬帥之敗，咎不在他，而在國共兩黨。馬帥說他試圖討好國共雙方，到後來卻沒有人相信他[83]。馬帥於一九二五年夏天自天津寫信給他的老長官潘興（John J. Pershing）將軍，這封信雖是批評中國的軍閥政治，但亦說明了他無法平息四〇年代國共鬥爭的根本原因。馬歇爾說，中國的謎團幾乎不可能解開，「雙方都做了這麼多的惡事，在一個權力和一個黨派之間有這麼多黑暗的事；這些人的內心深處充滿著這麼多的仇恨而又涉及到這麼多的重大商業利益，一個正常的解決方法是永遠找不到的。」[84]

注釋

1 Immanuel C. Y. Hsü, *The Rise of Modern China*, 702; Barbara W. Tuchman, *Stilwell and the American Experience in China*, 1911-

45, 397。赫爾利（Patrick Hurley）是個妙趣橫生的奧克拉荷馬人，出身寒微，一次大戰時于役海外，擅長幕後協調牽線工作。赫爾利是共和黨人，羅斯福擢用他的部分原因是為了選舉政治。在延安歡迎晚會上，個子高大、長相英俊而又蓄著鬍子的赫爾利，邊跳印第安戰舞，邊喊Yahoo！

2 Hsü, 703；郭廷以《近代中國史綱》（下冊），香港中文大學出版社，一九八六（第三版），頁七一七。

3 Hsü, 703。

4 同上。

5 《近代中國史綱》，頁七一八。

6 前引，頁七一八～七一九。

7 前引，頁七一九。

8 《毛澤東選集》，北京人民出版社，一九六九，頁九七三～九七四。一九四五年九月，毛澤東在重慶對民社黨領袖蔣勻田說，民社黨主席張君勱曾寫一封公開信給他，要求他將中共軍隊交給蔣（介石）先生。毛宣稱：「老實說，沒有我們這幾十萬條破槍，我們固然不能生存，你們也無人理睬。若教我將軍隊交給政府，理猶可說，教我交軍隊於蔣先生個人，更不可解。最近蔣先生曾對周恩來同志說：盼告訴潤之（毛先生號），要和，就照這條件和，不然，請他回延安帶兵來打。我異日拜會蔣先生，當面對他說，現在打，我實打不過你，但我可以對日敵之辦法對你，你占點線，我占面，以鄉村包圍城市。你看交軍隊於個人，能解決問題嗎？」參看蔣勻田《中國近代史轉捩點》，頁三。

9 《近代中國史綱》，頁七二〇。

10 同上。

11 《毛澤東選集》，頁一〇一四～一〇一五。

12 《國民參政會紀實》（下卷），重慶出版社，一九八五，頁一四四一。

13 《近代中國史綱》，頁七二二。中國大陸所出版的有關重慶談判專書、論文和資料，皆避談毛澤東曾在渝高喊這兩個口號。

14 李璜《學鈍室回憶錄》（下卷，增訂本），香港明報月刊叢書，一九八二年，頁五九〇。

15《近代中國史綱》，頁七二二～七二四；《重慶談判紀實：一九四五年八月～十月》，重慶出版社，一九八三，頁二五〇～二五四。

16《近代中國史綱》，頁七二五。

17 同上；《重慶談判紀實》，頁三〇〇。

18 Hsü, 721。

19 前引，704。

20 前引，719。

21 前引，721。

22 Forrest C. Pogue, *George C. Marshall: Statesman, 1945-1959*, New York: Viking, 1987, 1。

23 前引，3。

24 陳立夫《成敗之鑑——陳立夫回憶錄》，臺北：正中書局，一九九四，頁三四三～三四四。一九六三年陳立夫赴臺奔喪後回美，路過東京答覆記者說：「（國民黨）失敗所以如此之快，乃緣於無知。」過了兩年，即一九六五年秋天，陳立夫於自營之新澤西州湖木（Lakewood）農場接待蔣勻田夫婦，蔣勻田說：「談及往事，及失敗如彼之快的原因，立夫先生坦誠相告，失敗的原因，緣於無知，而他個人的措施，多係代人負過，可以證明他已『知今是而昨非』了。」參看《中國近代史轉捩點》，頁二〇。

25 Pogue, 75; Albert C. Wedemeyer, *Wedemeyer Reports!*, NewYork: Henry Holt Co., 1958, 363。

26 Pogue, 75。

27《中國近代史轉捩點》，頁七四。蔣勻田稱，「軍隊國家化」必須以「政治民主化」為前提的口號，乃是民社黨最早提出而非中共。

28《近代中國史綱》，頁七三三～七三四；Hsu, 721。

29 Pogue, 81；《中國近代史轉捩點》，頁一一六。一九四八年冬天；蔣勻田在華府訪晤已出任國務卿的馬歇爾，馬帥對蔣說：「國民黨中能是周恩來對手的，只有張群一人。」

30 《中國近代史轉捩點》，頁七～八。

31 馬帥認為反對他調停工作最力的人就是陳立夫，見Pogue, 82 。一九四六年二月十日，國民黨重慶市黨部糾集群眾於較場口，遊行示威，高呼反對蘇俄插足於東北的經濟建設；二月廿二日，七千重慶學生又舉行反蘇反共示威遊行。較場口示威事件翌日晚上，周恩來在其駐渝辦事處邀宴民盟人士時表示，國民黨特工化裝學生在較場口的遊行示威，口號雖反對蘇俄，其實是對國民黨內部而言，係反對政學系（張群、吳鐵城、張嘉璈等），而真正的目的則想破壞政協會議的結果。周又說，較場口示威之際，陳立夫即坐在社會部內親自指揮，因此警察、憲兵皆未加干涉。參看《中國近代史轉捩點》，頁六六～六七。

32 社會大學創辦人李公樸於一九四六年七月十一日晚上遭國民黨特務刺殺於昆明學院坡；四天後（七月十五日），西南聯大教授聞一多參加李公樸追悼會，回家後在西南聯大西倉坡教員宿舍又遭國民黨特務狙擊。下令殺害李、聞的是雲南警備總司令霍揆彰。參看沈醉《軍統內幕》，北京：文史資料出版社，一九八四，頁三九六～三九八。

33 《中國近代史轉捩點》，頁六七～六八、九五，蔣勻田曾向司徒雷登大使表示：「我們現在與中共聯繫，目的即在造成能勉與專政多年的國民黨對立平衡，以為中國實踐民主的必要保證力量。既需要平衡對立的政黨，我們當然無意摧毀國民黨。可是國民黨內的頑固派，不了解我們的用心，反說我們是中共的同路人，對我們的建議，皆聽若罔聞，置諸不理。」

34 前引，頁一四六。

35 前引，頁六六～六七。

36 《學鈍室回憶錄》，頁六〇〇。

37 前引，頁五九二。

38 前引，頁一一五。

39 《近代中國史綱》，頁七四五。馬歇爾本推薦魏德邁將軍為駐華大使，因中共反對，馬帥改薦燕京大學校長、駐華半世紀的「中國通」司徒雷登。但另一說法是，馬帥確曾和魏德邁商討派其出任駐華大使問題，但在一九四六年一月國共停戰協定未能履行後，馬帥即改變主意，不願再提名魏。馬帥認為中共可能會以魏與國府關係密切（魏為蔣的戰時參謀長）而拒絕其任命。魏德邁獲悉馬帥未拔擢他，憤怒異常，著書、撰文攻擊他，稱他赴華調處國共衝突時，「身體上和心智上已疲憊至無法正確評估情況的地步」。參看Ed Cray, *General of the Army – George C. Marshall: Soldier and Statesman*, New York: Simon Schuster, 1990, 576。

40 同前。馬帥八上廬山日期為（均在一九四六年）：七月十八日至二十日、七月廿七日至三十日、八月三日至八日、八月十五日至二十日、八月廿三日至廿七日、八月三十日至九月三日、九月六日至十日、九月十三日至十七日。參看陸鏗《陸鏗回憶與懺悔錄》，臺北：時報文化出版公司，一九九七，頁一一七～一三〇。

41 《中國近代史轉捩點》，頁八一～八二、八九～九〇；《陸鏗回憶與懺悔錄》，頁一二三～一二四。周恩來曾對蔣勻田說：「毛主席也參加國府委員會為委員。毛主席將住在揚州，開會即到寧（南京）參與，會畢即回揚州。俾國府內多幾位守正不阿、坦誠敢言之士，以發揚民主風氣。即以此點衡之，當時中共對蘇北邊區，何等重視，豈能輕允放棄乎？」

42 牛軍《從赫爾利到馬歇爾——美國調處國共矛盾始末》，福建人民出版社，一九九二（二刷），頁二五四；《馬歇爾使華——美國特使馬歇爾出使中國報告書》，中國社會科學院近代史研究所編譯室譯，北京中華書局，一九八一，頁三一一。

43 《從赫爾利到馬歇爾》，頁二五四。

44 《中國近代史轉捩點》，頁一五〇。

45 Pogue, 141;王成勉《馬歇爾使華調處日誌（一九四五年十一月～一九四七年一月）》，臺北國史館，一九九二，頁一八六～一八七。

46 《國共談判文獻資料選輯，一九四五・八～一九四七・三》，中共代表團梅園新村紀念館編，江蘇人民出版社，一九八四年（第二版，增訂本），頁五一五～五一九。

47 《學鈍室回憶錄》，頁五九三。

48 Cray, 28-30, 96,103-104, 108-109。馬歇爾一生結婚兩次，元配是伊莉莎白（Elizabeth Carter Coles Marshall），二〇年

代陪馬歇爾赴天津，比馬大六歲，一九二七年九月因病去世，自天津返美才四個月。終年五十三歲，死亡證書則寫四十四歲，以示馬歇爾對夫人「虛報」年齡的尊重，馬氏與伊莉莎白無子嗣。一九三〇年十月，馬氏與寡婦凱莎琳結婚（凱莎琳的前夫為一富裕律師，被謀殺而死，有三個子女），馬氏比凱莎琳大兩歲，兩個人無所出，馬氏以凱莎琳的三個子女為繼子和繼女。

49 前引，96-102。

50 《成敗之鑑——陳立夫回憶錄》，頁三四三～三四四。

51 Pogue, 111。

52 Leonard Mosley, Marshall: *Hero for Our Times*, New York: Hearst Books, 1982,蔣夫人的照片說明。

53 Forrest C. Pogue, *George C. Marshall: Organizer of Victory, 1943-1945*, New York: The Viking Press,1973, 304-305。波格（Pogue）是研究馬歇爾的權威之一，著有《馬歇爾全傳》四冊，一九七七年曾到臺灣蒐集資料、訪問與馬帥接觸過的要人，如張群、王世杰、陳立夫、俞大維、葉公超。Pogue說，他到臺灣做研究時，並未與國府聯絡，紐約聖若望大學史學教授梁敬錞獲悉他要去臺灣，立刻告知總統府祕書長張群，國府即特別招待他，提供翻譯兼嚮導、汽車、司機，安排訪問、與要人聚餐、閱看檔案，並代付旅館費用，而使得Pogue在臺灣省下的費用可移作歐洲採訪之用。見Pogue, Marshall: Statesman, 534。Pogue於一九九六年十月六日病逝於肯塔基州，享年八十四歲。

54 Mosley, 262。宋美齡說："General, you and I can get together anytime."

55 《黃仁霖回憶錄》，頁一三九～一四七。黃仁霖當時擔任戰地服務團團長，馬帥來華皆住服務團在各地所設的招待所。黃說：「馬歇爾將軍是一位沉默寡言但善於觀察的人。」又說，馬帥嘗言：「在中國有兩位優秀的將軍：一位是孫立人將軍，是維吉尼亞軍事學校的畢業生，亦是超群出眾的指揮官；另一位是黃仁霖將軍，一位偉大的供應者，也是後勤補給軍官。」黃仁霖與蔣介石夫婦的關係頗為密切，後擔任聯勤總司令、招商局董事長、駐巴拿馬大使，不少人對他伺候蔣宋的「逢迎拍馬」態度，頗有微詞。黃的元配（余慶壽）之父即是為蔣宋證婚的基督教青年會總幹事余日章。黃於一九八三年病逝華府。

56 Pogue,（Statesman）, 110。宋美齡對馬帥說："China needs you."

57 前引，11。

58 Larry I. Bland ed., *George C. Marshall's Mediation Mission to China, December 1945- January 1947*, Lexington, Virginia: George C. Marshall Foundation, 1998, 340, 575。

59 Pogue, (*Statesman*), 111; John Robinson Beal, *Marshall in China*, New York: Donbleday & Co., 1970, 4。馬帥對比爾的指示為：To Keep the Chinese out of trouble with the United States.

60 Pogue, (*Statesman*), 133;《馬歇爾使華調處日誌》，頁一七三。

61 Cray, 582。

62 Bland, 160; 秦孝儀編《總統蔣公大事長編初稿》，一九七八，第六卷，第一部分，頁廿四。

63 Pogue, (*Statesman*), 137。

64 前引，139。

65 Larry I. Bland ed., *George C. Marshall: Interviews and Reminiscences for Forrest C. Pogue*, Lexington, Virginia: George C. Marshall Research Foundation, 1991, 607。司徒雷登在其回憶錄《在華五十年》（*Fifty Years in China –The Memoirs of John Leighton Stuart: Missionary and Ambassador*）中，曾談到他如何學中文，82-85。

66 同前。

67 前引，367。

68 Mosley, 434-435。

69 John Leighton Stuart, *Fifty years in China*, New York: Random House, 1954, 202-203。

70 Yu-ming Shaw（邵玉銘）, *An American Missionary in China: John Leighton Stuart and Chinese – American Relations*, Cambridge, Mass.: Harvard University Press, 1992, 240。

71 Mosley, 435。

72 前引，435-436。

73 前引，436。

74 前引，436-437。

75 Cray, 752。

76 陳之邁〈艾奇遜與中美關係白皮書〉，收入《患難中的美國友人》，臺北：傳記文學出版社，一九七九，頁一五七～一七四。

77 Cray, 675。

78 前引，676。

79 前引，675。

80 屈山河〈美國一度想在臺灣搞政變！〉，臺北《新新聞》周刊，第三六一、三六二合刊本，一九九四年二月六日出版，頁廿二。

81 Mosley, 460；《顧維鈞回憶錄》第八分冊，中國社會科學院近代史研究所譯，北京中華書局，一九八九，頁一三一～一三二。

82 Mosley 460-461。

83 Cray, 585。Mosley在其著作中特闢一章稱馬帥赴華調處任務為「不可能的任務」（Mission Impossible），347。

84 前引，100。李璜在《學鈍室回憶錄》中說：「美國在中國抗日戰爭的後半期，對中國的熱心扶助，如租借法案，如救濟物資，如在印度為中國訓練新軍，如在國際會議上將中國捧為四巨強之一（我於一九四五年三月乘美國軍機自重慶飛美去參加舊金山聯合國大會時，沿站美空軍基地餐廳中皆懸有羅斯福、邱吉爾、史達林、蔣介石四人的半身大相片），凡此不能說美國政府對中國政府的扶助沒有真正的誠意。然而以美國這個青年民族的躁急性格，凡事均認為可以立即照他的辦法主張做很好，就不大留意環境的複雜，條件的具否，與他合作的對方是否能趕得上他的腳步。因之，美國政治界在外交上或與一個老民族的國家講友誼合作上，便往往要碰釘子，花錢貼米，熱心合作，其結果會弄到彼此不歡，反留下無窮遺憾。」見該書頁五九四。

第十章

孔祥熙與宋子文郎舅鬥爭

西安事變爆發前，蔣宋夫婦與孔祥熙合影。蔣孔關係歷久彌堅的最大原因為宋藹齡與宋美齡兩人牢不可破的姊妹之情。

蔣介石口中的「庸之兄」孔祥熙，富可敵國，極講究口腹之慾，西方媒體稱其造型為「漫畫家的最愛」。

抗戰時代，孔祥熙攝於重慶嘉陵賓館前。

一九四五年八月，行政院長宋子文偕其長女宋瓊頤（Laurette）自莫斯科飛抵華盛頓。

宋子文的三個女兒攝於一九四六年秋天。長女瓊頤（左，十八歲）就讀華盛頓三一學院；次女曼頤（中，Mary Jane，十六歲）和幼女瑞頤（右，Katherine，十五歲）分別在巴鐵摩爾與長島上學。

一九四二年六月二日，宋子文與美國國務卿赫爾在華府簽署租借法案後，手持法案留影。

胡適擔任駐美大使期間（一九三八–四二），以言論報國，到處演講宣揚中國文化和抗日，卻引起重慶方面不滿。以蔣委員長特使身分駐美的宋子文，極為「看扁」胡適，認為他是一介書生，不懂外交。

一九四三年三月二日，紐約市各界於麥迪遜室內體育館歡迎宋美齡。宋子文夫人張樂怡受到美國陸軍航空隊司令阿諾德（左）與共和黨政客威爾基（右）的奉承。

孔祥熙、宋藹齡夫婦在舊樓的墓櫃，一九九四年八月九日連同長子孔令侃的墓櫃一起移至新廈孔家墓室。

宋子文、張樂怡夫婦墓櫃。

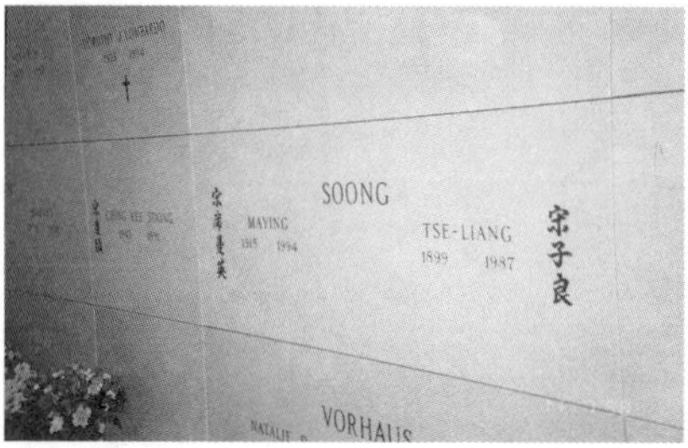

宋子良、席曼英夫婦墓櫃。

孔宋郎舅生前爭權爭寵、纏鬥不休，死後卻共眠於紐約市郊風可利夫（Ferncliff）高級墓園室內墓櫃。

宋藹齡（上）與孔祥熙（下）之墓櫃。

孔家私人墓室，裡面有六個墓櫃，最上一層空置，墓櫃（自上至下）依序為：孔令傑、孔令偉、宋藹齡、孔祥熙、孔令侃。

孔宋家族經由婚姻關係而獲得「姊妹弟兄皆裂土」的無上特權，成為近代中國政治舞臺上炙手可熱的家族集團。然這個閥閱之家卻充滿著矛盾與猜忌、對抗與衝突，其中尤以宋家大女婿孔祥熙和宋家大少爺宋子文的爭鬥，最令人側目，同時亦與蔣介石政權的起伏興衰具有密切的連鎖關係。

孔宋郎舅　個性南轅北轍

孔祥熙與宋子文的個性及作風完全不同，孔圓融、寬厚、平易近人，蔣介石說他「休休有容」[1]；宋則傲慢、自大、有稜有角，蔣介石稱他「不講道義」[2]。由於孔祥熙（字庸之）善察風向、為人隨和，其一生始終能與蔣介石維持水乳交融的連襟與君臣關係；反之，宋子文和蔣介石經常摩擦，甚至劇烈爭吵、惡言相向[3]。除了個性率直之外，宋子文當年大力反對蔣介石娶么妹美齡，蔣耿耿於懷，或許是他們一直未能「肝膽相照」的原因[4]。在孔宋郎舅的長期鬥法中，宋美齡因與大姊藹齡感情彌篤，故全力支持大姊夫孔祥熙與大哥相鬥。

當過孔祥熙多年祕書的譚光說：「孔和宋子文比較，一般人認為宋精明而孔庸碌，其實並不如此。孔有時裝糊塗，都為應付一時環境，他的精明厲害處比宋有過之而無不及。宋一派歐美作風，孔卻是『中西合璧』，待人接物，因人而施。特別是對蔣的逢迎諂媚，既有內線，更借外力，所以蔣宋迭起風波，蔣孔則始終如一。孔和各派系糾紛，蔣不惜紆尊調護；宋子文如果不是借美國總統羅斯福的力量是無法取孔而代之的。」[5]

自二〇年代至四〇年代，國民政府的財經部門與金融機構，全由孔宋二人輪番「做莊」、輪流把持，郎舅二人迭膺重寄，皆做過中央銀行總裁、中國銀行董事長、財政部長、行政院副院長和院長，宋亦曾任外交部長、廣東省主席。蔣介石的治國之術首須掌握軍權與財政大權，因此他個人牢控軍權，財政大權則由親屬孔宋護盤，在其心目中，唯有孔宋熟諳財政，而且安全可靠[6]。就因孔宋在官場上所擔任的職位相若，數十年來所培植的利害關係縱橫交錯，又不忘假公濟私、巧取豪奪，為自己謀取最大利益[7]。於是，在爭寵、爭權與爭利的「三爭」之下，孔宋之間乃展開了一場連綿不絕、至死未休的惡鬥。

孔宋早年都在美國人辦的教會學校讀書，及長又先後赴美留學，孔就讀俄亥俄州歐柏林學院及康州耶魯大學[8]，宋則負笈哈佛與哥倫比亞大學。孔比宋大十歲，一九一四年春，孔與宋靄齡在日本結婚時，宋仍在哈佛肄業。一九三三年以前，孔宋之鬥尚未表面化，但已暗萌裂痕，譚光說：「南京國民政府成立後，孔出任工商部長，後農工兩部合併，又繼任實業部長；這段時期孔、宋之間暗鬥甚烈，相互詆毀。有一年國慶節，上海英文《大陸報》出慶祝特刊，孔發表一篇〈回顧〉說：『建設方面不能有所成就，是財政當局不給經費之故』，宋子文見而大怒，拿了報紙去找大姊說：『自己人如此指責，無怪外間反對，太無道理。』其時孔在南京，宋靄齡打長途電話來責問，孔只好推在英文祕書許建屏身上。由是暗鬥反而轉到明爭，雙方各植勢力，互不相讓。」[9]

一九三三年四月，宋子文因蔣介石對軍費需索無度，一再要求預算之外另撥經費，乃主動辭去中央銀行總裁職務，由孔繼任；同年十月，宋在剿共抗日孰先孰後以及預算問題上與蔣介石、汪精衛發生嚴重分歧，憤而辭卸財政部長和行政院副院長，此二職亦由孔接任[10]。

據國民黨元老胡漢民透露，宋子文曾私下對人說：「當財政部長無異做蔣介石的走狗，從現在起我要做人而不是做一條狗。」[11]其時在四省農民銀行供職的一位人士回憶說：「一九三三年，當時在國民黨政權中，宋子文掌握財政大權，蔣、宋之間存在著矛盾，蔣用錢時，往往受到宋的制約，不大方便，所以蔣介石自己開辦銀行，從這個角度講，也可以說，農民銀行的成立是國民黨派系鬥爭的產物。」[12]

宋不講情面　孔唯命是從

宋是個辦事不講情面、但注重效率的人，他在財政開支上的「不通融」，可說是蔣在內心深處不喜歡他的最大原因；孔則對蔣唯命是從，絕不拂逆蔣的旨意，孔嘗言：「我們今天完全是由蔣先生的支持而上來，蔣哪天不相信我，我哪天就完蛋……。」[13]蔣既然唯有孔宋可用，「宋去孔來」的局面，也就一再出現於蔣政權內。

美國學者柯伯爾（Parks M. Coble, Jr.）在《上海資本家與國民政府，一九二七～一九三七》一書中指出：「從政治上來說，宋子文之所以極力培植上海資本家的勢力，乃是為了加強自己的地位。宋子文任財政部長期間，在控制預算和限制軍費等問題上與蔣介石及其他國民黨領袖爭吵不休。宋子文的重要目標是結束北伐期間混亂的預算程序，俾在日後能夠實施事先編妥的中央預算。對宋子文而言，不幸的是，蔣介石對經濟的了解極有限，並把軍事問題過度地置於優先地位。」[14]

一九三六年十二月十二日西安事變發生後，為了搶救蔣介石，孔宋暫時拋開兩人之間的私怨與公仇，連同宋美齡一起進行救蔣計畫，孔坐鎮南京，與張學良有交情的宋子文則兩度飛至西安（第二次與宋美齡同往），和少帥達成釋蔣協議[15]。抗戰時期，孔曾在一次閒談中提到宋子文，他說：「西安事變時，我們主張他陪蔣夫人去西安，是想借危難中纓冠往救，來恢復他同蔣的感情，總算做到。不料今天會落井下石地聯合外人倒我。」[16]

一九三八年一月，國民政府行政院改組，孔祥熙出任行政院院長兼財政部長和中央銀行總裁。孔此時已臻位極人臣的高峰，但不滿其施政作風和個人操守的反對力量此起彼落，國民參政會在漢口開會時，有人主張換掉他；參政會移師重慶後，反對聲浪依舊不歇，不過，蔣介石仍支持孔[17]。

在孔宋鬥爭中，孔祥熙的大兒子孔令侃（字剛父）扮演了一個為「父」作倀、挑撥離間的角色，並網羅眼線為其獻策與蒐集有關宋子文的情報。一九三八年一月，孔出任行政院長，孔令侃即於一月五日致電其父稱宋子文在外面到處說孔內閣是「妥協內閣」，以及覬覦中國銀行[18]。

蔣介石雖利用孔宋之爭對這兩個姻親進行相互制衡，但亦常為郎舅爭執之激烈而煩惱不已。一九三八年二月十日，蔣密電孔祥熙（由孔令侃轉）對孔宋金融意見不和，「甚為悲觀，不勝繫念」，「務須乘庸兄在港期間，由兩兄盡量商討決定具體之整個辦法。如此次仍無切實辦法，則不特謠言更多，人心動搖，且軍事亦必受影響，為公為私，均不能不希望兩兄為我分責。此時無論如何困苦艱難，吾人惟有共同擔當，集中力量，即使見解上之異同，均當委曲求全，以利大局，想見兩兄必有以慰我之憂念也。」[19]

一九三九年下半年財政赤字和通貨膨脹日趨嚴重，陳誠、白崇禧等軍頭「均對孔庸之極表不滿，並深感財政前途之危機，將向蔣先生有所陳述。」[20]傅斯年等四十餘名參政員向國民參政會提出動議，對孔不信任，要求國府重新考慮財政部長及行政院長人選，王世杰向蔣建議起用宋子文為財長，但宋表示須以解除孔的央行總裁職務為復出條件，蔣拒之。蔣對王世杰說：「你們都不了解孔祥熙！孔祥熙這個人做人很有中國人的風度，他自己不要錢。至於宋子文這個人則是西洋人作風，並不講道義！」[21]一九三九年九月七日，唐縱在日記上說：「宋子文來重慶。外間謠言甚多，謂政府將改組，宋有任行政院長說。此次宋之來，係委座一再催促，其將有所借重，自不待論。惟宋不願居孔之下，宋孔亦難相容。外間之責難於孔者亦多，故宋之聲望，僅見重於人民也。」[22]一九三九年十二月，孔辭卸閣揆之職，不過仍以副閣揆身分兼任財長和央行總裁，顯示蔣對孔的信任並未衰退，對宋仍有戒心[23]。

大後方學子聲討孔祥熙

一九四一年十一月重慶《大公報》在一篇改革政風的評論中，揭發孔家自香港運載洋狗至重慶一事，引起了後方大學生的強烈反彈。西南聯大學生開會決定聲討孔祥熙；一九四二年一月六日，昆明三千餘大學生遊行示威反孔，唐縱在一月廿七日的日記上記載：「近來學潮愈鬧愈廣，委座對此甚為震怒，曾命康澤赴昆明調查，結果與國社黨無關，委座怒不可遏。但今日報載，孔副院長病癒視事，這無異激勵青年學生，增加委座之困難。也許孔故意為此，使委座不得不為之解脫，而彼得以一勞永逸也。然天下人無不歎息委座為之受過也。聞為此事，委座與夫人鬧意氣者多日。自古姻戚無不影響政治，委座不能例外，難矣哉！」一月廿八日日記又寫道：「我與芷町（陳方）談學潮問題，認為直接壓抑，不會有何效果，因為孔之為人莫不痛恨，為孔辯護者，均將遭受責難。布雷先生表示異議，謂大凡一種運動，無不假用美名，如以其號召為有理由而不取締，則誤矣。余曰，有效之方法，莫若孔氏表示辭職。布雷先生曰，孔不但不辭職，而且要登報，表示病癒視事。旋即歎曰，孔氏對朋友對領袖對親戚，均不宜有如此忍心害理之舉。」[24]

坐了近七年冷板凳的宋子文，於一九四〇年六月以蔣介石私人代表身分持節華府，對美進行正常管道之外的私人外交，積極爭取對華軍經援助和提升中國的國際地位。宋子文「欽差大臣」

的地位以及毫不尊重駐美大使胡適的態度，固然使胡適極度不悅[25]，然不可否認其對中國戰時外交的卓越貢獻。一九四一年年底，宋出任外交部長，仍繼續留在華府工作[26]。

一九四四年初夏，重慶輿論嚴厲抨擊孔祥熙，要求他下臺，蔣的侍從室幕僚亦在談論孔的去留問題，唐縱認為重要人事和政策或許有所興革，陳方則表示不可能，並問唐：「總裁能將孔罷免以大快人心否？」唐答：「孔在抗戰期間，不會有何變動，且以夫人之關係，時機亦未成熟。」[27]五月廿一日，唐縱在日記上寫道：「孔副院長鑒於社會人士之責難，向主席提出辭呈。主席囑布雷先生將原件退回並慰留。主席問布雷先生，究外間對孔之輿論如何？布云，普遍的批評，孔做生意。在北京政府時代買辦與官僚結合，南京政府時代買辦與官僚結合，尚有平津京滬之距離；今者官僚、資本家、買辦都在重慶合而為一，黨內的批評，孔不了解黨的政策，違背政府政策行事。委座云，現在沒有適當的人接替。……布公云，委座沒有徹底改革決心！」[28]

孔遭貶抑　子文躍登龍門

一九四四年十一月，俞鴻鈞取代孔祥熙出任財政部長；同年十二月，宋被任命為行政院代院長兼外長。胡適看到美國報紙報導，在日記上寫道：「如此自私自利的小人，任此大事，怎麼得了！」[29]一九四五年五月，孔辭去行政院副院長，宋子文則宦途得意，出任行政院院長；兩個月後，財長俞鴻鈞又接替孔兼任央行總裁，孔的身價跌至谷底。

這段期間，孔遽降、宋驟升的主因乃在於宋抓到孔主持財政部期間發行美金儲券公債的弊端，以及孔家捲入黃金舞弊案，美國一面支持宋向蔣揭發孔及其妻子、兒女的不法行為；一面向國府表示這些弊案妨礙美國繼續援華的進程。宋並要求嚴懲涉及弊案的當事人，藉以向美國政府和輿論界展現國府除弊興利的誠意與決心，蔣乃下定決心貶孔[30]。

宋子文雖如願以償地坐上宰輔的寶座，但經過八年抗戰及國共內戰的復發，民生凋敝，國內財經情況沉疴深重、無可救藥。一九四六年春，國民黨舉行二中全會，檢討財經政策時，閣揆宋子文、經濟部長翁文灝、財政部長俞鴻鈞皆飽受攻擊，並有人要求宋、翁辭職[31]。唐縱在三月八日日記上寫道：「大會，政治報告及檢討。下午宋子文未至，為全會所不滿，電話召其至會，聆取批評，責難備至！……宋之上海官腔，使人聽不懂，答辯時，甚憤慨，其手發抖！」[32]一九四六年底和一九四七年初，宋子文主導的外匯政策及黃金政策宣告失敗，不僅導致大量外匯流失、黃金套購，更引發了整個社會經濟秩序的嚴重失控[33]。青年黨領袖李璜（幼椿）指出：「……宋子文主持財政，一再抛售黃金以收縮通貨，其弊尤甚於美鈔公債。因美鈔只有懂得外匯價值的少數人才去投機，而黃金則人人皆愛，其引起投機壟斷的心理更為普遍。尤其在三十五年至三十六年（一九四六至一九四七）的下半年期內，大量抛售黃金，引起戡亂的前方軍頭、幾個總司令，將軍餉大部扣留不發，運往後方來做黃金的投機買賣，有奸商銀行家專為他們包辦其事。據我當時在上海親見親聞者，以東北剿匪總司令衛立煌、華北第二兵團司令李延年，所做的黃金投機生意最為大宗……。」[34]又說：「像宋子文於三十四年（一九四五）六月再度主持財政，至為大膽，隨意提高金價，擾亂金融，使政府信用掃地以盡，其後的通貨膨脹政策，也漫無計畫，足使民心喪失，軍心解體，大小文武官吏均因之而喪失廉潔，故大陸的淪陷，直稱為理財無方的原因，也不為過。」[35]

孔宋二人理財能力的評估，以貶孔褒宋居多，宋與西方關係尤較孔為佳，一九四四年十二月十八日出版的美國《時代》周刊以宋子文為封面人物，將他和美國開國時期首任財政部長亞歷山大・漢彌爾頓（Alexander Hamilton）相比，稱他為「中國的漢彌爾頓」；亦有人譽他為「中國的JP摩根」[36]。

一九三四年下半年，中國亟欲獲得英國貸款，其時宋已離開權力中心，但英方要求與宋子文直接談判貸款問題，而不願與孔洽商，蔣、孔（時任副閣揆兼財長）只得讓宋出面與英談判[37]。一九三八上半年，中英繼續接洽借款事宜，英國駐華大使卡爾（Archibald J. K. ClarkKerr）曾兩度要求蔣以宋子文取代孔祥熙為財政部長，宣稱宋復出與否將是英方考慮貸款的條件之一，蔣皆予以拒絕，並表示他無法與宋合作，如英方堅持以宋代孔，他寧可放棄借款[38]。

中西方對孔宋褒貶不一

為中共領導人物立傳的美國左傾記者史諾認為宋子文的頭腦是宋家最好的一個，受過很好的訓練，並充分掌握現代銀行知識[39]。二次大戰期間與宋子文接觸最多的美國財政部長摩根索之子，稱其父對宋子文的印象遠比宋美齡為佳[40]；羅斯福的親信霍普金斯亦與宋建立了熱絡的私人關係[41]。

相反地，一般人對孔祥熙的評價頗低，咸認其欠缺現代銀行知識，中英平準基金委員會英籍委員羅傑士（Cyril Rogers）對史諾說：「孔祥熙的心智等於十二歲小孩。如我把我們兩個人有關銀行作業的對話錄音在海外播放出來，沒有人會把蔣介石政府再當一回事。」因此蔣不得不偶爾找宋子文出來解決爛攤子[42]。一九四三年十一月十六日，孔祥熙告訴蔣介石的頭號文膽陳布雷：「財政經濟在書生看來甚為複雜，其實很簡單，即是生意經而已。」孔又說，他是做生意出身，故能領略此道也。蔣介石的祕書唐縱批評孔的談話：「怪哉此論也！」[43]

對孔持肯定態度的華裔學者汪一駒，認為孔的理財成就優於宋，尤其是削弱旅華外人的政經力量以及增進國府在外國的信用，孔的表現超過宋。[44]史學家吳相湘稱：「不論如何，孔祥熙掌理國家財政十一年，是非功過，人言言殊，難得持平，但其能任勞任怨十一年，應為不爭事實。」[45]曾任外交部次長、駐蘇大使和司法院副院長的傅秉常表示，孔度量大，「較宋子文尚略勝一籌，宋則常蠻不講理。」[46]

每次有人攻擊孔祥熙，要求其下臺，蔣介石必曲予維護，他對陳布雷說：「現在沒有適當的人接替。」[47]傅斯年在參政會要求孔下臺，蔣問他：「孔部長去職後誰繼？」[48]對蔣介石忠心耿耿的陳布雷，有次在行政院預算會議上聽到孔祥熙大發牢騷，批評蔣介石，極不以為然，其「神經甚受刺激，精神極不愉快……。」[49]陳布雷對唐縱說，蔣介石處理政治如同處理家事，事事要親自處理，個人辛苦固不辭，但國家大政，不與各主管官員商定，恐將脫節[50]。

一九四二年七月，行政院舉行院會時，行政院祕書長陳儀（字公俠）為奉行蔣手令事曾和副院長孔祥熙拍桌互罵，聲震屋瓦，孔責陳失態，陳亦不甘示弱，唐縱稱：「陳敢與孔拍桌，尚不失為軍人本色。」[51]

子文傲慢自大　人人厭惡

宋子文為人傲慢自大的一面，李璜在其《學鈍室回憶錄》中，有一段精彩的描述。一九四五年四月，李獲選為出席舊金山聯合國制憲大會代表之一[52]，與宋子文同搭一架美軍運輸機飛美。李璜說：「四月六日晨自渝起飛，以十一個鐘頭，經駝峰而飛抵加里格達（加爾各答）後，休息一日，即在『中國之居』（China Home）這旅舍中，與代表團顧問張忠紱（子纓，時任外交部美洲司司長）、祕書李惟果（四川人，外交部總務司長）談啖消遣……八日偕子纓，並七日趕到之女代表吳貽芳等五人同飛……在格加蚩（即今巴基斯坦喀拉蚩）機場美軍特設之宿舍中睡至半夜，宋子文與貝崧蓀（任中央銀行總裁[53]）所坐之巨型運輸機趕到，為減少美國運輸機師之麻煩起見，乃將我們一行送上宋首席代表之專機，在午後二時又復起飛。從此與宋子文同行，其『大少爺』之生活習慣，在天空中仍不能改，一人以橡皮氣墊鋪於運輸機中間，長臥其上，使我們坐於兩側吊椅之同行者腳都不能伸出，而他則臥在我們腳下，或看書、或喝白蘭地酒下火腿與花生米，旁若無人，令我厭惡！」[54]

令李璜「厭惡」的運輸機事件，目擊者與受害者之一的張忠紱也有一段深刻的描寫。張氏在其自傳《迷惘集》中說：「宋子文與同行者美顧問 Nelson Adler、貝淞蓀、吳祕書及宋之保鑣張某六人所乘之專機亦抵達新德里機場。郭斌佳（外交部官員）因宋等所搭之機較大，且可直飛美國，不需在非洲換機，故往機場迎宋，宋囑郭轉告我所陪同的一批人員同乘他的飛機赴美。我們的行李雖已放妥在另一飛機上，但因部長的命令與關照，自不便拒絕。李璜先生雅不願與宋同機，我亦無意與美軍運輸機再行交涉，以增加彼方麻煩。因礙於宋部長之命，終獲得李璜先生之同意，並商請美軍運輸機辦事處勉為其難，將我陪同的一批人員的行李搬到宋部長所搭乘的機上。安排就緒後，我與李璜先生飯後在房中略事休息。約在午夜十二時左右，郭斌佳自住所樓下打電話給我，叫我下樓，說有要事商談。他告訴我，宋部長又吩咐，不要我們和他乘一飛機，因為他們六人要在飛機上睡覺，床位且已鋪好（實則並無此事，且不可能）。」

張忠紱又說：「這使我非常為難。我明知這是一項不合理的亂令。我們搭乘美軍運輸機，原由於美方的善意……我老實不客氣的告訴斌佳，我可以陪伴他去，但我無顏與對方交涉。斌佳也非奴才，然此時卻無法卸責，只得向運輸機主持人交涉。果然，美方主持人說，宋子文所將乘的飛機並非包機，不可能開鋪睡覺。縱然他願包機，也得向華盛頓方面交涉。運輸機有自己的規則，任何人不得破壞。假若你們的部長不要你們同乘，我們還是要派美兵加入，湊足二十餘人的。斌佳知道對方的理由充足，碰了釘子極為氣憤，乃給宋子文打電話，由吳祕書收聽。斌佳直言拜上。宋既知道美軍運輸機按例辦事，他不可能用勢力壓迫，又想到與美兵同座，倒不如與中國人或他的部屬同座，也只好作罷。中國的大員就這樣，明知不合情理的事，偏要做。也許這是由對國人慣用勢力，而不講道理所養成的習慣。其奈貽羞外人何！」55

子文任性自恣　大失國體

外交耆宿張忠紱亦揭露了宋子文在國際外交壇坫上的表現。張氏說：「因宋係部長，且升任院長，而又親貴，於是與大會無絲毫關係者，亦假觀光為名，而來金山活動。有運動調駐阿根廷大使者（陳介）；有運動任國際法庭中國候選人者（徐謨）；不一而足。首席代表宋子文素喜一意孤行，更喜人伺候週到。怒，則可在旅館電梯中當英國、南美代表前，以粗俗語句，責罵中國代表團新聞專員。後者難於忍受，因而泣涕辭職（經人勸解，未果）。喜，則以國家名器酬庸所好，而不顧及成例。因是而會後有出任聯合國副祕書長者（中國為五強之一，可有副祕書長一人），有不次升遷而任外部高級官吏。」張氏又說：「聯合國大會開會前，因蘇聯堅持俄文必須為聯合國正式語文之一（一九一九年巴黎和會時之正式語文，只有英法二種），乃決定以英、法、俄、中、西班牙五種語文為正式語文。不意宋於大會中代表中國首次演說，竟用英文而不用中文。嗣後顧代表（顧維鈞）亦相繼傚尤，遂使中文徒有正式語文之名，無人採用。……至於宋之演詞，更使人為之氣短。全文只短短一紙，毫無內容。抗戰八年，中國政府與人民的英勇與努力，以及國內政爭未息，百廢待舉，在在需要世人的同情或了解。宋氏在演詞中竟一字不提，使世人只感覺到國民政府無目的、無計畫。……後來我方知道，原來宋的演講詞是一位美國青年律師（Mr. Youngman）代作的，連王寵惠、顧維鈞事前都未得與聞。在公布前，僅由顧氏拿出，交各代表傳閱而已。王寵惠認為不妥，力爭的結果，也只能改動兩處最大的失言。」[56]

駐美武官朱世明（字公亮）告訴唐縱，宋子文的為人和他所想像的完全不同，他在美國和宋相處，本以為宋很豪邁，其實不是；原以為宋很有氣魄，其實不是；又以為宋很愛揮霍，其實不是[57]。戴笠說，宋子文好玩、不諳人情世故[58]。

二次大戰期間曾在史迪威麾下擔任參謀的杜恩（Frank Dorn）准將透露，一九四二年至四三年的冬天，宋子文曾試圖發動政變以迫使蔣介石下臺，並準備「擁戴」第九戰區司令長官薛岳將軍取蔣而代之。宋子文要求杜恩向史迪威轉達他的政變意圖，然史、杜二人皆未置可否，對宋子文舉薦薛岳，則大表失望，史、杜對薛的印象很壞，宋子文的政變計畫卒胎死腹中。杜恩說，事隔多年，他仍清楚記得宋子文在他面前咬牙切齒地大罵蔣介石的情景[59]。

其實，宋子文並沒有資格罵蔣介石。蔣在出山時固然靠宋子文與江浙財團的關係及其理財能力始脫穎而出；但宋子文在政界的炙手可熱、在財經金融界的巧取豪奪，皆為蔣所「賜與」。

美國女史家塔克曼認為宋子文的終極目的乃是取代蔣介石，希圖以「中國的明治天皇」之地位與角色，吸收西方技術，使中國邁向現代化之路[60]。揆諸蔣介石對黨政軍特控制的嚴密，宋子文顯然不可能發動政變、奪取江山；他是個頗有政治野心的自負之士，也許在內心深處藐視蔣的保守封建，但如欲取代蔣，則談何容易。

宋氏兄妹互鬥　家醜外揚

一九四三年五月，美英首腦在華府舉行極為重要的「三叉會議」，商討東西戰事。會議期間，宋美齡雖向羅斯福大力遊說加強援華，但羅斯福知道如何對付她、奉承她，向她兜售的不過是其遠親表弟艾索普所說的「金磚」（gold brick，意即空頭支票）[61]。當時以宋子文「中國國防用品公司」（China Defense Supplies）顧問名義在華府觀察三叉會議的艾索普透露，會議時，宋子文和宋美齡兄妹相互爭權，令美國高層人士對中國統治階層大搞「宮廷陰謀」和大鬧「家務事」，皆大搖其頭。宋美齡對霍普金斯說，以後任何事情皆與她聯絡，不要透過其兄，她說她對蔣有影響力，而宋子文所作所為皆無價值可言。有一次，宋美齡到華府V街中國國防用品公司總部時，曾大叫：「我為中國爭取勝利了；我已為委員長得到他想要的所有東西。」宋子文聽到宋美齡在走道上尖聲大叫，趕緊請她到辦公室談談，兄妹兩人閉門談了一個小時，宋美齡趾高氣揚地走了。

中國國防用品公司職員打聽到羅斯福對宋美齡保證將直接提供飛機給中國空軍一事乃是「騙局」之後，均要求宋子文向委員長報告蔣夫人被羅斯福耍了，但宋子文不敢。宋子文說，拆穿蔣夫人受騙，是件危險的事，宋子文說到激動處，不禁掉下眼淚[62]。

宋子文必定知道，如果他和宋美齡對立，他將被委員長周圍的人認為他企圖犧牲其妹以擴張自己的權力與地位；即使他成功地說服委員長，宋美齡亦會大怒[63]。令人費解的是，艾索普說，羅斯福總統曾收到蔣介石的一封私人電報，聲稱蔣夫人無權代表他談判[64]。

史學家黃仁宇說：「現已發表的蔣日記，提及三叉會議之部分及來往緘電，顯示著中國的外交過於人身化，蔣日記云：『華盛頓之羅邱會議事若其不邀中國代表參加會議，是為我在外交上最大之失敗。故深切研索，惟有直接告知羅斯福總統，凡羅邱會議有關中國之事可約吾妻與子文參加之意，使其不能不約會也。』（一九四三年五月十五日）」黃仁宇稱：「蔣宋美齡未參加羅邱會議。但蔣介石以姻兄為外交部長兼個人代表不足，又使乃妻在海外一再介入國際間高層之協定。從各種電文看來既有『文兄』、『三妹』（蔣宋美齡），又牽入『大姊』（孔宋藹齡），甚至孔令侃亦在傳遞消息。不久之後，重慶發生政潮，外人認為由於宋家兄妹釀成，不可謂非由來有因。」[65]黃氏又說：「外交而又涉及『宮闈』，亦無非國家最高主權不能合理化，其決心又不便公開之表現。蔣介石對付史迪威，尷尬隍杌，程度因國事蜩螗而加深。……有如他之引用宋子文之積極政策不得，又從而將就孔祥熙。至於發動宋氏姊妹向外賓作說客則為最後一著。」[66]

史迪威事件中，宋靄齡和宋美齡姊妹一度暗中化解史迪威與蔣介石的緊張關係，俾使蔣打消撤換史的念頭。兩姊妹的動機之一是和她們的兄弟宋子文進行權力鬥爭。宋子文一向視對美關係為其勢力範圍，不容他人染指，宋美齡亦視中美關係為其特長，屢次插手，故聯合乃姊聯手出擊，但亦有人認為真正出主意的是宋靄齡。動機之二是宋家姊妹唯恐宋子文因史迪威事件有功而躍上行政院長職位，不利孔祥熙。宋美齡於一九四三年七月四日自美返國後，即曾兩度為了姊夫孔祥熙未能出任閣揆而與蔣吵架，負氣出走，宿於孔公館數週不歸[67]，兩位夫人交好史迪威之際，正是蔣夫人離家出走時期。宋靄齡對史迪威說，她「必須在自己骨肉（T. V.）以及對中國有利之間作一選擇」[68]，以宋靄齡的習性而言，這句話未免太過矯情。動機之三是宋家姊妹自蔣、史不和以來即一直不贊成撤換史迪威，深恐史的靠山馬歇爾會斷絕援華，對蔣不利，對孔宋家族亦不利，因此她們試圖緩和蔣、史糾紛。

孔宋誤國　蔣負最大責任

一九四六年夏天，一群採訪馬歇爾調處國共衝突的中國記者在廬山牯嶺小學訪問宋美齡，有位記者問她：宋子文和孔祥熙做了那麼大的官為何還要經商賺錢？宋美齡不高興地答道：「經商賺錢有什麼罪過？你們難道沒有看見美國的高官不少出身於商界。」[69]

曾在蔣介石侍從室任職並歷任外交部總務司長、國民黨中宣部長和行政院祕書長的李惟果，一九八八年在美國賓州一所養老院告訴老記者陸鏗說，蔣介石的缺點就是耳朵太軟，容易被親屬和佞臣包圍，「譬如孔、宋之貪婪，舉國皆知，老先生不但不給以懲治，反而處處加以掩護。就以你三十六年在《中央日報》上的揭發為例，老先生首先想到的不是懲辦孔、宋，而是懲辦你……後來老先生與孔、宋漸漸疏離了，可能也有所醒悟。」[70]

李璜指出：「蔣先生的頭腦中，並且欠缺法治觀念，而以其所習，家族主義在其思想中仍相當濃厚，故在國民政府成立後，以至於抗戰期中，國家財政皆委託於其親戚宋子文與孔祥熙二人。」[71]前北大教務長兼代理校長傅斯年（孟真），一九四七年二月十五日在《世紀評論》發表擲地有聲的〈這個樣子的宋子文非走開不可〉，引起社會上極大的反響，傅斯年說：「國民政府自從廣東打出來以後，曾辦了兩件大事：一、打倒軍閥（這也是就大體說）；二、抗戰勝利。至於說到政治，如果不承認失敗，是誰也不相信的。政治的失敗不止一事，而用這樣的行政院長，前有孔祥熙，後有宋子文，真是不可救藥的事。今天的政治嚴重性不在黨派、不在國際，而在自己。要做的事多極了，而第一件事便是請走宋子文，並且要徹底肅清孔宋二家侵蝕國家的勢力，否則政府必然垮臺。」[72]傅斯年的文章刊出後半個月，宋子文即辭去閣揆職務；兩年多以後，蔣介石的江山基業就「垮臺」了。這篇正義凜然的文章，正是孔宋二人歷史地位的蓋棺論定[73]。

抗戰勝利不到四年，中國半壁江山已「赤燄遍天」。任教聖塔芭芭拉加州大學的華裔史學家徐中約認為導致國民黨失去中國大陸的主要原因有五：軍事失利；通貨膨脹與經濟崩潰；失去民心；美國調停與援助的失敗；以及社會與經濟改革的遲滯難行[74]。亦有不少政治觀察家表示大陸之所以變色並非共產黨打敗國民黨，而是國民黨自己打敗自己。國民黨的自我戕害[75]，孔宋家族的營私誤國，無疑占極大的因素。

孔宋家族視國事如家事、把國家當私產，政治、外交、經濟、金融無不插足，固令人咬牙切齒，然蔣介石允准孔宋觸鬚盤繞政府方針大政的作為，尤須負完全責任。

大陸變色　孔宋遁居紐約

大陸變色，孔宋的避風港自然是他們所熟悉的金元王國。一九四七年秋天，孔祥熙以接獲其妻宋藹齡在美患病的電報為由[76]，匆匆永別了中國，落戶紐約，展開「白華」生涯，協助反共親蔣的共和黨政客如杜威、尼克森等人競選，參與「中國遊說團」活動，為臺灣政府爭取同情和輿論支持。孔祥熙基本上是生意人，在美國做寓公當然不忘投資地產、股票，他的兩個兒子孔令侃和孔令傑也都是活動力很強的商賈。孔於一九六二年十月自美赴臺長住，一九六六年二月返美療疾[77]，一九六七年八月十五日因心臟病發去世[78]，終年八十七歲（生於一八八〇年）。八月十七日下午，宋美齡由蔣緯國及一支五人儀仗隊陪同，搭乘專機奔赴紐約襄助大姊料理孔之後事。八月二十日於曼哈頓麥迪遜大道和八十一街的坎波殯儀館（Frank E. Campbell Funeral Chapel）大殮，八月廿二日上午十時在曼哈頓第五大道Marble Collegiate教堂舉行追思儀式，美國前副總統尼克森、紐約樞機主教史培爾曼（Cardinal Spellman）等美國要人及孔氏親友數百人參加，最引人矚目的是宋子文居然未亮相。孔的遺體安厝於紐約市郊哈斯代爾（Hartsdale）的高級室內墓園風可利夫（Ferncliff，又譯風崖、佛恩崖墓園）。

孔去世翌日，《紐約時報》在訃聞中稱他是個爭論性人物，並引述一位老部屬對孔的印象：「孔是很難共事的人，喜歡高談闊論，東扯西拉，要你辦事時，從不會給你明確的指示。他的能力就像那些精明的山西票號掌櫃，並不像一般具有政治家水準的財經專家。」訃聞又說，《時代》周刊戰時駐華記者白修德（Teddy White）形容孔的長相是「漫畫家的最愛」（Cartoonist's Delight）。

臺北官方於一九六七年九月三日開追悼會，蔣介石並發表〈孔庸之先生事略〉，對孔之為人和事功大加讚揚[79]。

宋子文偕其妻張樂怡於一九四九年一月移居香港，三月底返回廣東、奉化溪口數日，與蔣介石、孫科等國民黨人晤談；五月十六日赴巴黎，六月十日抵紐約，三年前即已定居紐約的三個女兒到機場迎接她們的父母[80]。宋子文步孔祥熙之後，亦在紐約當起了寓公[81]，但他比孔更加忙碌，經常與駐美大使顧維鈞、駐聯合國大使蔣廷黻和其他旅居紐約的國府黨政學界過氣要人聚會，討論如何力挽狂瀾、拯救國府；如何再組織飛虎隊協助國府對抗中共；如何促使美國加強援華；如何籌組一個由留美學者領軍的內閣。宋子文認為「新內閣」以胡適來領導最為理想，他說：「局勢迫使我們不得不行動，只得把死馬當活馬醫。」又說，蔣介石本不想讓他出國，他是以一個公民的身分來美盡自己的力量[82]。然而，中國整個形勢已急遽逆轉，已不是任何人或美國的力量可以回天了。

國府敗退臺灣後，宋子文對政治仍未忘情，甚至想東山再起，到臺灣襄助蔣介石推動政務，但遭蔣澆以冷水[83]。一九六三年二月，宋子文第二次赴臺（第一次為一九五九年）[84]，港臺報紙對他的動靜充滿了揣測之詞；事實上，孔宋的時代已經過去了，蔣介石到臺灣後力圖整頓，全力改造黨務，孔宋二人與國民黨之敗有密切關連，蔣不可能再像以往委以重任，他們和陳果夫、陳立夫兄弟一樣，成為不得人心的「負國之臣」。臺灣政壇屬於另外一批人的天下，即使這批人過去曾經是孔宋的班底和親信（如魏道明、俞鴻鈞、陳誠），但蔣介石已決心開創新局，並培養蔣經國為接班人。

作古異域　老死不相往來

一九七一年四月廿五日，宋子文在舊金山的一場晚宴中因食物哽住氣管而嗆死，終年七十七歲（生於一八九四年）。五月一日，在紐約一座教堂舉行追思禮拜，宋子文的遺孀張樂怡和女兒宋瓊頤（Laurette，婿馮彥達）、宋曼頤（Mary Jane，婿余經鵬）、宋瑞頤（Katherine，婿楊成竹），以及宋子良、顧維鈞、劉鍇等數百人參加[85]，蔣介石僅頒了一塊「勳猷永念」的輓額，以追懷這位和他有過多年合作與扞格的姻親。尼克森在國家安全顧問季辛吉的催促下，發了一通唁電給宋美齡，電文說：「他報效其家國的輝煌生涯，特別是在第二次世界大戰期間為我們共同的偉大事業所作之貢獻，將永為美國友人銘記不忘。我們和你一樣，對他的逝世同感傷悼。」[86]然而，當時在紐約的宋美齡、宋藹齡及其子女皆未參加宋子文的葬禮和追思禮拜。

《紐約時報》於一九七一年四月廿六日、廿七日連續兩天刊登美聯社發自舊金山的宋子文死訊及訃聞，稱他是「生財有道之人」（a financial wizard），並說他和其郎舅孔祥熙、妹婿蔣介石「聚集了可觀的財富」（accumulated immense wealth）。訃聞又報導：「自一九五〇年以來，宋即過著深居簡出的生活，甚少在公眾場所露面。」[87]

宋美齡嘗對美國女作家項美麗（Emily Hahn）說，她在九歲以前都是穿哥哥子文穿過的衣服，因子文發育快，每兩、三個月就要換衣服，穿過的就給她[88]。子文在哈佛讀書時常到韋思禮學院探望美齡，質樸的兄妹之情，長大後卻因政治、私利與狹隘的胸襟而水火不容，死後亦拒絕問弔。宋家雖為基督教家庭，寬容、友愛的信條顯然並未在家裡生根。

孔宋郎舅之間的宿仇積怨，嚴重到「老死不相往來」的地步；諷刺的是，他們死後，遺體皆安厝於風可利夫墓園的室內靈殿。

不少中國近代名人亦停柩於這個高級謐靜的室內墓園，如顧維鈞、胡世澤夫婦、劉瑞恒夫婦、楊雲竹夫婦、溫毓慶、侯繼明、詩人徐志摩元配張幼儀、顧維鈞之婿錢家騏、宋子良夫婦及其女兒[89]，以及生前協助父親與「文舅」作對的孔令侃和他的弟弟孔令傑、妹妹孔令偉[90]。也許孔宋依然可以在異域靈殿中再度輪番組閣，或在另一個世界賡續他們的郎舅之鬥[91]。

注釋

1 蔣介石〈孔庸之先生事略〉，收入孟天禎《從政前之孔庸之先生》，臺北：傳記文學出版社，一九六九，頁一七六。名報人龔選舞說：「人稱相國的孔祥熙先生更是有若小丑般的好玩，此公在校區（按：重慶中央政治學校）對岸公路旁一下車便當眾撩衣解了一次小便，然後在講臺上指著自己的肥頭大耳的渾圓面孔，嚴肅的說：『你們罵我是財神，我就是財神，如果我不是財神，大家便沒有飽飯好吃……。』」參看《龔選舞回憶》頁二〇九。

2 《杭立武先生訪問紀錄》，訪問：王萍，紀錄：官曼莉，臺灣中央研究院近代史研究所口述歷史叢書，一九九〇，頁八七。

3 Joseph W. Alsop的回憶錄：*I've seen the Best of It*（W. W. Northon, 1992）一書，對宋子文與蔣介石的爭執，敘述甚詳；唐縱日記對蔣宋不睦有不少記載；一九四四年十二月十八日出版之《時代》（*TIME*）亦提到蔣宋關係的起伏。

4 宋慶齡和宋子文強烈反對宋美齡嫁給蔣介石，孔祥熙和宋靄齡則積極撮合，靄齡和美齡乃央求宋母倪太夫人挽請譚延闓勸說子文。參看王松、蔣仕民、饒方堯《孔祥熙和宋靄齡》，鄭州：河南人民出版社，一九九二，頁一三五；譚光〈我所知道的孔祥熙〉，收入《孔祥熙其人其事》，北京：中國文史出版社，一九八七，頁三。蔣宋婚事，參看本書第三章。

5 《我所知道的孔祥熙》，頁五；專欄作家艾索普（Alsop）說，孔祥熙的「圓滑貪婪程度」（a degree of oily

rapacity），是他平生所僅見，見*I've Seen the Best of It*, 162。

6 李璜指出：「國民政府自民十七（一九二八）在全國統一之下建都南京以來，一向是一黨專政，既無民意機構去監督政府，而專政之黨權又未能注意到國家財政須公開於黨的中央；故雖有審計部的設置，而無預決算的嚴格執行與公布。是國家的會計制度並未真正確立，而財權仍握於專政之黨的領袖一人之手，這就仍舊不免於過去歷史習慣有把國家財富視為個人私產之病。」又說：「當蔣先生北伐至於上海及其統一全國時期，是即其最盛時代，多半由宋子文任財政部長，而其時財政大半靠江浙銀行家予以支持；此一支持辦法，仍一如革命前的軍閥作風，臨時籌款，用完又要；予取予求，並無限制。但這樣取來之財，又是如何用去的，也無人加以過問，是足徵國民政府建立之初期乃是有財而無政的。並且取來之財，無論是稅收與臨時籌措，皆未能與國家經濟建設打成一片，不積極從事於實業開發，以奠定建國基礎，而多半專以供打內戰與剿匪的軍事需要，故終不免於財聚而民散……。」參看《學鈍室回憶錄》，頁六五四。

7 孔宋一面做官、一面發財的行徑，主要是依恃其在政府中的權力、與銀行和金融界的關係。如一九三六年夏寧粵分裂解決以後，孔宋家族接管了廣東省的私人經濟部分，宋子文為私人謀利的活動，項目繁多，包括開發海南島以及奪取上海南洋兄弟菸草公司控制權等。參看Parks M. Coble Jr., *The Shanghai Capitalists and the Nationalist Government, 1927-1937*, Cambridge, Mass: Harvard University Press, 1986; 追隨孔祥熙多年的山西人孟天禎在《從政前之孔庸之先生》一書中亦承認：「其實，孔祥熙在從事社會改革、興學傳教、服務桑梓之餘，他還是貿遷有術，賺了不少錢的。早在民國初年，他便看準火油生意大有可為，設立了一個『祥記公司』，支付英商亞細亞火油公司保證金兩萬五千英鎊，取得山西省的亞細亞殼牌火油總代理權，從民元到抗戰爆發的民國廿六年，此一獨占性質的營業，使孔祥熙每年獲得龐大的盈利，孔祥熙自己曾硬性訂定，每年提出其中的百分之四十，興學並舉辦公益事項。」見《從政前之孔庸之先生》，頁一七四。

8 孔祥熙據稱是孔子第七十五代裔孫，一八九〇年就讀美國傳教士創辦的華美公學，畢業後進入直隸省通州教會設立的潞河學院（或稱華北協和大學），日後潞河學院、匯文大學及華北協和女大等三校合併為燕京大學。一九〇一年秋赴美，獲歐柏林學院學士、耶魯大學理科碩士，一九〇七年返國。宋子文畢業於上海聖約翰大學，一九一二年赴美就讀哈佛，從大二念起，主修經濟，一九一五年畢業，後至紐約華爾街銀行上班，並在哥倫比亞大學進修。由於孔宋家族成員幾皆受過西方教育，故英語成為第一語言。宋美齡一生說英語比說國語或上海話要自然多多，宋子文也是滿口洋文，僅看英文公文，據稱中文公文須英譯。參看Y. C. Wang, *Chinese Intellectuals and the West, 1872-1949*, Chapel Hill, N. C.: The University of North Carolina Press, 1966, 441; 又參看此書中譯本（梅寅生譯，臺北：久大文化，一九九一），頁一八二，注10。

9 《我所知道的孔祥熙》，頁四。

10 Coble, 131。

11 艾萌《兩朝國舅宋子文祕史》，頁十八，轉引自王松、蔣仕民、饒方堯《宋子文傳》，武漢出版社，一九九三，頁八三～八四。Coble著作亦引用宋子文這句話，見該書頁一三一。

12 《中華民國貨幣史資料》第二輯，上海人民出版社，一九九一，頁七九；轉引自吳景平〈孔祥熙宋子文郎舅關係與政治恩怨——從中樞重要職務彼此取代到老死不相往來〉，臺北《傳記文學》雜誌，第六十六卷第五期（總三九六期），一九九五年五月號，頁六一。

13 《我所知道的孔祥熙》，頁五。

14 Coble, 48

15 《孔祥熙宋子文郎舅關係與政治恩怨》，頁六三。原資料係刊《周恩來選集》（上卷），人民出版社，一九八〇，頁七一及《周恩來傳》，人民出版社、中央文獻出版社，一九八九，頁三三八。

16 〈我所知道的孔祥熙〉，頁七。

17 《孔祥熙宋子文郎舅關係與政治恩怨》，頁六三。

18 《有關抗戰初期孔祥熙與宋子文之爭文電一組》，民國檔案，一九九八年第二期（總第五二期），南京中國第二歷史檔案館主辦，頁九。

19 前引，頁十。

20 《王世杰日記》手稿本第二冊第一三二頁（一九三九年八月十一日），轉引自《孔祥熙宋子文郎舅關係與政治恩怨》，頁六三。

21 《杭立武先生訪問紀錄》，頁八七。當時擔任參政員的黃宇人說，有次飯後聊天時，孔祥熙向他暗示其某些作為，「都是為了供應蔣校長（即蔣介石）的需要，不得不如此。」又說，孔「是笑罵由他笑罵，好官我自為之的典型人物。」宋子文出任閣揆後，物價飛漲，有次在黃宇人的質詢下惱羞成怒答道：「我只能如此，哪位如有好辦法，最好請他來負責。」事後並向蔣告黃宇人的狀。黃稱孔之為人較宋「略勝一籌」，見《我的小故事》上冊，頁三二一、三二五。蔣勻田亦說宋的個性是「只知有我」。見《中國近代史轉捩點》，頁二〇九。

22 《在蔣介石身邊八年——侍從室高級幕僚唐縱日記》，頁九七。

23 胡適於一九三九年十一月廿七日致電陳布雷反對宋子文出任財政部長：「介公兼長行政院，報紙傳說各部將改組。上月拉西蒙（Rajachman）飛來美國，即屢對人說宋子文先生將任要職，近日報紙又有子文將長財部或貿部之說。弟向不滿於孔庸之一家，此兄所深知，然弟在美觀察此一年中庸之對陳光甫事事合作，處處尊重光甫意見，實為借款購貨之所以能有如許成績之一大原因，蓋庸之與光甫為三十年老友，性格雖不同，而私交甚篤，一年來光甫在美所辦各事業所以能放手做去，無內顧之憂者，多因庸之絕對合作……鄙意對行政各部改組消息，頗有顧慮：（一）慮子文個性太強，恐難與光甫合作。（二）慮報紙所傳貿易委員會改由宋子文代光甫之說如屬實，則光甫所辦事業恐不能如向來之順利。（三）子文今年夏間曾向美財政部重提米麥借款，美國認為有意另起爐灶，印象頗不佳。」參看胡頌平編著《胡適之先生年譜長編初稿》第五冊，臺北：聯經出版事業公司，一九八四，頁一六八八；吳相湘《胡適「但開風氣不為師」》，收入《民國百人傳》第一冊，臺北：傳記文學出版社，一九七一，頁一八六～一八七。

24 《在蔣介石身邊八年——侍從室高級幕僚唐縱日記》，頁二五二～二五三。蔣介石懷疑反孔學潮為國社黨羅隆基在背後操縱鼓動。

25 陳立文指出：「與宋子文最先有職務衝突的是當時的駐美大使胡適。胡適是著名的學者，中美對其均甚尊重，他在美國的外交方式重學界而輕官場，主張不宣傳、不借款、不置軍火、不辦救濟事業；宋與他政見不同，個性互異，無形中自易產生摩擦，偏偏兩人有一樣相同，就是硬脾氣，遂至格格不入。」見氏著《宋子文與戰時外交》，臺北國史館，一九九一，頁三五一。宋子文於一九四〇年七月十二日當面對胡適說：「你莫怪我直言，因為很多人說你演講太多，太不管事了。你還是多管管正事罷！」胡適在一九四〇年八月十五日日記上寫道：「S. K. H.（即國務院遠東司司長洪貝克Hornbeck）告我：今天財長（即摩根索）約宋子文兄與外部（即國務院）代表（S. K. H.）會談，說要面告子文，借款事現無望。此是意料之事。我當初所以不願政府派子文來，只是因為我知道子文毫無耐心，又有立功的野心，來了若無大功可立，必大怨望。」胡適於一九四〇年九月廿四日日記說道：「看（S. K. H.），他今天大生氣，說『好（不）容易把借款辦成，你們的宋子文先生偏不肯讓我們發表，說他要等重慶回電！他不知道，這麼一耽擱，借款的精神作用怕要喪失了！』」胡適忍讓宋子文的苦心，在他的駐美大使日記中，隨處可見。如一九四一年一月廿三日，紐約「中國協會」同時邀請胡、宋二人發表演說，胡只說了幾句話而存心讓心胸狹窄的宋子文單獨作主講人。一九四一年四月廿一日胡適的日記寫道：「忽得Morgenthau（即摩根索）電話，約子文與我三點十五分去談。我們進他的屋子，見在座有財次長Bell……並有速記生一人。形勢甚嚴重。是日所見是一場大風波。M（摩根索）忽然大發牢騷，對S（宋子文）大生氣，痛責他不應該勾結政客（即有名的權力掮客柯克蘭Tommy Corcoran），用壓力來高壓他（M）！他說話時，聲色俱厲，大概是幾個月的積憤，一齊湧出來了。」宋的祕書薛觀瀾說，一九四一年十二月七日珍珠港事變之際，日本駐美大使被美國國務卿赫爾以「不守信義」為由逐出會客室，美國記者問訊於胡，胡正盥洗於浴室，匆匆之間，對來訪記者答以「向無所聞」。次日見報後，宋子文當面質問胡，胡一怒之下提出辭呈，蔣批：「勉為其難」，加以挽留。參看《宋子文與戰時外交》，頁三五二～三五三。胡適於一九四二年五月十九日日記寫道：「自從宋子文做部長以來（去年十二月以來），他從不曾給我看一個國內來的電報。他曾命令本館，凡是館中和外部、和政府往來的電報，每日抄送一份給他。但他從不送一份電報給我看。有時蔣先生來電給我和他兩人的，他也不送給我看，就單獨答覆了（他手下的施植之對人說的）。昨天我覆雪艇（即王世杰）一長電，特別抄了送給子文看，並且親筆寫信告訴他，意在問他如何答覆。他今天回我這封短信，說"I replied much in the same view!"他竟不把他的電文給我看！記此一事，為後人留一點史料而已。」王世杰曾於一九四一年寫信勸慰胡適：「宋君為人有能幹而不盡識大體，弟亦知兄與其相處不無格格。惟兄素寬大，想必終能善處之。」胡適終無法與宋「善處之」，於一九四二年九月辭職。參看張忠棟《胡適五論》，臺北：允晨文化，一九九〇；張忠棟選注《胡適駐美大使日記》，香港《明報月刊》，一九八九年一月號，頁一〇二～一一二；葉一舟，〈胡適與宋子文的「過節」〉，《美洲時報周刊》，第二九〇期，一九九〇年九月十五日出版，頁八六～八七。胡適亦曾記載宋子文「貶華媚外」行徑，宋對曾任外交部次長的甘介侯說：「我吩咐過，外國人打電話直接接上來，中國人打電話，要先問了我，再接上來。」甘氏將這句話轉告胡適。見胡適一九四七年九月十日日記。

26 《吳國楨傳》頁三七五～三七九。宋子文以外長兼蔣之私人代表身分駐美，外交部政務次長吳國楨在重慶代理部務，吳稱蔣廷黻憑其和孔祥熙之交情以為必可出任外交部政次，要求外交部總務司長李惟果代其尋覓官舍。

27 《在蔣介石身邊八年——侍從室高級幕僚唐縱日記》，頁四二六。

28 前引，頁四三二。

29 胡適一九四四年十二月四日日記。

30 《孔祥熙宋子文郎舅關係與政治恩怨》，頁六四～六五。

31 《在蔣介石身邊八年——侍從室高級幕僚唐縱日記》，頁五九六。

32 前引，頁五九七。

33 《孔祥熙宋子文郎舅關係與政治恩怨》，頁六五。

34 《學鈍室回憶錄》（下卷，增訂本），頁六六五。

35 前引，頁六五五六。

36 *TIME*，一九四四年十二月十八日出版，封面故事，頁卅八；J. P. Morgan（1837～1913）為美國著名銀行家，見Howard L. Boorman ed; *Biographical Dictionary of Republican China*, Vol. 3, New York: Columbia University Press, 1970, 153。一九四一年三月廿四日出版的《生活》（*LIFE*）雜誌以八頁篇幅介紹「蔣介石的神祕妻舅」宋子文，有褒無貶，說他和孔祥熙不講話，該文又稱宋收藏不少中國國畫和骨董。PP. 90-97。

37 《孔祥熙宋子文郎舅關係與政治恩怨》，頁六二。

38 前引，頁六三；Arthur N. Young, *China and the Helping Hand, 1937-1945*, Cambridge, Mass.: Harvard University Press, 1963, 73-74。

39 Edgar Snow, *Journey to the Beginning*, 216。

40 Henry Morgenthau III, *Mostly Morgenthau: A Family History*, New York: Ticknor & Field, 1991, 399。

41 Robert E. Sherwood, *Roosevelt and Hopkins*, 408。

42 Snow, 216。

43 《在蔣介石身邊八年——侍從室高級幕僚唐縱日記》，頁三九〇。

44 Y. C. Wang, 444, 457；梅寅生中譯本，頁一七七、一八一。

45 吳相湘〈孔祥熙任勞任怨〉，收入《民國人物列傳》，臺北：傳記文學出版社，一九八六，頁二六七。孔祥熙於一九四四年十一月廿六日發表〈財政部長孔祥熙任內政績交代比較表敘言〉，臚列其政績為：（甲）抗戰前財政上重要措施：一、減輕田賦附加，廢除苛捐雜稅；二、創辦直接稅；三、增進國家銀行機能；四、實行法幣政策；五、整理舊債。（乙）抗戰時期財政上重要措施：一、改訂財政收支系統；二、田賦收歸中央接管並徵收實物；三、實施公庫法建立國庫網；四、改進戰時稅制；五、舉辦專賣；六、舉借外債與租借物資；七、加強管制金融；八、實施管理外匯；九、爭取及管制物質。參看李茂盛《孔祥熙傳》，北京：中國廣播電視出版社，一九九二，附錄一，頁一八八～一九八。

46 《傅秉常先生訪問紀錄》，沈雲龍訪問、謝文孫記錄，臺北中央研究院近代史研究所口述歷史叢書(45)，一九九三，頁一〇二。

47 《在蔣介石身邊八年——侍從室高級幕僚唐縱日記》，頁四三二。

48 《有關抗戰初期孔祥熙與宋子文之爭文電一組》，頁十五。

49 《在蔣介石身邊八年——侍從室高級幕僚唐縱日記》，頁三九九。

50 前引，頁四五一。

51 前引，頁二八七。

52 李璜說：「（一九四五年四月）二日我自成都飛抵重慶後，始知政府的決策，是要在這次國際會議席上，擺出各黨各派均有的一個真正民主國家的姿態，去符合美國對我這個四召集國之一的希望，因之不但有青年黨的一員，而且有民社黨的張君勱，共產黨的董必武，與無黨無派的胡適之、胡政之，並有一無黨派之女代表吳貽芳，政府黨則在十人中只占四人：首席代表宋子文與代表王寵惠、顧維鈞、魏道明。」見《學鈍室回憶錄》（下卷，增訂本）頁五三八。張忠紱說：「代表團組成的用意原在表示全國統一合作，而實權則操於宋顧二人之手。其他代表均有名無實……。」見氏著《迷惘集》，頁一八四，香港：吳興記總經銷。（無出版年代，應為八〇年代初；七〇年代初此書曾在臺出版。）

53 貝祖詒（一八九三～一九八二），字淞蓀，為名建築師貝聿銘的父親，逝於紐約。

54 《學鈍室回憶錄》（下卷，增訂本），頁五三八～五三九。

55 《迷惘集》，頁一八二～一八四。

56 前引，頁一九八～二〇〇。

57 《在蔣介石身邊八年——侍從室高級幕僚唐縱日記》，頁三八四。

58 前引，頁三四〇。宋子文的好色，不亞其姊夫孔祥熙。戴笠為拉攏宋，曾在香港找了一位年僅十六歲的容姓少女當宋的小情婦，而容姓少女的母親則是戴笠的姘頭。後來宋夫人張樂怡和宋美齡知道宋子文金屋藏嬌的事，曾掀起一陣風波。參看《在蔣介石身邊八年——侍從室高級幕僚唐縱日記》，頁四五三～四五四。

59 Frank Dorn, *Walkout: With Stilwell in Burma*, New York: Pyramid Books, 1973, 122-123。

60 Tuchman, 390。

61 Alsop, 216。

62 前引，216-217。

63 前引，217。

64 同前。

65 黃仁宇《從大歷史的角度讀蔣介石日記》，頁三三三。

66 前引，頁三四二～三四三。

67 《在蔣介石身邊八年——侍從室高級幕僚唐縱日記》，頁三七三、三八四。

68 *The Stilwell Papers*, 234。

69 《陸鏗回憶與懺悔錄》，頁一二二。

70 陸鏗〈拒作貳臣盼望統一的李惟果先生〉，載《傳記文學》第五十四卷第一期，一九八九年一月號，頁七二～七三。

71 《學鈍室回憶錄》，頁六五四。

72 《宋子文傳》，頁二五六。

73 吳相湘認為傅斯年批評孔宋的文章，「不免偏激」。見氏著《孔祥熙任勞任怨》，頁二六七。

74 Immanuel C. Y. Hsü, 734-738。

75 前國民黨中宣部長李惟果指出：「再如二陳（陳果夫、陳立夫兄弟）之排除異己，連布雷先生都搖頭。汪精衛之叛國，汪本人的政治野心固有以致之，殊無疑義，而陳氏兄弟他們在老先生面前進行挑撥，從組織上加以打擊，也是重要的影響。」見陸鏗〈拒作貳臣盼望統一的李惟果先生〉，頁七三。

76 《孔祥熙傳》，頁一四二～一四三；《孔祥熙和宋藹齡》，頁三三八。

77 熊丸說：「以前孔院長病重時，我替他看完病後又送他回美國，便在他家住了六天。那六天當中，每天早上的水果都是孔夫人親自削的，……我在她家頓頓都吃魚翅，所以從她家出來後，直到現在我還不喜歡吃魚翅。」見《熊丸先生訪問紀錄》，頁一七二。

78 一九六七年八月十六日《紐約時報》訃聞版。梁敬錞對《時報》的孔氏訃聞小傳表示極度不滿，稱該報「憑弔之餘，暗放冷箭，沖淡他改革幣制的功勞，挖苦他算帳精明，懷疑他是近於市儈而不是政治家，甚至要將共產黨竊據大陸的責任，都要算到他的身上。」梁敬錞〈敬悼孔庸之先生〉，轉引自孟天禎《從政前之孔庸之先生》，頁一（劉紹唐〈寫在前面的幾句話〉）。因臺灣時間較美東快十二小時，故臺灣報刊報導孔逝世於八月十五日。

79 國民黨祕書長谷鳳翔在追悼會中宣讀蔣介石所撰的〈孔庸之先生事略〉，蔣大力為孔辯護：「及至第二次世界大戰告終，即我抗戰結束之初，共匪乃千方百計，造謠惑眾，動搖中外輿論，企圖推倒我國民政府者，必先推倒我財經當局之陰謀，於是其矛頭乃集中於庸之先生一人，使其無法久安於位，而不得不出於辭職之一途，惟當其正式交卸於其後任時，其在國庫者，實存有外匯九億餘萬美元，而其他金銀鎳等各種硬幣，所值美金一億三千萬餘元，尚不在此數之內，以上兩項合計，實值美金十億美元以上，乃可謂中國財政有史以來唯一輝煌之政績。……至此當可以事實證明，其為貪汙乎？其為清廉乎？其為無能乎？其為有能乎？自不待明辯而曉然矣！然當其辭職以後，國家之財政經濟與金融事業，竟皆由此江河日下，一落千丈，卒至不可收拾，於是未及三年，共匪之陰謀達成，……更足證明孔前院長在其任職期間，自北伐剿共以至抗戰勝利為止之二十年中，不辭勞怨，不辯枉屈，而一心竭智盡瘁，報效黨國，其革命之精神，自是為吾輩與後世崇敬難忘者也。」見《從政前之孔庸之先生》，附錄一。

80 見一九四六年九月廿三日及一九四九年六月二十日出版的《時代》周刊。

81 孔祥熙和宋藹齡於四〇年代即在巴西和美國置產、投資，一九四三年向前美國駐蘇大使、紐約州長哈里曼（W. Averell Harriman）夫婦的女兒購買長島蝗蟲谷拉丁鎮（Lattingtown）費克斯小徑（Feeks Lane）九十五號的三十七英畝房產。三層莊園住宅建於一九一三年，占地約一萬兩千平方呎，外觀並不特殊，共有十五間臥室、六個壁爐，八間浴室。孔宋及其子女常川住此，宋美齡於一九七五秋赴美後亦以此為家。九〇年代後，宋美齡移居曼哈頓，蝗蟲谷巨廈久無人居，一年地稅和維持費約需二十萬美元，孔家大小姐孔令儀亦已老邁，乃決定出售；上市一年多後，於一九九八年八月中旬完成過戶手續，以低於市價的二百八十多萬美元售予紐約營建商史蒂門（Stillman），見一九九八年八月十七日紐約《世界日報》。二十世紀一〇年代至三〇年代，一批大富豪在長島北岸興建了六百至七百棟豪華住宅，至九〇年代仍有二百至三百棟存在。當時長島北岸被稱為是「黃金海岸」（Gold Coast），長島則有「美國蒙地卡羅」（America's Monte Carlo）之稱。老羅斯福故居即在北岸牡蠣灣（Oyster bay）之沙加摩丘（Sagamore Hill），銀行家摩根（J. P. Morgan）、珠寶商第凡內（Lewis C. Tiffany）、百貨業大亨伍渥斯（F. W. Woolworth）和報業巨子赫斯特（William Randolph Hearst）等人在北岸皆擁有金碧輝煌的莊園巨廈。小說家費茲傑羅（F. Scott Fitzgerald）亦在北岸住過，其名著《大亨小傳》（*The Great Gatsby*）即描述北岸巨富生活。參與孔家出售房產的紐約地產商狄凱小姐（Joan Helen de Kay）說，孔宅就具有《大亨小傳》中的氣派，但她認為外間所報導之二百八十萬美元售價「偏低」。見*New York Times*, August 18, 1998, P.B2; "Mansions of Long Island's Gold Coast", in *The New York Times Weekends*, New York: Macmillan, 1997, 45-51。《美國政治中的中國遊說團》及《宋家王朝》等英文著作常提及的孔祥熙在紐約布朗士區（Bronx）利佛岱爾（Riverdale）的高級住宅，據孔令儀告訴《世界日報》記者傅依傑，該處為租賃而非孔宋擁有（一九九八年九月八日傅電話告作者）。孔家歷年出售新罕布什爾州渡假屋及佛羅里達房產，佛州房產賣了兩千多萬美元，部分捐給孔祥熙和宋家三姊妹的母校俄亥俄州歐柏林學院、耶魯大學、喬治亞州衛斯理安學院和紐約史隆—凱特林（Sloan-Kettering）癌症中心。

宋子文四〇年代先以華府豪華旅館舒安姆（Shoreham）為家，後在華府近郊Chevy Chase康乃狄克大道置產，再搬至Woodland Ave.；定居美國後出售華府住宅，於曼哈頓公園大道一一三三號購一高級公寓，日後陸續在長島北岸之Sands Point以及紐約近郊之Harrison, Scarsdale購屋。

82 參看《顧維鈞回憶錄》第七分冊，中國社會科學院近代史研究所譯，北京：中華書局，一九八八。

83 《宋子文傳》，頁二九三～二九四；Seagrave根據《紐約時報》報導稱蔣曾於一九五〇年兩度電邀宋子文赴臺，宋拒絕，見*The Soong Dynasty*, 451-452。

84 陳俊編著《海南近代人物誌》，臺北：傳記文學出版社經銷，一九九一，頁二〇三。

85 顧維鈞在追悼會上致詞：「宋先生猝然逝世，我們莫不震驚，不論在國內或在國際，宋氏名譽將永垂不朽！宋先生對廢除清廷與外國簽訂的治外法權及領事裁判權等不平等條約的貢獻，是最值得讚美。」一九四五年舊金山聯合國制憲大會助宋撰寫英文講稿的Youngman亦在會中致悼詞。見《海南近代人物誌》，頁二〇三。

86 Seagrave，454-455。

87 一九七一年四月廿六日及四月廿七日《紐約時報》訃聞版。

88 Emily Hahn, 41。

89 中國抗戰的時候，出現過「前方吃緊、後方緊吃」的情況；韓戰時，這種怪現狀再告發生，而扮演「後方緊吃」的，又是一批中國人，其中的主角就是宋美齡的弟弟宋子良。

一九五〇年六月韓戰爆發前夕，五十六位住在美國和港臺的中國人囤積了數量驚人的大豆，準備發「戰爭財」。這批投機者看準了韓戰開打之後，大豆勢將奇貨可居，乃操縱國際市場，獲利達三千萬美元。據特立獨行的美國新聞怪傑史東（I. F. Stone）報導，中國商人所串演的「大豆事件」，是在一九五一年十月美國國會舉行的麥克阿瑟將軍聽證會上，首次被揭發出來。麥馬洪參議員質問國務卿艾奇遜是否知道一九五〇年六月大豆市場所發生的事情？艾奇遜答道：「是的，我記得有這件事。一群中國商人以囤積大豆的方式製造了非常嚴重的情況，他們控制了大豆的價格。」

一九五三年國會召開麥加錫參議員聽證會時，抖出了更多大豆事件的內幕。據美國農業部期貨交易管理局的調查報告，五十六名中國商人參與大豆投機生意，從一九五〇年六月中旬開始到六月廿五日戰事爆發前，大豆價格暴漲。投機商裡面，以宋子良最有名。紐約《前鋒論壇報》說：「中國東北是大豆生長的重要地方，假如韓戰爆發，則世界大豆市場一定會缺貨。南韓總統李承晚與臺灣蔣介石政府關係密切，這使人很容易聯想到在美國的中國人可能已經先獲得了韓戰將爆發的訊息，因而從中牟利。」期貨交易管理局說，中國投機商壟斷了市場一半的大豆，有些中國商人還有香港的地址。

宋子良生於一八九九年，一九八七年在紐約去世。宋家六個兄弟姊妹中，子良排行第五，其「搞錢」的本領並不亞於兄姊。抗戰時代，宋子良在美國負責處理租借法案中運送至中國的所有物資。據一些記載，許多物資根本未運抵中國，在美國本土即「神祕失蹤」。《宋家王朝》的作者西格雷夫說，由宋子文和宋子良兄弟所控制的租借法案援華物資，多達三十五億美元。為了載運美援物資，宋子良自己又開設了西南運輸公司，擁有卡車六百輛，獨霸戰時後方運輸業。

著名的「扒糞」專欄作家皮爾遜在五〇年代的一篇專欄中說，宋子良的兒子（Eugene）和孔祥熙的次子孔令傑曾合作出售大批貴重的錫予中共。參看I. F. Stone, *The Hidden History of the Korean War, 1950-1951*, Boston: Little, Brown: 1952, 1988. xiv-xv,350; Drew Pearson, *Diaries, 1949-1959*, ed. by Tyler Abell, New York: Holt, Rinehant Winston, 1974, 250。

宋子良（一八九九～一九八七）與其妻宋席曼英（一九一五～一九九四）的靈柩同置一墓櫃內，緊鄰其女兒宋慶頤（一九四三～一九九一）之墓櫃。

90 風可利夫墓園位於紐約北郊之哈斯代爾（Hartsdale），占地頗寬、環境清幽，為一高級墓園。墓園又分室內靈殿和室外墳場。室內靈殿舊建築物為二層樓，近幾年又加蓋新靈殿三層；室內靈殿除存放骨灰，大部分係在牆內放置靈棺（如櫥櫃式），外面罩以刻有死者名字與生卒年的大理石板。其存放靈棺的方式有如中國人所稱的「暫厝」，但美國人則是富有的人始暫厝室內靈殿，一般人在戶外「入土為安」。風可利夫墓園室內墓櫃一個約二、三萬美元，土葬墓地約四、五千美元。一些美國名人亦埋骨室外墳場，如自殺身亡的女影歌星茱蒂迦倫、電視綜藝節目主持人艾迪・蘇利文以及遇刺身亡的黑人激進派領袖Malcolm X等。「落戶」風可利夫墓園的華人不少，絕大部分停厝於室內靈殿，為尊重中國人習俗，墓園管理單位特別准許家屬在室內祭祀水果、燒香、誦經和燒冥紙，但規定不得外帶盆景和塑膠花，鮮花須向墓園購買。令人驚異的是，中國近代史的一些主角和赫赫有名的人物亦以此墓園為最後歸宿之地。

孔家在三十餘年前即已購妥五層墓櫃，在舊靈殿進門左側；孔家所購的獨立式五層墓櫃，當時約值十萬美元，九〇年代初同樣規格的約需二、三十萬美元。孔家因嫌鄰近大門，進出人多，有礙致悼哀思，乃將五個舊墓櫃售予風可利夫墓園當局，另在新建靈堂三樓購一房間式的私人墓室，墓室內有六個墓櫃。此一私人墓室約為三十萬美元。一九九四年八月九日，孔祥熙、宋藹齡和孔令侃的靈棺移至新墓室，孔令偉、孔令傑死後亦陸續遷入。孔家私人墓室六層墓櫃，最上一層空置，孔令傑占第二層、孔令偉第三層、孔祥熙第四層、宋藹齡第五層、孔令侃最底層。據墓園職員透露，孔家墓室隔壁的另一間私人墓室，亦已由孔家買下，將作為宋美齡的長眠之地。

死者家屬如覺墓櫃位置欠理想，可將舊墓位回售墓園當局而另換墓位，如同買賣房屋。顧維鈞家屬因嫌其墓櫃位置欠佳，乃移至二樓樓梯附近最上一層，孔家私人墓室即在三樓樓梯旁，適在顧墓之上。宋子文、張樂怡（Laura Chang Soong, 1909-1988）夫婦墓櫃在二樓靠窗角落，墓板上刻有中文「宋」字印符。宋子良夫婦及其女兒墓櫃則在三樓另一端。

91 孔宋二人皆未留下回憶錄，宋子文家屬多年前把他們所保存的宋子文檔案捐給加州史丹佛大學胡佛研究所檔案館，其中包括一九二〇年至一九六八年的中英文文件和信函，分裝五十七箱（另附一個大箱），兩個裝有文件的信封、三箱照片、兩捲顯微底片和紀念品。在五十八箱的檔案裡，英文占四十箱，中文占十八箱。宋家規定，第三十六箱至三十九箱的英文檔案（一九三四～一九四八）以及第六箱至十八箱的中文檔案（一九四〇～一九四八），皆屬機密文件，禁止閱覽，直至一九九五年四月一日才能開放，宋家以為到那時候相關人物也許均已物故。未受限的檔案多年來已被中外學者所充分利用。

一九九五年四月一日，四箱英文檔案和十三箱中文檔案的保密期限到了，胡佛研究所檔案館為了慎重起見，對這批檔案內容進行再審查，並徵詢宋氏家人和親屬對開放機密檔案的意見。結果宋家改變初衷，要求胡佛檔案館繼續密藏這批檔案，不得開放，須俟宋美齡「蒙主寵召」後方能公開。作者於一九九六年年初獲得消息，不願這十七箱中英文檔案如期曝光的人，就是宋美齡。參看林博文〈宋子文檔案〉，一九九六年一月十九日臺北《中國時報》人間副刊「三少四壯集」。

史學家吳相湘說：「孔祥熙資料，其子女原擬送胡佛檔案館，但孔子女要求闢一專室。檔案館以無此先例，故未有成議。亦未送藏耶魯大學。……」（見《孔祥熙任勞任怨》，頁二六七）。查紐約哥倫比亞大學蒐藏有一批孔祥熙文件。

第十一章

精明的大姊和左傾的二姊

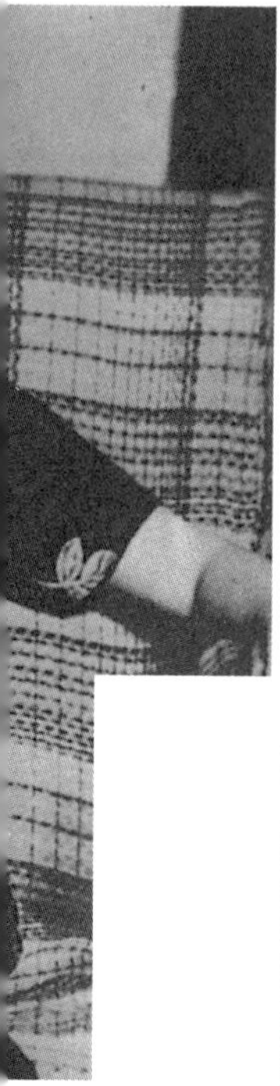

一九二〇年代宋家姊妹造像；由左至右為藹齡、慶齡、美齡。三姊妹的婚姻關係，使宋家成為近代中國最顯赫的家族。

美齡（後）與慶齡的姊妹情因婚姻與政治而發生裂痕。

抗戰期間，宋藹齡（右）與宋美齡在重慶與羅斯福夫人通越洋電話。大姊與小妹感情最好，而使得孔祥熙夫婦和孔家子女在蔣介石政府中扮演「上下其手」的角色。

一九二四年十二月四日，形容憔悴、身體違和的孫中山，偕宋慶齡攝於天津日輪「北嶺丸」甲板上。三個多月後孫中山即病逝北京。

孔宋家族中最精明、最厲害的人乃是孔祥熙的妻子宋藹齡，連蔣介石亦畏她三分。蔣介石的姪孫兼副官蔣孝鎮說：「委座之病，唯夫人可醫；夫人之病，唯孔可醫；孔之病，無人可治。」圖為蔣介石手挽宋藹齡。

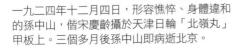

中華民族的浴血抗戰不僅導致國共第二次合作，亦促成宋家姊妹暫時拋開私怨與公仇，攜手抗日。宋美齡（中）在重慶郊外向大姊、二姊說明防空洞設施。

一九四〇年代初以《宋家姊妹》（*The Soong Sisters*）一書而成名的美國女作家項美麗（Emily Hahn）。
項美麗旅華多年，曾與詩人邵洵美同居，邵鼓勵她寫宋家姊妹，並予大力協助。
項美麗於一九九七年二月十八日病逝紐約，享年九十二歲。

重慶居民好奇地觀看頭戴大笠帽的宋家姊妹，自左至右為靄齡、美齡、慶齡。

宋慶齡是宋家唯一離經叛道的「黑羊」（black sheep）。一九六一年五月十一日毛澤東到上海宋寓看望宋慶齡。

自二〇年代中期直至四〇年代末期，宋家三姊妹可說是全世界最有名的「中國姊妹花」。他們在一個「山雨欲來風滿樓」的時代，選擇了正確的對象，而使她們的命運與時代相浮沉。

姊妹婚姻　造成家族分裂

宋氏家族因三姊妹的婚姻關係而逐步進入中國政治的權力核心，但也因三姊妹的婚姻關係而造成家族的分裂。宋慶齡不顧父母、藹齡和其他親友的激烈反彈，堅持嫁給孫中山，乃是宋家出現裂痕的「始作俑者」；而她日後在政治思想上和政黨活動上的左傾，以及她對美齡與蔣介石結婚的強烈反對，使宋家走上了永恆的「家庭分裂」（house divided）。宋家的分裂，亦即近代中國分裂的縮影。

諷刺的是，宋慶齡與孫中山的婚姻，卻是使宋氏家族從買辦家庭變成權勢家族、從區區上海宋家躍為中國統治家族的敲門磚。孫宋聯姻，開啟了宋家的「天寶盛世」，從此在中國的政治景觀上展示了耀眼的地標；沒有孫宋聯姻，宋家成員不可能步上政治坦途，蔣介石也許不會熱烈追求宋美齡，中國近、現代史或將改寫[1]。

結合政治、權力與財富的婚姻，成就了近代中國最著名、同時亦最為人所詬病的孔宋家族。

宋家三姊妹的錯綜複雜關係，八、九十年來一直是中外人士矚目的焦點。她們的恩怨與愛恨，引發了中外作家和媒體歷久不衰的好奇及靈感，產生了無數的作品與報導。「三姊妹的故事」是歷史、政治、外交、金錢與鬥爭的綜合故事，也是一齣典型的權力與魅力融合的劇本。

三姊妹中，最精明幹練的是大姊藹齡。跟她打過交道以及深知其為人的中外人士，皆異口同聲地表示，宋藹齡是個極厲害的角色，孔宋財富的搜刮累聚，幾乎是由她發號施令，她是孔宋家族貪瀆枉法、與民爭利的幕後大黑手、主要的策劃者[2]。她不僅完全控制孔祥熙，即連宋美齡亦聽命於她、被她操縱[3]。綽號「哈哈孔」（H. H. Kung）的孔祥熙是她的「走狗」（puppet）[4]，在她的強悍個性、貪婪之心和宋美齡的庇護下，她的丈夫利用官位職權席捲財富，她的四個子女利用特殊身分盡情享受特權，尤其是長子孔令侃、次子孔令傑和外號「孔二小姐」的孔令偉，憑恃姨媽蔣夫人的撐腰，濫用權勢、目無國法，譜成了中國近、現代史上最臭名昭彰的一頁[5]。三、四〇年代，中國官場和民間流傳的一首順口溜，最能代表當時「四大家族」不可一世的盛況，那就是：「蔣家天下陳家黨，宋家姊妹孔家財」。

「孔家犬」搭機　仗勢欺人

在美國媒體和政界頗具影響力的保守派專欄作家艾索普（Joseph W. Alsop），一九四三年冬天在重慶和宋子文一道散步時，曾經問宋子文：「假如大姊（即宋藹齡）是男人的話，將會是怎麼樣的情況？」宋子文想了好一陣子後答道：「如果大姊是個男人，委員長可能已喪命了，她也許在十五年前即已統治中國。」[6]抗戰期間，發生過兩次飛機「載狗不載人」的大新聞，這兩次醜聞皆與孔家有關。據《孔祥熙和宋藹齡》一書說：「一九四一年十二月八日，日本偷襲珍珠港，並在東南亞、中部及南部太平洋地區發動了廣泛的攻擊，太平洋戰爭正式爆發。此時，正住在香港的一位《大公報》負責人，緊急向國民黨政府求救，蔣介石遂電告香港當局，派飛機將《大公報》的這位負責人送回國內。十二月九日，《大公報》派人到重慶珊瑚壩機場守候迎接。誰知當由港飛渝的最後一班飛機降落後，並沒有將那位報社負責人接回，而是運來大批箱籠、幾條洋狗和幾位老媽，由穿著男式西裝的孔二小姐接運而去。《大公報》的編輯、記者們聽此消息，十分氣憤。」十二月廿二日，《大公報》發表了一篇〈擁護修明政治案〉的社評，指出：「最要緊的一點，就是肅官箴、儆官邪。譬如最近太平洋戰爭爆發，逃難的飛機竟裝來了箱籠、老媽與洋狗，而多少應該內渡的人尚危懸海外。善於持盈保泰者，本應該斂鋒謙退，現竟這樣不識大體。又如某部長在重慶已有幾處住宅，最近竟用六十五萬元公款買了一所公館。」這篇社評一發表，震撼戰時陪都[7]。

無獨有偶的是，《大公報》負責人被拒載於前，艾索普亦碰到同樣倒楣之事。艾索普說他擔心日軍攻進香港，即訂妥機票準備離港飛赴重慶，卻於十二月十二日起飛當天，接獲航空公司通知稱，孔夫人宋藹齡將攜帶一隻大狗上機，他的座位已讓給「孔家犬」。艾索普雖跟「飛虎將軍」陳納德交情不錯，仍無法保住位子，只得在盛怒下被迫放棄機位，與那位《大公報》負責人一樣「被孔家犬欺」[8]！

幫孔宋家族成員做過事的徐家涵說：「孔妻宋藹齡，在幕後操縱國內政治經濟以及國際金融投機市場。蔣介石、宋子文、孔祥熙三個家族內部發生摩擦，鬧得不可開交時，只有她這個大姊可以出面仲裁解決。她平日深居簡出，不像宋美齡那樣歡喜出頭露面。可是她的勢力，直接可以影響國家大事，連蔣介石遇事也要讓她三分。她是唯一不用什麼『總裁』、『委員長』等頭銜稱呼蔣介石的人，喊蔣『介兄』；在公共集會、外交場所，蔣介石對她恭恭敬敬。」[9]徐家涵稱蔣介石對宋藹齡「也要讓她三分」，並非虛語，蔣介石的姪孫、曾在侍從室做過侍衛官和副官的蔣孝鎮，曾對軍統頭子戴笠沉痛地道出了蔣宋孔這三個統治家族的病因，他說：「委座之病，唯宋可醫；夫人之病，唯孔可醫；孔之病則無人可治。」[10]這句話的意思是說，蔣介石的痛苦與煩惱，只有蔣夫人宋美齡可以解決；蔣夫人的痛苦與煩惱，只有大姊藹齡可以應付；孔家無底洞的貪婪和搜刮以及對社會、國家所造成的傷害，則無藥可醫、沒有人能夠懲治。

在孔祥熙官邸祕書處擔任祕書的夏晉熊回憶說，宋藹齡是個很工於心計的女人，待人接物故作矜持，「我剛去范庄（孔宅）時，宋在我的印象中是一個喜歡歐化生活享受的『闊太太』。她一年中有很多時間住在香港，每天要睡到午飯時才起床，晚上愛打橋牌，經常的搭子是徐堪、陳行、郭景琨等，一打就到深宵一、兩點鐘，後來有次我在香港跟她直接接觸一件事情，使我感到這個女子除了生活享受之外，很會玩弄政治。」這件事就是一九四一年春天，名作家海明威夫婦在香港與宋藹齡接觸，希望到中國採訪戰地生活，宋決定由夏晉熊負責接待。有一天，宋藹齡要求夏晉熊找《泰晤士報》駐遠東記者麥克唐納訪問她，夏稱他不認識麥克唐納，宋藹齡則說可告訴麥氏海明威將應孔祥熙夫婦之邀赴華採訪，麥氏後來訪問了宋藹齡，宋大談其夫主持中國財政的貢獻。夏晉熊說：「這時我才恍然大悟，宋為什麼要見麥克唐納的道理。」[11]

大姊藹齡幕後發號施令

孔祥熙與宋藹齡利用職權與特權聚斂財富，是屬於「夫妻檔」，孔家子女長大成人後，即步武父母之後，而形成無所不貪的「孔家黨」；再加上宋美齡，西方人稱之為「宮廷派」，宮廷派的首腦非宋藹齡莫屬，藹齡透過美齡來左右蔣介石[12]。宋藹齡巧取豪奪的行徑是驚人的，這就是「前方吃緊、後方緊吃」的寫照，孔祥熙擔任財政部長期間，國民政府購買軍用飛機，宋藹齡每次都抽取佣金[13]。孔宋及其子女的搜括和暴斂，宋美齡在私下是否分一杯羹，因缺乏檔案證據，無法證明，但在重慶、南京時代不乏藹齡、美齡兩姊妹聯手牟利的說法，即利用孔祥熙以套取外匯、操縱公債和投機銀價[14]。

孔宋家族在許多方面代表了上層階級腐化、墮落的一面。除了貪財好貨，孔家上下均「不安於室」，在「飽暖」之後，大「思淫慾」。重慶黨政高層和美國外交人員都很清楚孔家男女令人側目的私生活。在蔣介石手邊任職的陳希曾有一次在侍從室同仁的聚餐會上侃侃而談孔家穢事，他說，孔夫人宋藹齡有個姘夫，而這個姘夫的妻子又勾搭上孔家公子，唐縱說：「惡惡相報，醜孰甚焉！」[15]艾索普亦說，盛傳宋藹齡外遇甚多，「通姦極頻繁」（to cuckold with generous frequency），而使孔祥熙常戴綠帽[16]。不過，「孔哈哈」亦非弱者，同樣在外尋找目標，侍從室幕僚中，文章寫得最好的陳方（芷町）曾對唐縱說，孔二小姐（孔令偉）在外面找女人，為其父拉皮條以孝敬其父，並利用此「功勞」趁機操縱中央銀行。搞情報的唐縱對這駭人聽聞之事半信半疑，即問陳方：「真的嗎？」陳答曰：「有可靠之來源。」這兩位蔣介石的幕僚乃「相與歎息！」[17]

宋藹齡對吳國楨似乎亦有興趣，《吳國楨傳》有如下記載：「一日，忽得電話，謂孔院長（孔時已由副院長升任院長）請赴其公館談話。范庄有兩棟房屋，孔會客多在前棟。後棟則為其私宅，在此會客時甚少。吳那日走到前棟寂焉無人，只有一副官，見吳即稱，請往後棟。吳到後棟，則僕人請入客廳，吳問：『院長今日不在前棟見客？』他答：『院長到行政院去了，是夫人請您來的。』吳正訝異，孔夫人業已下樓。初次見面，孔夫人時年五十左右，盛裝之下，若不知其背景，很可能誤認為三十許人。吳想她或有特殊事件，與外交有關，要同其商量，乃正襟危坐。但坐有一刻許，她所談詢，均是噓寒問暖，無關緊要之辭。吳則有問必答，最後想，也許要其問她，她才會說。吳就開口說：『夫人有什麼事，要我去做？』孔夫人笑說：『沒有什麼。』但立刻拿起紙筆，寫了些字，繼續說：『這是我的私人電話，你打這電話，只有我接，你有什麼事可以打電話給我。』吳拿過來，謝謝她，就告辭而行。出了范庄大門，坐上汽車，打開那紙一看，果然是一電話號碼。但是吳這一生，未曾打過那電話。」吳國楨說他一生只見過孔夫人三次，「不曉得她為什麼要把那私人電話給他，也猜不出，若用了那私人電話，會有什麼結果。」[18]

一九七三年十月十九日，宋藹齡因癌症病逝紐約，終年實歲八十四。

宋家三姊妹中，老二慶齡比較特立獨行，她的思想進步、左傾，富理想主義、不擺架子。政治立場的殊異，使三姊妹起了內訌，藹齡與美齡組成聯合陣線，慶齡則孤軍奮戰。

孫中山和宋慶齡的聯姻，對宋家和中國而言，都是一樁影響極為深遠的大事。他們的結合雖受到各方的反對、批評和嘲諷，然而，孫宋的十載婚姻生活（一九一五至一九二五）卻是宋慶齡一生中最愉快、最幸福、最滿足的歲月。教育背景的相等、對人生與理想的執著以及對革命與建國的熱忱，再加上「老夫少妻」的如膠似漆，使慶齡成為孫中山最信任的伴侶、知己和助手。這十年是孫中山政治運途最坎坷顛沛的年代，他常年僕僕風塵於廣州和上海之間，以對抗「野火燒不盡」的軍閥豪勇，而且必須忍受和排解政治上及軍事上的橫逆與挫折。在這十年中，孫宋夫唱婦隨，但慶齡並不參與實際政治活動、不干政攬權、不發表任何政治性談話，她默默地做一個革命家的賢內助。

孫中山的革命風範和宋慶齡的端雅自持，使建國大業平添羅曼蒂克的色彩。宋慶齡雖和家人恢復關係，但不可否認的是，她和家人已不再像過去那樣親密，只有宋子文比較理解她的心情。

與孫中山的結合，改變了宋慶齡的一生；孫中山的壯年殂殞，則使宋慶齡面臨另一個更劇烈的變化。一九二五年三月十二日上午九時三十分，孫中山病逝於北京東城鐵獅子胡同五號，享年五十九歲。臨終前一天，孫中山特地把宋慶齡囑託給何香凝等人，再三叮嚀說，在他死後要「善視孫夫人」、「弗以其夫人無產而輕視」[19]。一代革命家在家事遺囑中留言：「余因盡瘁國事，不治家產。其所遺之書籍、衣物、住宅等，一切均付吾妻宋慶齡，以為紀念。余之兒女已長成，能自立，望各自愛，以繼余志。」[20]廖仲愷的遺孀何香凝在上海舉行的孫中山追悼會上，特別提及宋慶齡的劬勞，她說：「在先生病榻之旁，三月未離一步，衣不解帶，食不知味，以先生之精神為精神，使吾人永念不忘者，則為孫夫人。夫人之精神與勞苦，為吾輩所當敬愛。先生日語夫人，盼同志繼續努力革命；今先生死矣，夫人尚在。我輩當念先生之言，隨夫人之後，共同奮鬥。」[21]

孫中山死後，宋慶齡的處境驟然改變。由於她的身分和地位，以及國民黨內部的派系鬥爭，迫使她必須擔負更積極、更凸顯的政治性角色。

孫夫人認同國民黨左派

對宋慶齡而言，一九二七年是她生命史上的第三個轉捩點[22]。這一年，宋慶齡已很明顯地認同國民黨左派，她認為國民黨左派才是真正繼承孫中山的精神和思想。同時，也就是這一年，在慶齡的大力反對下，么妹美齡終在大姊靄齡的傾力撮合及宋母有條件的祝福中，與中國黨政軍界的「明日之星」蔣介石結婚。這場政治味道極為濃厚的婚姻，正式完成了宋家姊妹與近代中國風雲人物的權力大組合。

一九二七年以後，宋家姊妹的感情已受到難以彌補的創傷。藹齡與美齡屬於蔣介石派，慶齡則成為反蔣派大將。國民黨內部鬥爭加劇，寧（南京）、漢（漢口）分裂，宋慶齡、宋子文姊弟皆為武漢政府要員，但宋子文不久即棄漢投寧，助蔣籌措軍費。武漢隨後進行清黨，中共宣布退出武漢政府，宋慶齡則日夜與左派人士為伍。

抗戰軍興，宋家姊妹抱持同仇敵愾之心，愛國救國的熱忱暫時拉近了三姊妹的距離。一九三八年六月，宋慶齡在香港成立「保衛中國同盟」，從事戰時醫藥救濟與兒童福利工作，但許多醫藥救濟品轉運至中共控制的地區。藹齡與美齡則組織「婦女指導委員會」，並致力「全國兒童福利會」工作，推銷戰時公債[23]。一九四〇年二月，宋美齡自重慶飛至香港，住在沙遜路藹齡寓所，其時慶齡與子文皆住在九龍嘉連邊道，美齡來港後，便和藹齡邀慶齡到沙遜路同住，三姊妹已甚久未在一起用英語和上海話「共話桑麻」了。三姊妹在香港公共場所的出現，引起了國際媒體的注意和議論，敏感的新聞界都預測孔宋家族將團結一致抗日。

一九四〇年三月卅一日，三姊妹從啟德機場搭DC-3客機聯袂飛往重慶，這是藹齡、慶齡首次踏足陪都。三姊妹一道走訪醫院，慰勞傷患、孤兒和學生，參觀防空設施、巡視重慶市區。宋美齡在黃山官邸舉行一次盛大的「為歡迎孫、孔兩夫人蒞渝」酒會，美齡首先致詞說：「我不是演講，今天開這個會，是為了歡迎孫夫人和孔夫人，同時介紹兩位夫人和大家見面。孫夫人和孔夫人不僅是我的姊姊，而且是全國姊妹們的同志。」蔣委員長亦在會上發表歡迎詞，此為蔣首次在公開場合向孫夫人致敬。五月九日，藹齡、慶齡結束陪都之行，返回香港。三姊妹在重慶一個多月的時間，國內外媒體競相報導她們激勵士氣、促進團結、戮力救國的活動，這是最佳的抗日宣傳，對三姊妹而言，也是最有效的公關和「政治秀」[24]。

一九四一年十二月中旬，香港情勢危殆，藹齡、慶齡又避禍重慶。由於宋慶齡曾就年初發生的「新四軍事件」（又稱「皖南事變」），譴責國府當局，要求國府「今後必須絕對停止以武力攻擊共產黨」[25]；因此，宋慶齡此次赴渝不但未受到國府的歡迎，且遭到刻意冷淡，一些國民黨大老看不過去，乃由覃振等人央請國府主席林森出面，召開一個非正式的歡迎會。事實上，宋慶齡在重慶受到了軟禁，住處周圍和行動都受到軍統便衣的監視，蔣介石和國民黨特務機構對這位「共產黨同路人」的「國母」，頗為頭痛，藹齡和美齡亦甚少和她來往。慶齡所接觸的人絕大多數為中共駐渝人員和自由派人士，對國府的一些負面措施，常提出批評，有時亦向美國外交官和媒體提供孔宋家族的黑暗內幕[26]。

宋慶齡打算到美國旅行，重睹她已離開將近三十年的新大陸，但蔣介石和宋美齡擔心她在海外唱反調，抨擊國民政府和蔣家，不讓她成行，連宋子文亦警告她要特別注意安全，以防暗殺[27]。陳納德的政治顧問艾索普說，孔宋家族分成了三派，藹齡與美齡屬於宮廷派（官邸派），但藹齡又是反動派兼保守派的老大；宋子文為現代派；宋慶齡則是共產黨派，並且是中共在重慶的首席傳聲筒；藹齡、美齡經常聯手對付慶齡和子文[28]。艾索普是個極端反共的人，他說國民黨高層的陰謀詭計和令人無法理解的權力鬥爭，主要是孔宋家族引發的，這兩個家族的每一個成員都有其特色。然而，與其他國家的政治家族作一比較，孔宋家族的野心和事事「務必占先」的鬥性，未免太強了[29]。

一九四九年五月下旬上海被共軍占領後，第三野戰軍司令員兼政委陳毅立刻找中共地下黨組織負責人打聽宋慶齡的下落，決定馬上把她接到安全地方，並派部隊在其住處警衛。毛澤東三番兩次寫信給宋慶齡，敦促她「命駕北來，參加此一人民歷史偉大的事業」、「全國革命勝利在即，建設大計，亟待商籌」、「敬希命駕蒞平，以便就近請教」。周恩來則在信中說：「敢借穎超專程迎迓之便，謹陳渴望先生北上之情。敬希命駕北上，實為至幸。」[30]國府代總統李宗仁亦拉攏宋慶齡，於一九四九年一月廿二日派人送專函給她，信中說：「……尤賴夫人出為領導，共策進行，俾和平得以早日實現……。」[31]

宋慶齡當然不可能去臺灣，但中共亦擔心她遠走海外或對新政權保持距離。在中共最高領導人的一再敦促下，宋慶齡於八月廿六日由鄧穎超、廖夢醒（廖承志的姊姊）陪同，乘火車離滬赴平，廿八日抵達北平前門車站，受到毛澤東、周恩來、朱德、林伯渠、董必武、李濟深、何香凝、郭沫若、柳亞子、沈鈞儒、廖承志等人的熱烈歡迎。新政協第一屆會議，宋慶齡被選為大會主席團常務委員，毛澤東被選為中央人民政府主席，宋慶齡和朱德、劉少奇、李濟深、張瀾、高崗同被選為副主席。宋慶齡成為紅朝新貴，從此在紅色中國擔任位尊無權的儀式性角色[32]。一九八一年病重之際，中共「批准」她加入共產黨，並「賜予」中華人民共和國名譽主席的頭銜[33]。

宋慶齡病危時，住在紐約州的二弟宋子良拍了一通慰問電給乃姊，電文說：「獲悉你患病在身，不勝難過。為你康復而祈禱。」小妹美齡並未致電慰問，但據說曾為二姊落淚、祈禱。慶齡收到子良的電報後一個禮拜即病逝，時為一九八一年五月廿九日[34]。宋慶齡生前，美國一家出版公司曾表示願出五十萬美元買她的傳記版權，被她謝絕了。也有不少美國出版商以高價邀請宋慶齡撰寫回憶錄，一些學者和傳記作家亦向宋慶齡表示亟願為她寫「欽定」傳記，她也都婉拒了。

盛傳宋慶齡曾祕密結婚

宋慶齡三十二歲守寡，她雖是革命家、孫中山的未亡人，但也是個需要異性感情的浪漫女性。一般相信，孫中山死後，宋慶齡在極度保密下，曾和左派聞人鄧演達（一八九五年生，一九三一年被蔣介石處決）、中央研究院總幹事楊銓（字杏佛，一八九三年生，一九三三年遭軍統特務刺死）[35]等人發生過戀情，並斷斷續續有過「男友」。英國《每日郵報》和《紐約時報》皆曾報導過宋慶齡和前國府外交部長陳友仁結婚的消息[36]。流傳大陸和海外的說法是，宋慶齡晚年已和跟隨她多年的祕書兼管家祕密結婚。慶齡和美齡都沒有生育，美齡把孔家四個子女當作自己的孩子，慶齡則收養了兩位義女[37]。

宋慶齡雖和藹齡、美齡在政治上分道揚鑣，但早年在父親買辦文化的陶冶下，以及在上海中西女塾和衛斯理安學院的教育，使慶齡在生活品味及嗜欲上，與藹齡、美齡仍有不少雷同之處，如愛說英語、愛吸菸[38]、愛吃西餐、愛打扮、愛看英文書報、內心深處喜歡美國[39]。《紐約時報》名記者索斯伯里（Harrison E. Salisbury）於一九七二年訪問宋慶齡時，她已七十七歲，但仍耿耿於懷兩件事，一件是她再三強調並沒有破壞孫中山與元配的婚姻。她說：「孫中山與元配分居之後，我們才認識。」她說是「國民黨的宣傳」中傷她。另一件事是年齡，她向索斯伯里埋怨他在《紐約時報》的報導中把她的年齡寫多了兩歲[40]。

宋慶齡善於聊天，一九七二年二月尼克森訪問北京，打開了竹幕之後，美國訪客最喜歡拜會兩個人，一個是周恩來，一個是宋慶齡。在她居住的北京後海北沿前清攝政王的王府花園裡，經常可以聽到她和美國訪客的笑聲，她說在北京吃不到像樣的菜，巴黎才有；又說在中國找不到好廚子、好傭人。頗有幽默感的宋慶齡，有次囑咐廚子用雞血和豆腐做了一道美國客人愛吃的酸辣湯，她笑著對客人說：「這是國共合作湯！」大家聽了大笑不已！原來雞血代表紅色共產黨，白色象徵國民黨[41]。

宋慶齡死後，中國大陸出版的無數傳記和回憶文章，對她做了過度的歌頌與美化，從這批作品裡，看不到宋慶齡的真面目、真性情，以及她在紅色中國的真正處境。宋慶齡並沒有了不起的革命理論、思想和著作，但她對中共的貢獻是無與倫比的，她在一九三六年介紹美國左傾記者史諾到延安採訪毛澤東和其他中共領導人物，寫成《紅星照耀中國》（*Red Star Over China*，中譯本書名改為《西行漫記》），這本書在國際讀書界和知識界引起極大的震撼，對延安的正面肯定，為中共帶來了意想不到的宣傳豐收。

一九六六年八月，文革爆發後不久，周恩來苦勸首都紅衛兵不要闖入宋慶齡的住宅。他說：「宋慶齡是孫中山的夫人。孫中山的功績，毛主席在北京解放後寫的一篇重要文章〈論人民民主專政〉中肯定了的。他的功績也記在人民英雄紀念碑上。……孫中山是資產階級革命家，他有功績，也有缺點。他的夫人自從與我們合作以後，從來沒有向蔣介石低過頭。大革命失敗後她到了外國，營救過我黨地下工作的同志；抗日戰爭時期與我們合作；解放戰爭時期也同情我們。她和共產黨的長期合作是始終如一的。我們應當尊重她。她年紀很大了。今年還要紀念孫中山一百周年，她出面寫文章，在國際上影響很大。到她家裡貼大字報不合適。她兄弟三人姊妹三人就出了她一個革命的，不能因為她妹妹是蔣介石的妻子就要打倒她。她的房子是國家撥給她住的。有人說：『我敢說敢闖，就要去。』這是不對的，我們無論如何要勸阻。」[42]

周恩來成功地阻止了北京紅衛兵闖進後海北沿宋宅，但上海紅衛兵早已衝進了宋慶齡的上海西摩路住宅，翻箱倒櫃、砸爛家具。有些紅衛兵甚至威脅要剪她的頭髮、改變她已梳了四十年的髮型，她憤怒地吼道：「我不要剪頭髮！」上海造反派農民則挖掘宋家祖墳，把墓園砸毀，把她父母親的骨骸暴露在地上，還拍了照片寄給她；南京紅衛兵打掉了孫中山的銅像，她的親屬則遭到前所未有的辱虐[43]。

在紅色風暴下，宋慶齡欲哭無淚，她痛苦極了，每天活在恐懼中，這是她和國民黨作對數十年從未有過的事。她很無助又很無奈，只能望著天花板上的宮燈發呆，因為她在很久、很久以前，就選擇了站在中國共產黨這一邊[44]。

注釋

1 *Biographical Dictionary of Republican China*, ed. by Howard L. Boorman and Richard C. Howard, New York: Columbia University Press, 1970; Vol. 3, 140。

2 Joseph W. Alsop (with Adam Platt), *"I've Seen the Best of It"— Memoirs*, New York: W. W. Norton, 1992, 220; Seagrave, 8, 258-259, 407。西方人嘗言宋家三姊妹中，老大藹齡愛錢、老二慶齡愛中國、老三美齡愛權力；另一說法是，藹齡愛權力（power）、慶齡愛人民（people）、美齡愛政治（politics）。

3 Alsop, 221。熊丸說：「蔣夫人有時候還會耍點小姐脾氣，但對她的大姊卻像對母親一樣，很聽孔夫人的話。夫人也很聽總統的話，但若孔夫人對總統所說的話有意見時，總統往往也無第二句話。」見《熊丸先生訪問紀錄》，頁一七二。

4 Robert W. Merry, *Taking on the World: Joseph and Stewart Alsop — Guardians of the American Century*, New York: Viking, 1996, 134。

5 《我所知道的孔祥熙》，頁四。

6 Alsop, 227; Seagrave, 411; Seagrave誤為宋慶齡說這句話。艾索普死於一九八九年。

7 《孔祥熙和宋藹齡》，頁三二七～三二八。《大公報》負責人係胡霖（政之），《大公報》社評中所指的「某部長」乃是外交部長郭泰祺。當時正值國民黨召開五屆九中全會，蔣介石提議將郭泰祺撤職，而以宋子文繼任外交部長，社評《擁護修明政治案》，係由王芸生執筆。見王芸生、曹谷冰合撰〈大公報評論飛機洋狗事件〉，收入《孔祥熙其人其事》，頁二六二～二六四。唐縱《在蔣介石身邊八年——侍從室高級幕僚唐縱日記》日記也有關於此事之記載，一九四二年一月廿二日條：「《大公報》去年做了一篇社評，擁護政治修明案，論及飛機載洋狗一事，致昆明學生罷課示威，打倒孔祥熙，事情無法收拾，《大公報》又為文聲明，洋狗係飛機師所為，希圖平泄學生憤怒。解鈴繫鈴，《大公報》甚感立言之苦。」與宋藹齡熟稔的項美麗於一九七四年告訴美國學者易社強（John Israel）說，宋藹齡對狗毛有過敏症，絕不可能攜犬上機。見John Israel Lianda: *A Chinese University in War and Revolution*, Stanford, University Press, 1998, 299。

8 Alsop, 184; Merry, 99。

9 徐家涵〈孔祥熙家族與中央信託局〉，收入《孔祥熙其人其事》，頁八五。

10 《在蔣介石身邊八年——侍從室高級幕僚唐縱日記》，頁九九～一〇〇。

11 夏晉熊〈在孔祥熙官邸的見聞〉，收入《孔祥熙其人其事》，頁廿七。夏晉熊所說的陪宋藹齡打橋牌的徐堪、陳行二人，皆為近代財經界聞人，徐追隨孔祥熙甚久，歷任錢幣司長、財政部常務及政務次長、糧食部長、財政部長、中央銀行總裁，一九六九年卒於臺北；陳行曾任中央銀行副總裁。抗戰時期，中國財經情況困窘，時人以「四不」譏之：「孔祥熙不祥、徐堪不堪、陳行不行、宋子良不良。」宋子良當時為中國國貨銀行總經理。見李茂盛《孔祥熙傳》，北京：中國廣播電視出版社，一九九二，頁一五二；徐家涵《孔祥熙家族與中央信託局》，頁八四。

夏晉熊將海明威及其第三任妻子瑪莎・葛爾洪訪華日期誤記為一九四三年，應為一九四一年三、四月。參看林博文

〈海明威與抗戰中國〉，臺北《中國時報》，一九九九年七月十九日，第十三版；Michael Reynolds, *Hemingway: The Final Years*, New York: W. W. Norton, 1999, 37-43。

12 Barbara W. Tuchman, *Stilwell and the American Experience in China*, 1911-45, New York: The Macmillan Co., 1970, 321. Tuchman，認為宋美齡因未生育，故對蔣的影響力有限。

13 前引，148。

14 同前。

15 《在蔣介石身邊八年——侍從室高級幕僚唐縱日記》，頁一二二。宋靄齡的姘夫為清末官僚資本家盛宣懷的兒子、綽號盛老七的盛升頤（字苹臣），其妻姓魏（外號「白蘭花」），據宓熙說，魏「雖徐娘半老，風韻猶存，嫵媚動人，善於辭令，一望而知是交際場中能手，她是宋氏的摯友，也是她的智囊，……」見宓熙〈侍從孔祥熙、宋靄齡點滴〉，收入《孔祥熙其人其事》，頁二六七～二六八；香港淪陷時，孔令侃被驅逐出境，孔前往菲律賓，攜盛妻魏婦同往，魏比孔大十餘歲，見譚光〈我所知道的孔祥熙〉，收入《孔祥熙其人其事》，頁十二～十三。另有一說是，宋靄齡的母親倪太夫人曾在盛宣懷家做過照顧小孩的「養娘」，身分高於乳娘和傭人，而盛升頤又是宋靄齡的乾兒子。見惲慰甘〈孔祥熙與盛升頤〉，收入《孔祥熙其人其事》，頁三〇九。

16 Alsop, 162。

17 《在蔣介石身邊八年——侍從室高級幕僚唐縱日記》，頁二四五。

18 《吳國楨傳》，下冊，頁三四三～三四四。

19 《宋慶齡傳》，頁一二六。

20 前引，頁一二八～一二九。孫中山留給宋慶齡兩千多本書、一幢華僑捐贈的住宅和一些日用品。

21 前引，頁一二六；何香凝〈在上海各公團孫中山先生追悼大會上的演說〉，收入《雙清文集》，上海：人民出版社，一九八五，下卷，頁八。

22 一九一五年與孫中山結婚是第一個轉捩點，一九二五年孫病逝為第二個轉捩點。

23 宋靄齡、宋美齡推銷戰時公債亦不忘從中牟利，見注14。

24 三姊妹在陪都勞軍、慰問傷患、探望學生的照片，可能是中國八年抗戰中被渲染最多的名人照。

25 對日抗戰促成了國共第二次合作，中共紅軍在名義上接受國民政府領導，改編為八路軍和新四軍參加作戰，並曾創下百團大戰及平型關之役的佳績。然共軍實際上仍保持獨立地位，與國民黨軍隊時生摩擦。新四軍的發展地區在長江下游，它在日軍後方的擴張使國府深感不安。一九四〇年十二月，蔣介石下令長江以南的新四軍一律移師黃河以北，新四軍起初拒不從命，其後勉強北徙，但已逾當局所定之期限。一九四一年一月六日，新四軍在行經安徽南部茂林山區時，被國民黨第三戰區（司令長官顧祝同）轄下第三十二集團軍（總司令上官雲相）包圍襲擊，傷亡慘重。激戰八晝夜後，三千多人陣亡、四千多人被俘（包括軍長葉挺）。葉被送往後方囚禁（抗戰勝利後死於空難），副軍長項英則在亂軍中被殺，新四軍至此幾全軍覆沒。事件發生後，中外震驚，當時代表中共在重慶與國民黨打交道的周恩來，親在《新華日報》上挖空版面，手書「千古奇冤，江南一葉；同室操戈，相煎何急」幾個大字。此後中共代表拒絕再出席國民參政會，兩黨雖於一九四三年三月重開談判，但國共第二次合作已名存實亡。國共兩黨對「新四軍事件」的解釋，完全不同。

26 Alsop, 163; Seagrave, 406-408。

27 Seagrave, 408-409。

28 Alsop, 162-163。

29 前引101。

30 《宋慶齡傳》，頁五一一。

31 柯岩《永恒的魅力——一個詩人眼中的宋慶齡》，上海：百家出版社，一九八八，頁一九二～一九三。

32 前引，頁二二五～二二六；Harrison E. Salisbury, "Soong Chingling", in *Heroes of My Times*, New York: Walker and Co., 1993, 120。索斯伯里（Salisbury）著作等身，為《紐約時報》記者、論壇版（Op-Ed Page）首任主編，曾獲普立茲獎，屬自由派，一九八九年「六四」以前頗支持中共。一九九三年去世，終年八十五歲。

33 《宋慶齡傳》，頁五八九。

34 前引，頁五八五；〈聞姊姊病危，宋美齡流淚〉，香港《百姓》半月刊，一九八一年六月十六日出版。宋子良已於一九八七年病逝於紐約。宋慶齡曾告訴前中國銀行香港分行經理鄭鐵如，她和幼弟子安最要好，並託鄭帶口信給子安，「希望有生之年能跟他見一次面，以敘姊弟之情」，她說子安在弟輩中最了解她。宋子安死於一九六九年二月，為宋家六個兄弟妹妹中年紀最小、而最早去世者，宋慶齡「以敘姊弟之情」的願望，終成憾事。見《宋慶齡傳》，頁五八三。

35 楊杏佛生於一八九三年，同盟會會員，留學康乃爾大學、哈佛大學、創設中國科學社、曾任東南大學教授、孫中山祕書。一九二八年中央研究院成立，蔡元培任院長，聘楊為總幹事。一九三三年六月十八日偕子楊小佛出遊，遭軍統特務趙理君殺死。軍統刺殺楊的動機，一般說法是「殺雞儆猴」，以警告宋慶齡，因宋、孫、蔡和魯迅等人組織的「中國民權保障同盟」，揭發國民黨蹂躪人權的黑暗面，引起國民黨最高當局的極度不滿，乃由戴笠策劃暗殺楊杏佛。前軍統特務沈醉說：「蔣介石當時決定殺楊，最主要的原因是要以此威脅宋慶齡先生。」不過，另外的說法是，宋慶齡與楊發生戀情，國民黨高層認為有辱「國母」形象，乃予制裁。參看《宋慶齡傳》，頁二九二～二九八；沈醉《軍統內幕》，頁一四六～一五二。

36 陳友仁（Eugene Chen, 1879-1944），英屬千里達華僑，自幼在英受教育，業律師，不諳中文，一九一二年（民元）歸國，翌年創辦中英文《京報》，梁啟超名作〈異哉所謂國體問題者〉即登該報。曾任孫中山英文祕書，孫言：「中國人讀通英文者有三人：辜鴻銘長於英國文學，伍朝樞長於英國公牘，陳友仁長於英國國情。」曾任國府代理外交部長、外交部長。元配為千里達土著，一九三〇年與國民黨大老張人傑（靜江）之女荔英在法國結婚。參看關志昌《陳友仁》，收入劉紹唐主編《民國人物小傳》，臺北：傳記文學出版社，一九八一，第四冊，頁二八五～二八七。

37 Salisbury, 120。宋慶齡收養的兩位義女是一對姊妹，英文名為Yolanda and Jeanette Sui，這對姊妹的父親是宋慶齡的警衛（保鑣）兼祕書。也有流言稱這對姊妹為宋慶齡和侍衛所生。Yolanda和Jeanette頗為洋化，Yolanda在美結婚，嫁給中國大陸影星。兩姊妹幼時頗得周恩來之歡心，周每次赴宋宅，常與兩位小女孩一起嬉戲。因鄧穎超和周恩來沒有孩子，宋慶齡對索斯伯里說：「他（指周）很想要小孩。」說完還歎了一口氣。宋慶齡如有事情，常找鄧穎超傳話給周恩來，鄧亦幫過宋不少忙，但宋告訴索斯伯里，她並不喜歡鄧穎超，認為鄧「教條、粗俗、乏味」。宋慶齡生前曾立中、英文遺囑，準備將遺產全數贈給兩位義女（包括孫中山送給她的戒指），宋慶齡一死，遺囑立刻被中共當局拿走。參看Salisbury, 112-122。

38 宋家三姊妹皆嗜吸香菸，宋美齡有很長一段時間菸癮極重，非美國烈菸「駱駝」（Camel）不過癮，後改抽Kent，最後戒菸。宋慶齡菸癮亦大，晚年愛吸「熊貓」牌，她說因「熊貓」菸草來自美國維吉尼亞。索斯伯里認為宋慶齡嫁給「中國的喬治．華盛頓」時，是個「難以置信的漂亮年輕淑女」（an unbelievably beautiful young woman），見Salisbury, 113。艾索普則認為宋藹齡和宋美齡化妝太濃，美齡「好看但絕不能說漂亮」（a handsome woman but by no means beautiful），又說宋美齡是他「所見過的最冷酷無情和自我中心的女人之一」（one of the most coldhearted and self-centered women I have known），見Alsop, 218。

39 索斯伯里幫宋慶齡訂一份《紐約時報》星期日版，她愛看時報書評和周日雜誌。宋慶齡欣賞的美國記者史東（I. F. Stone）開始為《紐約書評》（*New York Review of Books*）雜誌撰稿後，索斯伯里亦寄贈這份刊物給宋慶齡。宋愛看以喬治亞州為背景的電影《亂世佳人》（*Gone With the Wind*），她說美國人很「開朗、很親切、很慷慨」。見Salisbury, 117-118。宋慶齡的英語，「尤較其夫為純熟」，見《宋慶齡傳》，頁八三。

39 Salisbury, 113-114。索斯伯里說，宋慶齡死時，中共官方訃聞通告稱宋生於一八九三年一月廿七日，卒於一九八一年五月廿九日，按西方算法為八十八歲，索斯伯里稱他沒算錯。

40 《宋慶齡傳》，頁五八二；《人民日報》一九八〇年一月二日。

41 《宋慶齡傳》，頁五七〇～五七一。

42 同前；《永恆的魅力——一個詩人眼中的宋慶齡》，頁一八五。

43 Harrison E. Salisbury, *To Peking and Beyond: A Report on the New Asia*, Yew York: Quadrangle / The New York Times Book Co., 1973, 279;林博文〈宋慶齡的一生〉，舊金山《遠東時報》第三頁，一九八一年六月一日。

第十二章

恃寵而驕的孔家權貴子女

一九二六年蔣介石至上海孔祥熙寓所作客，與宋美齡談心，孔夫人宋藹齡傾全力撮合他們的婚事。宋美齡手持一份介紹蔣介石的《倫敦新聞畫報》，偕姪兒孔令傑與蔣合攝於孔宅庭院。

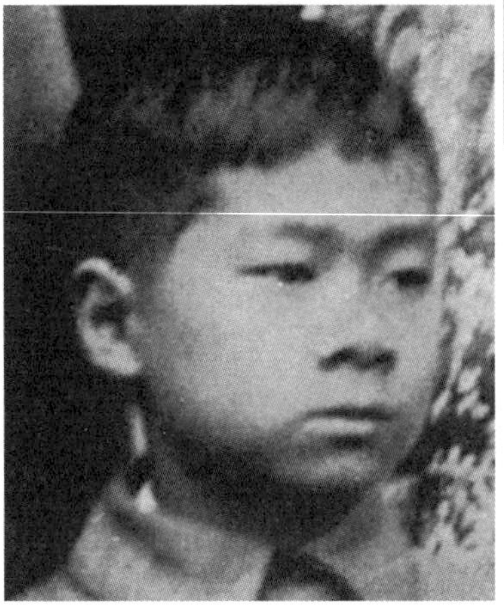

童年時代的孔令侃。

孔祥熙、宋藹齡夫婦與長女孔令儀早年合影。孔家四個子女中，年輕時最少拋頭露面亦鮮為人所知的是孔令儀，在晚年卻因出售長島蝗蟲谷孔宅而頻頻上報，並成為宋美齡的對外發言人。

一九四八年年底，國民黨政府敗象畢露，自大陸逃難至臺灣的人愈來愈多。在危急存亡之秋，有些人卻大發國難財，《生活》雜誌說，這批自上海運抵基隆碼頭的高級轎車，乃孔令侃所擁有。

孔令儀說，蝗蟲谷孔宅「有著我們許多的回憶」。

座落在曼哈頓東八十一街和麥迪遜大道之交的坎波（Campbell）殯儀館，為眾多名人和富人大殮，孔家喪事亦皆在此辦理。

紐約市郊風可利夫墓園新廈。

孔家墓室。

孔令傑、孔令偉墓櫃。

孔令侃墓櫃。

一九四三年蔣夫人訪美，孔家三個子女擔任貼身隨從，並和蔣夫人下榻白宮，他們的趾高氣揚引起白宮侍僕的普遍不滿。自左至右：孔令傑、孔令偉（穿長衫者）、孔令侃。

宋美齡和她視如己出的姪兒、姪女。
自左至右：孔令傑、孔令偉、蔣夫人、孔令侃。

宋美齡與垂垂老去的孔令侃（右）、孔令偉，一九八七年農曆春節於士林官邸合影。（董敏攝）

與蔣介石的結合，為宋美齡帶來了權勢與光芒，亦為孔宋家族開創了縱橫捭闔的時代；與大姊藹齡的親密感情，則不僅為孔家製造了富可敵國的財力，也使宋美齡在孔家享受到真正的溫情與天倫之樂。

除了政治、權力與金錢，孔家的四個子女可說是宋美齡一生的「最愛」。她溺愛他們、縱容他們、保護他們；使他們在戰亂的中國絲毫不受兵燹的波及；使他們在苦難的中國完全未受貧窮的衝擊；更使他們變成近代中國的頭號聚斂之家。

孔家四個子女中，大女兒孔令儀較少公開活動；長子令侃、次子令傑、二女兒令偉則熱中「權與錢」，亦最會奉承小姨媽。在第一夫人蔣宋美齡的卵翼下，他們目中無人、為所欲為；他們烘焙了無數的爭議與醜聞，也獲得了中國人的最多白眼。

四〇年代末期以來，孔家子女一直在美國和臺灣保持高度的神祕性，他們絕少與一般中國人來往，只有美國政客、華爾街大亨、地產商、企業家和證券商，以及一群來自江浙一帶的「高級華人」與少數的至親好友、幕僚，才是他們的圈內人。

孔令儀　老大姊行事低調

孔令儀（英文名字與其姨媽慶齡相同，Rosamond），一九一五年九月十九日生於山西太谷，曾就讀上海滬江大學、後畢業於南京金陵女子大學[1]。在孔家四個姊妹兄弟中，令儀比較安分守己，有些著作描述她「個性倔強，有獨立思考習慣，對官僚政治不感興趣，愛好文學藝術，穿戴講究，生活豪華。」[2]由於令儀為人低調，有關她的報導和傳聞不多，早年的婚姻生活似乎波浪不少，宋美齡曾幫她找對象，衛立煌將軍喪偶後，也有人為她做過續弦的媒。抗戰前夕，孔祥熙拉攏軍閥韓復榘的部屬孫桐萱，李毓萬擅自將孔令儀介紹給孫桐萱之弟孫桐崗，令儀大怒，由她的妹妹令偉出主意，印了一批結婚喜帖，喜帖上印著：「李毓萬之長女李淑媛和孫桐崗結婚」的字樣，其時李毓萬的女兒還是小女生，不知內幕者紛往李家道賀送禮，鬧了一場風波[3]。

孔令儀後來挑上了弟弟孔令侃在聖約翰大學的同班同學陳繼恩，但因陳父為上海一家舞廳的樂隊指揮，令儀的父母親認為門不當、戶不對，不贊成此婚事，令儀堅持自己的決定，約同陳繼恩一道赴美留學，兩老只得默許，並「公器私用」，給予陳中央銀行業務局副局長的名義出國，兩人即在紐約結婚。一九四三年，宋藹齡為令儀補辦嫁妝，要求財政部直接稅署署長高秉坊妻子主持的財政部婦女工作隊日夜加工，精心製辦了八大箱嫁妝，連同玩物珍寶，包了一架飛機準備運往美國，但飛機在重慶珊瑚壩機場起飛不久，即失事墜毀，嫁妝全數焚毀。宋藹齡又為令儀另外趕辦了六大箱嫁妝[4]。

一九四三年四月的長沙《大公報》在〈談孔小姐飛美結婚〉一文中評論道：「（一）孔小姐乘機飛美之消耗（暫以損失的一架飛機計算），可以救濟兩千以上的河南饑民，使他們有飯吃、有衣穿，更可以設備一些維持生活的簡單工具；把孔小姐婚禮的一切開支和原先損壞的八大箱嫁衣一併計算起來，那麼一萬個饑民可以破涕為笑了。（二）把孔小姐結婚所耗和因趕製嫁衣工作的財政部婦工隊的工夫去製造前線戰士所缺乏的服裝，大約中國兩師人的軍衣不發生問題；去製兵站醫院傷兵的衣服，那麼五十個兵站醫院的傷兵每人有一套新衣可穿。（三）依這筆款子開辦一所設備完全的大學，那麼在決定了校長之後，只聘教授，出通告招生就行了。」[5]

多年後，孔令儀又單身了，六〇年代初她到臺灣來探望蔣介石和宋美齡，姨丈與姨媽挑選了一個黃姓空軍上校武官充當她的隨從，陪她逛逛臺灣，去了一趟日月潭之後，孔令儀對黃武官頗有好感，雙方皆有雙宿雙飛之意，但黃武官已有妻室和小孩，孔令儀乃花錢拆散黃家。黃上校升任空軍官校少將教育長，後被派赴美國擔任駐美武官，在美國與孔結婚，後以少將之階退役。這位黃武官就是出身清華大學航空工程系（一九三八）和航校十三期的黃雄盛[6]。孔令侃、孔令偉和孔令傑相繼凋零後，就由孔令儀和黃雄盛負責照顧宋美齡，陪小姨媽度過寂寞的時光。就孔宋家族的標準來說，孔、黃都是很低調的人，他們的作風與孔家其他三個弟妹大相逕庭。

九〇年代中期以後，孔令儀變成孔家碩果僅存的第二代，也是蔣夫人最親密的晚輩。為了出售長島蝗蟲谷孔宅以及紐約地產商利用蔣夫人名義拍賣孔宅物品及家具，使得八十餘歲的孔令儀受到任意遺棄歷史文物（包括孔家族譜、前國府主席林森畫像、蔣夫人國畫等）的指責。一九九九年一月卅一日紐約《明報》頭版頭條報導，老報人陸鏗批評道：「所謂的『孔宋豪門』要處理家產無可厚非，但是對具有歷史意義的東西應有起碼的尊重。……即使當敗家子也要有譜，這種做法沒有譜。」

蝗蟲谷萬頭攢動觀孔宅

一九九八年十二月十三日（星期日），一向幽靜恬寂的長島蝗蟲谷小鎮，突然湧來了上千名華人，欲一睹蔣宋美齡住過的舊宅和拍賣物品陳列會。川流不息的車隊和人潮，把蝗蟲谷「上等階級」的白人居民嚇壞了，他們向鎮長、警長告狀，警局出動大批警員、警車、騎警、摩托車和直升機維持秩序，驅散人潮，甚至封閉高速公路出口，並請華人代寫：「同胞們，路已封，請回吧！」的中文警告牌。守規矩的和不守規矩的華人車隊人潮，為開鎮三百多年的蝗蟲谷帶來了前所未見的「黃禍」。這批華人專程到蝗蟲谷朝聖，他們想看看美國的「士林官邸」！

諷刺的是，上千華人湧入蝗蟲谷孔宅瞻仰蔣夫人留下的痕跡之際，孔宅的老主人孔令儀卻不屑地向紐約《世界日報》記者曾慧燕表示：「我們對那個地方都沒有什麼感情，你們為什麼對它有感情？」又說：「我們的東西已全部拿走，剩下的都是毫無價值準備丟棄的物品。」孔大小姐大概忘了一九九八年夏天出售孔宅時她向《世界日報》記者傅依傑說過：「我母親當年先來美時買下，隨後父母在這裡住了二、三十年，弟弟令侃、令傑及妹妹令偉都常住；蔣夫人過去二十多年來紐約時，也大多以此為家。這裡有著我們許多的回憶。」總之，蝗蟲谷孔宅物品未收拾乾淨，徒使地產商史蒂門（Stillman）頂著「蔣夫人舊居物品拍賣會」的招牌，招徠無數對孔宋家族仍充滿好奇與仰慕的中外人士，發了一筆橫財之外，亦讓過去數十年極少出現在媒體的孔令儀、黃雄盛這對老夫妻灰頭土臉，招致責難。

富可敵國　孔家遍地生財

孔令儀晚年成為孔宋家族代言人，並需照顧孔家無以數計的財產，每年三月還得為長命百歲的蔣夫人過生日。孔家財產之多，足以令所有在美華人「豔羨」，一九九七年年底變賣一部分佛羅里達州地產，得款二千多萬美元捐給學校及醫院（見本書第二章及第十章注81）；一九九八年賣掉蝗蟲谷舊宅，售價三百萬美元左右；一九九九年年初又準備出售佛羅里達州「迪士尼世界」附近約四百多英畝土地，價值達數千萬美元（一九九九年一月三日《世界日報》記者傅依傑報導）。孔令儀和她丈夫黃雄盛則住在曼哈頓中央公園旁第五大道的高級公寓。

孔家後人陸續將出售房產部分所得捐給孔宋家族的美國母校和醫院，為什麼從未想到捐給兩岸學術和教育機構以及慈善事業？據中央社一九九七年十二月十八日發自華盛頓的報導，榮獲一九九七年美國科學界最高榮譽國家科學獎章的哈佛大學數學系講座教授、中央研究院院士丘成桐透露，他曾向中研院院長李遠哲私下提議，希望能帶美國國家科學院院長艾伯特去專程拜會蔣夫人，請蔣夫人捐款成立中美科學交流基金會，獎助優秀中國學者從事科學研究工作。蔣夫人既與「孔家財」有密切關係，與其捐款孔宋家族的母校，何妨接受丘成桐建議資助中國學子鑽研學術，則功德無量矣！

孔令侃字剛父，英文名David，比孔令儀小一歲，一九一六年十二月十日生於上海，一九九二年八月一日因肺癌死於紐約，終年七十五足歲。

孔令侃 製造神祕與爭議

一九三五年國府成立中央信託局，孔祥熙以中央銀行總裁身分兼任理事長，從此中信局成為孔家的禁臠。抗戰初期，中信局遷至香港，二十出頭的孔令侃以常務理事的資格直接掌控中信局的業務和人事，他在九龍彌敦道設立一個祕密電臺，每天與孔祥熙官邸聯絡，報告香港及國外外匯、金銀、公債證券、美國股票行情。據美國聯邦調查局的檔案，孔令侃和他的小舅舅宋子安合設的祕密電臺，曾使孔夫人宋藹齡在外匯、金融、股市賺進五千萬美元。當中國人譴責日本人擾亂中國經濟時，美國財政部駐上海調查員尼柯生（Martin R. Nicholson）說：「傷害中國貨幣的不是日本，而是孔夫人。」（It's Mme. Kung, not Japan, who is killing the Chinese dollar）[7]孔令侃的祕密電臺遭香港英國當局查獲後，孔即於一九三九年秋天被驅逐出境。

孔令侃在香港亦發了一筆軍火財，譚光說：「當時任務除搶運已訂軍火外，還續訂飛機械彈，這就給了孔令侃發財機會；同時利用香港自由商港，大量做私人進口買賣，揚子公司就是在那時奠定了基礎。」[8]孔令侃於一九五九年五月在紐約面告老特務蔡孟堅說：「我在大陸僅任過中央信託局常董，在聖約翰大學畢業後，即發生抗戰，我在戰時經常祕密往返渝滬，我促成杜月笙說服上海銀行及實業巨頭，勿助汪偽為虐，如此祕密往返者有十數次。」[9]事實上，孔令侃也是抗戰期間孔祥熙與日本進行祕密和談的幕後負責人，以「孔主任」名義主持孔祥熙情報機構[10]。

一九四三年宋美齡訪問美加，孔令侃、孔令偉（孔二小姐）和孔令傑全程陪同，從東岸到西岸，從華盛頓到好萊塢，孔令侃完全以「護花使者」姿態出現，在演講會、酒會、募捐會和華僑歡迎會上，中外人士都對廿七歲西裝革履的孔令侃和身著中國長衫、狀似男童的孔二小姐，感到非常好奇，許多人以為他們是蔣夫人的子女，又有不少人以為他們是蔣夫人的特別助理。

一九四四年，羅斯福總統私人代表居里（Lauchlin Currie）到重慶和中國政府商議一些重要問題，夏晉熊負責照料居里生活。夏說：「因為相處比較熟了，居里在我面前大肆攻擊中國政府的貪汙腐敗，特別提出中國要人的子女有一百七十多人，在戰爭期間，逃避兵役，在美國過著寓公生活，其中並點出孔的子女和孔手下紅人徐堪的兒子。」[11]

孔令侃一生充滿神祕與爭議，其中最具震撼性的兩件事為：（一）一九四七年其所主持的揚子建業公司夥同宋氏家族經營的孚中公司，利用特權方式套匯，經國民黨《中央日報》揭發；（二）一九四八年揚子公司囤積居奇，遭蔣經國查獲，孔令侃央求姨媽出面援救，導致在上海整頓財經的蔣「太子」鎩羽而退，並蒙受「只拍蒼蠅，不打老虎」之冷嘲熱諷，而使小蔣與孔宋家族（尤其是孔家子女）結下深仇大恨。

這兩件震動中外的「家醜」，爆發於國民黨江山搖搖欲墜之際，非特象徵了孔宋家族置國家興亡於不顧的貪婪與自私，亦表露了國民黨政權全盤崩潰的根本因素。

中央日報揭發孔宋弊案

一九四七年春天，南京國民參政會首先抖出宋子安的孚中公司和孔令侃的揚子公司運用特權向中央銀行結匯，再從國外購買禁止進口的汽車、無線電器材，銷售牟利，破壞進出口貨物管制條例的醜聞。南京《中央日報》副總編輯兼採訪主任陸鏗指派財經記者漆敬堯採訪這項大新聞。漆敬堯從經濟部商業司長鄧翰良處獲悉詳情，寫成報導刊於一九四七年七月廿九日《中央日報》第四版，其重點為：（一）孚中公司和揚子公司在一九四六年三月至十一月間八個月之內，共結匯三億三千四百四十六萬美元（孚中一億五千三百多萬，揚子一億八千多萬），占中央銀行同期內售出三億八千一百五十五萬二千四百六十一美元中的百分之八十八弱，足可稱之為特權機構；（二）孚中公司購買卡迪拉克轎車二輛，廠價超出規定，如自用則為奢侈，如運回國內出售，即意圖牟取高利。同時，在政府明令禁止奢侈品進口前，孚中公司已訂購二百輛吉普車，在禁令後又增訂五百八十輛，由海關護航進口。此外，在禁令後，孚中公司憑關係獲得許可證進口無線電設備一〇八箱，內有收音機四十臺；（三）揚子公司訂購五十輛奧斯丁轎車，運回國內銷售牟利，在禁令後又憑特權進口無線電設備[12]。

國民黨機關報揭發孔宋家族貪腐特權的新聞，立刻驚傳全國，外電亦紛紛加以報導，並認為是陳果夫、陳立夫為首的CC所控制的《中央日報》向孔宋家族宣戰。宋美齡在上海看到英文報紙大事刊登此新聞，憤怒地打電話質問蔣介石，並延期返回南京[13]。在《中央日報》總主筆陶希聖的授意下，該報於七月卅一日刊登啟事，故意說前日報載孚中、揚子及中國建設銀公司結匯數目「漏列了小數點」，將這三家公司共結匯的三億三千四百四十六萬美元，一變而為三百三十四萬美元，一口氣減掉了三億多美元。蔣介石要追查何人向《中央日報》洩露消息，終以「不處分」收場[14]。

三十八年後，《宋家王朝》作者再度揭發孔宋家族非法結匯的往事，孔令侃即在美國《世界日報》連登三則啟事，宣稱他當年僅結匯一百八十餘萬美元，並指《中央日報》膨脹其結匯數字。孔大少全然不知史實並不像外匯一樣可以隨他任意調度、加減，真相終會有水落石出的一天[15]。

孔令侃在《聲明啟事》中說：「揚子公司自開辦伊始，業務悉遵法令，從未享受任何特權。」[16]孔大少大概忘了揚子公司特權不斷、違法連連而導致他和「表哥」蔣經國正面衝突的往事。

一九四八年，國民黨不僅在戰場上節節敗退，在經濟上、社會上和人心上亦急速逆轉。為了挽救惡劣的財經情況，蔣介石於八月宣布成立經濟管制委員會，任命俞鴻鈞、蔣經國為東南區經濟督導員。立功心切的蔣經國推出「戡建大隊」以整頓上海金融、物價，幹勁十足的小蔣逮捕了杜月笙的兒子杜維屏等特權階級，人心大快。但青幫老大杜月笙不甘兒子被懲處，而要求蔣經國檢查揚子公司的倉庫。擔任過上海經濟檢查大隊長的程義寬說，蔣經國命他派人至揚子公司整個倉庫檢查，查到了棉花、紗、布、日用百貨、鋼管、糧食等二萬多噸囤積品，乃全部沒收充公，並封閉倉庫。孔令侃聽到小蔣查封揚子公司的消息後，立即自上海趕赴南京向小姨媽蔣夫人告狀，請她要求姨丈下令淞滬警備司令宣鐵吾不要查封揚子公司[17]。

當時正在東北督戰的蔣介石，於十月七日經葫蘆島、塘沽到了北平，他對華北剿匪總司令傅作義說，第二天就要到上海，傅以為蔣去上海是為了發表雙十節談話，即勸蔣勿去，留在北平商討北方戰局。傅作義告訴蔣的愛將、黃埔一期的杜聿明，事後他才知道蔣經國在上海「打虎」，要懲辦投機倒把、擾亂金融的孔令侃，蔣因得到宋美齡催駕的消息才急忙到上海處理「家事」。後來投共的傅作義感慨地說：「蔣介石要美人不要江山，我們還給他幹什麼！這是我對蔣介石思想失去信仰的又一個重要的原因。」[18]

蔣經國打老虎　出師不利

老報人朱振聲（筆名戎馬書生、退職記者）六〇年代初回憶說：「蔣介石到了上海後即下榻東平路行邸，蔣經國和上海市長吳國楨都一早九點鐘前往晉謁，報告限價執行情況及市政措施。蔣宋美齡亦親自陪同孔令侃駕車前來，第二天經上海各報一律以大字標題頭條新聞刊載，上海市民閱報譁然，揚子公司一案遂亦虎頭蛇尾，不了了之。蔣經國當時敢怒不敢言，內心的痛苦，事隔十四年後的今天思之，可能還有遺恨未消吧？」[19]

吳國楨多年後向作家江南（劉宜良）透露：「揚子公司案發生後，蔣先生正在北平指揮關外的軍事，曾給我一個電報。電報內容指定我去接辦揚子案，並且要我『立即覆命』。我卻故意擱置。……到了第四天，蔣夫人給我打來一個電話，問我電報收到沒有？」吳又說：「就在揚案高潮期間，有天，我接到一個電話，說是孔公館打的，孔院長（即孔祥熙）約我第二天下午去看他。接完電話，我感到有點奇突，孔祥熙不在國內，何以他到上海，事先一無所聞？第二天準時赴會……孔令侃出現了，但並沒有孔祥熙的影子，我問他：『院長呢？』『院長還沒有回國。』於是我問：『那麼是誰打電話呢？』他說：『是我打的。』我頓時感到受到一種欺騙，疾言厲色地指著他：『David，你這太不像話了，假使你有公事，可到市府來看我；有私事，請到我家。』說完拂袖而去。」江南說：「吳國楨承認，揚子公司案是由蔣夫人的干預，不了了之。」[20]

淞滬警備司令宣鐵吾告訴程義寬說：「總統罵我派人去查抄揚子公司，說是要造反了，總統明明知道這件事情是經國搞的，但如果對夫人說出是經國派人搞的話，恐引起孔家和夫人對經國不好，只好把責任推到我的身上。我知道總統的苦衷，只好一聲不吭，由他罵了一頓，就辭出來了。我在南京待了半天，馬上回上海告訴經國，勸他不要搞了，免得使總統為難。」程義寬說：「蔣經國叫我停止檢查活動之後，所有原來查封的物資，自然而然地啟封了，弄得虎頭蛇尾。這些東西，大概在一九四八年底以前統統運走了，揚子公司自己有輪船載運，聽說大部分運到香港，也有一部分運往臺灣。」一九四九年四月十一日出版的《生活》（*LIFE*）雜誌登了一張剛運到基隆碼頭上的多部轎車，這份親國民黨的雜誌說，這些車子大部分是孔令侃的[21]。

違法亂紀卻稱共黨誣衊

蔡孟堅獲蔣介石資助周遊世界，於一九五九年五月到了紐約，蔣夫人請他吃中飯，孔令侃作陪，這是蔡、孔首次晤面。飯後，二人閒聊，蔡說：「久仰大名。」孔令侃問道：「是不是蔣經國在上海打老虎時知道我名字的？」又說：「那時在戰後，共黨在全國作亂，加上中央發行金圓券，全國物價飛漲，經國奉命在上海平抑物價，嚴辦囤積生活必需品大商大戶，其時我開一家揚子貿易公司，專營美國進口機械零件，共黨查悉我有一公司，即利用輿論、報刊指我為孔宋財團囤積生活品的大本營來刺激蔣經國打老虎。天天見報後，經國查悉我經營實情，但上海有成千上萬富商，老虎成群，無從下手，知難而退。但『經國打老虎』——我『孔令侃是老虎』的印象，仍留在人們心中。我在國內有此惡名，即將公司關閉，對外也從不對人申辯，即飛美哈佛大學深造。一面在美創辦與中國無關實業，少與中國人往來，這是環境使我孔某改變做人做事方式，竟有人稱我為『神祕人物』，我也不加辯白」[22]。

包括孔令侃在內的孔宋家族成員，都把他們的貪腐誤國歸咎於共產黨，本身沒有絲毫悔意和愧色。孔令侃譴責《宋家王朝》作者與共黨統戰陰謀「不謀而合」，稱其企圖「醜化」孫中山和蔣介石，以「動搖對國民黨之信念，洎乎達到其顛覆中華民國為目的。」難道當年痛罵孔祥熙、宋子文誤國的名學者、後來擔任臺大校長的傅斯年中了共黨統戰陰謀？哥倫比亞大學出版的《民國人物傳記辭典》直陳孔令侃的違法亂紀，難道哥大亦中了共黨的統戰陰謀[23]？

四十多年來，孔令侃在美國「默默」經營公司、投資股票和房地產[24]，低姿態的作風與過去的囂張和跋扈，截然不同。但他是個不甘寂寞的人，一直在幕後為宋美齡代撰中英文講稿文章與信函，以總統府國策顧問、駐美大使館顧問和「中國遊說團」成員身分，或明或暗地影響臺灣及美國政治[25]。蔣經國在世時，經常接到蔣夫人來自紐約的指示，對國內外大事提供許多應興應革的建議，不勝其擾的蔣經國很納悶蔣夫人遠隔重洋為什麼如此了解臺灣的情況，經查證之後，原來是孔令侃的傑作。孔大少爺閒來無事，極為注意臺灣及美國政情，除了大量閱讀書報雜誌之外，還隨時經由一些私人管道蒐集資料，而他本人意見又多，自認對很多事情有獨特的看法，因此，蔣夫人變成了他的「傳聲筒」[26]。據說，李登輝總統和行政院長李煥關係鬧僵時，孔令侃即預測李會起用軍頭郝柏村[27]。

孔令侃終生未婚，他說：「美國是世界第一號民主自由的『國』；但不是民主自由的

『家』。結了婚，不自由，終日鬧家務，美國家庭，十家有五家以上鬧分居、鬧離婚，我何必自找麻煩。」又表示：「我現在是一個人，結了婚便成了半個人。」孔稱，在休士頓從事石油工業的弟弟孔令傑有一兒子，因此他不能算是「無後」[28]。

孔家四個兄弟姊妹中，最出名的就是外號「孔二小姐」的孔令偉（原名孔令俊），英文名Jeannette，生於一九一九年九月五日，一九九四年十一月八日因直腸癌卒於臺北。

孔令偉　惡行與荒謬化身

孔令偉雖有頗為女性化的英文名字，亦有「孔二小姐」的稱號，但她一輩子女扮男裝，捨「巾幗」而就「鬚眉」，是個徹頭徹尾的同性戀，個性極其囂張、跋扈、任性、自私和怪異。孔家四個子女和小姨媽雖都異常親近，但宋美齡和孔令偉卻情同母女，其親密度猶勝過令偉和她母親宋藹齡。孔令偉得癌症後，蔣夫人先於一九九三年十一月指派孔令儀代表她赴臺探視；一九九四年九月蔣夫人自己以九十五歲高齡，從紐約搭機專程到臺北振興醫院探視已經失去意識的孔令偉，其親情已非「視如己出」一詞所能盡括。

宋藹齡和宋美齡終生姊妹之情不渝，孔二小姐居間發揮了一個不可或缺的連鎖作用[29]。她聰明、能幹、俐落，是宋美齡忠心耿耿的跟班、參謀、軍師、顧問和無所不談的心腹（confidant）。宋美齡需要她、依賴她，她也利用宋美齡為所欲為、有恃無恐。擔任蔣介石、蔣經國父子「御醫」達半世紀之久的熊丸說，孔二小姐「會不惜一切方法與手段為夫人做事，忠心不可置疑，卻也連累了蔣夫人。」蔣夫人「視二小姐如己出，二小姐也喊夫人為『阿娘』，不過他們並沒有正式認女兒的儀式。」[30]

孔二小姐的故事永遠說不盡、寫不完，可悲的是，這些故事幾乎全都是負面的。從上海、重慶、南京到紐約、臺北，她留下太多太多的惡行和荒謬。

在孔祥熙身邊做過多年祕書工作的譚光和夏晉熊，皆對孔二小姐有極為深刻的壞印象。譚光說，孔家四個子女，「一切顯著劣跡都是令侃、令俊（即令偉，孔二小姐）兩人幹的。」[31]夏晉熊則說：「孔有二子二女。在重慶時，橫行不法、聲名狼藉的要數次女令俊即孔二小姐。」夏氏又說：「孔令俊所做的事情，如非親眼目睹，真令人難以置信。她經常穿男裝，效法舊社會的男人『討小納妾』。」[32]關於孔二小姐的同性戀，譚光說：「孔令俊從小男裝，長大後不願嫁人，卻先後結交四川軍閥范紹增的鄧太太和顧祝同重慶辦事處處長龐××的葛太太，鄧不久病死，葛和孔令俊同居，儼同夫婦。她的公司裡叫她為總經理，叫葛為太太。這真是荒唐之至。」[33]孔二小姐後來的「閨中膩友」裡面，和她最要好的是一位有夫之婦蕭太太，蕭太太原姓王，在圓山大飯店做過事，人皆稱其「王督導」[34]。

熊丸說，蔣夫人曾告訴他，孔二小姐小時候到她家玩，身上長了一種皮膚瘡，蔣夫人即對孔夫人說：「你給她穿不透氣的裙子，所以皮膚瘡不容易好，不如穿一些寬鬆的褲子、襯衫。」孔夫人因此給二小姐穿上男裝，從此孔令偉便不肯脫下男裝，也影響她的個性。熊丸說：「此後夫人對二小姐一直存有幾分歉意，許多地方都將就她，沒想到也因而寵壞她。二小姐也很懂得利用夫人對她的寵愛，所以她平常很喜歡管事，弄得大家都怕她。」熊丸又說：「孔令偉因為長得其貌不揚，人又刁蠻，所以沒人敢追她，但有兩位『紅粉知己』都自認是二小姐的太太，和二小姐生活在一起，兩位太太都對二小姐十分忠心，等於有點同性戀的味道……，他們三個人的歲數差不多，蕭太太姓王，原本有自己的家，有小孩、丈夫，但她連家都不管了……。有一陣子蕭太太也在圓山做事，大家都喊她『王督導』。」另一位則未婚，如今已七十多歲，一直住在美國[35]。

徐家涵說，孔二小姐「從小不安分，一直女扮男裝，有時西服革履，頭戴禮帽；有時穿綢長衫，手搖紙扇，妖形怪狀，行人側目。在重慶和成都出外時，隨帶大批嬌豔的女人和全副武裝的副官，有一次曾在成都與空軍飛行員大打出手。」[36]孔二小姐仗勢欺人的事例多得不勝枚舉，如開槍打死警察、開車撞傷交通警察、打憲兵耳光、街頭拔槍濫射、吊打副官等，不一而足。軍統特務沈醉說，孔二小姐有次為了開舞會招待美軍，因電力不足，竟下令將重慶市郊所有商店、住戶用電暫停，全部電力供孔宅舞會使用[37]。

孔二小姐驕橫桀驁之外，亦深諳搜刮聚斂之道，經常從香港空運重慶缺乏的商品，出售牟利，她的貨物一概由財政部總務司司長邊定遠出面作為受貨人[38]。由於孔二小姐在孔祥熙官邸祕書處經常干預公事，祕書為了討好她，常把重要公事先讓她過目，她對人事的任用、升遷和公文的流程，都有權力決定，有些人知道內情乃走孔二小姐的後門[39]。孔二小姐後來離開祕書處，專門替她父親管理私營商業，把祥記公司、廣茂新、晉豐泰三個舊商號改組為祥廣晉聯合總管理處。抗戰勝利後，孔二小姐創立嘉陵公司，自任總經理，杜月笙為董事長，盛宣懷的第五子盛亨頤出任副董事長，助孔二小姐走私的邊定遠為副總經理。嘉陵公司規模較小，與孔令侃的揚子公司營業項目大都雷同，而其投機倒把、囤積居奇和套匯走私的勾當，亦與揚子不相上下[40]。

孔二小姐自稱是上海聖約翰大學畢業，事實上她的文憑卻是得之荒唐。宋藹齡自孔祥熙的部屬中挑了幾個有博士學位的留學生權充孔二小姐的西席，在重慶鬼混了一年，竟獲頒聖約翰文憑[41]。

一九四三年孔二小姐、孔令侃、孔令傑隨同蔣夫人訪美，居停白宮時，白宮僕人對孔二小姐的不懂禮節、不在餐廳用餐而要求把菜餚送至房間的作風，頗為反感[42]。

孔二小姐不但任意扣壓或亂批她父親的公事，甚至連蔣介石的公事，她也照樣翻弄。有一次何應欽的一份重要報告被她取出後未歸回原處，何應欽幾次催詢，蔣介石不知究竟，迨查侍從室公文收發，確已呈蔣，查來查去才知道是孔二小姐惹的禍[43]。孔二小姐這種亂翻公事的惡習，一直未改，蔣介石晚年臥病在床，她也要翻閱蔣的病歷表，甚至連醫療方式和處方也要管，使蔣的醫療小組不勝其煩[44]。

孔二小姐不知天高地厚的個性，使她愛管閒事、亂管正事，她經營圓山大飯店和管理振興醫院的不循正軌、不近人情，令其周圍的人和屬下咬牙切齒，敢怒而不敢言[45]。她是一個幼時被寵壞、長大被慣壞的典型例子，也是權貴子女胡作非為的最壞榜樣。她有權有勢、她縱情菸酒、她為小姨媽效勞到底、她活在她自己的世界裡。她看什麼都不順眼，可能連對自己也看不順眼。

孔二小姐的遺體從臺北運回紐約，安放在曼哈頓東區八十一街和麥迪遜大道之交的坎波殯儀館（Frank E. Campbell Funeral Chapel）。入殮時，一生女扮男裝、驕蠻跋扈的孔令偉，靜靜地躺在銅棺裡，回復了「女兒身」，梳了一個有髮髻的老太婆髮型，殮衣是一襲旗袍，其模樣與生前張牙舞爪的氣勢完全「判若兩人」[46]。

孔令傑　少校武官點子多

孔家老四孔令傑（Louis），一九二一年五月三十日生於上海，一九九六年十一月十日因癌症去世[47]。孔令傑的神祕性不亞乃兄，而其在政治上、商場上敢衝敢撞的投機冒險精神，更非乃兄所能及，可說頗具「母風」。孔令傑進過英國軍校，亦在中國陸軍大學受過訓，但沒打過仗，五〇年代靠背景做過駐聯合國代表團和駐美大使館武官[48]。退伍時官拜陸軍少校。

前駐美大使顧維鈞說，在一九五三年期間，孔令傑經常穿梭臺北與華府之間，憑藉宋美齡的護符，把雞毛當令箭。孔令傑對顧維鈞說，蔣要他返臺加入軍隊，並要他完成一期軍事課程，他謝絕了，理由是：「他不能和中國軍隊裡的不同派系共事。」孔令傑又說，蔣希望他成立海岸防衛隊，他也以同樣理由謝絕[49]。

蔣介石欲仿效美國海岸防衛隊（Coast Guard）的構想，終未實現，孔令傑亦未當成司令。然而，孔二少是個異想天開的人，他「謝絕」組建海岸防衛隊，卻想當駐愛爾蘭公使，並要求顧維鈞支持他。不過，臺灣與愛爾蘭建交未成，他的願望落空了。孔令傑野心很大、胃口極旺，他雖屈居顧大使之下，在大使館掛個少校武官銜，然而大家都知道他可以「通天」，皆對他畏懼三分，顧大使對他尤其客氣。當時，孔令傑最覬覦、最垂涎的位子就是俞大維的職務[50]。

五〇年代初期，國府在美的軍事採購業務和爭取美援工作，可謂一團糟，幾成無政府狀態。有空軍採購組，也有裝甲兵採購組，數十個採購單位，各買各的，貪汙、浪費、浮報、回扣等黑幕自不在話下，終於爆發空軍副總司令兼採購團團長毛邦初中將（蔣介石的親戚）捲款千萬美元逃亡墨西哥的大醜聞[51]。蔣介石為整頓採購工作，乃派遣為官清廉與講究效率的前兵工署長、交通部長俞大維以「欽差大臣」身分持節駐美大使館，公開職稱是「大使特別助理」，實際上是負責統籌軍購與美援業務，直接對蔣介石負責。

孔令傑對俞大維的職務所展示的「旺盛企圖心」，是以兩種方式表現出來：一面拉攏顧維鈞以孤立俞大維；一面夥同相關人員向蔣介石打小報告，告俞大維的狀。

孔令傑討好顧維鈞的手法是有意洩露士林官邸內部有關顧的機密資料。其中最重要的是，孔對顧說，「有人」向總統打報告稱顧大使經常不在華府而在紐約，臺北官員到雙橡園大使館，常找不到大使。孔令傑說，總統非常不悅，但經過蔣夫人和他一再向總統解釋後，老先生方始釋懷。蔣夫人並以陽明山和臺北兩地來比喻華府和紐約的距離，以說明華府和紐約之間兩頭跑，並不花時間（宋美齡對蔣說：「只需一小時車程」，實際車程約四小時左右），而且電話聯繫又方便。蔣對宋美齡的「比喻」，頗表滿意，乃打消撤換顧維鈞的念頭[52]。

顧維鈞常跑紐約的最主要原因是和在聯合國上班的嚴幼韻女士幽會，顧其時尚未與黃蕙蘭離異，但夫妻已形同陌路。離婚後，顧、嚴即結婚，這是顧大使第四度做新郎[53]。顧維鈞聽了孔令傑的「知心話」之後，對孔更是言聽計從。

孔令傑對付俞大維的方式則是直接向蔣介石告狀，聲稱俞工作不力、爭取美援未盡力、不讓顧大使等人了解軍購與軍援詳情、與美方關係不洽等等。不僅孔令傑告狀，李榦也告狀，蔣介石因此對俞大維頗為不滿，打算以孔令傑取代之。在臺北只有陳誠一個人力保俞大維[54]。

向蔣介石打小報告的人越來越多，挑撥的內容也愈來愈嚴重；同時，爭取軍援與軍購又是曠日費時的工作，絕非一夜之間即能開花結果。蔣介石按捺不住了，下令俞大維返臺述職，他要和俞當面談談。蔣、俞深談了幾次，蔣終於完全了解俞在美國的認真、賣力和盡責，於是立即命令孔令傑今後絕不可干預俞大維的工作。顧維鈞回憶道：「他（俞）不想談論反對他的人怎樣背地裡在總統面前進讒言。很明顯，此人就是孔令傑。他對這種背後中傷採取不予理睬的策略。他說，他在重慶政府任職時，孔祥熙待他甚厚，所以他唯一的願望是以德報德。既然他不可能以任何方式報答孔祥熙的恩情，他只能用好好對待孔的兒子孔令傑來做為回報。」[55]俞大維在這段期間的優異表現，加上陳誠的大力推薦，終被蔣介石拔擢為國防部長。孔令傑後來離開華府做生意去了，炒股票、投資房地產、經營製造飛機座椅的工廠，並從事石油工業。

歷史之神訕笑孔家子女

從五〇年代開始，孔令傑成為孔家家族最活躍的一員，能力亦最突出，一九五〇年尼克森競選參議員，住在紐約的孔祥熙派孔令傑帶一筆錢到洛杉磯「犒賞」尼克森，並發動加州華人為尼克森助選[57]。他的加州之行，建立了孔家與尼克森的長久關係，尼克森是個見錢眼開的政客（當總統時曾逃稅），有了孔家這棵「搖錢樹」，當然也就不愁政治獻金的來源了。尼克森在七〇年代初「出賣」臺灣，但在四〇年代末、五〇年代初卻是靠反共、靠「中國遊說團」的支持而走紅政界。尼克森是個出身寒門的人，法學院畢業後在南加州掛牌當律師，辦一件案子僅收費五元。從政初期，阮囊羞澀，急需奧援，富甲一方的孔家也就扮演「孔方兄」的角色，全力支援「愛我中華」也「愛我鈔票」的尼克森。對蔣家和孔宋家族而言，這也是一種長期性的政治投資。

孔令傑在美國出過兩次「風頭」，一次是娶了好萊塢「肉彈影星」狄波拉貝姬（Debra Paget），生了一個兒子[58]，一九八一年離婚；另一次是花了一千八百萬美元在休士頓郊外蓋了一座防核彈的「地下城堡」，遭一九八四年十二月號的《德州月刊》揭發出來[59]。

最袒護孔家兄妹的宋美齡於一九八六年十二月三日透過中央社發表長文，「暢說其年來之所思所感」，她引用了美國哲學家威廉・詹姆斯（William James, 1842-1910）的一句話以警惕國人：「國家的死敵並非外來的，他們來自蕭牆之內。」對中國人而言，詹姆斯這句話真是一語中的。近代中國的死敵並非外來，他們部分來自孔宋家族的「蕭牆之內」[60]！

注釋

1 李茂盛《孔祥熙傳》，北京：中國廣播電視出版社，一九九二，頁一五七。一說孔令儀畢業於之江大學。孔令儀說：「早年在南京時，我唸金陵女大附中，曾住在老總統、夫人官邸約五年，那時經國、緯國還不在他們身邊。老總統他們不叫我名字，而叫我寶寶、寶寶，常帶我出去逛街，把我當自己子女一樣管教。」見一九九七年三月十七日紐約《世界日報》。

2 同前；《孔祥熙和宋藹齡》，頁三二三。

3 《孔祥熙和宋藹齡》，頁三二三；《我所知道的孔祥熙》，頁十二。

4 《孔祥熙和宋藹齡》，頁三二四。

5 同前。

6 王丰《孔二小姐祕錄》，臺北：慧眾文化出版社，一九九四，頁一四九～一五二；夏功權《夏功權先生訪談錄》，臺北：國史館，一九九五，頁二二、七一。

7 〈孔祥熙家族與中央信託局〉，收入《孔祥熙其人其事》，頁八八～九一、一〇四；Seagrave, 262。
8 《我所知道的孔祥熙》，頁十二。
9 蔡孟堅〈唁「神祕人物」孔令侃並述所知其人其事〉，載《傳記文學》第六十一卷第四期（總號第三六五期），臺北出版，一九九二年十月號，頁二四。
10 〈致孔令侃密電一組〉，載《民國檔案》一九九一年第二期（總第二十四期），南京出版，頁四五。賈存德〈孔祥熙與日本「和談」的片斷〉，收入《孔祥熙其人其事》，頁一二一～一三一。
11 《在孔祥熙官邸的見聞》，頁三二。
12 漆敬堯〈小數點的玄機化解一場政治風暴——獨家採訪孔宋家族利用特權結匯謀取暴利新聞的一段往事〉，載《傳記文學》第五十四卷第一期，臺北出版，一九八九年一月號，頁六三～六八；《陸鏗回憶與懺悔錄》，頁一五九～一六六。
13 《陸鏗回憶與懺悔錄》，頁一六五～一六六。
14 前引，一六六～一八〇。《中央日報》總主筆陶希聖百般威脅陸鏗，國民黨中宣部長李惟果則暗自佩服陸鏗保護新聞來源的報人精神，對他加以維護。蔣介石召見李、陸詢問原委，陸慷慨陳詞，李、陸雙雙自請處分，蔣最後連說：「我什麼人也不處分，我什麼人也不處分。」
15 一九八五年六月十一、十三日、七月九日，紐約《世界日報》第二頁。
16 一九八五年六月十一日，紐約《世界日報》第二頁。
17 郭旭〈揚子公司查而未抄的內幕〉，收入《孔祥熙其人其事》，頁二二九～二三一。
18 杜聿明〈遼瀋戰役概述〉，收入《遼瀋戰役親歷記（原國民黨將領的回憶）》，北京：文史資料出版社，一九八五，頁十七～十八。杜聿明於一九四九年一月淮海戰役（徐蚌會戰）尾聲時被俘，彼之身分為國府徐州剿匪總司令部中將副總司令兼前進指揮部主任，以戰犯身分坐牢十年，一九五九年與溥儀等三十二人獲釋，一九八一年五月七日病逝北京。
19 退職記者《哀江南》第六集，香港：振華出版社，一九六三，頁三〇。

20 江南〈一個歷史見證人的身影——薩瓦娜訪吳國楨〉，收入丁依（即江南）著《蔣經國傳》，香港：文藝書屋，一九七五，頁二五五～二六八。

21 〈揚子公司查而未抄的內幕〉，收入《孔祥熙其人其事》，頁二三二；*LIFE*, April 11, 1949, P. 96。

22 《唁「神祕人物」孔令侃並述所知其人其事》，頁二四～二五。孔令侃的學歷亦頗「神祕」，Seagrave的《宋家王朝》稱其在耶魯大學讀過書；徐家涵則說孔令侃的哈佛大學經濟學碩士學位，實際上是香港中信局職員吳方智以孔令侃之名在哈佛註冊、上課，以兩年時間為孔得一碩士學位。見《孔祥熙家族與中央信託局》，頁一〇五。

23 *Biographical Dictionary of Republican China*, Vol. 2, 268。

24 見注9，孔令侃對蔡孟堅說，他「在倫敦創辦一現代工廠專做各型飛機座椅，全供歐美飛機裝設……。」

25 孔令侃祕書告訴蔡孟堅，孔死前仍有國府駐美大使館顧問名義，見注9蔡文；據說孔令侃直至蔣介石死時仍按月自國府乾領美金每月二十萬（一說每年二十萬）的在美活動費，見姚孔行〈蔣宋孔三大家族〉，載《傳記文學》第六十一卷第四期（總號第三六五號），一九九二年十月號，頁三三。外傳孔令侃中英文造詣不錯，宋美齡的中英文文章、講稿與信函，泰半出自其手，如一九七五年九月離臺赴美前夕發表的〈書勉全體國人〉、一九八二年八月的〈給廖承志公開信〉、一九八四年二月的〈致鄧穎超公開信〉、一九八六年十月的〈我將再起〉等。孔令侃學會宋美齡喜用英文僻詞罕字的習慣，其中文文章亦充斥詰屈聱牙詞句，以顯示其國學造詣，如一九八五年於美國《世界日報》所登啟事，即夾雜「獒猾狂吠」、「讕言欹傾」、「縱允漫肆」之詞。孔令侃稱其常邀美國國會議員訪臺，並寄送反共資料給他們，見蔡孟堅文。

26 見注9。據說當時國府駐紐約總領事、其後調駐華府的北美協調會代表夏功權，亦常向宋美齡提供臺北政情資料。一九八八年一月蔣經國去世後，國民黨中常會推李登輝為國民黨代主席，宋美齡有不同意見，向國民黨中央發出一信建議延期推李為黨代主席，改在十三全會時再決定，此議未被接受。宋美齡的信即由孔令侃執筆，見蔡文。

27 見注9。孔令侃對蔡孟堅說：「須知李總統是堅（持）己見、外柔內剛個性的人，看李煥與之多有牴牾，一定下臺，外傳蔣彥士、錢復是他愛將，有可能出來組閣，我不相信——李因恐予人對他有狹隘政治的批評，我認為他會從較為緩和的反主流派的權要中物色一人，為著推崇法治，可能推出司法院長林洋港出馬，但又避免總統與內閣閣揆同屬臺籍之嫌，若他以治安為號召，最可能起用郝柏村，郝任過官邸侍衛長，我看郝處事公正有能力，必有表現。李為鞏固自己權力當然有他的手法，他不怕郝為軍事強人，他可隨時運用統帥權，相機可以重編參謀本部人事，另選參謀總長，讓郝專長行政，李豈不完成總統整個權威。」後來，郝柏村果然出任閣揆，蔡孟堅讚孔令侃為「孔諸葛」。

28 見注9。孔令侃雖自稱「終生未婚」，但徐家涵說：「孔令侃由香港乘船去美國經過馬尼拉途中，在船上與孔家乾兒子盛升頤的下堂妻魏某外號白蘭花的女人正式結婚，打電報通知他母親。宋靄齡認為魏某比孔令侃大八、九歲，出身卑賤，氣得大發脾氣，回電要（他）立即取消婚約。孔令侃置之不理。」參看《孔祥熙家族與中央信託局》，頁一〇五。徐家涵又說：「孔令侃更荒謬的是當宋靄齡要替他找一個門當戶對的千金小姐，與他早點結婚時，他指名一定要討宋子文老婆張樂怡的小妹妹。宋靄齡認為這是娘舅的小姨子，認為他異想天開。孔令侃卻說：『娘舅歸娘舅，討他的小姨子，我就是他的連襟。如果不是張樂怡的妹妹，我還看不上，也選不中她呢！』」，頁九五～九六。

29 Alsop, 162, 220。

30《熊丸先生訪問紀錄》，頁一五三。熊丸說：「二小姐在官邸的影響力很大，她若發現官邸哪位武官不好，便會告訴夫人，只要夫人與總統講過，總統就會把那名武官調離。」見《熊丸先生訪問紀錄》，頁一四八。

31《我所知道的孔祥熙》，頁十一。

32《在孔祥熙官邸的見聞》，頁二八。

33 見注31，頁十三。

34《孔二小姐祕錄》，頁一三五、一四四～一四五、一六〇、一九二。

35 同注30，頁一四七、一五二～一五三。

36 見注28，頁八七。

37 沈醉《軍統內幕》，頁一〇一。

38 見注32，頁三十。

39 前引，頁二九～三十。

40 見注28，頁八八、注31，頁十三；《孔二小姐祕錄》，頁一〇八、一二二。據說孔二小姐擔任嘉陵公司總經理後，即喜部屬稱其為「總經理」，主持圓山大飯店時亦然。中國國際商業銀行於一九九一年公布十大股東名單，孔二小姐亦列名其中，持股高達八十多萬股，為中國商銀的第五大股東，孔家其他成員亦皆持有股權。金融界人士說，孔二小姐的股票是從大陸時代就持有的股權，在臺經過登記後繼續行使股權。

41 見注32，頁二八～二九。熊丸稱孔二小姐畢業於滬江大學經濟系。見《熊丸先生訪問紀錄》，頁一四九。

42 Joseph P. Lash, *Eleanor and Franklin*, New York: W. W. Norton, 1971, 675-681。

43 見注28，頁八七。

44 《孔二小姐祕錄》，頁一二七。孔二小姐對醫院頗有興趣，有一度曾想買下臺北醫學院，見《熊丸先生訪問紀錄》，頁一五〇。

45 圓山大飯店的「來歷」，一直是個頗具爭議的問題，做過該飯店董事長的熊丸說：「修建臺北圓山大飯店，一開始是先總統的意思，因為當時外賓很多，但卻沒一個像樣的地方能招待他們。」蔣指明要孔二小姐籌辦，熊丸找臺銀董事長徐柏園，向臺銀貸款四億新臺幣。「二小姐在接到總統命令後，幾乎全部時間都全心投入，……所以圓山興建的藍圖，等於二小姐做最後決定……圓山整個建設構想、發包、建築監工等，二小姐都事必躬親……。」由此可知，數十年來臺灣民間一直盛傳圓山大飯店乃是蔣家的或宋美齡、孔二小姐的，洵非虛語。參看《熊丸先生訪問紀錄》，頁一五九～一六二。謝忠良〈那幾口木箱要載走他們在臺灣的恩怨〉；邱銘輝〈這位超級病人差點讓醫院「半身不遂」〉；南方朔〈狗兒對她搖尾，人兒對她搖頭〉，均載《新新聞》周刊第二八七期，一九九二年九月六日臺北出版，頁十三～十六、頁廿二～廿五。邱銘輝〈病床上的孔二小姐堅持要把李登輝除名〉，載《新新聞》第三五六期，一九九四年一月八日臺北出版，頁廿～廿一。董孟郎〈孔二小姐故宮盜寶？〉，載《新新聞》第七六期，一九八八年八月廿八日臺北出版，頁卅四～卅六。

46 馮覺非〈孔二小姐在銅棺裡恢復了女兒身〉，載《新新聞》第四〇二期，一九九四年十一月廿六日臺北出版，頁十四。坎波殯儀館屬紐約最高級殯儀館，顧維鈞、孔令侃均在此入殮。一九九二年八月孔令侃去世後，因「祕密發喪」，知者甚少，作者曾打電話至坎波詢問，經證實孔令侃遺體確由該館處理，但該館顯得極為「警覺」。

47 熊丸說：「孔家幾乎個個死於癌症，如孔夫人（宋靄齡）、孔大先生（孔令侃）及孔二先生（孔令傑）都有癌症。」見《熊丸先生訪問紀錄》，頁一四七。宋嘉樹夫婦亦皆因癌症去世。

48 孔令傑於一九四三、一九四四兩度隨宋美齡訪美。宋美齡於一九四三年訪問芝加哥，美政府已訂妥一流旅館Palmer House，孔令傑認為不夠豪華，改訂Drake。見Seagrave, 389。熊丸說，孔令傑「西點軍校出身，官拜少校。」見《熊丸先生訪問紀錄》，頁一四八。

49 《顧維鈞回憶錄》第十分冊，北京：中華書局，一九八九，頁二三三、三七三。

50 前引，頁四五一～四五二。蔣經國於一九五三年訪美時，曾私下問顧維鈞大使孔令傑在華府的工作成效以及孔是否認識很多人，顧書，頁四一八。

51 《顧維鈞回憶錄》第八分冊對毛邦初案敘述極詳。

52 《顧維鈞回憶錄》第十分冊，頁二三二～二三三；事實上，蔣介石對顧維鈞經常不在崗位上，一直耿耿於懷，有一次顧維鈞返臺述職，蔣問顧：「聽說你常赴紐約，確否？」顧答：「是的。華府雖係美國首都，但全美國的財經、政治及文化均集中在紐約。」蔣夫人即插言道：「我國的達官貴人過去每逢周末可不是從南京跑上海嗎？」參看袁道豐《顧維鈞其人其事》，臺北：臺灣商務印書館，一九八八，頁十二～十三。

53 《顧維鈞其人其事》，頁一～十三；Madame Wellington Koo, *No Feast Lasts Forevre*, New York: The New York Times Book Co., 1975, 263-278。

54 見注48，頁四五二、頁四六六～四七二。

55 前引，頁四七八～四七九。

56 見注48。

57 前引，448。

58 孔令傑的兒子孔德麒（Gregory），乃是孔家唯一的傳人。孔令儀、孔令侃和孔令偉皆無所出。

59 Seagrave, 500-501;"Kung's Underground Hideway," in *Texas Monthly*, December 1984, PP. 116-120。

60曾在小姨媽卵翼下「叱咤風雲」數十年的孔令侃、孔令偉和孔令傑皆安靜地躺在風可利夫三樓孔家墓室之內。孔令傑墓櫃在第二層（最上層仍空置），大理石墓板上刻著「孔令傑少校」英文字樣（MAJOR K’UNG LING - CHIEH）和生卒年月日（MAY 30, 1921 - NOVEMBER 10,1996）；第三層為孔令偉博士（DR. K’UNG LING WEI, SEPTEMBER 5,1919 - NOVEMBER 8, 1994）；第六層（即最底層）為孔令侃博士（DR. K’UNG LING KAI, DECEMBER 10, 1916-AUGUST 1, 1992）。「侃」字拼成KAI而非KAN，大概是「孔大先生」上海口音之故。孔家子女都有英文名字，但墓板上皆未出現。孔令侃和孔令偉兄妹死後仍好名，姓氏前均冠以花錢捐來的「博士」（DR.）稱號（都是臺灣天主教輔仁大學名譽博士學位，輔仁在臺復校後，宋美齡曾應于斌主教之邀擔任該校名譽董事長）。孔祥熙墓板上亦刻有Dr.（其母校Oberlin學院贈與名譽學位）。孔家墓室自舊廳移至新館三樓後，光線與空氣更佳，孔祥熙、宋藹齡與孔令侃的大理石墓板重新刻字，宋藹齡英文姓名舊墓板原刻E. LING SOONG K’UNG，新墓板則為K’UNG SOONG E. LING。

第十三章

半世紀婚姻生活漫嗟榮辱

少帥張學良偕妻子俞鳳至與蔣介石夫婦。一九七五年四月蔣去世， 少帥送的輓幛是：「關切之殷，情同骨肉；政見相爭，宛如仇讎。」

澳洲籍政治顧問端納陪同蔣夫人前往西安，深入虎穴，營救蔣委員長。端納原為張學良的顧問，少帥推薦給蔣。

蔣介石於一九三五年十月卅一日慶祝五十歲生日，由文膽陳布雷捉刀發表〈報國與思親——五十生日感言〉，並以寶劍切生日蛋糕。

宋美齡於一九三六年十二月廿二日飛抵西安，展開救夫行動。

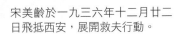

蔣宋夫婦泛舟日月潭。

蔣宋素喜養狗，在重慶時養了好幾隻狗，圖為其中的金色獵犬（golden retriever）。

一九四三年夏天，史迪威代表羅斯福總統頒贈勳章予蔣介石，蔣夫人在招待會傾身細看勳章，美國記者說：「蔣夫人差點把蔣委員長的蛋糕盤打翻了。」

宋美齡使蔣介石對基督教更為虔誠，並勤讀《聖經》。

蔣宋結縭近半世紀，互敬互愛，但亦像一般夫妻一樣，偶會鬥嘴、吵架；每逢夫妻發生劇烈爭執，蔣夫人必定「離家出走」，其避風港是大姊宋靄齡家。

一九二七年十二月一日，蔣介石和宋美齡在上海大華飯店結婚，從這一天開始，蔣宋就是中華民國的化身。他們的結合，是二十世紀中外歷史上最凸出、最成功的一場政治婚姻，權力與財勢的結盟，使蔣宋展開了「平天下」的壯舉，也使宋美齡成為全世界最有名的東方第一夫人[1]。

風雲夫妻檔　牡丹襯綠葉

一般而論，亞洲婦女對政治比較興趣缺缺，尤其是在民風尚未大開的二、三〇年代的中國，唯獨宋美齡是一個例外。她不但熱愛政治和權力，也深通權術，她是一個強勢的第一夫人，做任何事情都經過精心計畫與細心盤算。蔣宋聯姻，固然是蔣希望成為孫中山的連襟、繼承者（heir apparent），以及獲得江浙財團和縉紳階級的資助，但也是宋家所「設計」的政治婚姻策略[2]。蔣宋的聯手合作，共治國家，在世界政治舞臺上洵屬少見；世人都把眼光投射到古老的東方，他們很驚訝一個出自美國韋思禮名校的才女，竟然會輔佐「其介如石」的一介武夫在混亂、落後的中國對付軍閥、日本人和共產黨。

後知後覺的西方人不得不承認，宋美齡不是他們想像中的「花瓶」，她是一個極有威力的第一夫人。一九三八年一月三日出版的《時代》周刊，推選蔣宋為「風雲夫婦」，這是該刊一年一度的封面風雲人物選拔中，首次推出「夫妻檔」。事實上，早在一九三一年十月廿六日的《時代》周刊，即以蔣宋夫婦為封面人物[3]。

蔣介石政治生涯的特色是敵人太多。黨內有政敵，黨外有仇敵；被他視為「第二祖國」的日本，一直想吃掉他[4]；蘇聯垂涎新疆、蒙古和東北；西方列強也想撈一點利益。蔣介石的一生，是戰鬥的一生，從廣州發跡，歷經北伐、抗日、剿共到終老臺北，這位堅毅不屈的軍人政治家，從未停止戰鬥，因為他永遠都有敵人[5]。

宋美齡的角色之一就是幫助蔣介石化解敵人，即使不能化敵為友，也要使敵人對蔣的傷害程度減至最低最少。蔣介石並沒有太多的現代知識和外交能力，他的弱點和短處，皆可由宋美齡加以彌補與強化。

西安事變　入虎穴救夫君

蔣夫人在西安事變過程中所表現的鎮定自持，深入虎穴的勇氣與沉著，成為民國史和世界史上的一段佳話。一九三六年十二月十二日西安事變驟發，張學良、楊虎城發動兵諫，提出八項主張，要求蔣委員長立即停止內戰，召開救國會議[6]。蔣蒙難華清池，南京大員有的疾呼營救，有的建議談判，有的力主轟炸西安，軍政部長兼討逆軍總司令何應欽欲以強硬手段對付張學良，不計後果，而遭到不少人的責難[7]。宋美齡在《蔣夫人西安事變回憶錄》中說：「中央諸要人，於真相未全明瞭之前，遽於數小時內決定張學良之處罰，余殊覺其措置太驟；而軍事方面復於此時，以立即動員軍隊討伐西安，毫無考量餘地，認為其不容諉卸之責任，余更不能不臆斷其為非健全之行動。軍事上或有取此步驟之必要，委員長或亦懸盼此步驟之實現，然余個人實未敢苟同。……余迭向京中諸要人剴切陳述：於未得確實消息之前，務鎮定其態度，信任民眾精神上之後援，勿採急遽之步驟。」[8]

在幾個「大男人」慌慌張張、手足無措的時候，思慮最周密的就是宋美齡。她的救夫行動，使南京軍政要員個個汗顏不已。宋美齡說：「余個人於事變發動之初，即決心與劫持我丈夫之西安將領作正義之周旋，任何犧牲，任何代價，皆所不顧……。」但反對蔣夫人飛赴西安的力量亦不小，「當時群情激昂，主張紛雜：或言委員長殆已不諱矣；或國家存亡應重於個人之生命；更有人不明余所主張之理由，詞色之間似謂『彼一婦人耳，僅知營救丈夫而已。』余乃詳告諸人曰：『余雖為婦人，然余發言，絕非為營救丈夫之私意。……余言既，復明告彼等即親自飛往西安。群議譁然，以為不可，反對之聲紛至。』」[9]

蔣介石被拘禁時[10]，曾撰一封家書致蔣夫人，這封信本欲託黃仁霖帶返南京，但遭少帥攔截。此信可看出蔣當時的心情：「余決為國犧牲，望勿為余有所顧慮。余決不媿對余妻，亦絕不媿為總理之信徒。余既為革命而生，自當為革命而死，必以清白之體還我天地父母也。對於家事，他無所言，唯經國緯國兩兒，余之子亦即余妻之子，望視如己出，以慰余靈。但余妻切勿來陝。」[11]

和蔣介石同具剛強個性的宋美齡於兵變後十天偕澳洲籍的端納（W. H. Donald）、宋子文、戴笠等人飛西安探視蔣，此為端納和宋子文第二次探蔣[12]。宋美齡回憶說：「機方止，張學良登機來迎，其狀憔悴，侷促有媿色。余仍然以常態與之寒暄。」宋告少帥，請他命令士兵勿搜查她的行李，少帥答：「夫人何言，余安敢出此！」宋美齡與張學良、俞鳳至夫婦本為舊識，少帥對宋頗為尊重，立刻讓她會晤蔣。宋美齡說：「余入吾夫室時，彼驚呼曰：『余妻真來邪？君入虎穴矣！』言既，愀然搖首，淚潸潸下。余強抑感情，持常態言：『我來視君耳。』蓋余知此時當努力減低情緒之緊張。」[13]蔣向宋美齡描述「遇劫當時，黑夜攀登山巔，手足為荊棘與山石刺破，遍體鱗傷之狀況……。」蔣對宋說，他當天早晨讀《聖經》，正好讀到「耶和華今將有新作為，將令女子護衛男子」這句話[14]。

蔣夫人見了委員長後，再晤張學良。她回憶說：「彼或因余未加斥責，顯有快慰狀。余並以鎮靜誠摯之態度與之面談，自謂此舉得全國民眾之擁護，實屬錯覺；今大錯已成，若何補救，實為當前唯一問題。」少帥是個性情中人，他當面對蔣夫人說：「夫人如在此，絕不致發生此種不幸之事。」此言一出，蔣夫人「駭然久之」，少帥解釋說：「我等劫持委員長，自知不當；唯我自信，我等所欲為者，確可造福國家之計畫。然委員長堅持不願與我等語，自被禁後，怒氣不可遏，閉口不願發一言，深願夫人婉勸委員長暫息怒氣；並望轉告我等實一無要求，不要錢，不要地盤，即簽署任何文件亦非我等所希望。」[15]宋美齡說，少帥這一席話就證明他和過去的軍閥不一樣。

經過宋美齡、宋子文、端納等人的折衝樽俎，蔣介石應允停止剿共；改編中共軍隊由中央統一指揮；共黨停止一切活動、服膺三民主義、擁護委員長；改組行政院，宋子文出任院長；以張學良勇於悔過、維護委座安全，由蔣夫人、宋子文擔保免予處分，令其戴罪立功。十二月廿五日，張學良堅持與蔣宋同機飛赴南京，後張氏被交付軍法審判，宋子文覺無以對朋友，一怒而走上海，張學良從此失去自由逾半世紀[16]。

史達林雖曾令中共勸告少帥勿殺害蔣介石，不少史家相信蔣終能安全脫險，蔣夫人、宋子文與張學良必有一祕密協定，但這項協定卒遭蔣本人撕毀食言[17]。

曾強烈反對蔣夫人與蔣介石結婚的宋慶齡，一九四〇年在香港時，對美國記者史諾說過一句頗為公允的話，她說，蔣介石和宋美齡的婚姻，「一開始並無愛情可言，不過我想他們現在已有了愛情，美齡真心誠意地愛蔣，蔣也真心誠意地愛她。如果沒有美齡，蔣會變得更糟糕。」宋慶齡又說，她妹妹對蔣介石的影響很大[18]。

蔣夫人發揮全方位功能

宋美齡對蔣的正面影響，可說涵蓋了思想、政治、外交和宗教信仰四個層面。在思想上，她拓寬了蔣的國際視野和現代知識；在政治上，鞏固了江浙財閥對蔣的支持，並以個人的魅力與機智助蔣化解大小危機，西安事變即為一例。素有「黃大砲」之稱的立法委員黃宇人，四〇年代末期因反對陳立夫出任立法院副院長，引起蔣介石的不悅，在官邸召開的一場國民黨籍立委座談會上，蔣要求贊成的立委起立，黃宇人則說：「我們今天在這裡起立的人根本代表不了其他的立法委員；甚至於就是他自己的一票，將來也不一定投立夫先生。至於我沒有起立，也只能代表我自己的一票而已。因此，我認為起立與否，都沒有實際的意義。」蔣聽了黃宇人的發言，甚為憤怒，但忍著未發，一時全場寂然無聲，空氣顯得十分緊張，坐在蔣旁邊的宋美齡帶著微笑向蔣低聲說道：「今天的聚會已經為時很久，我看大家都很疲倦，可以休息了吧！」蔣即宣布散會。「黃大砲」說：「在當時的情形下，假如宋美齡不提議休息，真難料隨後將發生怎樣的事。劉健群事後向我說，他很耽心蔣校長可能在盛怒之下，順手將他面前的玻璃杯向我擲來。我對宋美齡用輕描淡寫的幾句話便將那種極度緊張的氣氛結束，第一次由衷的感到她也有可敬之處。」[19]

在外交上，宋美齡利用其美國背景，大大地影響了美國媒體、政界及教會對蔣和國民黨政權的支持，尤其是山東登州出生的傳教士之子亨利・魯斯（Henry Luce），在其所創辦的《時代》（*TIME*）、《生活》（*LIFE*）和《財星》（*FORTUNE*）三大雜誌上，對蔣宋和國民黨政權的全力扶持，已成為美國新聞史和中美關係史上一個令人深思和引發爭議的問題。魯斯愛將、抗戰期間《時代》和《生活》駐重慶特派員白修德（Theodore White）即因批評蔣介石、孔宋家族和國民黨政權的腐化而與魯斯鬧翻[20]。魯斯對蔣宋的維護和捧場是無條件的，對「國民黨中國」的友好，亦是無庸置疑的；他是個不世出的偉大報人，他對新聞事業的貢獻（特別是對時事雜誌）是石破天驚的，但他的缺點和短處則是具有太多屬於自己的政治議程（political agenda），以及傲慢地高舉「美國第一」的火炬，希圖創建「美國世紀」[21]。

魯斯旗下的三大刊物，對蔣宋和國民黨政府抗日與剿共的宣揚，在美國和西方世界發揮了無比的威力；而通過魯斯的雜誌，蔣介石和宋美齡乃成為美國家喻戶曉的一對代表正義與基督思想的中國第一伉儷。

然而，如沒有宋美齡的流利英語以及深諳西方人的習性與文化，則西方世界對蔣介石還是諱莫如深，即使是羅斯福總統亦自稱必須經由蔣夫人來了解蔣介石[22]。

在宗教信仰上，蔣介石雖接受宋母倪太夫人所提出的信奉耶穌基督為結婚條件，蔣亦在婚後三年（一九三〇年十月廿三日）於上海正式受洗成為基督徒[23]。然不可否認的是，蔣日後能夠成為虔誠的基督徒，傳教士之女宋美齡對他的影響無與倫比。在她的建議下，從一九三一年開始，蔣的官邸每逢禮拜日晚上皆有傳教士主持宗教儀式並帶領靜思[24]。即使在蔣死後，宋美齡仍不忘向世人表明蔣是基督徒。蔣介石的私人醫生熊丸透露，由秦孝儀執筆的蔣氏遺囑寫好後，宋美齡表示要看看內容，她看完後對秦孝儀說：「你加幾句進去，說明他是信基督的。」熊丸說：「所以很多人問總統遺囑裡，為什麼連基督的事情也要寫，事實上那是夫人的意思。」[25]

宋美齡為蔣介石的革命事業帶來巨大的助力，而建構了六十年的蔣家朝代[26]；但她及其家族亦為蔣介石的政治生涯蒙上了許多無法洗刷的汙點和負面衝擊，這些汙點和衝擊，有時難免會為蔣宋夫妻關係製造緊張與衝突。

就像一般結髮數十載的老夫老妻一樣，宋美齡曾多次與蔣介石發生爭吵，鬧得相當不愉快，美齡每次負氣「離家出走」，都往大姊藹齡家「避難」。一九四三年七月四日，宋美齡自美返抵重慶，此次返國報紙皆稱為「載譽歸來」[27]，因第一夫人在美加兩國作了極為成功的演說訪問，宣揚中國抗戰的艱苦與決心。一個多月後，卻傳出第一家庭失和的消息，唐縱在一九四三年八月十五日的日記中寫道：「近來委座與夫人不洽，夫人坐（住）在孔公館不歸，委座幾次去接，也不歸。聞其原因，夫人私閱委座日記，有傷及孔家者。又行政院院長一席，委座欲由宋子文擔任，夫人希望由孔擔任，而反對宋，此事至今尚未解決。」[28]同年十月三日日記，唐縱又說：「近來委座與夫人意見不和，夫人住新開市孔公館，不歸者數周。下午夫人歸官邸與委座晚餐後，又同赴新開市，宿一夜。外間謠言甚多，謂委座任主席，行政院不讓孔做，以是孔夫人訴於夫人，夫人與委座不洽。問於俞侍衛長，俞不否認，並謂與緯國亦有關係。委座嘗於私人室內做疲勞的吁歎，其生活亦苦矣！」[29]

一九四四年春天，重慶黨政高層突然盛傳蔣介石有「外遇」，各種謠言紛至沓來：有的說是陳立夫的姪女陳穎成為蔣的新歡；有的說陳穎是護士，又有人說她是教員；有的說陳穎也許是陳布雷的女兒；有的說宋美齡發現蔣有「婚外情」後，兩個人打了一架，蔣的頭部被花瓶擊中而掛彩；有的說宋美齡把一雙從未見過的高跟鞋從臥室扔出窗外時，打中一名警衛的頭；有的說蔣給陳穎五十萬美元讓她出國。美國駐重慶外交官謝偉思（John Service）把這些花邊謠言傳回國務院，華府以好奇、疑惑的目光，密切注視中國第一家庭的「緋聞」[30]。

另一個說法是蔣與下堂妻陳潔如重燃舊情。隱居在上海法租界的蔣介石前妻陳潔如，一九四一年十二月在上海街頭偶遇老友、汪精衛的妻子陳璧君，她力勸陳潔如到南京汪精衛政權任職，陳潔如婉言相拒，後隻身祕密離開上海前往大後方，輾轉來到江西上饒。顧祝同派人護送她到重慶，被安置在吳忠信家裡，蔣獲悉後常去吳家與陳潔如幽會，儘管十分保密，仍被宋美齡探悉。抗戰時曾做過宋美齡機要祕書的張紫葛說，宋曾在一間診所親耳聽到病人大談蔣與陳潔如的豔聞[31]。

「山城緋聞」驚動海內外

不管是陳潔如或是陳穎，蔣宋婚姻起風波則是事實。一九四四年六月的一個下午，蔣介石決定在重慶歌樂山官邸舉行茶會，當時擔任外交部政務次長的吳國楨，當天上午臨時獲得侍從室通知，要他早到數分鐘。《吳國楨傳》說：「吳驅車前往，道上見不少車輛奔赴，心中明白此皆赴會之人，但其數目之多，則出意外。到達則雖時間尚早，而禮堂座席可容納二、三百人，幾已坐滿。更可怪者，參加人員，外國新聞記者全被邀請，而本國記者則不見一人。外國使節未被邀請，但外國教會人員則到了不少。吳赴別室見蔣，蔣謂：『我今天說話，你須小心翻譯。我說時，你可在旁略作記錄，再行譯出。』言畢又云：『我就要和夫人到會，你先去禮堂等候。』吳見其氣度非如平日之從容，遂默然辭去。吳回到禮堂，蔣和夫人即行出場，只略向各方點首，即行演講。說是演講，實在不是演講。」[32]

原來，蔣介石是就他的「緋聞」向與會人士澄清，但講話極為吃力。《吳國楨傳》又說，蔣「上臺開口說話，神色忽現緊張，寧波口音，字字顯出。蔣平日並不口吃，而此次則獨見，有時衝口而出，有時戛然停頓，微覺結巴，結巴之後更形緊張。」[33]吳國楨翻譯翻得頗為不順，蔣夫人眉宇間露出不悅神情，「蔣言詞之間，雖未明白指出，但亦含糊示意，謠言產生乃在國外，謂蔣雖戎馬倥傯，而未忘情於自娛，前次蔣夫人出國，蔣即與一女護士結緣，並生一私生子等語。蔣堅決否認，稱自與夫人結婚後，成為忠實基督信徒，從不犯姦淫罪。且就事實而言，蔣終日行動，皆有人在旁隨從，並做紀錄，未有一時一刻完全空閒由其私人單獨活動。蔣演講大旨，只是如此，而說來說去，重重複複，最少在半小時以上。蔣說得心中氣憤，面紅耳赤，口舌遲頓。」[34]

這場「茶會」後不久，宋美齡即偕宋藹齡和孔令傑夫婦以「養病」為由，飛往巴西，兩姊妹在巴西政府的度假小島布洛科宜歐（Brocoio）住了兩個月，美齡接受醫療，藹齡則和巴西強人蓋圖里奧．瓦加斯（Getulio Vargas）進行財務交易，轉移一筆錢到巴西，在聖保羅置產。孔宋家族過去已將部分財產移到南美洲，在聖保羅、布宜諾斯艾利斯和卡拉卡斯銀行存了大筆錢，據說亦投資了石油、礦業、運輸和其他交通股票，特別是鐵路和航空。一九四四年九月六日，兩姊妹到了紐約，美齡住進了她上次訪美時曾住過的哥倫比亞大學長老會醫院，也包下了哈克尼斯病房大樓（Harkness Pavilion）的整個一層，經檢查是「精神疲憊」（nervousex haustion），需要長時間休養。但在醫院住不到一個月即搬至紐約市哈德遜河畔高級住宅區利佛岱爾（Riverdale）孔祥熙的花園洋房，與大姊藹齡、弟弟子良住一起。[35]

有好幾個月的時間，宋美齡未在公共場所露面，等於是銷聲匿跡，和她一九四三年所受到的熱烈歡迎恰成強烈對比。就在宋美齡「躲」在孔宅休養之際，國際間卻盛傳蔣介石和宋美齡將離婚的消息。流言來自英國蒙巴頓爵士的部屬，這位「大嘴巴」參謀告訴英國《每日郵報》駐加爾各答記者：「蔣夫人鐵定會離開她的丈夫而在美定居」。美國駐重慶的情報員則在發回華府的報告中說，蔣宋不致離婚，因離婚勢將嚴重影響中國軍民士氣，不過，蔣夫人可能會留在美國。對於這項轟動國際的新聞，中國駐美大使館起初不知如何應付媒體的探詢，後來接獲重慶的指示，乃發表聲明斷然否認蔣宋婚變的謠傳。宋美齡在紐約住了一年，直至一九四五年九月始返回重慶，其時日本已投降矣[36]。

結髮近半世紀　情分縈繞

《時代》周刊在蔣介石、宋美齡獲選為一九三七年「風雲夫婦」的封面故事中說：「他是鹽商之子，她是《聖經》推銷員之女。在西方沒有任何一個婦女像蔣介石夫人在中國那樣擁有崇高的地位。她和她的丈夫在不到十年的時間裡，躍升為古老的中國人民的道德與實質領袖，這項成就已涵蓋了一頁偉大的歷史篇章。」[37]在西方人的眼中，蔣宋固然是一對權力夫妻，但也是中國希望之所寄，雖然這些「希望」於一九四九年隨著國民黨在大陸的崩潰而成泡影。

在臺灣島上，國民黨的政治環境變得單純了，蔣介石的政治敵人根本無法在「復興基地」立足，「保衛臺灣、反攻大陸」成為蔣介石政權的金字招牌。在這塊閃亮的招牌下，蔣宋夫婦相依為命，兩個人的感情「老而彌篤」；除了士林官邸，他們在陽明山、桃園角板山、南投日月潭和高雄西子灣等地設立行館。臺北住膩了，就到這些山明水秀之地散散心。在蕉風椰雨的寶島，蔣宋夫婦共同度過了他們一生中最安定、最有意義的最後四分之一世紀。

一向注重養生之道的蔣介石，六〇年代末期發生一場車禍之後，身體日漸衰退。北京進入聯合國取代臺北會籍（臺灣稱「排我納匪」）、尼克森訪問中國大陸和國際形勢對臺灣的日益不利，使這位堅忍不屈的反共老人頗有時不我與之歎。一九七五年四月五日深夜，蔣介石在大雨滂沱中撒手人間，終年實歲八十七。無從光復故土的「缺憾」，只能「還諸天地」了。

蔣介石去世後的士林官邸，跟以前大不一樣了，氣氛顯得格外淒其。宋美齡決定離開讓她時時刻刻都會觸景傷情的地方，一九七五年九月離臺赴美前夕發表〈書勉全體國人〉一文，她說四十八個春秋裡，「余與總統相守相勉，每日早晚總統偕余並肩一起禱告、讀經、默思；現在獨對一幅笑容滿面之遺照，閉目作靜禱，室內沉寂，耳際如聞謦欬，余感覺伊乃健在，並隨時在我身邊。」儘管蔣宋的成長環境、教育背景、思維方式和生活習慣大不相同[38]，然經過近半世紀「漫嗟榮辱」的共同生活，他們的感情應已超越政治的現實和權位的頂峰而與日月共長[39]。

注釋

1 宋美齡持續數十年被美國刊物選為「十大最著名的女性」，直至一九六七年，見Seagrave, 456；《時代》周刊於一九九八年四月十三日出版系列特刊之一，選出二十世紀最有影響力的二十位「領導人和革命家」，亞洲人列名的有甘地、毛澤東、胡志明、霍梅尼和一九八九年在天安門廣場單人阻擋共軍坦克的王維林。已經被世人淡忘的蔣介石、宋美齡夫婦僅在入圍者羅斯福夫人（伊蓮娜．羅斯福，其夫亦入選）欄內帶一筆，與阿根廷的裴隆（Peron）夫婦、菲律賓的馬可仕夫婦同被列入「權力夫妻檔」，由此可見西方媒體在世紀之交對蔣宋的評價了，見*TIME*, April 13, 1998, P. 125。

2 *TIME* (January 3, 1938) ,PP. 12-16；按陳潔如的說法，蔣介石和宋美齡的結合乃是宋家採取主動，宋美齡在北伐前和北伐期間一直設法接近蔣；宋藹齡甚至提出以蔣宋聯姻作為宋家在寧漢分裂中支持蔣的交換條件；見本書第三章及相關注釋。

3 在二次大戰和冷戰時期最支持「國民黨中國」的《時代》周刊，三度以宋美齡為封面人物，第三次是一九四三年三月一日；《生活》雜誌亦於一九四一年六月卅日以宋美齡為封面人物。《時代》（美國版）以蔣介石為封面人物則多達十次，第一次是一九二七年四月四日，最後一次為一九五五年四月十八日。《生活》未曾以蔣為封面人物。

4 蔣介石於一九六九年三月在日月潭涵碧樓接受日本政論家御手洗辰雄訪問，猶稱「日本乃為我第二故鄉」，見《蔣介石先生年表》，陳布雷等編，臺北：傳記文學出版社，一九七八，頁一二〇。

5 《從大歷史的角度讀蔣介石日記》，頁八九。

6 李金洲《西安事變親歷記》，臺北：傳記文學出版社，一九八二年七月一日再版，頁七一；〈蔣委員長西安半月記〉，載《蔣夫人西安事變回憶錄》，香港：公正出版社，無出版日期，頁卅一～卅二。張楊之「八項主張」為：（一）改組南京政府，容納各黨各派負責救國；（二）停止一切內戰；（三）立即釋放上海被捕之愛國領袖；（四）釋放全國一切政治犯；（五）保障人民集會結社一切自由；（六）開放民眾愛國運動；（七）確實遵行孫總理遺囑；（八）立即召開救國會議。其中第三項係指一九三六年十一月廿二日深夜被捕的救國會成員沈鈞儒、章乃器、王造時、鄒韜奮、李公僕、沙千里和史良等七人，號稱「七君子事件」。

7 葉一舟〈何應欽與蔣介石間的恩怨關係〉，美國紐約《中報》第三版，一九八七年十月廿六日。李仲公在〈我所知道的何應欽〉一文中，一口咬定何在西安事變時「準備篡位登臺」；研究西安事變有成的南伊利諾大學歷史教授吳天威在一九八六年發表的〈西安事變與近代中國歷史的大轉折〉長文中，則表示「主戰者未必有個人野心」、「何亦為蔣之患難之交，事實證明蔣未因何在西安事變時主戰而對何不再信任、不予重用。」不過，也有人認為何應欽在西安事變中的表現，促成了蔣決定培植陳誠以取代何的決心。

8 《蔣夫人西安事變回憶錄》，頁六一～六二。西安事變發生後，南京曾盛傳宋子文是幕後黑手，因宋想當行政院長未果，乃指使張學良綁架蔣介石；後來宋子文見事變無法收場，乃送少帥數百萬元賄款。見*TIME*, Jan. 3, 1938, P.15。

9 《蔣夫人西安事變回憶錄》，頁六五～六九。事變發生後，孔祥熙曾請求宋慶齡發表聲明譴責張學良，並要求釋放蔣介石，宋予以拒絕。宋對孔說：「張學良做對了，如果我是他的話，我也會做出同樣的事，而且可能會做得更進一步。」參看Snow, 94。陳布雷說，蔣夫人對南京大員對西安驟變之處置極感不滿，陳言：「為勸慰蔣夫人並解釋其對中樞之誤會。」見《陳布雷回憶錄》，臺北：傳記文學出版社，一九八一，頁一一八。

10 《蔣委員長西安半月記》，頁廿二。蔣介石於臨潼華清池中國旅行社招待所遭遇兵變，後移至西安新城大樓（即西安綏靖公署），再移往張學良部屬高培五師長住宅。

11 《蔣委員長西安半月記》，頁卅七。孔祥熙的長女孔令儀透露，蔣委員長被扣的緊張時刻，政變主謀之一楊虎城曾提出要求，要孔令儀、孔令侃姊弟到西安當人質，遭蔣夫人峻拒。見紐約《世界日報》記者傅依傑報導，一九九七年三月十七日。

12 澳洲人端納（William Henry Donald）原為澳洲新聞記者，一九〇二年以雪梨《每日電訊報》通訊員身分來遠東，後任香港《德臣西報》（*The China Mail*）記者，辛亥革命前到上海，擔任紐約《前鋒報》特派員。辛亥革命時任孫中山私人顧問，一九一一至一九一九年擔任上海《遠東時報》月刊編輯兼倫敦《泰晤士報》駐北京通訊員。一九二〇年出任北洋政府顧問，一九二八年轉任張學良顧問，一九三四年經少帥介紹出任蔣介石顧問，但蔣在《西安半月記》中說：「端納者，外間常誤以為政府所聘之顧問，實則彼始終以私人朋友資格常在余處，其地位在賓友之間，而堅不欲居客卿或顧問之名義。」宋美齡在《西安事變回憶錄》中亦稱，端納「彼昔為我先父之友，但常為我家之賓，親朋皆呼為『Gran』或呼為『端』。」端納認識宋嘉樹時，宋從事印刷《聖經》工作，宋美齡仍為一小女生。為拘禁張學良事，據稱端納與蔣宋有所爭執；端納於一九四二年在菲律賓遭日軍拘禁，經菲律賓抗日游擊隊救出；一九四六年在檀香山罹患肺癌，宋美齡聞訊乃派機接端納至上海宏恩醫院就醫，十一月去世，終年七十一歲。參看魚汲勝〈端納〉，載《人物》雙月刊，北京一九八七年第一期，頁九一～九六。

13 宋美齡對熊丸說，去西安前，她給了黃仁霖一支槍，並告訴他：「假如我到西安之後，無論是張學良或楊虎城，任何人對我要有非常不禮貌的行為，你就開槍先打死我。這是我的命令，你不能違反。我情願死，也不願受辱。」黃仁霖答應了她的要求，並說：「好，我執行之後便自殺。」見《熊丸先生訪問紀錄》，頁一〇五。

14 《蔣夫人西安事變回憶錄》，頁八七～八九。

前引，頁八九。宋美齡對熊丸說，西安事變發生後，她始終相信上帝不會讓委員長罹難，而使國家動亂不已。熊丸說：「夫人尚覺得上帝要她出面解決此事，故當她一聽到事變發生，第一個想法便是要親自去一趟西安。……夫人說她在聖誕夜當晚做了一次禱告，得到的啟示是明天便可回南京，因而就在聖誕節當天，西安事變終於落幕。」見《熊丸先生訪問紀錄》頁一〇四～一〇五。

15 前引，頁九一～九二。

16 《西安事變親歷記》，頁四三。一九三六年十二月卅一日，張學良在南京被交付特別軍法庭審判，開國元老李烈鈞出任審判長，朱培德與鹿鍾麟擔任審判官。審判結果：少帥被判有期徒刑十年、褫奪公權五年。蔣介石在一九三七年元旦請求特赦張學良，國府主席林森、司法院長居正於一月四日批准特赦，但在特赦令中規定少帥「仍交軍事委員會嚴加管束」。所謂「嚴加管束」，當然是蔣介石的意思。據一九八六年十二月六日北京《團結報》報導，張學良被押解到臺灣後，曾透過宋子文幫忙，獲一筆巨款。提供這筆巨款的是張的父親張作霖興建東三省鐵路時聘請的一位美籍技術顧問，此顧問返美時，張大帥送其一大筆錢讓他投資經商，數十年後，成為億萬富翁，乃思報張家，到處探聽張家人下落，卒得宋子文之助，到臺灣探望少帥，送少帥一筆巨款。此處轉引自《宋美齡傳》，頁廿七注。張學良已為哥倫比亞大學留有口述歷史，唯規定公元二〇〇二年始能公開；一九九六年並將一九三六年以來所保存的檔案送給哥大圖書館，該圖書館特設立「毅荻書齋」庋藏檔案和口述歷史資料。「毅荻」二字乃從少帥的號「毅庵」和趙一荻（趙四小姐）之名各取一字。

熊丸說，蔣夫人與宋子文比較同情張少帥；少帥被軟禁後，宋美齡曾囑熊丸探望少帥多次。熊丸說：「張少帥看起來就像《孟子》所說：『望之不似人君，見之而不知所為也』的人。我怎麼看他都像山東賣布的商人，無論穿著或談吐，完全看不出軍人的威風，也看不出倜儻瀟灑的少帥模樣。……至於趙四小姐後來也病了，整個人也憔悴了，完全沒有當年陪少帥軟禁時的氣概，變成一位非常狼狽的老太太……想起當年『趙四風流朱五狂』之語，真是不堪回首。」見《熊丸先生訪問紀錄》，頁一〇六～一〇七。

17 蔣夫人、宋子文與張學良之間有何祕密協定，似乎只能等到張學良的口述歷史和私人文件公諸於世之後，始能真相大白。一般相信，蔣必對張作過某種承諾，而少帥遭蔣幽禁半世紀，至少說明了蔣並未實踐其諾言。少帥本人亦絕未料到會飽嘗數十個「可堪孤館閉春寒」的歲月。

有關蔣介石所撰的《西安半月記》和《對張楊之訓話》，以及蔣夫人的《西安事變回憶錄》的真確性和可信度，自發表以後一直引起爭論。蔣的《西安半月記》和《對張楊之訓話》，皆由陳布雷代筆。陳說：「（十二月）廿六日中午往機場迎迓蔣公，隨至官邸，蔣公授余草稿一紙，命與夫人詳談，即可整理記錄，於五時前趕成之，即對張、楊之訓詞也。」又說：「（一九三七年）二月二日蔣公赴杭州，余與鄭醫師等同行，在杭州度陰曆年，闢室新新旅館，撰《西安半月記》。」見《陳布雷回憶錄》，頁一一八、一二〇；王泰棟《蔣介石的國策顧問陳布雷外史》，北京：中國文史出版社，一九八七，頁一〇九。軍事學家蔣百里曾對陳公博說：「當時蔣先生夫婦在西安起飛時還很狼狽，大概他沒有時間訓話罷。」見陳公博《苦笑錄——陳公博回憶，一九二五至一九三六》，香港：香港大學，一九七九，頁三六八。

關於蔣介石和宋美齡有關西安事變的著作，《苦笑錄》亦有一段記載：「西安事變閉幕了，蔣先生和蔣夫人還出了一本《西安半月記》和《西安事變回憶錄》的合刊。一天中央政治會議正開會，宣傳部長邵力子剛坐在我的旁邊，他正心誠意的拿了一本草稿在看。我問他看什麼？他隨手把那本草稿遞給我，說：『你看看罷，看有沒有毛病，這本書還沒有出版呢。』我一看原來就是那本合刊，我花了半個鐘頭一氣讀完，會議還沒有散。『這本書很有毛病，應該斟酌過才可出版。』我對於力子先生貢獻。『我也這麼想，你試說那毛病在那裡？』力子也虛懷若谷的問我意見。『我草草一看，便發現半月記和回憶錄很矛盾。你看蔣先生在半月記處處罵張漢卿，而蔣夫人在回憶錄則處處替張漢卿辯護。而且蔣先生在半月記裡從不說他見過共產黨，見過周恩來，蔣夫人在回憶錄則敘述張漢卿介紹一個參加西安組織中之有力分子來見，既說他是『參加西安組織中之有力分子』，又說『彼等未參加西安事變』，這都是罅漏，容易露出不實不盡的馬腳。我以為既有半月記，就不出回憶錄也罷，如果回憶錄一定要發刊，非大加改削不可。』我對力子貢獻著，因他是一個宣傳部長，宣傳不妥，他也有責任的。『你說得對。』力子很坦懷。這樣，這本半月記合刊，印刷好又停止發行，忽發忽停，反覆了三次，結果還是出世了。我責任不在宣傳，自然不管這些閒事。許久我又碰見力子，我問他為什麼還是讓他這樣矛盾，他說：『蔣夫人一定要這樣，不肯改，我有什麼辦法呢！』」參看《苦笑錄》，頁三六九～三七〇。

張學良的功過、西安事變對中國近代史的影響，乃是永遠辯不完的公案。少帥究竟是「壞蛋」（villain）還是「英雄」（hero），顯然已不是那麼重要；諷刺的是，蔣介石對他「嚴加管束」五十餘年，卻使他變成舉世皆知的傳奇人物。其實，對少帥的過度揄揚，只會使歷史的真相更加模糊，西安事變仍有太多的疑團需要廓清，少帥的口述歷史和私人文件是否具有重大的澄清作用，只能等到公元二〇〇二年始克揭曉。張治中說，宋美齡曾對他表示：「我們對不起張漢卿！」「對不起」三個字貼切地道出了近代中國的悲劇本質。參看張治中〈三次被幽禁的張學良〉，收入《西安事變親歷記》，北京：中國文史出版社，一九八六，頁四二〇～四二三；林博文〈我們對不起張漢卿〉，《中國時報》第十一版，一九九六年十二月十二日。

18 Snow, 86, 91。

19 黃宇人《我的小故事》（下冊），加拿大多倫多：著者自費出版，香港吳興記書報社經銷，一九八二年二月，頁七三～七四。

20 關於白修德與魯斯的「愛恨關係」（ambivalence），可參看下列三書：Thomas Griffith, *Harry and Teddy – The Turbulent Friendship of Press Lord Henry R. Luce and His Favorite Reporter, Theodore H. White*, New York: Random House, 1995. Theodore H. White, *In Search of History – A Personal Adventure*, New York: Harper & Row, 1978. W. A. Swanberg, *Luce and His Empire*, New York: Charles Scribner's Sons, 1972.

21 林博文〈時代周刊與近代中國——亨利魯斯的鄉愁與偏見〉，刊《中國時報》第十版，一九九八年三月五日。

22 Snow, 347。宋美齡的一流英文造詣和蔣介石早年在上海十里洋場學會的「洋涇浜英語」（Pidgin English），恰成有趣對比。俞大維曾告作者，蔣私下很愛講「洋涇浜英語」，最常上口的是"No Can Do"（不能做）。馬歇爾調處國共衝突時，蔣不同意某些協議，即會當面對馬帥說"No Can Do"。見林博文〈俞大維追懷往事故友〉，一九九〇年四月一日《中國時報》人間副刊，收入氏著《時代的投影——近代人物品評》，臺北：元尊文化出版，一九九九，頁八五～九五。

23 《蔣介石先生年表》，頁廿一。

24 James C. Thomson Jr., *While China Faced West –American Reformers in Nationalist China, 1928-1937*, Boston: Harvard University Press, 1969, 154。前美國駐華大使司徒雷登說，宋美齡對蔣介石之視野擴大和加深其精神修養方面，具重要的影響力。見Yu-ming Shaw, *An American Missionary in China*, 105。

25 《熊丸先生訪問紀錄》，頁一二四。

26 蔣介石、蔣經國父子掌權共達一甲子。

27《在蔣介石身邊八年——侍從室高級幕僚唐縱日記》，頁三六七。蔣介石搭機到新津機場接宋美齡，但宋美齡的飛機卻在白市驛機場降落，故未接到。唐縱說：「委座回來時，適經國亦由桂林來渝，同時降落，幾乎飛機相碰，危險極矣！」

28 前引，頁三七三。

29 前引，頁三八四。

30《一代風流宋美齡》，頁二一四～二一五；Seagrave, 378-379, 411-415, 430。

31《一代風流宋美齡》，頁二一六；徐家涵〈孔祥熙家族與中央信託局〉，收入《孔祥熙其人其事》，頁一〇六；〈轟動山城的「陳小姐」之謎〉，載《民國春秋》，南京出版，一九九二年第一期。《在宋美齡身邊的日子》，頁二七四～二七五。

32 吳國楨手稿、黃卓群口述、劉永昌整理，《吳國楨傳》〈尚憶記〉，下冊，臺北：自由時報出版，一九九五，頁三九三。

33 前引，頁三九四。

34 同前。

35 Seagrave, 413。Riverdale在紐約市布朗士區（Bronx）。

36 Seagrave, 414; Tnchman, 490。一九四五年三月八日，從中國鎩羽歸來的赫爾利在華府告訴史汀生說，蔣夫人目前已和蔣介石分居，這大概是他們的第四十次「永久分居」，沒有人把它當一回事。見John Morton Blum, *From the Morgenthau Diaries, Years of War, 1941-1945*, 301-302。

37 *TIME*, Jan. 3, 1938, P.14。「兩位一體」的領袖觀以及家國不分的思想，不僅見諸於蔣介石，亦同樣植根於宋美齡腦海。六〇年代末美國媒體曾報導蔣介石婚姻史，引起宋美齡不悅，宋囑國府駐美大使周書楷投書報紙，要求更正，周氏未照辦，雙方發生爭執，據稱周憤言：「我是中華民國的大使，是為中華民國做事，不是為你做事！」宋一聽，即掌摑周大使，並吼道：「我就是中華民國！」見林博文〈她曾經說過：「我就是中華民國！」——蔣中正的太太蔣宋美齡〉，載臺北《新新聞》雜誌，第一九六期，一九九〇年十二月十日出版，頁二八～三四。

38 王丰《我在蔣介石父子身邊的日子》，臺北：書華出版，一九九四，頁一一五～一二五。蔣介石是個生活極有規律的人，菸酒不沾，食衣住行幾已臻刻板的地步。日常飲食仍保持「奉化習慣」，愛吃鹽醃筍、紅糟肉、芝麻醬，愛喝雞湯，不飲茶或咖啡，只喝白開水。蔣夫人則有一段漫長的抽菸史，美國香菸Camel、Kent和名貴英國菸皆為其所喜，後遵醫囑戒菸。愛躺在床上吃早餐，愛吃生菜沙拉、甜食、西餐；因皮膚過敏，不愛吃魚蝦。蔣看到宋喜吃生菜沙拉，曾開玩笑說：「你真是前世羊投胎的，怎麼這麼愛吃草呢？」宋則答以：「你把鹹筍沾上黑黑的芝麻醬又有什麼好吃的呢！」蔣作息時間與宋亦大不相同，蔣夜九、十時上床，晨五、六時起床，宋則午夜過後始睡，近中午才起床，是個「夜貓子」。蔣愛看京戲（到臺灣後誓言不回大陸不看京戲）、國產電影（尤其是李麗華主演的影片），宋則只看外國電影。閱讀方面，蔣看中國古籍，宋則讀英文著作，極少涉獵中國書籍。參看翁元口述、王丰記錄《我在蔣介石父子身邊的日子》，臺北：書華出版，一九九四；《熊丸先生訪問紀錄》。

39 熊丸說：「每年秋末，總統都喜歡到復興鄉角板山摘梅花，但因角板山的路很彎，夫人不喜歡去，總統只好單獨上角板山。到了角板山後，因為他很喜歡梅花，常會到梅花底下轉來轉去，找到幾枝好花後，便吩咐侍衛官把花剪下。大家遵從他的吩咐把梅花剪下後，都認為總統回去必把花插在自己書房裡，沒想到總統回去之後，總是把那些梅花送到夫人房間，可見他對夫人還是十分柔情體貼。我們每次到梨山，他有時也會到梨山賓館摘花圃裡的蝴蝶花，繫在夫人胸前。在許多小地方上，他也表現得十分柔情，一點都不像軍人，而這些都是很自然的動作，一點也不矯情。」參看《熊丸先生訪問紀錄》，頁九二。

熊丸所說的「梅花故事」，早在一九三四年蔣介石前往福建督戰撲滅「閩變」時，即曾上演過。那年除夕，蔣宋在浦城郊外山中散步，他們發現了一株怒放的白梅，宋美齡認為是吉兆，「梅花五瓣，預示著福、祿、壽、喜以及康寧。」蔣細心折了幾枝梅花，晚上點起紅燭時，把梅花放在一個竹筐裡送給宋美齡作為新年禮物。她說：「你們或許明白我何以願意和丈夫在前線共嘗艱苦。他具軍人的膽略，又有詞客的溫柔呢！」見《蔣夫人言論集》，轉引自《一代風流宋美齡》，頁一〇二。

宋美齡於一九七八年四月一日自紐約致電蔣經國解釋她無法返臺參加其就任總統典禮及祭奠蔣介石逝世三周年紀

念，宋美齡在電文中說：「父親（指蔣介石）去世三年之期將屆，在此三年中，余每倏而悲從中來，上年返回士林，陳設依舊，令我有人去樓空之感，以往慣常之言音足聲皆冥冥肅然，不勝唏噓。余與父親除數次負任去美，其他時日相伴近半百年歲，尤以諸多問題，有細有鉅均不憚有商有量，使彼此精神上有所寄託，二人相勉，所得安慰非可形諸筆墨。自忖余對我之生父，相處總共僅短短九年餘，因我八歲即離家來美求學。返國後年餘彼即棄養；與余母親相與總共只十七年，即與父親結縭，可謂自齔齡啟蒙，最親近最長久伴侶，兼相依為命者，乃父親耳。此種扣心縈懷情性，只有如汝與方媳結合四十餘年者，可能體會之。」

第十四章

無限江山，別時容易見時難

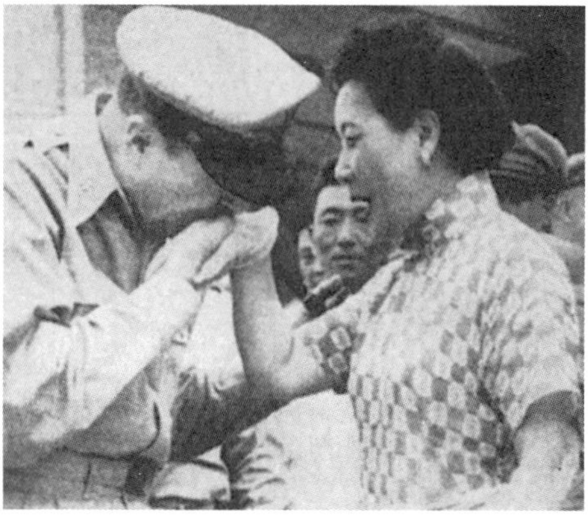

「美國凱撒大帝」麥克阿瑟將軍於一九五〇年七月訪臺，與蔣介石磋商國府出兵韓戰一事。麥帥向蔣夫人行吻手禮。

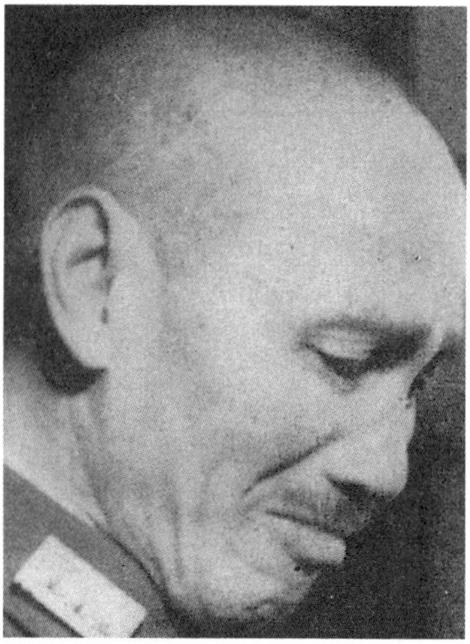

英雄有淚不輕彈！其介如石的蔣介石亦有傷心落淚時。

「此情可待成追憶」！蔣介石於一九五三年十一月十日在新竹湖口陪同美國副總統尼克森檢閱演習部隊。尼克森在回憶錄中坦承與毛、周打交道後，對老朋友蔣介石夫婦「深感歉疚」！

一九四八年十一月宋美齡匆匆赴美，試圖遊說杜魯門政府緊急軍援國府，卻遭碰壁。一九五〇年一月十三日，宋美齡回到國民政府所在地的臺灣，蔣介石親迎於桃園空軍基地，旁為蔣方良。

一九五七年蔣介石的《蘇俄在中國》一書發行英譯本，美國《生活》雜誌連續兩期刊載摘要。蔣宋夫婦為慶祝英譯本的出版，特在士林官邸拍攝此照。

蔣經國、蔣方良夫婦攜子蔣孝勇，和蔣緯國、石靜宜夫婦迎接母親返臺後，合攝於桃園空軍基地。

一九五七年五月廿四日，臺北爆發前所未有的激烈反美事件（史稱「五二四事件」）。美軍士官雷諾與中國人劉自然因售賣美軍福利社商品分款不均而爭吵，雷諾藉口劉氏偷窺其妻入浴而將他射殺致死。事後美軍法庭又判雷諾無罪開釋，引起成千上萬臺北軍民憤怒搗毀美國大使館及美新處，當時盛傳蔣經國的政工系統介入鼓動反美。圖為中廣公司記者洪縉曾訪問劉自然遺孀、美駐臺大使藍欽巡視滿目瘡痍的大使館。

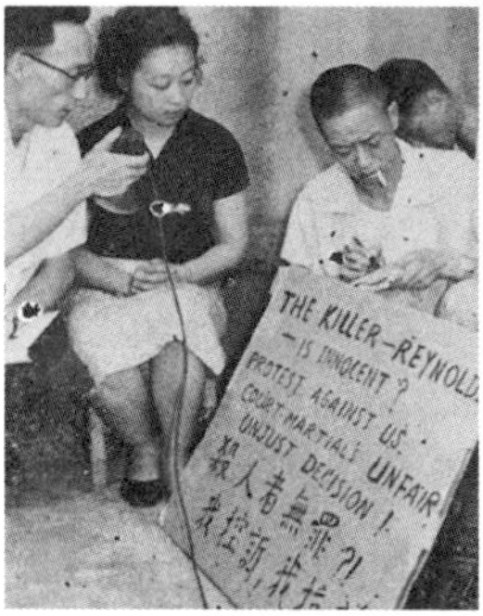

一九六五年夏天，蔣夫人訪問紐約唐人街，這是她最後一次走訪華埠。

歷屆美國參謀首長聯席會議主席中，最支持國府的是海軍上將雷德福。一九五三年年底蔣介石夫婦在士林官邸宴請雷德福夫婦和遠東事務助理國務卿饒勃森（左一），五個人手挽著手合照。雷德福夫人穿的是蔣夫人送她的旗袍。

蔣介石和裝扮西部牛仔的孫子孝武、孝勇漫步士林官邸草坪。

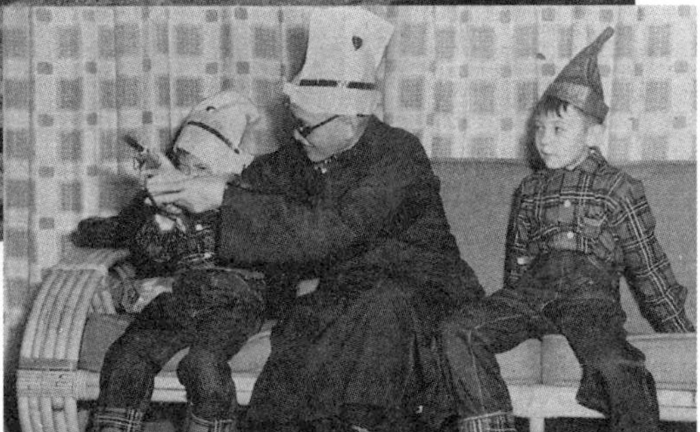

每逢聖誕節，士林官邸即充滿歡樂氣氛，爺爺和孫子戴著滑稽帽子一起玩玩具槍。

All the News
t's Fit to Print"

The New York

XXIV . . No. 42,806 © 1975 The New York Times Company NEW YORK, SUNDAY, APRIL 6, 1975

Chiang Kai-shek Is Dead in Taipei at 87; Last of Allied Big Four of World War II

Special to The New York Times

TAIPEI, Taiwan, Sunday, April 6—Chiang Kai-shek, the President of Nationalist China and the last survivor of the Big Four Allied leaders of World War II, died of a heart attack here last night. He was 87 years old.

An announcement by the Government said Generalissimo Chiang suffered a heart attack at 10:20 P.M. and was taken to the Taipei Central Hospital, where he died at 11:50 P.M. (10:50 A.M., New York time). His wife and his eldest son, Premier Chiang Ching-kuo, were at his bedside.

A state funeral will be held, but no plans were announced immediately.

General Chiang will be succeeded automatically as President by Vice President C. K. Yen, but the real power in the Government is expected to remain in the hands of Premier Chiang, 65, who assumed control when his father fell ill and was incapacitated nearly three years ago.

Two hours after his death, the Government made public a political testament of General Chiang. Dated March 29, 1975, it called on his supporters to recapture the mainland from the Communists, a dream he had long cherished in vain.

The testament said:

"Just at the time when we are getting stronger, my colleagues and my countrymen, you should not forget our sorrow and our hope because of my death. My spirit will be always with my colleagues and my countrymen to fulfill the three people's principles, to recover the mainland and to restore our national culture."

The three principles mentioned are nationalism, democracy and social well-being.

"In the past more than 20 years we are becoming stronger and stronger in this citadel of freedom and we have been fighting the Communist evils on the China mainland, engaging in political warfare against them," the testament said.

"Our anti-Communist and national rehabilitation [programs] are being carried out. My compatriots and all the members of my party should not feel depressed because of my passing way."

With Roosevelt, Churchill

Continued on Page 47, Column

Associated Press

Chiang Kai-shek

U.S. AIRCRAFT FLY 900 CHILDREN OUT OF VIETNAM

263 Others Are Taken to Australia and Canada—Crash Inquiry Goes On

By The Associated Press

SAIGON, South Vietnam, April 5—Two chartered jumbo jetliners and two C-141 military cargo planes loaded with diapers, bassinets and baby bottles flew nearly 900 children from Vietnam to American families today.

In addition, 263 orphans were flown to Australia and Canada.

Families who had been caring for the orphans wept openly as the children departed. One foster mother hung to the window of a departing bus to prolong a tearful farewell.

The children wore bracelets bearing their Vietnamese name on one wrist and bracelets bearing the names and addresses of their new American parents on the other wrist. Each bracelet was color coded for various sections of the aircraft.

More Bodies Found

The loading of lively infants and children, mostly the offspring of American men, contrasted with the grim scene a mile and a half away where the Air Force's first airlift plane crashed yesterday. Investigators found three more bodies in a rice paddy, witnesses said, bringing the crash toll to about 200—the second worst crash in aviation history. President Ford had ordered the airlift on Thu

一九七五年四月六日《紐約時報》以首頁醒目篇幅刊登蔣介石死訊，新聞內頁另有訃聞傳記主筆惠特曼撰寫兩個全版的蔣氏生平事蹟。

蔣介石遺體「暫厝」桃園慈湖。

蔣介石之喪，完成了蔣家老強人傳位小強人的接班事業，宋美齡的影響力亦隨之急遽滑落。

一九四九年秋天中共崛起於華夏神州，改寫整個亞洲歷史，衝擊無數中國人的命運。面對排山倒海而來的共黨紅潮，蔣宋夫婦拒絕承認國民黨的敗退乃為歷史之必然，他們矢志在號稱復興基地的臺灣島上苦撐待變，期待王師北定之日。

然而，隨著蔣介石政權的大逆轉，宋美齡的政治舞臺變小了，國際風光褪色了，權力亦緊縮了。她只能繼續發揮她在美國的剩餘影響力，參與主導對美外交，為臺灣的生存而殫精勞神。另一方面，臺灣的政治格局已大異往昔，「四大家族」中，唯獨蔣家一枝獨秀，蔣介石決心培植蔣經國為接班人，以維繫蔣家朝廷於不墜。蔣經國在權力原野上的斬將搴旗以及與繼母宋美齡的摩擦，點綴了二十世紀後半期的臺灣政治景觀。

赴美乞援　美齡黯然飲恨

大陸變色時，宋美齡遠在美國，並未親睹國破的場面，蔣經國伴隨其父倉皇赴臺。一九四八年十一月初美國大選揭曉，原本被一致看好的共和黨總統候選人杜威竟意外敗北，輸給尋求連任的杜魯門[1]。國民黨在內戰戰場上的節節失利，以及對蔣介石政策素無好感的杜魯門再次主政，促成了宋美齡於一九四八年十一月底匆匆飛美，希圖於危急存亡之秋在華府「抓住最後一根稻草」（to catch a last straw）[2]。

一九四八年十二月二十日出版的《生活》雜誌，刊登了一張宋美齡於十二月十日傍晚六時與杜魯門總統會談後，離開布萊爾賓館（Blair House）的一張照片。親蔣反共的《生活》雜誌在照片說明中不滿地指出，蔣介石夫人在華府等了十天才見到杜魯門，會談時間僅有一小時；在這十天裡，杜魯門卻有空接見曼哈頓的餐館老闆蕭爾（Toots Shor）[3]。

杜魯門說他不會像羅斯福那樣招待蔣夫人住宿白宮，他坦誠地告訴宋美齡，美國不會增加援蔣款項[4]，多年後杜魯門指控蔣宋夫婦和孔宋家族從美國援華的三百五十億美元中「竊取」了七億五千萬美元，並稱他們「都是盜賊」（were all thieves）[5]。宋美齡的「乞援」計畫完全落空了，她誤以為她和國務卿馬歇爾的私交可以扭轉局勢；蔣介石、外長王世杰、駐美大使顧維鈞和美國駐華大使司徒雷登都不贊成她的美國之行，但她執意要去，結果黯然飲恨[6]。個性堅強的宋美齡在寒冷的華府和紐約徘徊之際，難以想像五年前美國朝野和人民對她熱烈歡迎的盛況，以及在國會山莊發表演說的風光。「國破無外交」，杜魯門政府不願捲入中國內戰危機，他們採取袖手旁觀（hands-off）政策，以待「塵埃落定」（wait until the dustsettles）[7]。

一九四九年元旦，蔣介石在兵敗如山倒、和談呼聲甚囂塵上的情勢中，發表文告，宣稱「個人進退出處，絕不縈懷，而取決於國民之公意。」[8]一月廿一日正式引退，由副總統李宗仁出任代總統[9]。蔣經國說，其父「此時考慮引退，並非欲在惡劣環境之下，脫卸革命的仔肩，逃避自己的責任，而是要『另起爐灶，重建革命基礎』也。」[10]

一九四九年夏天，毛澤東的武力已席捲了大半江山，杜魯門政府的對華政策飽受抨擊，國務院準備發表中美關係白皮書為自己辯護，並揭露蔣介石政府過去幾年與美國的實際關係，以顯示國府亦難辭其咎。

做過蔣介石夫婦助手多年的前聯勤總司令黃仁霖，在其回憶錄中透露一段《白皮書》的祕辛。他說：「在這一個時期（指一九四九年夏天），另外還有一件小事，只有很少幾個人知道，那是我奉蔣公的命令，到美國去，做了一次旋風似的旅行。蔣夫人早已於三十七年（一九四八）十一月廿八日前往美國，要使美國政府了解並支持我們所做的一切，並做最後一次的努力。（一九四九年）七月廿五日我突然奉召去謁見在高雄的蔣公，見到他之後，他說，蔣夫人有信來，要我立即前往紐約，並接受她的指示。這似乎是一次短暫的行程，我不需要做太多的準備，同時亦沒有時間去做準備。趕到紐約時，大概是三十八年（一九四九）七月廿六日左右。蔣夫人告訴我，消息傳來，國務院所準備的白皮書，要說明他們所以要放棄中國的理由，對他們的這種行為要做一次公開的評議，這項文件馬上要發表了。她要我去對這件事加以調查，並設法取得第一手的謄本，因為蔣公在文件正式發表之前，急切需要知道文件的內容。如果我能夠，經由各方面的關係，把這件事拖延些時日，或者予以擱置，停止發表，那自然是更好了。」

宋美齡希望英語流利、與馬歇爾等美國軍政要人關係良好的黃仁霖，盡一切可能阻止《白皮書》發表，以免國府名聲受損，但這是國務卿艾奇遜的決定，不是區區一個黃仁霖所能阻止的。黃說：「第二天，我就趕到華盛頓，拜訪白宮裡的一些朋友。當我將來訪原因說明之後，他很直率亦很權威的告訴我說，杜魯門總統已經批准把這項白皮書發表了。因此，已經無法可以使它拖延或者擱置。這項文件將在下星期中發表。至於文件內容，他亦只看到了一部分；但是他將收到一份校對的樣本，可以將這份樣本給我。大約在（七月）廿九日下午四時，我收到了那份校對的樣本，便立即送呈蔣夫人，她命我次日立即返臺，並將這份樣本送呈蔣公。同時，我亦把這一千零五十四頁的文件抄本，交回給蔣夫人，讓她自己能翻閱。」[11]

一九四九年十二月十日，蔣氏父子在兵荒馬亂中自昆明鳳凰山機場搭機飛赴臺北，蔣經國稱：「父親返臺之日，即劉文輝、鄧錫侯公開通電附匪之時。此次身臨虎穴，比西安事變時尤為危險，福禍之間，不容一髮。記之，心有餘悸也。」[12]此為蔣氏父子對大陸的最後一瞥，從此「無限江山，別時容易見時難」！

棄蔣保臺　美相中孫立人

大陸淪共，臺灣亦岌岌可危，杜魯門政府為免臺灣赤化，乃積極策劃「棄蔣保臺」策略。美國認為腐化無能的蔣政權無法抗拒中共的入侵，亦不能獲得臺灣人民的支持；因此，如要確保臺灣，則蔣介石必須下臺。為了貫徹此項策略，美國希望推出一位傑出能幹而又反共親美的將領以取代蔣介石，山姆大叔看中了維吉尼亞軍校出身的臺灣防衛司令孫立人將軍。在美國政客與將領不斷地遊說和鼓動之下，孫立人終於答應與美國合作發動兵變[13]。然而，一九五〇年六月廿五日爆發的韓戰，粉碎了美國人的倒蔣計畫，成全了蔣介石在臺灣「重建革命基礎」、創立蔣家王朝的雄圖。

在歷史之神的安排下，西安事變使中共得到了護身符，韓戰則使臺灣獲致了安全保證書。杜魯門於六月下旬派遣第七艦隊巡弋臺灣海峽，無形中撤銷了艾奇遜年初所提美國西太平洋防衛半徑不包括臺灣的戰略設計[14]。臺灣得救了。

宋美齡雖未能在一九四八年爭取到更多的美援，但她留在美國開展另一種形式的外交戰，即組織和推動「中國遊說團」（China Lobby）。

關於中國遊說團的源起、組織、結構、成員、經費來源、對外活動、與美國國會以及政府（包括白宮、中情局）的關係，一直是近代中美關係史上最重要也是最敏感的課題之一。

美國明尼蘇達州共和黨眾議員周以德（Walter Judd）於一九四六年和五十名眾議員就蘇聯阻礙國府接收東北一事，發表《東北宣言》，陳述美國立場。宣言發表後，有人稱他們是「中國遊說團」，這是「中國遊說團」字眼首次非正式出現在美國報章雜誌上[15]。

早在四〇年代初期，中國抗戰方酣之際，國府即開始在美國政界和新聞界進行遊說工作，由宋子文和宋美齡兄妹總其成，國府駐美大使館政治參事、公使陳之邁負責聯絡協調。四〇年代的國府遊說宗旨純為呼籲美國助華抗戰以及要求更多的援華物資；到了四〇年代末期，由於中國局勢發生劇烈變化，孔宋家族和國府高層人士推動的中國遊說團乃漸具雛形。

中國大陸變色前後，一批堅決支持國府的美國友人，團結一致，為搖搖欲墜的蔣介石政府作後盾。一方面撰寫文章、發表演說，呼籲美國政府與人民正視亞洲赤禍的興起；一方面則清算國務院，追究「誰失去中國」（Who Lost China）的責任。這批反共親蔣聞人包括《時代》、《生活》雜誌創辦人亨利．魯斯、眾議員周以德、加州共和黨參議員諾蘭（WilliamKnowland）、外交家蒲立德（William Bullitt）、猶太裔富商柯伯（A. Kohlberg）、專欄作家索科斯基（George Sokolsky）、傳教士費吳生夫婦（George and Geraldine Fitch）、專欄作家艾索普（JoeAlsop）以及陳納德和陳香梅夫婦（Claire and Anna Chennault）等，這批人也就是所謂「中國遊說團」的主力部隊。

對美遊說　美齡全盤掌控

六〇年代初遭美國查禁的《美國政治中的中國遊說團》一書作者柯恩（Ross Y. Koen）指出，中國遊說團的重組和擴大，主要是宋美齡一手導演的。在紐約市布朗士哈德遜河畔利佛岱爾（Riverdale）高級住宅區的孔祥熙寓所[16]，宋美齡每周親自主持會議，討論如何有效地影響美國政治。與會人員分成兩組，一組以宋子文、孔祥熙及其子女孔令侃、孔令傑和孔令偉等孔宋家族為主；另一組則由國府駐美外交官所組成，其中包括俞國華、李惟果、皮宗敢、毛邦初和陳之邁，其時擔任國府駐美大使的顧維鈞和駐聯合國大使蔣廷黻亦偶爾赴會，但因身分敏感，未敢經常亮相[17]。于斌主教雖未參與會議，亦被列為「中國遊說團」成員[18]。

「中國遊說團」的「中國」當然不是指占據中國大陸的中共，而是指在臺灣的國民政府。五、六〇年代，這個遊說團的威力是驚人的，在長達二十餘年的時間裡，它充分左右了美國對海峽兩岸的政策，十足發揮了呼風喚雨的遊說作用。在美國近代政治史上，只有兩個遊說團對華府的外交政策具有旋乾轉坤的力量，一個是中國遊說團，另一個即是以色列遊說團。

冷戰時代美臺關係的敦睦和密切，主要是奠立在三條基線上：（一）在反共的大纛下，雙方利害相同、立場一致；（二）兩國堅決反對紅色中國插足國際社會，並認為中共乃是亞洲及全球之亂源；（三）華府視臺灣為西太平洋的反共堡壘、海上長城，協防臺灣即為抵擋共黨赤禍蔓延之護符。在美臺攜手反共的背後，權傾美國朝野的「中國遊說團」扮演了一個舉足輕重的角色。

中國遊說團是特殊時代的奇異產物，它結合了孔宋家族、國府駐美外交官以及美國政客、報人、巨賈和權力掮客，在反共、擁蔣、保臺三面鮮明的旗幟下，將遊說文化的威力滲透至美國政治與社會的每一個層面。麥卡錫主義（McCarthyism）肆虐的冷戰時代初期，中國遊說團以支持蔣介石政權與否作為檢驗美國政府官員和人民是否「忠貞」的標準，此種幾近「莫須有」的偏執心態，雖使自由派政客和學人噤若寒蟬，卻也為遊說團蒙上惡名。

一九五〇年以後，臺灣對美外交的幕後最高指導人之一即是宋美齡，孔宋家族成員則充當獻策、遊說和通風報信的角色，他們構成了對美外交的核心圈子，同時也是中國遊說團的推動者。檢視過去的美臺關係，即可發現臺灣被尼克森「出賣」以前的對美工作，除了正常的外交接觸，即以介入美國選舉和利用中國遊說團為兩大重點。國府跨海「輔選」和「助選」的對象當然是支持中華民國的候選人，總統鎖定共和黨，參眾議員則不分黨派，只要是堅決反共反毛、認同中華民國，皆可分一杯羹，獲得政治捐款和其他資助[19]。孔令傑、陳之邁和陸以正都曾當過「散財先生」，獲得「臺灣錢」的美國政客，當選後自然會幫臺灣說話而成為中國遊說團的一分子。

尼克森影響遊說團榮枯

中國遊說團稱霸美國權力走廊（corridors of power）二十餘年，為三大目標戮力以赴，並獲致空前成功，這三大目標是：（一）堅決支持蔣介石政府；（二）拒絕承認中共；（三）阻止北京進入聯合國。中國遊說團在錯綜複雜的美國政治環境中，能夠施展威力，固然與東西對抗的大環境有關，但其聲勢終年不衰卻與魯斯、周以德和尼克森三個人大有關係[20]。

靠反共起家的尼克森雖非中國遊說團的基本成員，對遊說團的支持和護航，殆為遊說團在美國政壇縱橫捭闔的主因之一。進一步而言，中國遊說團的由盛而衰，亦反映了尼克森國際視野的丕變；他在眾議員、參議員和副總統任內的強硬反共，支持國府，乃是遊說團的黃金時代；但在出任總統之後，對全球強權政治的新構思，特別是打開中國大陸竹幕向中共伸出友誼之手的大變局，一方面象徵了美國外交戰略進入了新紀元，一方面亦標誌了中國遊說團的全面式微。

與蔣介石夫婦有「反共友情」的尼克森，訪問臺灣多次，且曾在士林官邸的客房住過，但他與北京的「務實外交」策略，傷透了蔣介石夫婦的心，尼克森本人亦頗感內疚。他說：「我首次和二十世紀中國的第三個偉人（其他兩個偉人是毛澤東、周恩來）蔣介石見面，是在一九五三年。我當副總統和做平民的時候，一直和他保持聯繫，並建立了讓我引以為豪的私人關係，這也是與北京和解的過程中使我感到極為痛苦的原因。蔣氏夫婦常在他們華麗的臺北官邸接待我，其妻為我們傳譯，但她有時亦參與會談。要想找一個比在韋思禮受過教育的蔣夫人還要好的翻譯，簡直是不可能的事。蔣夫人除了中英文俱佳，她也深諳她丈夫的思想……。」[21]

從一個歷史反諷的角度來看，蔣介石避秦臺灣，可謂「因禍得福」。儘管他領導北伐、抗日和剿共，且擁有委員長、主席、總裁和總統的頭銜，但他從未真正統治過全中國，一直不斷有內外敵人挑戰他的統治權。只有在臺灣方始享受到至高無上的絕對權力與尊榮，臺灣才是蔣家王朝的金湯城池。

宋美齡於一九五〇年一月十三日自美返回臺灣，和她暌違十三個月的蔣介石率同蔣經國夫婦及蔣緯國夫婦至桃園空軍基地迎接[22]。宋美齡離美前夕在紐約向全美發表無線電廣播，她說：「每次離開美國，我總不免意緒茫然。我不僅是一個前來訪問的旅客，而且我曾在這裡度過多年的少女生活，我在這裡接受了我的全部教育，也獲得了使我能為本國人民服務的許多啟示。幾天之後，我就要回到中國去了。我不是回到南京、重慶、上海或廣州，我不是回到我們的大陸上去，我要回到我的人民所在地的臺灣島去，臺灣是我們一切希望的堡壘，是反抗一個異族蹂躪我國的基地。不論有無援助，我們一定打下去。我們沒有失敗，我們數百萬同胞正在致力於長期鬥爭。」[23]

一九五〇年三月一日，蔣介石復出，稱「當此危急存亡之日，受全體軍民同胞責望之切，已無推諉責任之可能，爰於三月一日復行視事，期共奮勉，以光復大陸，重建三民主義新中國。」[24]宋美齡面臨了一個嶄新的政治局面，她首先創立「中華婦女反共抗俄聯合會總會」（即「婦聯會」），作為她在臺灣領導婦女、建立威權的地盤。[25]

特級美國通　蔣氏左右手

五〇年代的臺灣常被形容為風雨飄搖之島，美臺關係是國民黨政府賴以生存壯大的生命線，宋美齡是罕見的「美國通」，也是蔣介石倚為左右手的對美外交權威。

一九五三年一月二十日，艾森豪就任總統，國府亟欲知道共和黨政府的對臺政策與杜魯門時代有何不同、對臺灣的支持到何種程度？三月中旬，宋美齡的華府之行為臺北帶來了振奮的訊息[26]。三月九日下午，宋美齡在駐美大使顧維鈞夫婦的陪同下，造訪白宮，艾森豪伉儷以茶點款待她。艾克（Ike，艾森豪的暱稱）向宋美齡表示，結束韓戰是他的首要任務，並將賡續提供臺灣軍經援助以遏阻共黨勢力的擴大。宋美齡則向艾克試探美國在臺灣成立中美聯合防衛司令部的可行性，此為蔣介石最關心的一件事，艾克認為那是一個很好的主意，他會優先慎重考慮此事。當天晚上，顧維鈞在雙橡園大使館為蔣夫人舉行盛大宴會[27]，與會貴賓包括剛上任的國防部長威爾遜（Charles E. Wilson，前通用汽車公司總裁）、司法部長布勞奈爾、眾院議長馬丁，以及其他國會領袖與高級官員，宋美齡把握機會與威爾遜暢談。自一九四三年二月十八日蔣夫人在國會發表擲地有聲的演講以後，美國朝野人士在她面前幾有「矮了半截」的心態，新近棄商從政的威爾遜亦不例外，宋美齡徵詢他對成立中美聯防司令部的意見，威爾遜毫不猶豫地認為係有必要，應付諸實施[28]。

一九五五年艾森豪政府正式在臺成立美軍協防臺灣司令部，由當時的第七艦隊指揮官殷格索中將兼任首任司令。協防司令部的結構與功能雖與蔣介石的原始構想有些不同，但已足夠顯示美國協防臺澎的決心。協防司令部的成立乃是繼一九五一年設置美軍顧問團及一九五四年簽署中美共同防禦條約後，美國防衛臺澎的第三座里程碑。

由於宋美齡對美國黨政軍高層人事瞭若指掌，剛到華府出掌五角大廈的威爾遜竟向她打聽太平洋艦隊總司令雷德福海軍上將（Admiral Arthur Radford）為人如何、好不好相處、能不能合作？因艾森豪有意提名雷德福升任參謀首長聯席會議主席，而宋美齡又與雷德福是老朋友，當時他亦是最支持國府的美軍高級將領。宋美齡向威爾遜盛讚雷德福，威爾遜說他放心了，他將向艾森豪舉薦雷德福[29]。事後證明在歷任參謀首長聯席會議主席中，雷德福對臺灣最為友好，雷德福夫婦每次訪臺，宋美齡都會請官邸裁縫師為雷德福夫人做幾件漂亮的旗袍，他們家的客廳也掛了一幅宋美齡所繪的中國畫[30]。一九五五年四月，雷德福與國務院遠東事務助卿饒勃森奉艾森豪之命赴臺勸說蔣介石放棄金門、馬祖，條件是：（一）美國負責封鎖大陸沿海；（二）大陸港口外布雷；（三）臺灣部署核子武器。蔣介石憤怒拒絕，雷德福稱這是他軍旅生涯中最痛苦的一次任務[31]。

宋美齡五十年代初訪美期間正值緬甸政府強烈要求國軍李彌部隊撤出緬境而引發國際糾紛，仰光向聯合國控訴國府侵犯領土，美國一面公開呼應緬甸，一面卻暗中默許中央情報局支援李彌部隊在滇緬邊界騷擾共軍。顧維鈞向宋美齡建議撤退李彌部隊以平息國際憤懣，並換取美國裝備國軍兩個師的承諾。宋美齡同意顧的主張，但指示他應向美方說明國府無法有效控制李彌部隊的難處。事實上，臺北不願在緬甸撤軍一事上完全聽命華府，宋美齡知道美國玩弄兩面手法，她長期受到蔣介石的耳濡目染，總是堅持民族至上、國權第一的原則，處理對美外交。

一九五三年初夏，臺灣省主席吳國楨與當局不和[32]，辭職赴美，並發表一連串抨擊國府（特別是蔣經國）的談話，在國際上引起不小的風波。顧維鈞以大使身分不得不在各種場合為蔣介石父子辯護、批評吳國楨，即連在紐約作寓公的胡適亦痛批吳。與吳國楨關係頗睦的宋美齡（她一直稱吳為ＫＣ），特別向顧維鈞問起美國朝野對吳國楨事件的反應，顧作了詳盡報告，宋美齡聽完報告後，一言不發[33]。吳國楨偕妻子黃卓群出走後，宋美齡曾數度寫英文長信給吳氏夫婦，勸他們返臺並遊說吳接受蔣介石的建議出任總統府祕書長[34]。宋美齡最清楚吳國楨自我流放的原因，吳與陳誠、蔣經國的權力傾軋、自由派思想、過於操切的政治企圖心和挾美自重等因素，促成了吳和老蔣的決裂。宋美齡在顧維鈞面前的沉默不語，十足顯示她在吳國楨事件中尷尬、敏感而又無奈的處境。

經國崛起　母子權力較勁

一九五四年春天，國民黨在紐約辦的一份報紙突然發表一篇〈顧維鈞老矣〉的社論，建議國府撤換已擔任八年駐美大使的顧維鈞，其時顧氏六十六歲[35]，仍年富力強。這篇社論不知是臺北授意或黨營僑報的意見，總之蔣介石確有意調動顧維鈞，派他出任考試院長[36]。當時仍在美國的宋美齡知悉後極力反對，她的理由是駐美大使這個崗位極為重要，此刻不能換人，美援關係到中華民國的生死存亡，目前唯有顧維鈞最熟悉美國國會、政府和政治人物；對臺灣而言，時間是最寶貴的，未來十個月至兩年將是臺灣的關鍵時期。蔣介石同意其看法而未調動顧維鈞[37]。顧返臺述職後繼續留在華府，並在中美共同防禦條約的談判過程中，費了不少心血，同時亦為孫立人事件到處向美國朝野解釋和說明[38]。

一九五四年四月底，宋美齡自臺北飛抵芝加哥治療困擾她多年的皮膚病[39]，七月到長島蝗蟲谷姊夫孔祥熙住宅休養。其時參議院國內安全小組主席、極右翼的內華達共和黨參議員麥卡倫，提出了一項美國應與蘇聯絕交的議案；他獲悉蔣夫人在長島養病的消息後，即透過顧維鈞邀請蔣夫人到參院聽證會作證，以支持他所提出的美蘇絕交案。麥卡倫認為以蔣夫人的聲望和中國飽受俄國欺凌的歷史，如能到參院作證，將大有助於提案過關。顧維鈞以蔣夫人健康不佳為由先予婉拒，七月十一日顧大使到蝗蟲谷拜訪蔣夫人，告以麥卡倫請求作證一事。蔣夫人說，即使她身體健康，亦不會出席作證，她不能以中國第一夫人的身分介入美國國會事務，何況她很了解麥卡倫的提案太不切實際[40]。

復興基地的政治氣氛和以前大陸時代大不相同，縱然宋美齡在對美外交上仍居一言九鼎之地位，然其政治權力顯然已逐步受挫，她的最大對手不是別人，乃是蔣經國。蔣家父子決心不讓另外三大家族的灰燼在臺灣重燃，亦不許別的政治勢力在寶島扎根，他們要改造國民黨，首先要剷除孔、宋、陳的力量[41]。孔祥熙和宋子文在紐約做寓公，陳果夫病死臺北，陳立夫則被放逐到新大陸，在新澤西州養雞、在紐約唐人街賣湖州粽子和「陳立夫皮蛋」，與花果飄零的CC徒弟們談論時局及月旦人物[42]。

國勢阽危之際奉命在上海整頓經濟和金融，「打老虎」不成反被譏為「打蒼蠅」的蔣經國，痛定思痛之餘，必然同意傅斯年所說的「要徹底肅清孔宋二家侵蝕國家的勢力」。他深深知道，孔宋家族的巧取豪奪、為所欲為，他的繼母要負很大的責任；他也了解，宋美齡視孔家子女如己出，並無意和他建立親密的母子感情。

宋美齡與蔣經國的關係是很微妙的，表面上，經國對繼母執禮甚恭，但在偽裝面具的背後，母子之間的權力較勁，卻是臺灣第一家庭的新戲碼。蔣介石的御醫熊丸含蓄地說：「如外間傳說，經國先生跟蔣夫人間確實有些意見，但他對夫人很尊敬，夫人說的話他大多不會違反。事實上有時候經常是下面的人在吵，夫人身邊的人和經國先生身邊的人彼此在那兒爭鬥……。」又說：「……外界傳說有『夫人派』和『太子派』之別，事實上夫人與經國先生間也談不上什麼派系，都是下面的人在那兒攪和罷了。」[43]蔣經國縱有父親的蔭恩與提攜，他也必須在重重路障中發展自己的政治實力和收編人馬，王昇、李煥都是「太子派」健將，而「夫人派」的基本成員則為酷愛躲在幕後出主意的孔令侃與孔令偉兄妹、少數黨國元老，以及在他們縱容下的官邸嘍囉。

孔令偉蔣經國　水火不容

跋扈倔強而又為宋美齡所溺愛的孔令偉（孔二小姐），深化了蔣經國與宋美齡的偈促關係。熊丸說：「有好幾次，經國先生要我轉報夫人處理一些事，但若二小姐不同意，則夫人往往也不會同意，我不知該怎麼辦時便乾脆不報不答。」又說：「二小姐與經國先生兩人完全不對味，很多事情都合不來，讓夾在中間的我實在頭痛。……外面的人都說經國先生與夫人處不好，但其實經國先生是與二小姐處不好，而非與夫人。因為經國先生有許多見解報告給先總統後，先總統有時會把經國先生的意見告訴夫人，而夫人又會把意見告訴二小姐，二小姐往往反對，夫人又把二小姐的反對意見告訴先總統，先總統有時也會修改經國先生的意見，造成經國先生心裡很不痛快。經國先生與二小姐兩人表面看來都客客氣氣，但暗地裡卻互不搭調，意見總是不合，讓夾在中間的我感到十分為難。其實他們倆也沒什麼過節，只是兩人的個性都強，經國先生又看不慣二小姐許多作風，二小姐對經國先生的許多意見也不滿意。但因二小姐有夫人撐腰，所以經國先生對她也莫可奈何。」[44]

蔣經國在日記上與回憶文章裡，幾乎從未提到和他毫無血緣關係的繼母與弟弟蔣緯國，亦鮮少道及其妻蔣方良，其目的自然是要凸顯他和父親的密切關係及傳承意義。

其實，宋美齡再厲害、再想糾合當年孔宋黃金時代的力量和「元老派」[45]的勢力，亦鬥不過蔣經國，因為蔣介石支持經國，他要經國維持蔣家江山。蔣經國的權力越來越大，他管思想、言論、特務、政工和青年；更重要的是，他要防止阻礙他接班的政敵坐大，包括宋美齡在內[46]。宋美齡的權力和聲望，就像臺灣的國際地位一樣，一天不如一天，已成不可避免的趨勢。

作家江南在《蔣經國傳》中說：「（一九五五年）國軍被迫自大陳撤退，久已消失的悲憤氣氛，重臨全島。但以蔣夫人為支柱的華美協進會[47]，由陳香梅出面，假空軍總部大禮堂，舉行島上有史以來首次的服裝表演會，介紹流行美利堅的H線條洋裝，並將這場展覽會美其名為『服裝義演』。出現如此矛盾奢華的社會現象，自然為衛道之士痛心疾首。義演當晚，由軍人之友社總幹事江海東帶頭，率領同志一批，在仁愛路攔阻赴會的汽車，用行動表示沉重的抗議。華美協進會來頭如此之大，是晚應邀赴會的有美國大使藍欽等各國使節及夫人，盡是得罪不起的貴賓，江海東太歲頭上動土，經夫人向蔣先生（蔣介石）具報，蔣衝冠一怒，下令將江扣押。江是太子系的人物，當時的分量，不下於王昇、江國棟等人。假使非仰承旨意，他敢去掃夫人的興嗎？所以，經國被牽涉到這個不愉快的插曲中，一般的說法，是經國和夫人鬥法的另一回合。」江南又說：「江海東在（臺北）西寧南路三十六號的保安司令部保安處，名義上受監禁，暗地裡受到彭孟緝的優待。三個月後，恢復自由；那幾乎是人人能夠想像到的結果，是經國打的圓場。」[48]不久，國民黨七屆五中全會通過蔣介石所提「厲行戰時生活」議案，此舉被認為是蔣介石在「時裝表演」風波之後支持蔣經國的明證。

一九六七年，宋美齡希望她所賞識的陸以正出任新聞局長，蔣介石也同意了，在紐約的陸以正準備搬家回臺，走馬上任。人事命令正待發表之際，驟生變化，陸以正的名字被撤下，換上了魏景蒙。封殺陸以正任命案的人就是蔣經國。陸以正沒當上新聞局長的重要原因是，他是政校（國立政治大學前身）十三期的學生，十三期學生當年在大陸曾激烈反對蔣經國出任教育長，小蔣恨透了這批政校學生[49]。

熊丸說：「經國先生是個喜怒不形於色的人，不像老總統一看不對便當面講。在我認為，老總統是位較仁慈且顧念舊情的人，經國先生則是是非分明，卻不念舊。只要你做錯了，就算你是皇親國戚他也照辦，例如王正誼、衣復恩等人便是如此。」[50]又說：「經國先生是那種城府很深的人，沒有人看得出他心裡究竟在想什麼。他表面上好像對你很好，其實可能早就想擺脫你。他之如此深沉，可能部分受到俄國共產黨的影響。由於他掌管情報，情報來源很多，所以他身邊每個人有什麼情形他都知道。他不像老總統那樣念舊情，所以在他身邊的人都有一種伴君如伴虎的感覺，大家都想盡量離他愈遠愈好。」[51]

和宋美齡不同的是，蔣經國的俄籍妻子蔣方良早已學會如何在第一家庭裡，做一名「默片」的主角。蔣方良在蔣家的生活，其實就是一段漫長的調適過程，她要學做中國人，更要學做蔣家的人；但是，她很快地發現，她的婆婆宋美齡並不是她的偶像，也不是她能夠模倣的人，她的出身與背景和宋美齡差太遠了，個性亦大相逕庭。在江西時代，蔣方良曾辦了幾個兒童教養機構，也做了一些慈善工作；為了籌募經費，甚至學平劇，票過「女起解」。到了臺灣後，婦聯會的工作和勞軍活動，全都由宋美齡以及靠她吃飯的一批官太太和女強人包辦，蔣方良很少跟她們接近，更不敢搶她們的鋒頭。

宋美齡　永遠的第一夫人

蔣經國當了總統，蔣方良並未以夫為貴，她既不能自稱「蔣夫人」，亦無法戴上「第一夫人」的后冠。即使她公開亮相的機會比以前多了，報紙登她照片的次數也增加了，她仍舊不是真正的第一夫人，只有宋美齡才是「永遠的」第一夫人。蔣方良的俄國血統，使她不可能成為檯面上的第一夫人，蔣家的權力結構和家規，使她只能永遠躲在幕後。蔣經國的「獨行俠」作風和宋美齡的「萬壽無疆」，更使她變成一個「多餘的」第一夫人。

一九七五年四月五日蔣介石去世後，蔣經國已無所顧忌，在治國方針上，他敢頂撞宋美齡，他不再需要她的意見，亦無法忍受她和孔家兄妹權充「後座司機」（back-seat driver），他要獨當一面，開創一個屬於他自己的時代。熊丸說：「先總統過世後，經國先生接任總統。當時他與夫人對外交的意見不一致，夫人便對經國先生說：『好，如果你堅持己見，那就全由你管，我就不管，我走了。』自此夫人便到美國紐約，一直都不回來。而經國先生的個性一直都很強，他決定的事情便一定要辦到，所以也不大管夫人的意見。」[52]

注釋

1 國民黨政府一面透過在美的孔祥熙父子出錢出力為杜威助選，一面在南京、上海及平津等地發動輿論為杜威造勢，其迫切希望紐約州州長、共和黨總統候選人杜威當選的心情，絲毫不亞於共和黨員。在國民黨的授意下，一些住在北平的美國人找了二、三十個小孩，穿著滿清戲服，扛著「杜威好運」（Good Luck Dewey）的中英文旗幟，在紫禁城四周敲鑼打鼓為杜威助陣。一九四八年十一月八日出版的美國《生活》雜誌，刊出了小童扛旗遊行的大照片，編者幽默地說：「一九四八年美國總統選戰中最老的一張照片，係來自北平，但已太遲而無法影響選舉。」駐美大使顧維鈞說：「（一九四八年）六月廿六日，我電告外交部，《紐約前鋒論壇報》那天早晨刊登了美聯社發自南京的一條電訊。電訊中說，中國政府的高級官員們都表示，希望共和黨在即將舉行的美國總統大選中獲勝，因為共和黨在援華問題上必將格外熱情，此外，有一位民主黨總統，曾與蘇聯簽訂祕密協定出賣了中國。」顧氏說：「我在電訊中作了評論，並警告說，美國的社會輿論一貫不歡迎外國的政府官員在美國內政事務中採取偏袒態度。我說，為了避免並預防美國當局作出不利反應，引起美國人的反感，我們應該聰明一些，在行將來臨的總統大選中保持緘默。」顧氏又說：「駐華的新聞記者們一再發出電訊報導，說中國朝野對民主黨的勝利極為失望……。」見《顧維鈞回憶錄》第六分冊，北京：中華書局出版，一九八八，頁四八七～五〇二。一九六〇年美國大選，孔祥熙父子和國民黨政府又重蹈覆轍，公開支持共和黨尼克森，引起當選人民主黨的甘迺迪極度不悅，駐美大使葉公超曾向其「解釋助選尼克森的誤會」，甘迺迪引用美國成語說：「我可以原諒，但我不會忘記」。見蔣勻田《中國近代史轉捩點》，頁二六九。

2 參看本書第九章〈馬歇爾特使調處國共衝突〉一九四八年部分。

3 *LIFE*, December 20, 1948, P.25。

4 Nancy Bernkopf Tucker（唐耐心），*Patterns in the Dust: Chinese-American Relations and the Recognition Controversy, 1949-1950*, New York: Columbia University Press, 1983, 59；《一代風流宋美齡》，頁二三一～二三二。

5 Merle Miller, *Plain Speaking: An Oral Biography of Harry S. Truman*, New York: Berkley Publishing Corp., 1973, 288-289。杜魯門對蔣宋孔家族的厭惡之情，溢於言表，但他對蔣介石所著的《蘇俄在中國》，卻頗有好評。一九五七年六月，杜魯門夫婦自密蘇里州獨立城搭乘火車到紐約探望其剛生下一男嬰的女兒瑪格麗特，嗜讀歷史和傳記的杜魯門在火車上認真閱讀《蘇俄在中國》的英譯本，記者問他看什麼書？杜答："Soviet Russia and China by Chiang Kai-shek. It's very good." 見Clifton Truman Daniel, *Growing Up with My Grandfather: Memories of Harry S. Truman*, New York: A Birch Lane Press, 1995, 22。

6 Nancy Bernkopf Tucker, "Nationalist China's Decline and Its Impact on Sino-American Relations, 1949-1950," in *Uncertain Years: Chinese-American Relations, 1947-1950*, Edited by Dorothy Borg and Waldo Heinrichs, New York: Columbia University Press, 1980, 151。

7 Dean Acheson, *Present at the Creation: My Years in the State Department*, New York: W. W. Norton, 1969, 306; Tang Tsou（鄒讜），*America's Failure in China, 1941-50*, Vol. 2, Chicago: The University of Chicago Press, 1969 (paperback), 499。

8 蔣經國〈危急存亡之秋〉，收入氏著《風雨中的寧靜》，臺北：正中書局，一九八〇（第三版），頁一二六。

9 前引，頁一三五～一三六。

10 前引，頁一二五。

11 《黃仁霖回憶錄》，頁一七六；林博文〈四十年前的八月——回首《白皮書》問世四十周年〉，《中國時報》人間副刊，一九八九年八月廿六日～廿八日。蔣經國說：「這一年，也就是美國政府發表『白皮書』的一年。當該項文件發表時，很多人主張請父親對『白皮書』裡所說的話，根據事實加以答辯。可是，父親很安然地說：『不必了！』並於當天晚上在日記中記道：『耶穌被審判的時候，他是冤枉的；但是他一句話也不說。』」見氏著〈一位平凡的偉人〉，收入《風雨中的寧靜》，頁五九。

12 〈危急存亡之秋〉，《風雨中的寧靜》，頁二七二。

13 屈山河〈美國一度想在臺灣搞政變！——獨家報導美國中情局最新解密檔案有關孫立人案的大發現〉，臺北《新新聞》周刊，三六一、三六二期合刊本，一九九四年二月六日出版，頁十六～卅三。

14 *Uncertain Years*, 314。

15 Lee Edwards, *Missionary for Freedom: The Life and Times of Walter Judd*, New York: Paragon House, 1990; Edwords此書中譯本《我為中國而生——周以德的一生及其時代》，馬凱南、梁嘉木、賴秀峰等合譯，臺北：中央日報出版，一九九一；Marvin Liebman, *Coming Out Conservative: An Autobiography*, San Francisco: Chronicle Books, 1992; 林博文〈從呼風喚雨到不合時宜——脫離時代的反共老人周以德〉，《中時晚報》時代副刊，一九九三年六月十日。

16 據稱Riverdale孔宅為租賃而非購置。見本書第十章、注81。

17 Ross Y. Koen, *The China Lobby in American Politics*, New York: Harper and Row, 1974；此書中譯本《美國政治中的「院外援華集團」》，張曉貝、史達為、陳功、景憲法等合譯，北京：商務印書館，一九八四。Koen的著作於一九六〇年出版後，曾遭美國政府查禁，參看岳之誠〈一隻黑手越洋封殺了一段黑幕〉，臺北《新新聞》周刊，第三三八期，一九九三年八月廿九日出版，頁八六～八八。過氣共產黨員的中國遊說團健將、「百萬人委員會」祕書長李勃曼（Marvin Liebman）與國民黨合作主導封殺Koen的書，而以《中共在美遊說內幕》（*Red China and Its American Friend:*

A Report on the Red China Lobby）代之，臺北聯合報於一九七一年十月出版《中共在美遊說內幕》。顧維鈞說，美國政府對駐美大使館參事陳之邁積極介入美國政治，曾數度向他表示不悅，美囑顧通知陳之邁「收斂」。

18 Tucker, *Patterns in the Dust*, 88, 255; Stanley D. Bachrack, *The Committee of One Million: "China Lobby" Politics, 1953-1971*, New York: Columbia University Press, 1976, 6。

19 據作家王丰引述一位蔣介石夫婦的隨從回憶說，有一次他親眼看到蔣的一名祕書拎著一只硬殼大型旅行皮箱來官邸，後來方知皮箱裡全是美鈔，蔣要親自檢視這批「給美國政黨的總統競選經費」。這位隨從又說他「看到某祕書提著一箱子現金的那次，正是美國總統選舉前不久，而那次，共和黨的總統候選人是尼克森。」見氏著《宋美齡：美麗與哀愁》，臺北：書華出版公司，一九九四，頁三四一～三四二。

20 出生於山東省的亨利．魯斯（一八九八～一九六七）被公認為本世紀最有影響力的出版家。他充分利用所創辦的《時代》、《生活》和《財星》（舊譯《幸福》）三大雜誌，宣揚反共。美國作家大衛．何伯斯坦（David Halberstam）嘲諷稱，魯斯手下的三大雜誌如同三間專賣一種款式、一種顏色和同一尺寸的皮鞋店，那就是反對共產主義、支持蔣介石。魯斯是中國遊說團的主將之一，他領導美國右翼媒體進行反共擁蔣的「聖戰」（Holy War），對政界和民間產生了至深且鉅的影響。參看David Halberstam, *The Powers That Be*, New York: Alfred A. Knopf, 1979, 45-62。

與魯斯同被視為中國遊說團主力大將的是周以德。素有「自由中國之友」稱號的周以德，原為醫生牧師，後改行從政，一生最出名的事蹟即是熱愛中華民國、堅決反共；自一九四三至一九六三年的二十載眾議員生涯中，他是美國國會中的反共尖兵，與加州共和黨參議員諾蘭同為國府的忠實友人。周以德支持國府，終生不渝，亦最為賣力，曾創立不少組織，其中最有名的即是「百萬人委員會」（原名為：「反對共黨中國進入聯合國百萬人委員會」）。六〇年代初，中國遊說團中的元老紛紛退隱，「百萬人委員會」異軍突起，而成為遊說團的正式代言人。在意識形態上，「百萬人委員會」是個強有力的右翼團體，它可以「無限上綱」；在行動上，它又是一個非常活躍的組織。一九七二年二月十五日尼克森啟程訪問北京前夕，周以德在華府宣布成立「自由中國委員會」，自任會長，繼續支持國府。

周以德（一八九八～一九九四）畢生從事反共遊說事業，從無往不利到行情驟跌，從威風凜凜到四顧無人，其變化的因素只有兩個，一個是時代使然，大環境變了；另一個就是和他同在反共陣營中成長的師弟尼克森的「叛逃」。

21 尼克森認為宋美齡絕非僅是擔任她丈夫的傳譯而已，她的聰明才智、說服能力和精神力量，皆可使她成為重要的領導人。尼克森指出，宋美齡和毛澤東的妻子江青適成強烈對比，蔣夫人文明、有教養、女性化、很堅強；江青則難纏、無幽默感、無女人味、典型的共產黨女人。見Richard M. Nixon, *Leaders*, New York: Warner Books, 1982, 242；又據宋美齡身邊的隨從說，蔣宋夫婦「始終把尼克森當作和自己子女一樣看待」，故讓他住在士林官邸旁的一間招待所。見《宋美齡：美麗與哀愁》，頁三四二～三四三。

22 *LIFE*, February 6, 1950。這一期《生活》雜誌以〈臺灣為孤單的最後據點而枕戈待旦〉（Formosa Girds for a Lonely Last Stand）為題，當首篇文章，使用五頁篇幅報導臺灣整軍經武，並刊登了宋美齡抵達桃園機場受到蔣介石等人歡迎的照片；另刊出蔣經國夫婦與蔣緯國夫婦合照以及行政院長閻錫山、臺灣省主席吳國楨等人照片；pp. 25-29。前金門防衛部司令官胡璉（伯玉）將軍在《金門憶舊》中說：「民國三十八年十二月，蔣夫人勞軍金門，親臨戰場。時正隆冬，狂風怒吼，寒砭肌骨，因之再三叮嚀，金門必須造林。」胡璉弄錯了時間，民國三十八年十二月蔣夫人仍在紐約。見胡璉《金門憶舊》，臺北：黎明文化出版，一九七九年四月四版，頁一。

23 《蔣夫人思想言論集》卷三，轉引自楊樹標《宋美齡傳》，頁二五七。

24 《民國大事日誌》第二冊，臺北：傳記文學出版社，一九七九，頁八四七。

25 在一定程度上，婦聯會的工作性質可說是抗戰時代新生活運動婦女指導委員會的延續，宋美齡呼籲臺灣婦女「在宣傳、組訓和慰勞三項工作之中，希望每一個婦女都要選擇一項工作。」早期婦聯會工作重點以勞軍、照顧軍眷和縫製征衣為主。

26 宋美齡除了於四〇年代訪問過緬甸、印度和埃及（開羅會議），以及駐留巴西之外，一生只去過美國，並以紐約為其終老之地。宋美齡移居臺灣後，赴美訪問、度假、醫療（或其他名目）次數頻繁，而且每次停留時間短則半年，長達一年餘。一九五〇年一月十三日返臺後，即於一九五二年八月赴美，一九五三年三月返臺；一年後即一九五四年四月又赴美，同年十月返臺；一九五八年五月赴美，一九五九年六月返臺；一九六五年八月赴美，一九六六年十月廿六日返臺，卅一日為蔣介石八十歲生日。此次離臺時間長達一年兩個月，外間盛傳宋美齡滯美不歸的原因係和蔣介石「鬧家務事」。宋美齡於一九五八年初夏訪美時，曾接受皮膚病治療和拔掉數顆牙齒，密西根大學（安娜堡）並贈予名譽博士學位。其時正值「八二三砲戰」臺海危機，宋美齡在美發表多次公開演說，呼籲美國「摧毀中共暴政」。見一九五八年十月六日《新聞周刊》，頁一八。

27 在晚宴中，數名美國國會議員競相諂媚蔣夫人，甚至爭風吃醋，不守社交禮節搶著發言大讚蔣夫人的美麗。見《顧維鈞回憶錄》第十分冊，北京：中華書局，一九八九，頁七三～七五。

28 《顧維鈞回憶錄》第十分冊，頁七一～七四；林博文〈百齡嵩壽、國之人瑞——永遠的蔣夫人〉，臺北《中國時報》，一九九七年三月十七日，第二版。

29 《顧維鈞回憶錄》第十分冊，頁七四。

30 *TIME*, February 7, 1955; February 25, 1957。

31 唐思竹〈美國與中共機密檔案中的兩次五〇年代臺海危機——臺海戰火硝煙猶在，兩岸弭兵誰人作主〉，刊臺北《新新聞》周刊，四一二、四一三期合刊本，一九九五年一月廿九日出版，頁一〇～一二五；美國駐臺大使藍欽說，雷德福和饒勃森向蔣介石提出棄守金馬建議時，蔣的「臉色極為難看」，亦從未見過蔣「如此惱怒」。Thomas E. Stolper, *China, Taiwan, and the Offshore Islands*, New York: M. E. Sharpe, 1985, 76, 103-105。
艾森豪原曾考慮派二次大戰老將魏德邁赴臺勸說蔣放棄金馬，後因涉及外交機密和軍事政策問題乃改派雷德福和饒勃森。見《顧維鈞回憶錄》第十二分冊，北京：中華書局，一九九三，頁二六五、二八九、二九八～二九九。

32 吳國楨與陳誠、蔣經國、彭孟緝鬥爭，吳討厭政工與特務，據稱蔣經國的特務曾對其座車動手腳，欲加害於他。吳氏夫婦於一九五三年五月廿四日離臺赴美。《吳國楨傳》說：「吳之離臺，在蔣經國的阻撓下，本無可能實現，但是，吳氏夫婦與蔣夫人的友誼，幫了大忙。」吳之幼子吳修潢不得出境，亦靠宋美齡之助始能離臺，參看《吳國楨傳》下冊，頁四二八～五二六、五四九～五八四。據熊丸說：「陳辭公（即陳誠）與吳國楨是雙雄不兩立。辭公後來肝硬化，火氣總是很大，非但對經國先生得理不饒人，對吳國楨也是一樣。陳與吳兩人雖然彼此搞不好，但他倆又一起對付經國先生，那時虧得蔣夫人與陳夫人（譚祥女士）經常居間溝通調解。陳辭公與陳夫人的婚姻，乃蔣夫人一手促成，所以辭公對夫人一直心存感激。……事實上如果不是辭公的身體出了問題，他應該會在經國先生之前便當上總統。」又說：「以後吳擔任臺灣省主席，陳辭公任行政院長，兩人因職權難分，三天兩頭便吵到總統那裡，要總統排解，總統也常為他倆的問題為難。吳國楨也與經國先生暗鬥，後來到美國發表許多批評經國先生的文章。」參看《熊丸先生訪問紀錄》，頁一七四、一七八。林博文〈晦暗時代中的吳國楨〉，臺北《中國時報》人間副刊，一九九七年四月廿五日。

33 《顧維鈞回憶錄》第十一分冊，北京：中華書局，一九九〇，頁一六八。顧維鈞以為吳國楨辭去臺灣省主席職位，是為了要取代他出任駐美大使，見《顧維鈞回憶錄》第十分冊，頁二四三。

34 《吳國楨傳》下冊，宋美齡致吳英文信，頁五七三～五七四。原總統府祕書長王世杰因「蒙混舞弊、不盡職守」，於一九五三年十一月十七日遭免職。

35 顧維鈞生於一八八八年，卒於一九八五年。

36 《顧維鈞回憶錄》第十一分冊，頁二二七。

37 前引，頁一六八。

38 顧於一九五六年下臺，由蔣介石早年的英文老師董顯光接任。顧後來擔任海牙國際法庭法官。

39 宋慶齡亦有皮膚病，宋美齡的情況似較乃姊嚴重。蕁麻疹（hives）皮膚病和癌症顯然是孔宋的「家族病」。顧維鈞說：「兩星期前，我得悉蔣夫人即將來美。接著，孔令傑上校（按：應為少校）於四月廿二日來雙橡園告我，蔣夫人因神經性皮炎症復發，苦不堪言，決定來美就醫。」見《顧維鈞回憶錄》，第十一分冊，頁一四〇。

40 前引，頁一六七～一六八。

41 一九五〇年七月，宋子文與顧維鈞晤談時說，他認為蔣委員長宣布解散國民黨中央執行委員會和中央監察委員會是排除CC派勢力和蔣夫人娘家親屬的影響。他揣度這是王世杰、張群等人鼓動的，為的是牢固地樹立他們自己的政治勢力。見《顧維鈞回憶錄》第八分冊，北京中華書局，一九八九，頁五四；顧維鈞說：「一九五〇年六～七月解散了中央執行委員會和中央監察委員會，分別改設中央政造委員會和中央評議委員會。大批黨員，包括老黨員，諸如孔、宋兩家以及CC派的成員，未經協商，均予免職。國民黨的新組織是由蔣委員長同他的積極合作者蔣經國將軍掌握的。」見《顧維鈞回憶錄》第八分冊，頁八二一。

42 陳立夫《成敗之鑑——陳立夫回憶錄》，頁三八〇～三九四。據陳立夫說，他在日月潭向蔣介石建議改造國民黨，並言：「黨未辦好及一切缺失，最好把責任推給我兩兄弟（其兄陳果夫），將來改選後，我兄弟二人亦不必參加……。」蔣即下手令命其召集小組起草方案。未久，陳肇英、李宗黃向蔣建言，「最好由幹部作建議，請由總裁決定執行，免得總裁為難，而且亦合乎民主。」蔣聞言「勃然大怒」，深恐改造之事，一經討論，將會節外生枝，怒斥陳、李道：「你們如果不要我來改造黨，即只有下面幾種辦法：第一、就讓本黨無聲無息的如此下去；第二你們要給我權，大家要相信我，用民主方式改造是不對的，如你們不相信我來改造，我就不管了，由你們去辦好了！」蔣的震怒，大家都很詫異，直令在座者目瞪口呆，蔣又怒道：「如果你們不相信我來改造，你們跟陳立夫去好了！」陳立夫受到蔣的指責，加上行政院長陳誠的爭權和敵視CC派，乃決定乘桴浮於海。顧維鈞說，宋子文於一九五〇年十一月廿五日告訴他，「陳立夫業已到達紐約，並說他在臺灣差一點被蔣委員長下令逮捕起來。他們兩個人鬧翻了，陳立夫離開臺灣前往馬尼拉、日內瓦和其他等地之前沒有去見蔣委員長。」宋說陳在近期內不會回臺灣了。見《顧維鈞回憶錄》第八分冊，頁二三〇；顧維鈞又說，他於一九五三年八月曾和陳立夫在華府近郊作了一次「有趣的談話」，陳立夫認為：「大陸失守的原因之一是我們的軍隊變得驕傲自大了，軍官目中無人，喪失了現實感。委員長本人變得太驕傲了。」有一次，在陳立夫參加的一個會上，委員長竟然反駁說，畢竟是他使國家的地位逐步達到當時的威望與力量的頂峰。陳立夫說，當時「他感到了亡國的危險即將來臨」，見《顧維鈞回憶錄》第十分冊，頁二九〇。參看，葉一舟〈為歷史補白的陳立夫〉，載美洲《時報周刊》第三五〇期，一九九一年十一月九日紐約出版。陳立夫於一九七〇年在蔣氏父子催促下返臺定居。

43 《熊丸先生訪問紀錄》，頁一四四。

44 前引，頁一三九、一五六。蔣經國與孔二小姐之鬥，雙方不乏為了芝麻小事而逞意氣之爭，從這個側面可以洞悉這些「統治階層」的格局之小。

45 臺北政壇盛傳「元老派」包括張群、袁守謙、黃少谷、陳立夫、何應欽、陳雪屏、王世杰、谷正綱、沈昌煥、秦孝儀和李國鼎等人；另一說法是「元老派」即「夫人派」。事實上，所謂「元老派」或「夫人派」，對蔣經國的接班過程並不足以造成任何威脅。蔣介石在世時，他們無法阻止「太子」的步步高昇；蔣介石去世後，他們的聲音更顯微弱。

46 對蔣經國的接班真正構成威脅的是陳誠、吳國楨和周至柔。吳國楨第一個出局，陳誠「出師未捷身先死」，周至柔則因蔣經國製造李荊蓀事件（李為周之親信），而使其由臺灣省主席晉升閣揆之希望頓成泡影。參看《陸鏗回憶與懺悔錄》，頁四七〇～四八〇。

47 華美協進會正確名稱應為華美協進社，總部在紐約，英文名為China Institute in America。

48 江南《蔣經國傳》，洛杉磯美國論壇社，（出版頁上無出版日期，應為一九八四年），頁二三四～二三五。

49 林博文〈蔣中正的太太蔣宋美齡——她曾經說過：「我就是中華民國！」〉，載臺北《新新聞》周刊，第一九六期，一九九〇年十二月十日，頁廿八～卅四。

50 《熊丸先生訪問紀錄》，頁一二九、一三九。王正誼為蔣介石之母王太夫人娘家唯一後代，與蔣經國有親戚關係，在行政院人事行政局長任內因涉嫌貪汙數十萬元被判無期徒刑。宋美齡曾問熊丸：「你相不相信正誼會做那樣的事？」熊答：「要我說真話，我不相信。」熊丸說他跟王正誼很熟，出差時都與他住同房間，對他了解很深。宋美齡又說：「我想也是，他不應該會這樣才對。可是我跟經國講，經國卻說他事實俱在，鐵證如山，所以我也沒法子講。你看要怎樣才能幫正誼一點忙呢？」熊說：「我也不曉得要怎麼辦。」王正誼坐牢時兩度心臟病發作，熊丸時任省立臺北醫院院長，為他開具住院證明，一直住到蔣經國去世後刑滿出獄。見《熊丸先生訪問紀錄》，頁一三九～一四〇。

51 前引，頁一四二～一四三。

52 前引，頁一五六。

第十五章

紐約落日中望盡世紀之旅

孔宅宋美齡臥室——人去樓空。

被拍賣的孔宅物品包括宋美齡雕像、蔣中正題簽的《夫人蘭冊》、美金公債和中西骨董。

中間這棟外貌不顯眼的十五層樓建築，就是蔣夫人晚年所住的公寓。

紐約曼哈頓葛萊西方場十號門口，蔣夫人住第九樓。

一九九五年七月廿六日，宋美齡重訪國會山莊發表簡短談話，重溫其五十二年前向眾院演説的盛況。九十八歲的宋美齡樂不可支。（蘇宗顯攝）

宋美齡和被寵壞的孔二小姐（左二，在謝東閔與護士中間）。（李安邦攝）

長島蝗蟲谷孔宅背面，冬天顯得特別肅殺。（徐婷儀攝）

蝗蟲谷費克斯小徑（Feeks Lane）九十五號孔宅入口，掛上了地產公司的招牌。

在世紀之交，宋家王朝四大主角唯宋美齡碩果僅存。

宋靄齡

宋子文

宋慶齡

宋美齡

美國畫家筆下三〇年代的宋美齡。

四〇年代末宋美齡造像。

一九七五年九月十六日上午，宋美齡搭乘「中美號」專機離臺赴美，行前發表三千字的〈書勉全體國人〉，她說：「近數年來，余迭遭家人喪故，先是姊夫庸之兄去世，子安弟、子文兄相繼溘逝，前年藹齡大姊在美病篤，其時總統多感不適，致遲遲未行，迨趕往則姊已彌留，無從訣別，手足之情，無可補贖，遺憾良深，國難家憂，接踵而至；兩年前，余亦積漸染疾，但不遑自顧，蓋因總統身體違和，醫護唯恐稍有怠忽，衷心時刻不寧。……如是幾近兩年，不意終於捨我而去，而余本身在長期強撐堅忍、勉抑悲痛之餘，及今頓感身心俱乏，憬覺確已罹疾，亟需醫理。」翌年四月，宋美齡返臺參加蔣介石逝世一周年紀念，八月赴美，十月發表《與鮑羅廷談話的回憶》。

孔令侃權充軍師兼文膽

一九七八年三月廿一日，蔣經國當選中華民國第六任總統以取代嚴家淦，宋美齡於四月一日致函蔣經國，表示因「深恐睹物生情，哀思蔣公不能自已」，而未克返臺參加其就職典禮。一九八一年五月廿九日宋慶齡以八十八歲高齡病逝北京，海峽兩岸和美國媒體頗為注意宋美齡對二姊之喪是否有所表示，美國記者甚至跑到宋美齡居住的長島蝗蟲谷打聽，皆不得要領。宋慶齡病篤期間，其二弟宋子良曾於五月廿二日自其紐約哈里森鎮寓所致電慰問；宋子文的長女宋瓊頤則於六月二日致電廖承志對二姑母之逝「深感哀痛」。香港一家雜誌報導說，宋美齡於五月下旬獲悉乃姊病重時，曾多次流淚，並祈禱上帝保佑二姊[1]。

一九八二年七月廿四日，國民黨左派元老廖仲愷與何香凝的兒子、中國人大常委會副委員長廖承志，透過新華社電函「經國吾弟」，要求基於雙方私人友誼關係，捐棄前嫌，在臺北商談統一問題，促成國共第三次合作。如對方同意，自當「束裝就道」，稱「人到高年，愈加懷舊」，並引用魯迅詩句：「度盡劫波兄弟在，相逢一笑泯恩仇。」信末附以「老夫人前請代為問安。方良、緯國及諸姪子不一一」。蔣經國未予理會，自認國學素養不錯的孔令侃於八月十七日代宋美齡寫了一封致「承志世姪」公開信，重申蔣經國「不接觸、不談判、不妥協」的「三不」政策，並諷刺廖承志「在抗戰前後，若非先總統懷仁念舊，則世姪何能脫囹圄之厄、生命之憂，致尚希冀三次合作，豈非夢囈？」並希望廖「幡然來歸，以承父志，澹泊改觀，養頤天年。」[2]

一九八四年一月，北京召開「中國國民黨第一次全國代表大會六十周年學術討論會」，政協主席鄧穎超在大會上發表談話稱祖國統一「是歷史的主流，分裂只是短暫的插曲」，指臺灣「孤懸海外，受制於人，這種局面終究是很難長期維持下去的。是非利害，何等分明。孰去孰從，不難立決。」孔令侃再度手癢，又為宋美齡草擬〈致鄧穎超公開信〉，譏刺她「沉湎邪說，先生未免不超穎」，並稱鄧應「三復斯言，中國的希望在臺灣。」[3]

宋美齡隱居長島蝗蟲谷期間，曾碰到一件令她憤怒、沮喪的事，即父親做過史迪威將軍的軍醫、本身當過《生活》雜誌編輯的美國作家史特林．西格雷夫（Sterling Seagrave）於一九八五年推出了震撼性的通俗歷史暢銷書《宋家王朝》（*The Soong Dynasty*）。這本書雖寫得不甚嚴謹，卻是英文出版史上第一本對孔宋家族作全盤負面描述的著作，包括《紐約時報書評》雜誌在內的一些刊物，都把該書當作封面故事來處理。宋美齡氣極了，孔家子女亦嚇壞了，《宋家王朝》獲得耶魯大學中國史講座教授史景遷（Jonathan Spence）等名家的好評，在美國暢銷數月而不衰，臺灣幾個大學的歷史系系主任奉命在美國中英文報紙登廣告駁斥《宋家王朝》，一批親國民黨的學者文人也鑼鼓喧天地出場為孔宋幫腔[4]。

一九八六年十月卅一日適逢蔣介石百歲冥誕，在紐約住了十年六個月的宋美齡回到了臺灣，陸續發表〈我將再起〉、〈暢說年來之所思所感〉和〈結果你們來承擔？〉等文[5]。

反對李登輝任黨代主席

一九八八年一月十三日，長期為各種疾病所苦的蔣經國咯血而死，副總統李登輝在四個小時後宣誓繼任總統。國民黨祕書長李煥向宋楚瑜、高銘輝和馬英九等三位副祕書長表明：「黨的新領導中心要建立，我們應該敦請李總統出任代理黨主席。」三位副祕書長均表贊同，大部分中常委亦支持李出任代理黨主席，不過有少數幾位表示：「此事不急，等七月召開本黨全國代表大會時再議。」李煥向他們疏通，終獲首肯。然而，李煥突於一月廿四日接到由宋美齡具名、孔令侃捉刀的一封信[6]，表示黨魁人選不宜倉促決定，為慎重起見，應依黨章規定等到七月間黨召開全國代表大會時始予定奪。宋美齡以中央評議委員會主席之一的身分告訴李煥可以將其建議轉告所有中常委。這封信使李煥傷透腦筋、徹夜難眠[7]。

很明顯地，宋美齡不願李登輝出任黨主席，她也許希望集體領導，這是國民黨黨史上從未有過的事情；她亦可能冀望自己被擁戴為黨主席，由女性擔綱，這也是國民黨黨史上從未有過的事情。李煥頭痛極了，他在收到信後的第二天與素有夫人派之稱的總統府祕書長沈昌煥、行政院長俞國華商量，「在沈昌煥的辦公室裡，李煥出示蔣宋美齡的來函，三位謀國老臣無言相對約有一刻鐘之久，凝重的氣氛壓得人透不過氣來。」李煥對他們說：「黨一定要有領導中心，『集體領導』的責任太重，我擔不起。而且中常委已全體簽名提案，如果改變提案，必須有所交代。」李煥又說：「案子通過後，我會向主席與中常會請辭，然後寫信報告蔣夫人，為未能達成她的指示負荊請罪，並向她解釋，推選代理主席一案，所有中常委已有共識，都已簽名，若率爾推翻原議，對中常委們很難交代。」沈、俞皆表同意，李返回中央黨部囑高銘輝為他草擬辭職信，同時準備致函宋美齡請罪[8]。

林蔭庭在《追隨半世紀——李煥與經國先生》一書中說：「推舉代理主席一案，預定於一月廿七日的中常會上討論。但是，一月廿七日凌晨三點，李煥家中電話鈴聲大作，是俞國華來電。原來蔣經國三子蔣孝勇打電話給俞國華表示，蔣宋美齡聽說他將領銜提案推舉李登輝代理黨主席，希望他重視黨章的規定，再做考慮。」[9]第二天上午，壓力極大的俞國華到李煥辦公室，「狀甚苦惱」，他們找來了當天的會議主席余紀忠，共同商議對策。「談話當中，中常委王惕吾推門進來表示，『聽說代理主席的案子有變化，這不可以啊！』言罷離開。過了半晌，宋楚瑜也進來了，『聽說這案子有意見，我們不贊成啊！』講完也出去了。」[10]快到九點開會時間了，三人仍未獲致結論。

中常會開會了，預定討論四項例行案件。「討論完第三案，還未進入第四案時，到席的宋楚瑜突然起立發言表示，既然這天預定討論推舉李登輝先生代理黨主席案，就應該將案子提出。他並責備負責提案的俞國華模稜兩可、畏首畏尾，說罷即退席離開會場，留下滿堂愕然。接著，曹聖芬、陳履安、辜振甫、李國鼎、張建邦與吳伯雄等六人相繼發言，呼應宋楚瑜的意見，俞國華無法再拖延了，就此提出該案，並獲全體中常委以起立方式無異議通過。一場驚濤駭浪之後，大勢終於底定。」[11]

高估自己　錯估臺灣政治

李煥隨即致函宋美齡，向她說明由於中常委們已連署在先，俞國華不得不提出該案，並已獲中常會通過，希望她能諒解。宋美齡則回信李煥，聲稱她原本只是建議此事能根據黨章處理，並無他意，她個人忠黨愛國不落人後，希望不致引起外界的誤會[12]。

宋美齡的行徑，可說完全錯估了臺灣的政治形勢和高估了自己的威望，而碰得一鼻子灰，形象大受損害，並落人以「太后干政」之譏。她顯然仍未憬悟她的風光已一去不復返，蔣家時代亦隨著蔣經國的去世而走入了歷史。不論是她個人反對李登輝，還是其他夫人派、元老派或孔令侃的意見，這次「未開始即已結束」的黨爭，充分襯托出宋美齡的影響力戛然告終，以及舊國民黨被迫轉型為新國民黨的時代背景。

一九八八年七月七日國民黨在林口中正體育館召開第十三次全國代表大會（十三全會），第二天宋美齡親臨會場，勉勵黨員「創新而不忘舊，前進而不忘本」，又說：「黨正值緊要關頭，老成引退，新血繼之，譬比大樹雖新葉叢生，而卓然置於基地者，則賴老根老幹老枝。」[13]這篇亦由孔令侃執筆的講稿，在臺灣政壇，引起廣泛議論，「老幹新枝」之說，喧騰一時。一九八八年七月九日的《紐約時報》在第一版上刊登了宋美齡蒞臨十三全會會場的照片，照片說明文字是「來自臺灣過往的聲音」（A Voice From Taiwan's Past）[14]。

宋美齡頗關心兩岸關係和臺灣的國際處境，蔣孝勇、蔣緯國、陳立夫、蔡孟堅、郝柏村和其他人都曾向她報告臺灣政情。她對李登輝所走的政治路線一直很有意見，尤不滿其主政的「中心思想」和「時代精神」，然臺灣已不再是過去的臺灣，「王侯第宅皆新主，文武衣冠異昔時」，她已全然無能為力了。

一九八九年一月卅一日，宋美齡在臺北榮民總醫院切除卵巢腫瘤[15]。據《新新聞》雜誌報導：「負責這次手術的醫療小組每個人都是戰戰兢兢，手術時間選在當天清晨祕密進行，由專程來臺的一位五十多歲美籍醫師親自主持。……除了醫療上的問題，讓醫療小組的醫師感受甚大壓力外，榮總自羅光瑞院長以下各有關醫護人員，更嚴奉孔二小姐之令，不得洩漏半分有關老太太的病情，這件事更讓眾人有深怕得咎的恐懼。……一位榮總高級主管在被詢問有關蔣夫人的病情時即強調：『我犯不著為這個問題得罪夫人的家屬。』」[16]所謂的「家屬」，即是孔二小姐。

《新新聞》又說：「在民國六十六年左右，蔣夫人曾罹患乳癌，當時在榮總接受治療時，由於消息外洩，孔二小姐及官邸裡的人士非常震怒，除安排老太太赴美就醫外，那一次事件也使得榮總許多『御醫』前途下跌，有人因此升遷無望，而提早離開了榮民總醫院。」[17]

百箱行李攜美　輿論譁然

一九九一年九月廿一日，宋美齡告別了駐足五年的臺北，返回紐約，這是她生前最後一次在士林官邸長住。宋美齡雖無政治實權，亦乏影響力，仍是國民黨政府的崇高象徵，因此李登輝總統夫婦、李元簇副總統夫婦和五院院長夫婦均到機場送行。不過，宋美齡所攜帶的近百箱行李和使用公務護照問題，卻在臺灣掀起軒然大波，民進黨和部分媒體對她的特權大肆撻伐，民進黨監察委員林純子亦展開調查工作[18]。回到紐約寓所的宋美齡聽到了這些消息，心情頗為沉重[19]。時代終究無情地變了，在政治大幅度開放的臺灣，強人時代的結束，人民力量的興起，使一些享慣尊榮的權勢人物必須面對令人難堪的新政治文化。

一九九四年九月八日，宋美齡匆匆趕到臺北探望腸癌末期且已神智不清的孔二小姐[20]，宋美齡停留十天即返美。兩個月後，行事怪異、人緣極壞的孔二小姐走完了人生旅途，她的姊姊孔令儀赴臺奔喪，並請一名美籍遺體化妝師專程赴臺為孔二小姐化妝[21]，遺體則運回紐約風可利夫墓園長眠。孔二小姐是宋美齡最貼身的人，情同母女，她的死亡為宋美齡帶來無限戚傷。

一九九五年適逢二次大戰結束五十周年紀念，宋美齡應邀重返國會山莊接受致敬，並發表簡短談話，她說：「首先我要表示我的欣悅之情，因為各位都還記得一個來自戰時盟邦中國的老朋友。一九四三年二月十八日，我應美國國會之邀向參眾兩院發表演說。當時我曾說，我自幼就來到這裡，在此度過我的成長歲月，一直到大學畢業為止，因此我一向把美國當作第二個家，今天回到家來自是一大樂事。……一九三七年七月七日，日本對華發動戰爭。在前四年半的全面侵略中，中國孤立無援地獨自奮戰。一直到日本於一九四一年十二月七日攻擊珍珠港，美國第七十七屆國會對日宣戰，美國與中國始成為盟邦。貴我兩國齊心協力，奠立了二次世界大戰在一九四五年最後勝利的堅定基礎。我與有榮焉的加入各位紀念二次世界大戰結束五十周年的不凡歷史場合，同時我不能不回想到這場戰爭的悲劇，以及那段血淚交織的年代，我也不能忘懷美中兩國人民並肩作戰所展現的道德勇氣。美國給予我的國家中華民國的道義與實質支持，我願藉這個機會表達我衷心的感謝。」[22]此次華府之行使垂垂老去的宋美齡重溫一場遙遠的舊夢[23]。

宋美齡於一九七五年九月移居紐約後，大部分時間住在孔祥熙所購置的長島蝗蟲谷巨宅，然因住宅靠海，每逢秋冬，寒氣逼人，交通又不便，如遇大雪，頓成與世隔絕之孤島。九〇年代後始以曼哈頓上東城葛萊西方場（Gracie Square）一棟「蓋有年矣」的老公寓九樓為家[24]。這棟十五層樓公寓面對公園、臨近東河，住戶包括挪威、紐西蘭和土耳其等國駐聯合國大使，紐約市長住所葛萊西官邸（Gracie Mansion）即在左近，距哥大醫院不遠，看病方便，頗有鬧中取靜之優。一生在都市長大而又喜歡都市的宋美齡，對這個仍具四、五〇年代風味的東河河邊公園環境，頗為滿意，住在第五大道公寓的孔令儀和她的夫婿黃雄盛亦便於就近照顧她[25]。

縱橫「三世紀」 故舊皆凋零

蔣介石過世後，宋美齡就如同一株「失根的蘭花」，在臺北、紐約兩地漂泊。其實，對一生浸潤於榮華富貴和享受無上權力的宋美齡來說，住哪裡都一樣，權力沒有了，「母儀天下」的局面落空了，「吾土吾民」的觀念也就淡了。尤其是像她這樣一個在美國成長、受過完整美式教育的人，落戶新大陸顯然遠比住在風風雨雨的臺北還要舒適、愉快。臺灣已非久留之地，何妨乘風遠颺，終老異鄉。

宋美齡在紐約的晚年，因孔令侃、孔令偉和孔令傑三個晚輩的相繼辭世，不免有「杜鵑聲裡斜陽暮」的寂寥之感。但她虔誠信教，平日與《聖經》為伴，在漫長的人生旅途上早已能駕馭生命中的風浪與波折。她偶爾接見訪客[26]、逛逛公園、參觀畫廊[27]；一九九七年三月二十日歡度百歲生日時，紐約宋寓熱鬧萬分，賀禮極多；每年過生日，似乎是她最快樂的時刻。令人遺憾的是，她始終拒絕作口述歷史和撰寫回憶錄，對國史而言，乃是無可彌補的損失[28]。

四〇年代初曾對病弱不堪的宋美齡頓生「我見猶憐」之心的羅斯福夫人，早已在一九六二年以七十八歲之齡去世，而她筆下「嬌小和纖弱」（small and delicate）的中國第一夫人，卻壽比南山。不僅走過了滿清末葉、民國肇建、軍閥混戰、日軍侵華與河山變色；亦歷經了兩次世界大戰，更見證了冷戰時代的降臨與消失，以及兩岸敵對關係的解凍，並成為全世界唯一目擊蘇聯共黨帝國崩潰的二次大戰領袖級遺老。

「四十年來家國，三千里地山河」。對宋美齡而言，海峽兩岸的「山河」早已不屬於她；在夫死子喪孫亡黨弱的變故下，「家國」亦面目全非。和她同時代的風雲人物，全遭歷史巨浪所吞噬，唯有她仍在人世的興衰裡靜待二十一世紀的到來[29]。

注釋

1 尚明軒《宋慶齡傳》，頁五八五；一九八一年六月十六日香港《百姓》半月刊刊出〈聞姊姊病危，宋美齡流淚〉報導，此說可信度待考。見本書第十一章，注34。中國大陸近幾年出版的有關宋氏姊妹著作，屢刻意強調宋慶齡晚年如何思念妹妹美齡、如何盼望她回大陸聚首云云，顯然帶有統戰味道。

2 關國煊〈廖承志（一九〇八～一九八三）〉，收入《民國人物小傳》第八冊，臺北：傳記文學出版社，一九八七，頁四四五～四四六。

3 楊樹標《宋美齡傳》，頁二七一～二七二。

4 一九八五年三月十七日出版的《紐約時報書評》雜誌以封面故事刊出史景遷的書評，題目為：「改變中國的家族」（The Clan That Changed China）。史景遷表示，《宋家王朝》刺激許多學者致力於蔣宋家族的研究，這種研究工作將有助於世人對過去半個世紀中美兩國政治的了解。臺灣七個大學的歷史系主任在《紐約時報》、《華盛頓郵報》和《洛杉磯時報》三大報以及美國中文《世界日報》刊登廣告駁斥《宋家王朝》「歪曲近代中國史實」。黎東方發表《像一個喝醉的水手》，指責作者西格雷夫「捏造出最惡劣的黃色報紙的故事」；美國學者基林（Donald Gillin）和韋慕庭（C. Martin Wilbnr）都曾發表長文嚴斥《宋家王朝》。《宋家王朝》主角之一的孔令侃亦在《世界日報》刊登三篇聲明啟事反駁該書。儘管如此，《宋家王朝》對宋美齡和孔宋家族所造成的傷害，已不是抗議、聲明和學者的駁斥所能彌補。

5 宋美齡發表的這三篇文章和講稿，曾引起一些議論，她的〈我將再起〉，有人指她試圖「東山再起」，亦有人表示該文僅為一篇「精神講話」。一九八六年十二月八日應留美同學會和美僑商會之邀在圓山飯店以英語發表〈結果你們來承擔？〉，暢談國際新聞媒體對世局之影響；對美國傳播界主張緩和世局、不支持臺灣的作法，表示不滿；並在演講一開始即批評《紐約時報》的言論，亦批判四〇年代的美國自由派人士。宋美齡一向對美國自由派媒體頗有成見，常在公私場合對《紐約時報》等自由派媒體大加撻伐。六〇年代末《紐約時報》訃聞版主編惠特曼（Alden Whitman）專程赴臺訪問宋美齡，為該報預先準備訃聞傳記，一俟其逝世即可發表。結果宋美齡不但不合作，讓他久候、錄音機插頭被拔掉，並宣讀一篇事先擬就的聲明譴責《紐約時報》親共。惠特曼說，在他的「訃聞採訪」生涯中，最不愉快的一次經驗就是訪問宋美齡。見Alden Whitman, *Come to Judgment*, New York: The Viking Press, 1980, xviii-xix；田滄海〈予訃聞生命力的惠特曼〉，載美洲《時報周刊》第二九一期，一九九〇年九月廿二日出版，頁八四～八五。宋美齡於一九八六年十月返臺後，美國媒體對她的動靜頗為注意，《紐約時報》於十一月三十日刊登臺北美聯社電訊、十二月廿七日發表該報駐北京特派員紀思道（Nicholas D. Kristof）的特稿，稱宋美齡是個「政治謎」（a political riddle），並揣測她是否支持蔣經國解除戒嚴及臺灣民主化政策。

6 僑居加州的蔡孟堅於一九九〇年在臺北曾當面問孔令侃有關蔣夫人建議延期推選黨主席一事，孔答道：「彼時我在臺北，夫人與我談起並表達只出自好意。是我執筆寫好，由隨身祕書抄寫，後誤傳他人主稿，確屬誤會。」見蔡孟堅〈唁「神祕人物」孔令侃並述所知其人其事〉。

7 林蔭庭《追隨半世紀——李煥與經國先生》，臺北：天下文化出版公司，一九九八，頁二七二～二七三。

8 前引，頁二七三～二七四。

9 前引，頁二七四。

10 同前。

11 前引，頁二七五～二七六。

12 前引，頁二七六。

13 一九九一年七月八日臺北《中國時報》。

14 *The New York Times*, July 8, 1988, P. 1; 該報記者齊瑞（Susan Chira）在第三頁發自臺北的報導說，蔣夫人早先曾反對李登輝出任代理黨主席，迄仍避免直接支持李出任黨主席，但她出席十三全大會顯示其對李的「沉默的認可」（a tacit endorsement），以及元老派已接受李登輝。

15 宋美齡一生進出醫院無數次，而能克享高壽，足證其旺盛之生命力與特異之體質，其雙親又非長壽，在醫學上也許值得探討。一九六九年夏天，蔣介石夫婦在陽明山發生大車禍，蔣介石在車內「身體猛然往前衝去，整個人撞到前面的玻璃板，老先生胸部當場受到嚴重撞傷，劇烈的衝撞力讓他連陰囊都撞腫了，假牙也在撞擊的剎那，從口中撞出來。」宋美齡亦受到同樣程度撞擊，「雙腿撞到前面玻璃隔板，老夫人當場痛入骨髓，厲聲叫喊。」見翁元口述、王丰紀錄《我在蔣介石身邊的日子》，頁一二九。熊丸則說陽明山車禍發生於一九六八年，見《熊丸先生訪問紀錄》，頁一一七。熊丸說：「那一次車禍夫人受傷較重，當場整隻腳沒了知覺，總統倒沒什麼外傷。」但車禍之後，蔣的心臟和攝護腺接連出了問題，健康日走下坡；宋美齡則「由剝轉復」，車禍只是她漫長生命中的一樁插曲。

16 楊貴美〈老夫人這一回病得不輕！〉，載臺北《新新聞》周刊，一〇〇、一〇一期合刊本，一九八九年二月六日出版，頁六七。此次手術在臺灣醫界掀起了一場風波，依臺灣《醫師法》和衛生署頒布的行政命令規定，外籍醫師只能在手術上扮演指導角色而不能親自主刀，如有違反，可處該醫師一年以上、三年以下有期徒刑，得併科一萬元以上、五萬元以下罰金，其所用之器材沒收，醫院亦將受罰。據榮總高階主管透露，為宋美齡主刀的外籍醫師，年逾七旬，是美國哥倫比亞大學外科教授，亦曾任外科代理主任，符合來臺講學及示範的資格規定，但親自主刀部分卻於法不合。另外，這名醫師係由蔣夫人家屬親邀，非由醫院出面，除了不符邀請單位必須是教學醫院層次的醫療機構外，也未向地方衛生機關報備，見一九八九年二月十二日紐約《世界日報》。二月十五日該報又報導，衛生署醫政處副處長楊漢湶於二月十三日電詢榮總院長羅光瑞及副院長鄭德齡，他們表示，蔣夫人最近在榮總動卵巢囊狀腫瘤手術時，確有美籍醫師哈比夫（Dr. David Habif，以前曾為蔣夫人動過手術）在場，但他只是提供意見，並未操刀，蔣夫人的腫瘤摘除手術是由榮總婦產科醫師主刀的。不過，衛生署及榮總並未說明主刀醫師的姓名。衛生署醫政處初步認定蔣夫人此次手術「程序不完整，但尚未構成違法」。見美洲《時報周刊》第二一一期，一九八九年三月十一日出版。宋美齡究竟是不是由哈比夫主刀，似乎已變成「羅生門」問題了。

17 《新新聞》稱宋美齡的乳癌手術是在一九七七年進行，西格雷夫的《宋家王朝》則說宋美齡於一九六六年在紐約曾因膽結石開刀，一九七〇年又因乳癌在紐約動過乳房切除術（mastectomy），見該書英文版頁四五六。

18 一九九一年九月廿四日臺北《中央日報》航空版首頁自紐約報導稱，宋美齡於美東時間九月廿一日下午一時卅分抵達甘迺迪機場，據華航人員說，行李共有九十件，記者在部分行李上看到中文書寫的「夫人自用衣料、旗袍」、「物器」、「洗臉雜物」等，並有一箱燕窩及月餅。有些報導稱行李有九十七箱，其中包括骨董、國寶；在士林官邸做過侍衛的翁元說：「根據我的同仁們的推估，宋美齡應該帶走不只九十七箱寶貝，她至少帶了一百多箱的東西離開臺灣……。」見《我在蔣介石父子身邊的日子》，頁一二四。當時擔任民進黨立委的陳水扁說：「蔣宋美齡雖曾貴為第一夫人，但是從中華民國總統到政府要員都到機場送行，這實在是不必要的排場，也顯示著人治色彩仍然濃厚。」又說：「希望這種情況是最後一次，未來應該致力於摒除這種人治的現象，才能使民主政治早日落實。」見一九九一年九月廿三日紐約《世界日報》。監察委員林純子、柯明謀指責國府外交部違法發給宋美齡及其隨從人員「通行狀」與「外交、公務護照」，將另案處理；林、柯向監察院提出了《蔣宋美齡女士赴美定居使用通行狀暨士林官邸長期占用公地調查報告》。

19 一位隨侍宋美齡近二十年的人士獲悉監委的調查報告後表示：「夫人覺得傷感」，見一九九二年九月十三日《世界日報》。

20 《熊丸先生訪問紀錄》，頁一五一～一五二；邱銘輝〈孔令偉黯然畫下句點，孔令儀接手蔣家產業〉，載臺北《新新聞》周刊第四〇一期，一九九四年十一月十三日出版，頁二〇～二一；邱銘輝〈病床上的孔二小姐堅持要把李登輝除名〉，載臺北《新新聞》周刊，第三五六期，一九九四年一月二日出版，頁二〇～二一。

21 盧威〈殯葬化妝師：讓逝者安息，生者安慰〉，載紐約《世界周刊》，一九九五年七月九日出版。為孔二小姐遺容化妝的哈格羅夫（Bill Hartgrove），亦曾為孔祥熙、宋子文「整肅遺容」。孔二小姐死後，美國世界中華殯儀館專程由美國空運特製銅棺至臺北，將其遺體運回紐約坎波（Frank E. Campbell）殯儀館。

22 宋美齡的國會之行，幕後主要策劃人為國會圖書館中文部主任王冀。王冀向伊利諾州民主黨聯邦參議員保羅．賽門的芝加哥辦事處華裔主任張秀賢提出建議，由賽門出面邀請蔣夫人至國會山莊接受致敬。賽門一口答應，即找參院共和黨領袖杜爾擔任共同發起人。王冀等人曾親至紐約面邀蔣夫人，這位二次大戰領袖級大老欣然接受，於七月廿六日自紐約搭包機飛往華府。宋美齡曾叮囑王冀到了華府後，她要以林肯牌Town Car代步；王冀說此項活動「一點政治或外交的性質也沒有」，但海內外媒體加以大肆報導，一批臺灣要人且組團赴美參與盛會。宋美齡抵華府後，曾假她所熟悉的雙橡園老使館與華人見面，七月廿六日當晚飛返紐約。參看一九九五年五月二日《中時晚報》及七月廿七日《中國時報》；七月廿七日美國《世界日報》；《新新聞》第四二六期（一九九五年五月七日出版），頁四八～五一及第四三八期（一九九五年七月三十日出版），頁八八～九一；黃美之〈蔣夫人最快樂的一天，王冀促成的〉，載《世界周刊》，一九九五年十一月十九日，頁九。

23 一九四三年二月十八日的歷史性訪問之後，宋美齡曾於一九五三年三月訪問白宮，艾森豪總統以茶點招待；一九六五年再訪白宮，獲詹森總統較「高檔」的待遇。宋美齡於一九六五年八月廿二日訪美，先到西岸；八月廿九日抵紐約；九月七日坐私人包廂火車到華府，國務卿魯斯克夫人親到聯合車站迎接；九月九日，國會議員設宴招待；九月十四日詹森夫婦在白宮舉行茶會歡迎；九月十九日與前總統艾森豪夫婦晤談；九月廿一日魯斯克設宴款待。其間駐美大使周書楷曾假雙橡園大使館為蔣夫人舉行盛大酒會，一千五百位賓客與會。在華府期間，美國政府為她在卡洛拉馬路（Kalorama Road）高級住宅區租了一棟房子供其居停，國防部長麥納瑪拉亦住附近。十二月七日珍珠港事變紀念日，宋美齡返母校麻州韋思禮學院發表演說。參看Seagrave, 455-456。

宋美齡訪問華府時，國府國防部長蔣經國亦應邀訪美。國際媒體和政論家紛紛揣測蔣氏母子美國之行的目的乃是要求詹森政府摧毀中共的核子設施。北京於一九六四年十月十六日試爆首枚原子彈成功，美國、臺灣和亞洲國家均感憂慮，而臺灣領導人亦於公開場合一再呼籲美國摧毀中國大陸核子設施。據已解密資料顯示，甘迺迪政府曾考慮對中國大陸核武設備予以先發制人攻擊，詹森政府打消此念頭。宋美齡於一九六五年十月卅一日第二次應邀在NBC「會晤媒體」（Meet the Press）節目中接受訪問，表示美國應炸毀中共核武設備；參院外交委員會主席傅爾布萊特向國務院質疑蔣夫人究竟以何種身分訪美，國務院答係私人身分。見Lung-chen Chen and Harold D. Lasswell, *Formosa, China, and the United Nations*, New York: St. Martin's Press, 1967, 203-204, 389; 宋美齡於一九五八年九月廿一日（八二三砲戰期間）首度接受「會晤媒體」節目訪問時說，逃離中國大陸的難民問她：「為什麼中華民國不對大陸使用核武？」又說國府反攻大陸的日子，「一天比一天近了」。見一九五八年十月六日出版《新聞周刊》，頁一八。喻新之〈老共試爆核武的計畫嚇壞了甘迺迪政府〉，載《新新聞》周刊第三四七期，一九九三年十月卅一日出版，頁九一～九三；林博文〈甘迺迪、詹森時代美臺計畫聯手出擊摧毀中共核子設施〉，一九九七年四月八日《中國時報》第三版。美國前副總統尼克森則在蔣氏母子訪美之際，於八月底悄然訪臺。

24 西格雷夫說，宋美齡所住的葛萊西方場大樓是棟合作公寓，共有十五樓，孔令傑（一說孔令侃）於一九六六年四月購置，供其姨媽使用，見Seagrave, 456。葛萊西方場乃紀念十八世紀落戶紐約的蘇格蘭商人Archibald Gracie，現為紐約市長官邸的Gracie Mansion，當年是葛萊西的別墅。

25 一九九四年九月七日《世界日報》，第二頁。

26 宋美齡最常相處的友人之一是她在韋思禮學院的同班同學米爾絲（Emma Mills）。米爾絲終身未嫁，一生奉獻給中國和宋美齡；她曾做過「末代皇帝」溥儀的英文老師，在二次大戰和國共內戰期間，熱心協助宋美齡在美募捐籌款。宋美齡多次到美國遊說美國政府和華府政要支持國府，米爾絲是她的主要顧問之一。六〇年代中期，米爾絲和友人在紐約唐人街創立「華人策劃協會」（CPC），一九八七年八月以九十二歲高齡去世。與宋美齡來往的另一個美國友人即是四〇年代為宋家三姊妹立傳的名作家項美麗（Emily Hahn），她所寫的《宋家姊妹》（*The Soong Sisters*），使宋美齡和她兩個姊姊成為美國家喻戶曉的傳奇人物。著作等身的《紐約客》（*The New Yorker*）雜誌老作者項美麗於一九九七年二月十八日病逝紐約，享年九十二歲。參看唐思竹〈長島灣畔深宅大院，蝗蟲谷內賦歸終老——蔣宋美齡在美國的「官邸」〉，載《新新聞》周刊，第二三七期，一九九一年九月廿三日出版。

27 前美國副總統納爾遜．洛克菲勒曾於七〇年代中在紐約洛克菲勒中心開設一畫廊兼骨董店，宋美齡曾去參觀。一九九六年春天，臺北故宮博物院在紐約大都會博物館舉行「中華瑰寶」大展，宋美齡於三月十一日參觀預展，對蜂擁的攝影記者搶拍其鏡頭似顯不悅，用英語說道：「我要打爛你們的照相機」（I'm going to break your cameras），見一九九六年三月十二日《紐約時報》；紐約公共電視臺播出故宮副院長張臨生用英語向宋美齡解說一幅畫時，坐在輪椅上的宋美齡突然打斷解說，不悅地用英語說道：「這些東西引不起我的興趣！」害得張臨生趕緊介紹別的文物。見夏語冰〈美國人忘了蔣宋美齡，中國人卻惦記她的豪宅〉，載《新新聞》周刊第六一五期，一九九八年十二月十七日出版，頁七五～七八。一九九八年八月三十日下午，宋美齡專程到紐約皇后區《世界日報》文化藝廊參觀歐豪年畫展，見一九九八年八月三十一日《世界日報》第一頁。參觀「中華瑰寶」與歐豪年畫展時，宋美齡皆以輪椅代步。在長島蝗蟲谷閒居時，宋美齡曾請著名人像畫家舒瑪特芙（Elizabeth Shoumatoff）為她畫像，據《紐約客》（*New Yorker*）雜誌報導，舒瑪特芙作畫代價至少在五萬美元以上。舒瑪特芙在畫史上留名之處，即一九四五年四月十二日在喬治亞州溫泉鎮為羅斯福總統畫像時，畫到一半，羅斯福突然中風，數小時後去世。

28 據稱宋美齡一概拒絕中外學者和學術機構以及美國出版商向其提出進行口述歷史或描寫回憶錄的請求。宋美齡亦無寫日記習慣，與重要人物書信往來的複本過去多由孔令侃保管，孔死後這批文件的去向令人關切。參看《熊丸先生訪問紀錄》，頁一一一；傅建中〈蔣夫人應該寫回憶錄〉，一九九五年七月廿七日《中國時報》第三版。

29 生在十九世紀、見證二十世紀、目睹二十一世紀的宋美齡，於公元二千年元旦親自到紐約市皇后區世界日報社主持「蔣夫人宋美齡女士暨書畫名家跨世紀千禧聯展」揭幕禮。坐在輪椅上的宋美齡，神采奕奕，宛如「世紀壽婆」。參看二〇〇〇年一月二日紐約《世界日報》，頁A1、B1。

後記

多年前一群朋友鼓吹我寫宋美齡傳，當時滿口答應，然因忙於筆耕生活，蹉跎經年，始終未「破土動工」，心中不無愧疚。

莫昭平是個鍥而不捨的女出版人，沒有她的積極敦促，這本書很可能就不會問世。吾妻陳清玉尤鼓勵我寫此書，她細心看完每一章、每一句和每一個字，提供許多寶貴意見。在寫作過程中，最令我們興奮的是紐約洋基棒球隊在一九九八年球季中戰績輝煌、所向披靡。洋基榮獲世界大賽冠軍之日，我的寫作進度亦已接近尾聲。

宋美齡是位「長命富貴」的人，雖早已遠離政治聚光燈，卻一直是海內外華人關心、好奇的對象。坊間書肆充斥不少宋美齡和孔宋家族的傳記，然這些著作殊少對傳主作深入而客觀的剖析。過度頌揚、刻意醜化和八卦式的描述，都不是研究宋美齡的良法，也不能使讀者看到真正的宋美齡。

寫宋美齡的最佳方式殆為細膩的觀察、豐富的材料和持平的態度。盼望此傳能夠描摹出宋美齡的真實面貌以及她所走過的時代。

附錄

漫漫長夜中的蔣方良

曾經是國府的第一夫人，但卻是一位沒有榮華富貴的寂寞老婦。在她的身上，我們看不到聚光燈的投射，只看到昏黃的夜雨秋燈，以及燈下犖犖獨立的影子。

在不到一年半載的時間裡，蔣方良連遭喪夫失子之痛（注），環顧左右，又無一親人在側。蔣方良的零丁孤苦和蔣家的落日殘照，與熙熙攘攘的臺北街頭成了強烈的對比。

蔣方良和蔣經國於一九三五年三月在西伯利亞結成患難夫妻。俄國女子嫁入中國第一家庭為媳，命中註定要過「平凡的一生」，要孝敬公婆、要克守本分、不能踰越、不要拋頭露面、不可自稱「蔣夫人」，更不得露鋒芒，尤其不可搶婆婆蔣夫人宋美齡的風頭。古人說：「侯門深似海」，「蔣門」亦復如此。在蔣家，方良彷彿是一個「沒有聲音的人」。

一九二五年（民國十四年），蔣經國十六歲，在北平吳稚暉（敬恒）創辦的「海外補習學校」讀書。有點浪漫色彩的蔣經國，很想去法國留學。但是，當時的政治環境，卻使蔣經國未能負笈孕育「自由平等博愛」種子的法蘭西，反倒奔向布爾什維克的俄羅斯。蔣經國在自撰的〈在蘇聯的日子〉中說：「在一九二五年，北平的『政治環境』自然具有明顯的國共友誼和中俄友誼的氣氛。我變成這種心理氣氛的受害者，我未來的計畫完全改變。我在這個年幼時期就堅信，我應該加入送至俄國留學的那一批為數九十人的學生。我在俄國過了十二年多，在那一段時期，我經歷了一生最困難和最艱苦的生活，其間我被監視及被放逐。事實上，在我到達俄國以後不太久，我就被俄國人扣為人質，他們認為，我的父親是他們在中國奪取政權的主要障礙。那時我遭遇的一些景象，是永難忘懷的。」

少年時代和青壯時期的蔣經國，始終是個血氣方剛但富有理想的積極分子。他在上海浦東中學就讀時，常帶隊示威，抵制洋貨；他到了廣東找他的父親，又渴望參加國民革命軍，但他的父親不願他捲入革命的浪潮，把他送到北平，交給吳敬恒。蔣經國在北平只待了幾個月，就經由邵力子的介紹，認識了中國共產黨的創黨人之一李大釗（守常）。那時候，李大釗住在蘇聯大使館裡，透過李的引介，蔣經國與許多俄國人做了朋友，他們建議蔣到蘇聯留學。蔣經國說：「此議深合我心，因為我也想熟習蘇聯的政治組織，所以我決定到莫斯科中山大學就讀。」

一九二五年十月，蔣經國揮別上海，與另外九十多位嚮往蘇聯革命的中國青年赴蘇「朝聖」。在中山大學三年，蔣經國的俄文進步神速，能說會寫，又是學校壁報「紅牆」的編委。

中山大學（即孫逸仙勞動大學）設立的緣由，係蘇聯共產黨為紀念孫中山，乃在莫斯科西岸瓦爾芬柯（沃爾洪）大街上創校，以培養中國的革命幹部。

當時和蔣經國在中山大學同學的「名人之後」有馮玉祥之子馮洪國、葉楚傖之子葉南、于右任之女于秀芝等人。蔣經國所屬的一個團小組，組長就是化名鄧希賢的鄧小平。矮鄧據說原名鬫澤高，曾在法國從事六年的勤工儉學活動，現在又來到了蘇京。

一九二七年四月，蔣經國自中山大學畢業，中共代表不准他回中國。回國不成，只好加入蘇聯紅軍，並進入列寧格勒中央軍事政治研究院深造，畢業後擔任中國留學生輔導員。一九三〇年十月，蔣經國被分發到莫斯科郊外塔那馬電機工廠當學徒；一年多以後，轉往集體農場工作；越一年，被送往西伯利亞，在阿爾泰山山脈中的金礦區擔任礦夫；後又轉派為重機械工廠技師，並升為助理廠長，且為《重工業日報》的主編。

蔣經國回憶說：「我在烏拉山重機械廠多年，唯一對我友善的就是方良。她是個孤女，我們在一九三三年認識。她當時剛從工人技術學校畢業，在那家工廠中還算是我的部屬。她最了解我的處境。我一有困難，她總會給予我同情和援助。我有時因為無法回國看望雙親而情緒低落，她也百般勸慰。兩年後，即一九三五年三月，我們終於結婚。同年十二月，我們的長子孝文誕生了。」蔣、方結婚時的證婚人是王新衡。

關於蔣經國認識方良的經過，曾有一段「神話式」的傳說：蔣在重機械廠上班的時候，有一晚加班到十一點多，深夜始停，在返回宿舍途中，看到一個大漢擋住一位女子，這位女子就是方良。大漢意圖不軌，見蔣經國走近，初不以為意，因蔣個子不高，大概沒什麼武功，未料蔣氏磨鍊多年，身手不凡，兩、三拳就把大漢打倒，上演了「英雄救美」的老故事。

蔣方良的家世、出生背景，外間所知甚少。一個姑妄聽之的傳說是：方良娘家原是個大地主，「十月革命」後，家產被充公，景況日窘，幾無以維生。

一九三六年十二月十二日爆發西安事變，蔣經國聞訊後，亟思返國，乃寫信給史達林，要求離開俄國。蘇共不但未准蔣氏所請，且撤除其助理廠長和《重工業日報》主編的職務，並取消他的蘇共候補黨員的資格，生活頓成困境。蔣經國說：「這段艱苦的日子一共持續了半年，我們全家三口只依賴我太太的工資生活。」同年，蔣方良生一女，取名孝章。

一九三七年年初，史達林終於答應讓蔣經國回國。三月廿五日返國前，中國駐蘇大使蔣廷黻特設歡送宴。蔣大使當時對經國的印象是「身體不甚健壯」，蔣方良則是位「服裝很樸素的俄國少婦」。

據唐瑞福和汪日章合寫的〈蔣介石的故鄉〉（收入浙江人民出版社出版《蔣介石家世》）一文說：「蔣經國一九二五年去蘇俄，一九三七年四月帶著俄婦方良和三歲的兒子愛倫（即孝文）從海參崴乘輪返國。抵達上海後，蔣介石派杭州筧橋航空學校總務處長陳舜畊（後曾任臺灣鐵路局長）到上海，接蔣經國夫婦到杭州（一說南京），與宋美齡會了面，認了她。蔣介卿（蔣介石之兄）出殯後第六天，蔣經國攜妻子從杭州回到溪口。當西安事變的消息傳到溪口時，豐鎬房上上下下，震驚萬分，毛氏（即蔣介石的元配毛福梅）曾到武山廟去求籤，據傳籤上有『秀才出門，狀元歸家』的話頭，事後被人解說成『秀才出門』是指蔣介卿出喪，而『狀元歸家』意思是蔣氏父子都平安歸來，顯得廟籤很靈。當毛氏看到這離膝下十三年的親生子回來，真是悲喜交集，見洋媳婦方良和長孫愛倫跪在膝下，毛氏破涕為笑，扶起方良，把孫子攬在懷裡，熱淚直流，吩咐豐鎬房為兒媳補辦婚禮，給經國趕製長袍馬褂，方良穿綢製旗袍，在豐鎬房大廳行拜堂禮。姚氏冶誠也帶著緯國從蘇州趕來，在天臺國清寺打水陸道場，為蔣氏消災添壽……。蔣氏家門大團聚，宴請來家親友，吃了幾天喜酒，熱鬧了一番。方良、愛倫都不會說中國話，聘請了慈溪一位姓董的女教師，在文昌閣附近小洋房裡教讀中文，學中國話。」

彭哲愚和嚴農合著的《蔣經國在莫斯科》一書說：「毛福梅很喜歡孫子、孫女，也很喜歡俄國兒媳蔣方良。方良出身貧寒，在工廠時是共青團員，很樸實，也很勤勞，到家後沒兩天就下廚幫忙。」其實，蔣介石本人也對方良印象很好，頗愛護她，一九六六年五月十五日，方良過五十歲生日時，蔣介石特別親筆寫了「賢良慈孝」四個字送給「芳娘賢媳」，作為「五十生日紀念」。

蔣經國與蔣方良結縭半個多世紀，感情愈老愈濃，經國一直是個精力充沛的人，從贛南到臺灣，婚外韻事不斷，已成國府官場上公開的祕密。方良對這些事，也許只能「睜一隻眼，閉一隻眼」。蔣經國是不太能受約束的人，他的三個兒子在這方面，也頗有乃父之風，也就是因為過度不受約束，而導致蔣經國曾有一段時期喝酒過量、女色過度，在五〇年代末期即患糖尿病；同樣地，任性和不受約束的性格，亦促成了蔣孝文的不幸下場，在這一方面，蔣方良是失敗的，但在中國傳統式的「第一家庭」中，方良又如何能「相夫教子」呢？

與蔣經國夫婦私交頗密的美國中情局前臺北站站長克萊恩，在《我所知道的蔣經國》一書中說道：「蔣經國對芬娜（他有時也喊她芬FAN或芬亞Fan Ya）的態度顯然十分親密，而且充滿愛意。她全名是芬娜．伊娃．瓦哈里瓦（Faina Epatcheva Vahaleva）。蔣經國在留蘇的後期結識她，帶她回中國大陸，做他終身伴侶。蔣經國十分尊重她，因為她是他子女的母親，更把她當作一家之主。這和一般中國官員不同，他們談妻子時總帶著大男人主義的味道。芬娜則很細膩地喊他『阿五』，把蔣經國當她第五個孩子。」

克萊恩又說：「芬娜樂觀活潑、熱情洋溢，健談而好交際。她很讓人好感，……由於她不是中國人，很多中國人不甚諒解，所以她的朋友有限。她有幾位來自她祖國，會說俄語的女伴，但她平常的朋友是跟蔣經國有關係的政客官員太太們。她喜歡打高爾夫，經常與一些軍官太太一起打球，美國人、中國人都有。在許多方面來說，她和蔣經國兩人的生活圈都相當有限。」

克萊恩說：「我想，蔣經國一直努力要培養兒子成為良好的中國公民，光耀門楣，但這很難，因為芬娜就像一位典型的美國母親般寵愛縱容兒子。」

《蔣經國傳》的作者江南說：「據前中央社東京分社主任李嘉告訴作者：經國和方良的婚姻，並不和諧，夫妻勃谿，蔣方良即欲帶著孩子回蘇聯，經國一怒，把桌子都掀了。當然，這是早年的事，後來蔣方良愛上方城之戰，她的大部分時間都消耗在牌桌上了。一九五〇～一九六〇年間，牌搭子悉由當時任『臺製』廠長的龍芳安排。」

蔣經國在四十年中逐步走上了政治的最高峰，但蔣方良仍然是「四十年如一日」，過她平淡無奇的生活，身體好和情緒佳的時候，打打高爾夫和麻將，或上西餐館子。儘管蔣經國的照片天天上報，老百姓還是很少看到方良在蔣經國的身邊，更遑論陪他上山下鄉探訪民間了。蔣經國是個思慮周全的人，他盡可能不讓方良曝光，更不會讓她和母親在公開場合或慶典上「共比嬌」。中國的「第一家庭」是複雜的，自古已然，蔣家為烈，俄婦方良只能在有限度的天地裡，坐看昭陽日影。

就蔣經國的心態來說，他在公開場合沒有第一夫人來陪他，並無關緊要，何況他也習慣了。從贛縣做縣長開始，在上海「打老虎」，在臺灣培植勢力，蔣經國都是「一人秀」（OneMan Show）；做總政戰部主任、救國團主任、退輔會主任，他都不需要夫人陪他，當了總統後，同樣不需要第一夫人和他一起亮相，不像他的父母親，老是在一起，「蔣總統伉儷」這五個字也變成了專有名詞。

夜已深沉，人已老去。從寒冷的西伯利亞來的蔣方良，也許早已習慣中國的炎涼世態，特別是官場上的冷暖；她或許不在乎沒有真正享受到第一夫人的況味，也可能不計較宋美齡的光芒掩蓋過她。在她的一生中，最令她懷念的是六十年前，她和蔣經國在險惡的環境中所建立的「革命的感情」，那段遙遠的冰霜愛情，在她的記憶中，恍如昨日。

原載一九九〇年九月十五日第二九〇期美洲《時報周刊》

注：蔣經國於一九八八年一月十三日病逝，終年七十七足歲；其長子孝文卒於一九八九年四月十四日，終年五十四足歲。本文發表時，次子孝武、三子孝勇仍健在。孝武於一九九一年七月一日去世，終年四十六足歲；孝勇死於一九九六年十二月廿二日，終年四十八足歲。

埋骨何須桑梓地，人間到處有青山

蔣家後人希望將蔣介石和蔣經國的靈柩奉回中國大陸永久安葬，充分顯示了詭譎多變、風雲莫測的中國近代史中最具諷刺性的一面。

不管是站在孝道和人倫立場來看，或是從有助兩岸關係良性互動的角度視之，兩位反共巨人的遺體，竟然要勞師動眾地遷葬於共產黨所統治的中國大陸，在紅色中國的黃土下永眠，除了深具歷史的嘲弄之外，亦十足凸顯了兩位反共巨人與中共鬥爭失敗的一生。生前既不能率軍反攻大陸、光復河山，死後又不願長埋寶島，父子均以「暫厝」方式棲息桃園，今天蔣家後人希望落實兩位故總統歸葬故土的願望，總算是替兩位故總統解決了他們生前無法解決的尷尬問題。

在近年陸續出土的史料中可以看到，蔣介石的確想反攻大陸，而且有所布置（由劉安祺擔任反共聯軍總司令），但遭美國制止；蔣經國則深知反攻無望，故戮力建設臺灣，為臺灣的繁榮與安樂奠定基礎。嚴格說來，蔣介石是大陸取向的守舊派，對奉化溪口的一景一物、一草一木和飲食眷戀不已；蔣經國則是以臺灣為第二故鄉的新人物，並自稱為臺灣人。從這個觀點來看遷葬問題，也許蔣介石長眠神州能使其心安，蔣經國則未必，何況臺灣是蔣經國發跡之地。

坦然言之，蔣家後人打算遷葬兩位故總統的舉動，夾雜太多太濃的政治抗議味道，其中又以反李登輝、反國民黨主流派為基本動力。因不滿李登輝和他所領導的國民黨，乃出此「下策」，貿然將兩位蔣總統的遺體搬離他們住了二、三十年的臺灣，對千百萬尊敬兩位蔣總統的臺灣人民如何交代？臺灣人民對兩位蔣總統和蔣家後人會有什麼想法？

國共鬥爭數十年，多少蒼生遭殃，如今兩岸關係已告和緩，兩位蔣總統的遺體如能重返故土，固然證明時代不同了，但多少自大陸來臺而死在國民黨白色恐怖下的冤魂，他們的屍首已泰半不知去向，他們是時代錯誤的犧牲者還是國共權力鬥爭下的倒楣鬼？

從一個博大的視野來看，蔣家後人決定扶柩歸故里，使兩位蔣總統入土為安的行動，並不是一件什麼大不了的事情。走入歷史殿堂的人，哪裡都可以去。然而，今天大力捧蔣的中共能夠保證將來不會批蔣嗎？不會「鞭屍」嗎？想到這裡，只有寄語蔣家後人：「埋骨何須桑梓地，人間到處有青山」！

原載一九九六年七月十五日《中國時報》

毀譽拋身後，千山我獨行

一九八八年一月十三日蔣經國去世後，孝文、孝武、孝勇三子和庶出的孝慈相繼撒手人間，如今又輪到蔣緯國作古，蔣家成員凋萎之速，誠令國人唏噓不已；而蔣家勢力的急遽沒落，更是二十世紀中外顯赫政治家族中最蒼涼的寫照。蔣緯國雖是蔣介石的次子、蔣經國的弟弟，但他和蔣家完全沒有任何血緣關係，他的真正生父是國民黨大老、做過考試院長的戴傳賢（字季陶，一九四九年自戕於廣州），生母是日本護士重松金子。

豁達公子　人前瀟灑人後孤寂

一九四〇年，蔣緯國在重慶宋美齡的書房裡讀到美國作家約翰・根室所寫的《亞洲內幕》。使緯國震撼不已的是，該書提到他不是蔣介石的親生子，而是國民黨一位要員所生。緯國不敢向蔣介石探問實情，乃問戴傳賢，戴氏支吾其詞、含糊以對，緯國從此對其個人身世滋生了疑點，日後始一點一滴地清楚自己的「來歷」。蔣介石終其一生從未向緯國提及他的身世問題。

清末民初，許許多多比較有理想的中國青年紛紛東渡扶桑，到日本學習文武知識以圖振興中華，蔣介石和戴傳賢就是其中的兩位熱情漢子。蔣、戴在東京合租房子，其時戴與護士重松金子過從甚密，金子於一九一六年十月六日產下一子。由於戴氏在國內有妻（鈕有恒）有子（戴安國），而戴妻個性悍妒，絕不容丈夫出軌，在嬰兒出生前戴即與蔣介石約定，由蔣負責收養。當時蔣已返回上海，日人山田純太郎將嬰兒帶至上海交給蔣，取名緯國，託由蔣的小老婆、上海青樓出身的姚冶誠扶養。蔣與元配毛福梅所生的長子蔣經國，其時已六歲。

姚冶誠雖未和蔣介石正式結婚，但素有「第二號蔣夫人」之稱，視緯國如同己出，緯國亦以親生母親待她。一九六七年，七十九歲的姚氏病逝臺中，蔣緯國在其墓碑上鐫刻：「辛勞八十年，養育半世紀」的感恩之辭。

傳奇身世　兄長排擠飽嘗冷暖

姚冶誠死後三十年，她親手養育成人的蔣緯國亦因久病而撒手人間。蔣緯國走完了八十一年的爭議歲月，他雖身為蔣家一分子，但非蔣介石的親骨肉；蔣經國對他的刻意排擠和壓制，其元配石靜宜在他出國期間的離奇死亡，他所賞識提拔的裝甲兵副司令趙志華的造反，他的帶兵能力和「戰略家」的素養，他在一九八九、一九九〇年國民黨政爭時期一度想出馬角逐總統或副總統的念頭，以及他的自嘲式幽默、兼具隨和與隨便的個性，使蔣緯國一生充滿了流言和毀譽，亦使他在蔣家的孤獨和炎涼世態中，經常引吭高歌：「千山我獨行，不必相送！」

蔣緯國自稱：「調皮而不搗蛋」，但他與生俱來的淘氣、欠穩重和過度瀟灑的性格，加上兄長蔣經國長時期對他的歧視，使他在人生旅途上和戎馬生涯中，苦水如泉湧。但他不能抱怨發洩，亦無從申訴，他只能保持他一貫的達觀、風趣和幾近玩世不恭的態度（如在公開場合高唱：「哥哥爸爸真偉大」），以化解蔣經國對他的猜忌。

然而，亦唯有在蔣家這塊金字招牌的護佑下，蔣緯國才能以高級將領的身分，帶著濃厚的公子哥兒作風在軍旅中「瀟灑走一回」。其實，這也是蔣緯國為人處世的致命傷；他交友遍天下，黨政軍特、工商企業名人和影歌視紅星，無所不識；大家都親近他、喜歡他，爭相陪他出入歌臺舞榭，但甚少人在內心深處尊敬他、把他當一回事。唯有他的父兄最了解他的弱點和短處，無怪乎蔣介石要求國府前陸軍總司令劉安祺：「要好好管教緯國。」蔣經國則對劉安祺說：「緯國這個人你要好好輔導，他做人做事不穩當。」

湖口事件　從此失去父親信任

一九六四年一月卅一日，新竹湖口裝甲兵第一師基地（即捷豹部隊）發生的裝甲兵副司令趙志華將軍的造反事件，雖與蔣緯國無直接關聯，卻嚴重影響其前途和命運。湖口事件的後果是：（一）蔣介石不再信任他，認為他「不識人」；（二）蔣經國更厭惡他；（三）他從此離開部隊，未再帶兵，並做了近十五年的中將。按劉安祺的說法，湖口事件「既不是兵諫，也不是兵變，是裝甲兵副司令一時糊塗而造成的；他對蔣緯國的某項措置不滿……。」蔣緯國的解釋則為趙有「精神分裂」、「很內向」、「受到不公平待遇而不很開朗」，又因想向陸軍總部借三萬臺幣買房子但公文被裝甲兵司令郭東暘壓下未往上呈報，乃鋌而走險，在全師裝備檢查時發表談話，號召兵變。這項臺灣罕見的將領謀反案，主角趙志華先判死刑，後改判無期徒刑，一九七八年保外就醫，一九八二年去世。趙服刑期間，蔣緯國常去探監，照顧其家屬，並為其料理後事。

其時擔任國家安全會議副祕書長的蔣經國，在湖口事件善後處理工作中扮演了極其重要的角色。蔣介石所了解的事件經過，全係由蔣經國向其報告，而處置方式亦採納蔣經國的建議，數十名裝甲兵中、高級軍官或調或貶，尤其是東北籍將領最為倒楣（趙為黑龍江人），政工幹部則普獲升遷。蔣緯國雖不同意上級的處置方式，但他毫無辦法，他知道掌控政工與情治業務的蔣經國對他極度不滿，他只能沉默接受命運的安排，在改革軍中教育裡埋首十八年。

蔣經國對蔣緯國的排斥，主要原因是血緣不同，緯國不是真正蔣家的人，是「冒牌貨」；次要原因則是兩人個性南轅北轍，經國深沉、猜疑、器小，不容緯國露鋒芒。蔣緯國曾含蓄地透露經國對他的打壓，其中包括一九四八年蔣家重修蔣氏宗譜時，經國曾想將緯國自宗譜中除名，但遭族長及房長反對。經國對緯國的負面看法，連帶地影響到緯國與姪兒的關係。在門庭深鎖的蔣家，只有宋美齡對緯國最好。

蔣緯國當了十五年的中將，終在一九七五年晉升上將，出任三軍大學校長兼戰爭學院院長，復歷任聯勤總司令、國防部聯訓部主任。蔣經國晚年最寵信的郝柏村在其日記中說，蔣經國曾為緯國退伍後的出路，多次徵求其意見，當時擔任參謀總長的郝氏建議蔣緯國主持臺灣體育工作，蔣經國認為緯國不會滿意是項安排，郝氏又建議派緯國出任大使，特別是駐韓大使。經國在駐南韓、南非、沙烏地阿拉伯大使職位上多方考慮，並曾一度慎重考慮其出使沙烏地或出任行政院政務委員職務。經過半年斟酌，蔣經國終決定緯國出任只有虛名而無實權的國家安全會議祕書長。

蔣介石嘗言：「經兒可教，緯兒可愛。」聰明伶俐的緯國，幼時確為蔣介石帶來不少歡樂。緯國說：「我們父子之間沒有什麼保留，談話時，乃至爭辯一個觀念，也不會有什麼顧忌……。」他覺得那段日子，是他一生中最寶貴的時刻。

蔣緯國受過良好的文武教育（就讀東吳大學理學院及文學院；留德、美學習軍事），但在帶兵與戰場上則無甚表現，自謂：「我這五十餘年的軍人生涯，參加了抗日和戡亂戰役無數次，身上七處刀疤，竟然全都是榮民總醫院外科大夫給的，而無一處是敵人子彈傷的！」緯國奉令在三軍大學創設戰爭學院，並以戰略家自居，唯細讀其著作和講演，「戰略家」的頭銜套在其身上，誠有名不副實之嫌。頗為愛護緯國的前國防部長、飽讀中西方經典的俞大維，有次被問起緯國的戰略素養如何，俞氏微笑搖頭，手指腦袋未發一言。

政爭失敗　蔣氏王朝煙霞向晚

蔣經國死後，臺灣的政治氣候為之丕變，蔣緯國身心所受到的束縛亦從此解脫。八、九〇年代之交，李登輝積極建立其全然迥異於二蔣時代的政權，招致國民黨高層非主流派的抵制而肇始了臺灣一波又一波的政爭浪潮，平日不問政事的蔣緯國獲百餘位資深國代支持競選第八屆總統或副總統，並一度與林洋港搭配為正副總統候選人，旋即辭選。一九九三年蔣緯國獲聘為總統府資政，但他反對李登輝個人和反對李登輝所領導的國民黨，而使他和蔣孝勇成為蔣家後人批李的二員猛將。他們強烈的批判聲音，固使親痛仇快，然在臺灣社會並未獲得多大共鳴；而叔姪二人所提遷葬二蔣於大陸的主張，雖使國民黨統治圈深感尷尬和緊張，卻引起絕大部分臺灣人民的不悅。

臺灣社會和政治在過去九年的劇烈變化，猶如擋不住的大江東流。在浩蕩的江聲中，蔣家聲望、權勢與影響力急速式微，而近年來蔣家和孔家後人的相繼凋零，徒使宋美齡、蔣方良兩位蔣夫人「白頭吟望苦低垂」。蔣家的衰敗，象徵了一個朝代在蒼煙落照中的消失。

原載一九九七年九月廿三日《中國時報》

孔宋王朝繁華落盡

今夏紐約地產商以三百萬美元左右買下蔣夫人住過二十年的長島蝗蟲谷孔祥熙豪宅，日前該地產商以「蔣夫人住宅」為名開放舊居並預展孔宅遺留下來的舊物，俾作拍賣之用，紐約地區數千華人聞訊趕至，途為之塞。

這件事可從兩個角度來看，一是宋美齡在中國人的心目中是「永遠的第一夫人」，歲月並沒有使海內外同胞忘懷她；二是蝗蟲谷孔宅的易手和物品拍賣，象徵了在近代中國權傾一時的孔宋家族的全面式微。

蔣夫人在時代的風雲際會中光芒四射，非僅憑恃其出眾的才華和超卓的智慧，更重要的是「妻以夫貴」的幸運。世界近代史上，除了小羅斯福夫人伊蓮娜之外，沒有一個國家的第一夫人堪與中國的蔣宋美齡分庭抗禮。她有與生俱來的聰明、美麗、犀利、冷峻、手腕和財富，又有孔宋家族的強力奧援，加上其美國背景，而使她成為「前無古人、後無來者」的中國第一夫人。

一九二七年十二月一日，蔣介石和宋美齡在上海大華飯店結婚。他們的結合，是二十世紀中外歷史上最突出的一場婚姻，權力與財勢的結盟，使蔣、宋成了中華民國的化身，亦為西方人眼中的「風雲夫妻」。抗戰時代蔣委員長所領導的民族戰爭和蔣夫人在國際政治上的傑出表現，誠為中國第一家庭相輔相成的光輝成就。中國人以擁有蔣夫人為榮，蔣夫人亦以受到中國人的愛戴為傲，歷半個世紀華人仍爭睹長島蝗蟲谷孔宅可為明證。

然而，在世紀之交，海內外中國人仍懸念蔣夫人，世人卻已遺忘其歷史成就與貢獻。新近出版的《二十世紀最重要的一百名婦女》（*100 Most Important Women of the 20th Century*）一書中，亞洲婦女政治家獨漏蔣夫人，而選出了毛妻江青、前印度總理甘地夫人和緬甸異議分子翁山蘇姬。這部書是由極有名氣的《淑女家庭雜誌》（*Ladies' Home Jonrnal*）出版，由電視名人芭芭拉・華特絲作序，銷路頗佳。無獨有偶的是，另一本《追憶二十世紀婦女——一百名功成名就的肖像》（*Remember Wom en of the 20th Century–100 Portraits of Achievement*），亦把蔣夫人淘汰出局，中國人入選的則有吳健雄、柴玲和美籍華裔雕刻家林瓔。

《淑女家庭雜誌》邀請哈佛、布朗和康乃爾大學的七名女史家和該刊編輯從二百五十名候選者中選出百名本世紀最重要女性。持平論之，蔣夫人絕對有資格榮登金榜，她的落選反映了幾個現象：（一）對亞洲史知識欠缺；（二）以成敗論人，毛澤東自蔣介石手中取得中國大陸統治權，只有負面作用而無正面貢獻的江青乃雀屏中選；（三）一九六七年以前，蔣夫人一直是美國婦女每年最景仰的十大女性之一，遴選小組的偏見與狹隘抹殺了蔣夫人的歷史地位。

蔣夫人的一生是近代中國的縮影，她不僅在歷史舞臺上演戲，而且是「第一女主角」（Primadonna）；但是，過早逝去的絢爛年代和漫長的人生之旅，卻使世人忘懷她的崢嶸歲月，其情何以堪！

經由婚姻關係而使得宋家「姊妹弟兄皆裂土」，成為中國政壇炙手可熱的家族集團。然這個閥閱之家卻充滿著矛盾與猜忌、對抗與衝突，其中尤以宋家大女婿孔祥熙和宋家大少爺宋子文的爭鬥，最令人側目。同時亦與蔣介石政權的起伏興衰具有密切的連鎖關係。在孔宋郎舅的長期鬥法中，宋美齡因與大姊藹齡感情彌篤，故全力支持大姊夫孔祥熙與大哥相鬥。蔣介石則喜孔惡宋，並曾當面對杭立武說，宋子文「不講道義」。

蔣宋聯姻為宋美齡帶來了權勢與光芒，亦為孔宋家族開創了縱橫捭闔的時代，宋美齡與大姊藹齡的親密感情，不但為孔家製造了富可敵國的財力，也使宋美齡在孔家享受到真正的溫情與天倫之樂。除了政治、權力與榮耀，孔家的四個子女（令儀、令侃、令偉、令傑）可說是宋美齡一生的「最愛」；她溺愛他們、縱容他們、保護他們，使他們在戰亂的中國絲毫不受兵燹的波及；使他們在苦難的中國完全不受貧窮的衝擊；更使他們變成近代中國的頭號聚斂之家。在小阿姨的卵翼下，他們目中無人、為所欲為；他們烘焙了無數的爭議與醜聞，也獲得了中國人的最多白眼。

孔令侃是宋美齡的軍師兼文膽，他為她草擬駁斥廖承志、鄧穎超函件；一九八八年一月蔣經國總統去世，國民黨中央擬推舉李登輝為代理黨主席，孔令侃又為宋美齡撰寫反對信函；他常向宋美齡提供中美外交建議，而導致宋美齡與蔣經國關係惡化，促成蔣夫人遠離臺灣，終老美國的決心。孔令偉（孔二小姐）最獲蔣夫人鍾愛，然其驕橫桀驁之個性與仗勢欺人之行徑，殆為權貴子女胡作非為的最壞榜樣。

宋家三姊妹的錯綜複雜關係，八、九十年來一直是中外人士矚目的焦點。她們的恩怨與愛恨，引發了中外作家和媒體歷久不衰的好奇。三姊妹的故事是歷史、政治、外交、金錢與內鬥的綜合故事，也是一齣融合權力與魅力的劇本。她們在一個「山雨欲來風滿樓」的時代，選擇了正確的對象，而使她們的命運與時代相浮沉。孔宋家族因三姊妹的婚姻而進入中國政治的權力核心，但也因三姊妹的婚姻而造成家族的分裂。

孔宋家族視國事如家事，把國家當私產，政治、外交、經濟、金融無不插手，最高當局允准孔宋家族觸鬚盤繞政府、營私誤國的作法，尤須負完全責任。抗戰時代，重慶高層流行一句話：「委座之病，唯夫人可醫；夫人之病，唯孔可醫，孔之病，無人可醫。」

四〇年代末期以來，孔家子女一直保持高度神祕性，他們絕少與一般中國人來往，只有美國政客、華爾街大亨、地產商、企業家和證券商，以及少數至親好友、幕僚，才是他們的圈內人。

蔣經國時代的來臨和蔣氏母子之間的扞格，注定了強勢的蔣夫人終有「臨晚鏡、傷流景」之歎；而「國民黨臺灣化」的政治理念，徒使其在終老之地油然而生「百年世事不勝悲」的感慨。

蔣夫人視如己出的孔令侃、孔令偉在過去六年間陸續辭世，蝗蟲谷孔宅的易主和物品拍賣，以及世人對蔣夫人的淡忘，刻劃了「蕭條異代不同時」的蒼涼。

原載一九九八年十二月廿七日《中國時報》

活歷史辭世，三世紀見聞珍藏何處

曾經和宋美齡脣槍舌劍的英國首相邱吉爾說過，長壽的人有個好處，可以寫回憶錄修理敵人，邱翁自己活了九十一歲，著作等身，被他修理的國際政要為數不少，宋美齡走過三世紀，但未見有完整的回憶錄問世，而她是否保存個人檔案、密件和回憶錄，已成中外史學家一致關切的問題。

是否留存祕檔　將捐贈哪個機構

如果蔣夫人確曾藏有私人祕檔，這批檔案將在什麼樣的情況下公開？將捐贈給中外哪一個機構？多年來擔任宋美齡「守門人」（gatekeeper）的孔令儀，是否願意把這批資料捐給國內的中研院近史所、國史館或國民黨黨史會？或是像孔祥熙、宋子文、顧維鈞、張學良一樣，都捐給了美國各大學？

和宋美齡關係不太好的宋子文，死後二十多年，其家屬始把他的檔案捐贈加州史丹福大學胡佛研究所，其中包括一九二〇年至一九六〇年的中英文文件和信函，分裝成五十八箱、兩個大信封、三箱照片、兩捲顯微膠片和紀念品。在五十八箱的檔案裡，英文占四十箱，中文占十八箱。

宋家規定第三十六箱至第三十九箱的英文檔案（一九三四至一九四八）以及第六箱至第十八箱的中文檔案（一九四〇至一九四八），因屬於機密文件，禁止閱覽，必須到一九九五年四月一日才能開放。宋家以為到那時候相關人物也許皆已物故，不致引發糾紛。

宋美齡百年　兄長密件已可解禁

四箱英文檔和十三箱中文檔案的保密期限屆滿前，胡佛研究所為了慎重起見，特別徵詢宋家的意見，沒想到宋家改變初衷，要求胡佛研究所繼續封鎖這些檔案，不得公布，要等到宋美齡去世後方可公開。據記者獲悉，拒絕胡佛研究所公開史料的人，就是蔣夫人。蔣夫人不願這批史料公開，也許是事涉兄妹恩怨與郎舅（蔣介石與宋子文）鬥爭。一九三四年至一九四五年，宋子文歷任中央要職，官大權大，脾氣也大，與蔣的關係一向凹凸不平，蔣曾罵他「不講道義」。宋美齡和蔣介石論及婚嫁時，宋子文和宋慶齡反對最力。

蔣宋兩家族祕辛　恐將公諸於世

如今蔣夫人已「蒙主寵召」，這批十七箱檔案都可公開了，也許蔣宋家族一些「不足為外人道也」的爭權爭利，都可能曝光。

兩年前，記者在曼哈頓訪問張學良的女朋友蔣士雲女士（銀行家貝祖詒的遺孀、建築家貝聿銘的繼母），獲悉宋子文的長女宋瓊頤，住在附近，兩人常有來往。記者即請貝夫人徵詢宋瓊頤（已七十多歲），是否願意接受記者訪問，答覆是否定的，宋女士告訴貝夫人，她不知道她父親的事情，也沒興趣。紐約有不少中國現代名人之後，他們多半像宋瓊頤一樣，對父親的所作所為，不甚了了，視史事如草芥。

蔣夫人一九四三年訪美時，以女主人身分熱忱接待她的羅斯福夫人，留下不少珍貴檔案，現藏於羅斯福圖書館。蔣夫人生前經歷過許許多多的重大歷史事件，但她人似乎並不太在意保存資料（這一點剛好和將介石相反），因此，史學界一直在揣測蔣夫人是否有私人祕檔留下來。羅斯福夫人做過專欄作家，也出了一些頗有可讀性的回憶錄，蔣夫人只出了一些回憶蘇聯顧問鮑羅廷和西安事變的斷簡殘篇。

老夫人生前　不太在意保存史料

蔣夫人過世後，《紐約時報》刊出了一篇由該報前駐上海特派員裴覺世（Seth Faison）撰寫的長篇訃聞傳記，有不少地方引用不太可靠的《宋家王朝》這本書。裴覺世說，蔣夫人很喜歡看紐約時報，每日必讀；事實上，蔣夫人並不喜歡時報，對時報自由派言論，尤其反感，但時報內容凌駕各報之上，蔣夫人別無選擇。紐約時報訃聞版把死者生平寫成生動的傳記，讀者極多，該版主編、哈佛大學歷史系畢業的惠特曼（Alden Whitman），一九六八年夏天專程到臺北來訪問宋美齡，希望能先準備好訃聞傳記。蔣夫人在陽明山賓館接見他，惠特曼把錄音機打開，蔣夫人盯著他說：「一開始我不能決定是否要見你，後來還是答應了，以示友好。」講完，就開始宣讀事先準備好的聲明，朗誦了十五分鐘，譴責紐約時報親共，對共黨滲透工會、進行顛覆一事，視而不見，因此導致她和蔣介石失去了中國大陸。唸完之後，蔣夫人和惠特曼多說幾句即離開，惠特曼說，他準備收拾錄音機告退，竟發現錄音機插頭早就被拔掉了。

從未做完整口述歷史　千古遺憾

一九七〇年代初，惠特曼和記者提到他的臺北之行，並無慍意，他是個美食家，臺北的中國菜讓他忘了宋美齡請他嘗的「排頭」；但他表示，他走遍全球採訪名人，預寫訃聞，只有蔣夫人使他無功而退，惠特曼沒寫成宋美齡的訃聞傳記，卻寫了蔣介石。一九七五年四月六日紐約時報登出三個全版的蔣介石傳記，即出自惠特曼之筆。

如果宋美齡當時能夠平心靜氣地接受惠特曼的專訪，深度談一下她的經歷以及她所走過的時代，為歷史留下紀錄，豈非功德無量。蔣夫人沒有做口述歷史，張學良到了九十才做缺陷甚多的口述歷史，這些都是無法彌補的歷史遺憾。

原載二〇〇三年十月廿六日《中國時報》

永遠的中國第一夫人

宋父「不計毀譽、務必占先」的八字真言對子女成長影響深遠，宋美齡留美十年，打下美國現代自由的烙印，在思想、政治、外交、宗教層面對蔣介石有重要影響；她在美國國會演說，說服美國人解囊支持中國抗日，功不可沒；她的人生傳奇，確證她是無可替代的中國第一夫人。

蔣宋美齡一百零六歲高齡病逝於美國紐約曼哈頓寓所，全球華人社會對蔣夫人之喪，寄以無限哀思，兩岸三地和美國華文媒體也都連日大幅報導「永遠的第一夫人」撒手人間的新聞。

宋美齡是個「得天獨厚」的女人，除了與生俱來的美麗與聰明，她成長於富裕而又西化的家庭，在百分之九十九的中國人處於貧窮及艱困的境遇時，宋美齡過的是錦衣玉食的生活，從小就受美式教育，英語是她的第一語言。在長袖善舞的牧師父親的庇蔭下，宋家三姊妹成為近代中國菁英階級與豪門家族的象徵。宋藹齡與山西望族孔祥熙的結合、宋慶齡與孫中山的締盟、宋美齡與蔣介石的聯姻，開創了宋氏家族與中國近代史緊密相扣的傳奇一頁。孔祥熙與宋子文（宋美齡之兄）在蔣介石政府中屢居高位和出任首輔，尤為傳統的婚姻政治和裙帶政治，賦上一層嶄新的時代特色。

宋家三姊妹和宋子文能夠出人頭地、光照歷史，宋美齡的父親宋嘉樹（耀如）應居首功。沒有宋嘉樹的創業精神和買辦思想，就不會有顯赫的宋家王朝；沒有宋嘉樹的精明幹練和美國經驗，也不會有宋家三姊妹的璀璨奪目。宋氏家族對近代與現代中國的影響，由宋嘉樹開其端，而由六個子女繼其成。

宋嘉樹原籍海南島文昌縣，原名韓教準，家境困難，三餐難以溫飽，一八七八年隨宋姓堂舅飄洋過海到美國波士頓，改姓改名，在堂舅開設的絲茶店當店員。一天，嘉樹跑去當船員，後來碰到貴人扶助，到北卡州三一學院（即杜克大學前身）進修，後來又到田納西州范德比特（Vanderbilt）大學深造，專攻神學。學成後於一八八六年到了上海，從此開始學上海話、做上海人，並和明代學者徐光啟的後代倪桂珍結婚。宋嘉樹一面傳教，一面印刷和售賣《聖經》、做生意，開辦麵粉廠，結交名人，其中包括孫中山。

宋嘉樹和倪桂珍在十七年內，生了六個子女：長女藹齡（一八八九年生）、次女慶齡（一八九三年生）、長子子文（一八九四年生）、三女美齡（一八九七年或一八九八年生，生年猶有爭議）、次子子良（一八九九年生）、三子子安（一九〇六年生）。這六個子女即是後來宋家王朝的基本成員。宋嘉樹教導子女的八字真言是：「不計毀譽，務必占先」，他的身教與言教對其子女產生了莫大的影響。宋嘉樹是個極有遠見的人，他深切體認到二十世紀的中國將會面臨巨變，他的美國經驗告訴他，未來中國亟需受過美國教育的人；唯有受過西方現代化教育洗禮的人，才能改造中國，始能躍為中國社會的領袖人才。

宋家三姊妹就讀於上海著名的中西女塾，這是外國教會在中國開辦的第一所收費的女子學校，創辦人是美國牧師林樂知（Young J. Allen）。中西女塾現為上海市第三女子中學，前美國總統柯林頓於一九九八年六、七月訪問中國時，希拉蕊曾參觀第三女中，與學生座談，希望她們能產生一位未來的中國國家主席。當年中西女塾教學一律用英語，甚至連中國歷史地理課本也從美國運來。

十歲赴美國成績優異

宋藹齡於一九〇四年先行負笈喬治亞州衛斯理安（Wesleyan）女子學院，慶齡和美齡於一九〇七（或〇八）年搭乘「滿州號」輪船赴美，先在新澤西州一所女校補習英文，後轉學衛斯理安，美齡因年紀太小，先當特別生，一九一二年始正式成為大一新生，那年美齡十五歲。因藹齡、慶齡即將學成回國，子文在哈佛大學二年級肄業，於是美齡於一九一三年轉學至麻州韋思禮

（Wellesley）女子學院，這是一所一流大學，日後中國女作家冰心和希拉蕊都畢業於該校。宋美齡功課極佳，屢獲獎學金，在學期間唯一的震撼是，聽到二姊慶齡竟私奔至日本與父執輩的孫中山結婚。藹齡先做孫中山祕書，與孔祥熙結婚後，慶齡接任祕書，漸生戀情。孫宋相差二十七歲，當時被認為是一樁醜聞，宋嘉樹怒斥老友孫中山「不要臉」。後來雨過天晴，宋嘉樹接納了二女婿。

喬治亞州和麻州的學校生活與美國文化，對宋美齡一生產生了深遠影響，她曾說：「我唯一跟東方沾上邊的就是我的臉孔」（The only thing Oriental about me is my face）。旅居美國十年，對美齡的思想、觀念、作風、舉止和口音，都留下了深刻的烙印。宋美齡於一九一七年夏天回到上海，宋子文和宋慶齡亦回來了，宋家難得團聚，在霞飛路四九一號拍攝一張唯一傳世的全家團圓照。

一九二二年十二月初的一個晚上，宋美齡在上海莫禮哀路孫中山寓所首次見到了蔣介石。蔣介石看到宋美齡美麗大方和綽約風姿，即決定追求這位「新女性」，以甩掉他身邊的「舊女性」。他請求孫中山當介紹人，並稱他已和元配毛福梅（蔣經國生母）離異，與侍妾姚冶誠斷絕關係，但隱瞞他和陳潔如剛結婚一年。

宋慶齡聽到蔣介石對美齡有興趣，氣極了，她說寧可看到美齡死，也不願看到她嫁給蔣。孫中山於一九二五年去世後，蔣亦曾向宋慶齡求婚。一九二七年，蔣介石率領的北伐軍勢如破竹，蔣的政治與軍事成就達到人生第一個高峰，同年四、五月間，蔣在上海西摩路宋宅會晤美齡。宋家為了蔣的求婚，家庭發生裂痕，子文和慶齡堅決反對，藹齡熱烈支持。藹齡是個精明幹練的女性，美齡最聽她的話，她判斷蔣必有輝煌的未來，他的成功之日，即是宋家揚眉之時。宋母倪太夫人則因蔣不是基督徒而反對婚事。

蔣宋聯姻是利益結盟

宋家央請黨國要人譚延闓出任調人，力勸子文勿堅持反對；同時，蔣介石的一批混混朋友，包括青幫在內，暗中警告宋子文，勿再作梗，否則將讓他在上海待不下去。子文終於軟化，並獲得出任財政部長和掌管財政大權的保證。宋子文雖被迫贊成婚事，但蔣介石和宋美齡皆心存芥蒂，從而為日後蔣孔（祥熙）親近、蔣宋（子文）齟齬，種下了根苗。

一九二七年十二月一日，蔣介石和宋美齡正式在上海靜安寺路的大華飯店（Majestic Hotel，此飯店已於抗戰前拆除）結婚，蔡元培擔任證婚人。當天上海《申報》刊登了兩則啟事，一是蔣宋結婚，一是蔣的離婚聲明：「毛氏髮妻，早經仳離；姚陳二妾，本無契約。」蔣宋聯姻乃二十世紀中外歷史上最突出的一場政治婚姻，權力與財勢的結合，使蔣宋展開了「平天下」的壯舉，也使宋美齡成為全世界最有名的亞洲第一夫人，蔣宋變成中華民國的化身，亦為西方人眼中的「風雲伉儷」。

一般而論，東方婦女對政治比較缺乏興趣，尤其是在民智未開的二、三十年代的中國，唯獨宋美齡是個例外。她不僅熱愛政治和權力，亦深通權術，她是一個強勢的第一夫人，做任何事都經過精心設計與細心盤算。蔣宋合作共治國家，在世界政治舞臺上實屬少見，世人都很驚訝一個出自美國名校的才女，竟會輔佐「其介如石」的武夫，在混亂、落後的中國，對付軍閥、日本人和共產黨。後知後覺的西方人不得不承認，宋美齡不是他們想像中的「花瓶」，她是一個極有威力的第一夫人。

宋美齡和蔣介石結婚六年三個月後，首次投入的一場全國性運動，就是試圖改造社會道德與國民精神的「新生活運動」，宋美齡在運動的推行和宣傳上扮演了重要角色。新生活運動的成效，一直存在著兩極的評價，肯定它的人，譽之為「中國近代政治史和社會史上的一件大事，對國民習性與國民生活的改造都有極大影響」。否定它的人，則斥之為「利用封建的道德與文化來麻醉人民群眾」。中國外交家顧維鈞的第三任妻子黃蕙蘭在其英文回憶錄《無不散的筵席》中說，中國駐外人員常有外遇而導致婚變，故在抗戰前外交界即戲稱「新生活運動」（New Life Movement）為「新太太運動」（New Wife Movement）。

以個人魅力拓展外交

宋美齡對蔣介石的正面影響，可說涵蓋了思想、政治、外交和宗教信仰四個層面。在思想上，她拓寬了蔣的國際視野和現代知識；在政治上，鞏固了江浙財閥對蔣的支持，並以個人魅力與機智協助蔣介石化解大小危機，西安事變即是一例；在外交上，宋美齡利用其美國背景，廣泛地影響了美國媒體、政界及教會對蔣和國民黨政權的支持，並在幕後推動「中國遊說團」（China Lobby）的建立與遊說工作；在宗教信仰上，蔣婚後三年受洗為基督徒，受宋美齡之影響極大。

一九三六年十二月十二日，張學良發動兵諫，扣留蔣介石於西安華清池。在國民黨高層手足無措之際，思慮最周密的就是宋美齡，她的救夫行動，使南京黨政軍大員個個汗顏不已。不少史家相信蔣終能安然脫險，宋子文、宋美齡兄妹與少帥必有一祕密協定，並獲蔣同意，但最終是蔣本人食言。從張學良的日記（現存紐約哥倫比亞大學）中可以看到宋美齡經常送禮物給幽禁中的少帥，似欲贖其內心的愧疚。

曾強烈反對蔣宋聯婚的宋慶齡，一九四〇年在香港時曾對美國記者斯諾表示，蔣介石和美齡的婚姻，「一開始並無愛情可言，不過我想他們現在已有了愛情，美齡真心誠意地愛蔣，蔣也真心誠意地愛她。如果沒有美齡，蔣會變得更糟糕。」宋慶齡又說，她妹妹對蔣的影響很大。

宋美齡於抗戰時代積極投入救國救民的行列，展現第一夫人角色。在重建空軍（宋被尊稱為「中國空軍之母」）、動員婦女、保育幼童、救助傷患、國際宣傳和對美外交上，充分顯露了她的遠見、才幹和領導能力，而使她在二戰期間成為全世界最活躍的第一夫人。宋美齡折衝樽俎的才華，在近代中國堪稱數一數二，她是世界級的外交家，顧維鈞、周恩來也許可堪比擬。在中華民族艱苦抗戰時期，她是中國的最佳宣傳利器。

一夜情傳聞甚囂塵上

曾在一九四〇年代表共和黨與羅斯福競逐白宮的威爾基（Wendell L. Willkie），於一九四二年九月以總統特使身分訪問當時國府所在地四川重慶，他建議蔣夫人訪美，向美國朝野宣傳中國軍民抗日決心。威爾基是個熱情奔放、快人快語的政客，據《展望》（*Look*）雜誌創辦人考爾斯（Cowles）透露，威爾基訪問戰時陪都重慶時，曾和宋美齡有過「一夜情」；考爾斯的前妻芙洛爾（Fleur，宋美齡為其取中文名「美花」），於一九九六年出版的《交友錄》中，亦說威爾基和宋美齡曾經有過「一夜風流」。

一九四三年是宋美齡為國爭光的一年。那年二月十八日，宋美齡到美國國會山莊分別向參眾議員發表演說，強調中美友誼、宣揚中國抗日、控訴日軍暴行，並建議先擊敗日本再對付納粹。宋美齡兼具南方與波士頓口音的英語、美麗詞藻和優雅而有力的臺風，使參眾議員感動不已。宋美齡呼籲美國人民出錢出力，支持中國抗戰，收效極大。蔣夫人之名，從此烙印在美國人民心中。

一九四三年十一月，宋美齡又陪同蔣介石出席開羅會議，周旋於羅斯福和邱吉爾之間，權充蔣介石的參謀、顧問兼翻譯，使中美英三巨頭高峰會變成四巨頭高峰會。然而，從另一個角度來看，自一九四二年十二月七日日軍偷襲珍珠港事件、蔣夫人訪美以至開羅會議，中美關係之密切與熱絡，殆為亘古所未有；但亦種下了美國介入錯綜複雜的中國事務，並導致蔣介石與美軍駐華指揮官史迪威失和、馬歇爾調處國共衝突失敗的「毀滅的種子」。

一九四九年中國大陸變色，蔣介石政府撤守臺灣，「金陵王氣黯然收」，許多史家認為孔宋家族的貪腐、弄權、無能與巧取豪奪，以及宋靄齡、宋美齡姊妹的包庇縱容，乃是促成蔣介石政府倉皇辭廟的主因之一。其實，早在抗戰時代，蔣介石幕僚之間即在私下流傳一句話：「委座（委員長，即蔣介石）之病，唯夫人可醫；夫人之病，唯孔可醫；孔之病，無人可治。」這句話充分勾勒出一幅孔宋誤國的可悲畫面。

老蔣去世後淡出政壇

宋美齡的鋒芒隨著蔣介石的政治盈虧而浮沉，蔣介石在臺灣勵精圖治，培養蔣經國為接班人，而宋美齡與經國關係一向不睦，宋所溺愛的孔二小姐孔令偉，又從中挑撥、煽火，蔣家御醫熊丸在其口述歷史中對宋美齡與蔣經國的摩擦，敘述最詳。蔣介石一九七五年死後，宋美齡負氣赴美，定居長島蝗蟲谷。熊丸透露，宋美齡臨走前對經國說：「好，如果你堅持己見，那就全由你管，我就不管，我走了。」

宋美齡在美國一住十年六個月，一九八六年蔣介石百歲冥誕時才回到臺北，一九九一年返美。在蔣經國時代，註定強勢的第一夫人終有「臨晚鏡、傷流景」之歎，而李登輝「國民黨臺灣化」的政治理念，徒使「我將再起」的宋美齡，油然而生「百年世事不勝悲」的感慨。和她同時代的人，早已離開了政治舞臺，走入了歷史，而她縱貫三個世紀的傳奇人生，以及她在歷史場景上所扮演的特殊角色，使她成為真正「前無古人、後無來者」的中國第一夫人。「落日樓頭，斷鴻聲裡」，宋美齡終於走完了絢爛的一生，帶著榮耀，邁向永恆。

原載二〇〇三年十一月九日第十七卷四十五期《亞洲週刊》

宋美齡將長眠紐約市郊

蔣宋美齡已選擇紐約市郊的風可利夫（Ferncliff）高級墓園，作為她的安息之地，可說兼具歷史與地理因素。孔宋家族成員，除了宋慶齡、宋子安，全都長眠於此。

風可利夫位於紐約北郊哈斯代爾（Hartsdale），墓園開創於一九二九年，占地二十餘英畝，環境清幽，墓園分戶外墓地和戶內墓室。自殺身亡的美國影歌雙棲女星茱迪迦倫（麗莎明莉麗之母）、名電視綜藝節目主持人艾迪．蘇利文和黑人民權運動激進派領袖Malcolm X等人，皆埋於戶外墓地。

墓園的舊建築，孔家三十多年前即在舊建築大門入口左側，買了一個五層墓櫃，孔祥熙、宋靄齡夫婦死後長眠於墓櫃，孔家長子孔令侃於一九九二年去世，亦與父母同厝於此。所謂墓櫃，就像衣櫃一樣，嵌入牆內。墓櫃拉出後，遺體置於墓櫃內，再推入牆內，如同暫厝。這是屬於不是埋葬的長眠方式。大樓另設有各種櫥窗，供擺置骨灰罈之用。

風可利夫於一九九四年興建完成新的大樓，孔家即在三樓樓梯旁買了一個小房間般的獨立墓室，裡面有六個墓櫃，孔祥熙、宋藹齡和孔令侃遺體遷移至新墓櫃，後來孔令傑、孔令偉（孔二小姐）相繼去世，亦皆厝於新墓室，孔家又團聚了。在孔家新墓室隔壁，孔家亦買下一個墓室，蔣宋美齡遺體如決定不送回臺灣，則其遺體將厝於這個墓室。

一向與孔祥熙不睦的宋子文，亦長眠風可利夫，其墓櫃在二樓，與妻子張樂怡合眠一處。宋子良與妻子席曼英、前國府駐美大使顧維鈞、前聯合國副祕書長胡世澤、詩人徐志摩的元配張幼儀、前國府駐巴拉圭大使楊雲竹、經濟學家侯繼明、前國府交通部電政司長溫毓慶等近代名人，都以風可利夫為最後之歸宿。孔家墓櫃上的大理石版僅刻死者英文姓名及生卒年，而無中文。宋子文墓櫃則有刻上中文，顧維鈞、胡世澤、張幼儀等人都刻有中文名字。

除了近代名人外，近年來已有不少華人挑選環境優雅的風可利夫為安眠之地。風可利夫墓園不僅是孔宋家族的長眠之地，也是飄零海外的中國近代和現代歷史中一些著名人物的最後據點。

原載二〇〇三年十一月九日第十七卷四十五期《亞洲週刊》

美國新一代忘了她是誰

美國媒體對宋美齡去世的報道，不及蔣、周、毛，甚至比不上江青。也許宋美齡太長壽，新一代的美國媒體忘記了她。

儘管美國和其他西方電子媒體、平面媒體對蔣宋美齡的死訊作了還算顯著的報導，但比起蔣介石、周恩來、毛澤東之去世所作的大篇幅、深入而又全方位的報導與評論，完全不可同日而語。也比不上蔣經國之逝的報導，甚至遠不如十二年前美國媒體對毛澤東妻子江青自殺死亡所作的大幅度報導。

江青於一九九一年五月十四日在獄中自戕（終年七十七歲），但新華社遲至六月四日始發布簡短新聞，《紐約時報》即於六月五日在頭版右下方以三欄題地位刊登該報駐北京特派員紀思道（Nicholas D. Kristof）撰寫的新聞稿和長篇訃聞傳記。《時報》並在頭版登了一張江青於文革時身穿軍裝戴軍帽的大照片。

《紐約時報》對宋美齡喪事的報導就沒有江青那樣「風光」了。頭版隻字未提，連小要目欄也未標出蔣夫人之喪。僅在A15版刊出還不滿全頁的訃傳，由做過駐上海特派員的斐覺世（Seth Faison）執筆。今年四十四歲的斐覺世，比起過去為蔣、周寫訃傳的惠特曼（Alden Whitman）以及為毛寫訃傳的包德甫（Fox Butterfield），在程度上和功力上要差一截。惠特曼哈佛歷史系出身，包德甫亦出身哈佛，是已故中國近史大師費正清的學生。

斐覺世所寫的訃傳，還算持平，對宋美齡褒貶皆有，但有些地方根據不實資料，是為敗筆。如稱蔣介石的第二任妻子陳潔如獲有哥倫比亞大學博士學位，即屬錯誤。陳潔如在哥倫比亞大學和賓州大學讀過書，但未獲學位。《華盛頓郵報》和《洛杉磯時報》亦皆以全頁刊登宋美齡的訃傳，《華盛頓郵報》和《紐約時報》都不約而同地引述羅斯福夫人批評宋美齡「談起民主頭頭是道，但卻不知道如何在中國實施民主或不願落實民主」。

宋美齡是極為美國化的第一夫人，嘗言美國是她的第二個家。她在美國求學、置產（以孔家名義）、演講和從事外交工作，中年以上的美國人都知道Madame Chiang Kai-shek。她不僅是中國近代史的縮影，也是美國近代史和中美外交史的重要組成部分。美國媒體報導的死訊，不如江青那樣顯著，只能說是蔣夫人壽命太長了，一般美國人都忘了她還活著。冷戰時代，宋美齡多次被美國刊物選為「最令人敬佩的婦女」或是「最有影響力的女人」，然而，近幾年美國出版的兩本

《二十世紀最重要的百名婦女》中，宋美齡竟告落選，真是情何以堪！

原載二〇〇三年十一月九日第十七卷四十五期《亞洲週刊》

蔣夫人生前的點點滴滴

五十年前（一九六三年）的冬天，甘迺迪總統遇刺死了。尼克森連遭一九六〇年總統選舉敗北和一九六二年加州州長選舉失利之後，選擇到紐約華爾街當律師，花了十萬美元在曼哈頓中央公園附近買了一間公寓，兩個女兒送到甘迺迪夫人賈桂琳讀過的私立中學查賓學校（Chapin School）念書。尼克森的公寓牆上掛了兩幅畫，一幅是艾森豪總統所畫的雪景，另一幅就是蔣夫人宋美齡所繪的中國山水畫，畫上有蔣夫人所送給尼克森伉儷的題詞。

尼克森於一九六八年東山再起，十一月大選擊敗民主黨對手韓福瑞而搬至白宮後，蔣夫人的山水畫即不知去向。尼克森的兩個女兒，大女兒翠西婭（Tricia）反共親臺，二女兒茱麗（Julie）親北京，也許那幅畫被翠西婭所收藏。有一年，大陸央視記者到美國採訪尼克森家族，沒頭沒腦地問翠西婭當年訪問北京會見毛澤東的感想，翠西婭冷冷地答道：「我從來沒有去過中國大陸！」這位不做功課的記者誤把翠西婭當成茱麗。

宋美齡送給尼克森夫婦的山水畫，下落成謎之際，美國《大西洋》雜誌卻非常珍視蔣夫人於一九三七年（民國廿六年）十一月五日從南京致函該雜誌波士頓總社要求續訂三年的信件，這封信目前框好掛在《大西洋》華府總社的牆上。一八五七年創刊於波士頓的《大西洋月刊》，是一本涵蓋文藝、政治與歷史的綜合性刊物，愛默生、朗費羅等名家當年都是撰稿人，難怪宋美齡在信上告訴月刊主編說，她以前在麻州衛斯理（Wellesley）學院讀大一英文時，《大西洋月刊》即為指定閱讀刊物，而使她獲益匪淺，從此身邊即不能缺少這本雜誌。

蔣夫人寫這封信的時候，抗戰已經爆發，日軍即將展開南京大屠殺。她說她曾請一個在美國的朋友代她向貴刊續訂三年，不知此事是否已辦成。如尚未辦妥，即請續訂三年，帳單直接寄給她。蔣夫人又說，自從她在衛斯理學院接觸到《大西洋月刊》後，即養成身邊一直要有這本雜誌的習慣，以便在公餘之暇隨手翻閱。《大西洋月刊》就像美國許多報紙雜誌一樣，在網路時代大受衝擊，這本上乘的老雜誌因銷路欠佳，六年前把「月刊」（Monthly）這字眼廢掉了，改出雙月刊，雜誌名稱變成《大西洋》。換了幾個老闆後，雜誌社也從波士頓搬至華府。宋美齡如在紐約郊外的風可利夫（Ferncliff）室內墓園獲悉她所熱愛的《大西洋月刊》已變成雙月刊，肯定會為「美國文化的衰落」而歎氣！

宋美齡一生飽受美國文化所薰陶，英文遠比一般美國知識分子和政客還要好，但她一直不會開車，學過但沒學好，亦未認真學，原來與她的個性（性格）有關。蔣夫人於一九四〇、五〇年代多次訪問美國，除了孔家子女和美國政府特勤人員陪她之外，孔家亦另外請了一個美國白人保鑣保護她，當她的貼身侍衛。這個侍衛已去世，他的老邁女兒（現住賓州）不久前告訴我，蔣夫人送她父親很多禮物，她一直珍藏著。她說，她爸爸告訴她，每次教蔣夫人開車，就傷腦筋。蔣夫人老是橫衝直撞，遇到紅燈，不停；路上有行人，照樣開過去，她說：「行人應該讓她的車！」美國保鑣兼開車教練對他的女兒說：「蔣夫人認為每一個人看到她的車來，都應閃開！」（Everyone should get out of her way!）其實，這也是宋美齡的個性之一！

一九八一年五月，宋美齡在北京的姊姊宋慶齡病重，廖承志和加拿大麥基爾大學教授林達光（他的哥哥林達文是孫科的女婿）等人商量，發一道電報給在紐約的宋美齡，讓她知道姊姊已到了病危階段，希望她能到北京和慶齡見最後一面。林達光在最近出版的回憶錄《走入中國暴風眼》（香港天地出版）中透露：「宋美齡幾天後的回電是：『把姊姊送到紐約治療。家人。』她甚至沒有在電報上簽名。」

蔣夫人已走了十年，照顧她最久亦最負責的孔家大小姐孔令儀，亦已在二〇〇八年八月以九十三歲高齡辭世。在紐約的老一輩華人如建築家貝聿銘（一九一七年生）和他差不多同齡的繼母蔣士雲（張學良口中「我最喜歡的女人」），都已垂垂老矣，且都有失憶症，而貝聿銘則數度中風。

在夕陽西照的紐約街頭，唯有老外交家顧維鈞的遺孀嚴幼韻女士，老當益「莊」，最近才在一家五星級飯店歡慶一〇八歲生日！有時還要求曼哈頓高級中菜館「揚州樓」，做東坡肉給她吃！壯哉，顧夫人！

原載二〇一三年十月廿三日《中國時報》

宋美齡故居騙很大

「永遠的第一夫人」蔣宋美齡死了十二年，仍有其無窮的魅力。她沒住過、甚至連看都沒看過的紐約長島蝗蟲谷房子，被地產商以「宋美齡故居」或「宋美齡故居莊園」為號召，推出上市，引起美國和兩岸三地不少有錢華人的興趣。

蔣介石於一九七五年四月初去世後，宋美齡即搬至蝗蟲谷費克斯小徑（Feeks Lane）九十五號的一棟大房子居住。這棟建於一九一三年的老房子，是宋美齡的大姊夫孔祥熙和大姊宋靄齡在一九四三年向美國老外交家哈里曼（亦做過紐約州州長）的女兒購買。三層樓房子外型並不起眼，建築物約有一萬兩千多平方呎，有十五間臥房、八套浴室，整個庭院有三十七英畝，地稅一年要二十萬美元左右。宋美齡於一九九五年搬離蝗蟲谷，住進孔祥熙的大女兒孔令儀所擁有的曼哈頓上西城東八十四街十號九樓公寓，直至二〇〇三年十月下旬辭世。

孔令儀（卒於二〇〇八年）把蝗蟲谷的老房子連同地皮一起出售，上市一年多乏人問津，終在一九九八年八月以低於市價的兩百八十多萬美元賣給地產商史蒂門。史蒂門把宋美齡住過的費克斯九十五號加以翻新、擴建，同時把三十七英畝地分割成三大塊，九十五號占十二．二八英畝。另建兩棟豪宅，一棟占地十二．八英畝、門牌號碼一〇一號的大房子，就是現在上市被地產商吹噓成「宋美齡故居」或「宋美齡故居莊園」，售價奇高，約一千一百八十萬美元。另一棟占地僅六英畝，現有人居住。宋美齡住過的費克斯小徑九十五號，現亦有人住，並未出售。出售的是跟宋美齡毫無關係、二〇〇四年才蓋好的豪宅。

一九九八年十二月十三日，一向幽靜的費克斯小徑，突然湧進數千名華人，他們想看看地產商史蒂門在宋美齡故居所舉辦的拍賣會。大量人潮堵塞了蝗蟲谷的交通，當地富有白人從來沒碰到這種場面，他們向警察告狀，於是警察出動直升機、警車和騎警維持秩序，並請華人代寫中文牌示：「同胞們，路已封，請回吧！」蝗蟲谷白人終於知道了什麼叫「黃禍」！

當時看到中英文媒體報導蝗蟲谷的「奇景」，孔令儀不屑地表示：「我們對那個地方都沒有什麼感情，你們為什麼對它有感情？」這位長期照顧姨媽宋美齡的孔家大女兒又說：「我們的東西已全部拿走，剩下的都是毫無價值、準備丟棄的物品。」其實，這位孔家長女在一九九八年賣掉蝗蟲谷費克斯小徑九十五號時，曾經說過：「我母親當年先來美時買下，隨後父母在這裡住了二、三十年，弟弟令侃、令傑及妹妹令偉都常住；蔣夫人過去二十多年來紐約時，也大多以此為家。這裡有著我們許多的回憶。」

蝗蟲谷所在地的長島北岸，一百多年前被稱為「黃金海岸」，顧名思義，當時大批有錢人在北岸猛建豪宅，而另一批名人亦以北岸為家，如老羅斯福即住蝗蟲谷附近的沙加摩爾小丘（最近花一千萬美元整修完成）。作家費茲傑羅的名著《大亨小傳》，就是以蝗蟲谷附近的富人生活為背景。筆者多年前開車逛「黃金海岸」，對那一帶恬靜安逸的田園環境印象極深。但費克斯小徑一帶，在冬天並不適合居住，如遇大雪天，則有「出不得門」之嘆。事實上，住在長島北岸的有錢人，多半在曼哈頓有公寓，孔令儀就是一個例子。

一九四九年中國發生巨變，有錢有勢的人逃至紐約附近高級住宅區，被中文媒體稱為「白華」。另外一批有錢的上海人落戶香港，不敢到臺灣，原因有三：害怕臺灣不保、颱風、地震。目前有錢的大陸人比比皆是，在美國東西兩岸瘋狂置產，面不改色，《紐約時報》常有報導。當年孔家家族號稱富可敵國，他們的實力也許遠遜於今天在海外買豪宅莊園的大陸富豪。

紐約地產商和營建商很會動腦筋，他們在一九九八年利用一次宋美齡故居，現又再如法炮製，出售宋美齡沒有住過和看過的「宋美齡故居」。有關宋美齡晚年在紐約的居住情況，可參看筆者所寫的《跨世紀第一夫人宋美齡》。

原載二〇一五年八月十二日《中國時報》

時代周刊的蔣介石檔案

十一月初（二〇一五），數千箱檔案搬離了曼哈頓中城洛克菲勒中心《時代》周刊大樓，這批檔案包括許多蔣介石寫給《時代》周刊創辦人亨利．魯斯的信件，以及抗戰和國共內戰期間，《時代》與《生活》雜誌駐華記者所撰寫的報導原稿與筆記。

《時代》周刊總部在洛克菲勒中心（西五十街）已有五十五年歷史，不久將搬至曼哈頓尾巴炮臺公園、南渡頭附近的大樓，因空間比洛克菲勒中心小太多，七百萬份檔案沒地方放，於是《時代》周刊和紐約歷史協會商量，把全部檔案免費送給中央公園附近的紐約歷史協會。所謂檔案，並不只是紙面文件，還有大批名人（包括蔣介石夫婦和中華民國政府）送給《時代》周刊與魯斯的紀念品，如拳王阿里戴過的拳擊手套、因車禍而死的英國戴安娜王妃所穿過的晚禮服、甘迺迪總統十五歲時訂閱《時代》周刊的收據等。

七百萬份檔案和實物，先送到紐約州北部一座巨型倉庫保存。未來數年將由《時代》周刊和紐約歷史協會檔案員合作分類，每隔一段時間即挑選幾件檔案和實物，在紐約歷史協會（西七十七街）展出。亨利．魯斯基金會並提出兩百萬美元給歷史協會典藏檔案。紐約歷史協會圖書館主任賴思說，廿世紀歷史盡在這幾千箱的檔案裡。《時代》、《生活》、《財星》和《運動畫報》創刊的資料，都保存完整。

在《時代》周刊捐出檔案之際，紐約一份影響力甚大、水準又高的《紐約書評》雜誌，亦把檔案賣給四十二街的紐約公共圖書館。這批檔案排起來有三千公尺長，包括作家蘇珊．桑塔克、瑪麗．麥卡錫和左翼學者喬姆斯基的信件。

除了蔣介石日記，《時代》周刊所保存的蔣介石和魯斯的通信，也許是海外最珍貴的蔣介石資料之一。哥倫比亞大學美國近代史講座教授艾倫．布林克里在撰寫《出版人：亨利．魯斯及美國世紀》（二〇一〇年出版）時，參閱了所有《時代》周刊所保存的蔣、魯通信和其他與中國有關的檔案。他是第一個充分使用這批第一手材料的專業史家，他在《出版人》裡，對蔣、魯關係著墨甚多，立場公正，可讀性又高。布林克里出身新聞世家，父親大衛曾經是NBC電視新聞主播，弟弟佐爾曾是《紐約時報》記者。布林克里花了十多年時間為魯斯作傳，其間因出任哥大校務長多年而耽誤寫書。

魯斯生於山東省一個傳教士家庭，一生熱愛中華民國和蔣介石。布林克里說，蔣失去大陸，被中共趕到臺灣，使魯斯一輩子痛苦和難過，也是他最傷心的事。魯斯支持中華民國的態度和立場，從未動搖。他在一九四五年訪問重慶時，剛好碰到毛澤東亦在陪都，兩個人見了面，作了簡短交談。魯斯說，老毛看到他，有些驚訝，亦有點緊張，但沒有敵意。魯斯亦和周恩來單獨見面。《時代》周刊駐華特派員白修德（哈佛費正清的學生）因太過批蔣，他所撰的通訊常遭紐約編輯部大改特改，甚至加以扭曲（獲魯斯授意），而和魯斯鬧翻，成為美國近代新聞史上的一件大事。魯斯和白修德在一九六〇年代恢復關係。

魯斯所辦的雜誌，被媒體評論家譏評為「只賣一種尺寸的鞋店」，所謂「一種尺寸」就是反共、絕對反共。他支持越戰，但他在一九六〇年代曾想到中國大陸訪問，和毛、周會晤，但遭中共白眼。魯斯死於一九六七年，來不及看到他所討厭的尼克森打開中國之門。魯斯一直支持蔣介石反攻大陸，但他對中國情勢的判斷，經常出錯，如他在一九四五年訪華後，寫信給宋美齡說，據他在華北和華東一帶親自觀察的結果，發現人民過得很好、士氣很高，亦無貪汙腐化現象。四年後，蔣介石政府就垮臺了。

但對蔣介石研究專家而言，《時代》周刊的蔣介石檔案，應該是另一個寶藏。

原載二〇一五年十二月十六日《中國時報》

歷史與現場 269

跨世紀第一夫人宋美齡

作者	林博文
主編	陳怡慈
責任編輯	蔡佩錦
執行企畫	林進韋
美術設計	黃子欽
內文排版	薛美惠
發行人	趙政岷
出版者	時報文化出版企業股份有限公司 10803 臺北市和平西路三段240號一~七樓 發行專線｜02-2306-6842 讀者服務專線｜0800-231-705｜02-2304-7103 讀者服務傳真｜02-2304-6858 郵撥｜1934-4724 時報文化出版公司 信箱｜臺北郵政79～99信箱
時報悅讀網	www.readingtimes.com.tw
電子郵件信箱	ctliving@readingtimes.com.tw
人文科學線臉書	www.facebook.com/jinbunkagaku
法律顧問	理律法律事務所｜陳長文律師、李念祖律師
印刷	勁達印刷有限公司
初版一刷	2000年1月20日
二版一刷	2019年6月21日
定價	新臺幣550元

時報文化出版公司成立於一九七五年，並於一九九九年股票上櫃公開發行，於二〇〇八年脫離中時集團非屬旺中，以「尊重智慧與創意的文化事業」為信念。

ISBN 978-957-13-7840-4｜Printed in Taiwan

跨世紀第一夫人宋美齡／林博文著. - 二版. -- 臺北市：時報文化, 2019.6｜544面；14.8x21公分. --（歷史與現場；269）｜ISBN 978-957-13-7840-4（平裝）｜1.宋美齡 2.傳記｜782.886｜108008825